U0795521

教育部职业教育与成人教育司推荐教材
五年制高等职业教育旅游服务与管理专业教学用书

中国历史文化

（第二版）

Zhongguo Lishi Wenhua

袁晓国 主编
沙 润 黄震方 主审

高等教育出版社·北京

内容简介

本书是教育部职业教育与成人教育司推荐的五年制高等职业教育旅游服务与管理专业教材，是在第一版的基础上，结合本专业最新教学需求修订而成的。

本书保留了第一版的内容框架结构，删去三章内容，重新修订了思考题，加入了知识链接和图片，使之更加图文并茂；并重新规范了体例。主要内容包括：文化概述、中国礼仪文化、中国古代思想学术流派、中国古文化遗址、中国古代职官制度、选举和科举制度、中国古代主要宗教、中国民俗和岁时节令、中国书画艺术、中国戏曲艺术、中国古代建筑、中国古典园林、中国饮食文化和中国服饰文化。

本书为职业院校旅游服务与管理专业教学用书，也可作为旅游行业的岗位培训用书和文史爱好者的参考用书。

图书在版编目（CIP）数据

中国历史文化 / 袁晓国主编．-- 2版．-- 北京 ：高等教育出版社，2012.8（2021.8重印）
ISBN 978-7-04-035352-5

Ⅰ．①中… Ⅱ．①袁… Ⅲ．①文化史—中国—高等职业教育-教材 Ⅳ．①K203

中国版本图书馆CIP数据核字（2012）第145639号

策划编辑 王江华　　责任编辑 高 婷　　封面设计 于 涛　　版式设计 余 杨
责任校对 李大鹏　　责任印制 赵 振

出版发行 高等教育出版社
社　　址 北京市西城区德外大街4号
邮政编码 100120
印　　刷 天津鑫丰华印务有限公司
开　　本 787mm×1092mm 1/16
印　　张 17.25
字　　数 410千字
购书热线 010-58581118
咨询电话 400-810-0598
网　　址 http://www.hep.edu.cn
　　　　 http://www.hep.com.cn
网上订购 http://www.landraco.com
　　　　 http://www.landraco.com.cn
版　　次 2006年7月第1版
　　　　 2012年8月第2版
印　　次 2021年8月第17次印刷
定　　价 29.90元

本书如有缺页、倒页、脱页等质量问题，请到所购图书销售部门联系调换
版权所有 侵权必究
物 料 号 35352-A0

第二版前言

业精于勤荒于嬉，行成于思而毁于随。

——唐·韩愈《进学解》

在这世界上，没有别的东西比文化更难捉摸。我们不能分析它，因为它的成分无穷无尽，我们不能叙述它，因为它没有固定形状。我们想用文字规范它的意义，这正像要把空气抓在手里似的，当我们去寻找文化时，除了不在我们手里以外，它无所不在。

——美·洛威尔

文化不仅仅是一个民族的血脉，亦是民族赖以生存和发展的根基。当今，建设社会主义文化强国的号角已经全面奏响，文化在国家和民族发展进步中的历史地位已进一步明晰地锁定。文化强国战略目标的提出，是长期不断探索、不断研究的结晶。政治、经济只有广泛深度地与文化相结合，才能使我国成为真正意义上的世界强国。任何一个国家和民族文化的发展，都离不开文化的传承。优秀的传统文化是中华民族的文化内核，文化的生命力在于继承和创新的统一，文化的感召力在于民族性和时代性的统一。努力发展具有中国特色和风格的优秀传统文化，建设中华民族共有的精神家园，实现中华民族的伟大复兴，已成为新形势下，我们每一个公民义不容辞的责任和重任，而年轻的莘莘学子，更是承继这一宏伟事业，实现这一崇高理想的希望所在！

《中国历史文化》一书，自2006年7月初版以来，发行广泛，反响甚好。事实证明，这是一本较受欢迎的教材。究其原因，主要是高等教育出版社当初审时度势，充分把握住了教学需求的主脉，能够在选题策划上做到精当及时；此外还得力于该书编撰任务承担者所在单位院领导的高度重视和积极配合，并对该书的篇章结构严格把关；编者和编辑人员的认真负责、刻苦努力也是主要原因。

由于该书的编撰属我国旅游专业历史文化学科教育的探索性工作，没有成功的经验作为借鉴，只能摸着石头过河，边实践，边总结，边提高。几年下来，在这方面也总结了一些经验。随着社会的发展，教育革命的不断深化，我们觉得原编教材还有不少值得进一步改进和提高的方面，有必要在新形势下，对其进行修订和改进。

本次修订紧跟当今蓬勃发展的时代潮流，尽可能地反映当前教育改革的时代精神，尽量汲取文化学研究的新成果，尤其是与本教材内容相关的各分支学科的新动态、新信息，从而使教材能更好地为教学服务。并通过此教材进一步发挥先进文化的引领作用，使文化软实力和经济硬实力同步提升，更好地发挥先进文化凝聚人、引导人、塑造人的积极作用。

此次教材修订，我们主要是从以下几个方面着手予以改进的：

一、创新教材呈现形式，增加图片，使教材图文并茂

鉴于第一版教材理论性、知识性内容比较多，部分章节文字较长，学生在学习过程中，易产生视觉疲劳，影响学习效果，故乘此再版之机，每单元增加了一些与教学内容相关的图片，所选图片尽量体现时代特征。如在“书画艺术”单元中，增加宋代四大书法家黄庭坚书法作品《砥柱铭》的图片。

二、体现以学生为主体的原则，增加趣味性的教学栏目

本书第一版基本上采取传统教材的编写法，大多是长篇幅的文字叙说，不能很好地激发学生的学习兴趣，本次修订增加了知识性、趣味性较强的知识链接。

三、根据教学需求，进一步整合教材内容

根据教学需求，再版教材中不仅增加许多图片，还增加与时俱进的新信息、新知识、新内容，同时对原教材中不符合教学需求的内容进行了适当删减，全书内容由原来的17章压缩为14单元，对书中的部分例证进行了有益更换，如“戏曲艺术”单元，第一版在论述“戏词美”的小节中选用了地方戏秦腔剧目《五家坡》唱词，本次修订将唱词改为元·王实甫《西厢记》“碧云天，黄花地，西风紧，北雁南飞……”所引之曲，系传世名句，更易为读者接受。

四、更新部分“复习思考题”

本着调动学生的积极性为重心的原则，更换了部分复习思考题，注重培养学生的参与意识。如“行知合一”，结合教材内容，设计了一些参与性的作业，让学生在实践中掌握真知；“网络世界”，对于一些诸如礼仪、古文化遗址类等比较抽象的教材内容，鼓励学生借助网络，使抽象的知识具象化，从而加深理解，增强记忆；“深度思维”，以书本知识为基础，通过老师的启发和引导，让学生在已学过的知识基础上，充分发挥自己的想象力，加强问题深层次的思辨能力；“开拓视野”，主要是培养学生举一反三的拓展能力。此外，还根据具体单元的特殊性，另设计了一些针对性强的作业题。

五、教学内容和课时的安排

中国历史文化是旅游服务与管理专业涵盖面最广泛、与社会联系最密切的学科之一。尽

管编者在修订时对教学内容进行了进一步的整合，但要在一定的学时数内让学生掌握书中介绍的所有的内容是不现实的。在实际教学中，任课教师可根据自己熟悉和擅长的内容，结合地方特点组织教学，做到扬长避短，更加有针对性。不讲授的内容，可鼓励学生自己学习，拓展视野。

参考教学课时表（72课时）

章节	内容	课时	章节	内容	课时
概论		6	单元八	中国书画艺术	4
单元一	中国礼仪文化	6	单元九	中国戏曲艺术	4
单元二	中国古代思想学术流派	6	单元十	中国古代建筑	6
单元三	中国古文化遗址	4	单元十一	中国古典园林	4
单元四	中国古代职官制度	4	单元十二	中国饮食文化	6
单元五	中国选举和科举制度	6	单元十三	中国服饰文化	4
单元六	中国古代主要宗教	4	复习考试		4
单元七	中国民俗和岁时节令	4			
总计	72				

本书由袁晓国主编，同时参编的还有南京金陵旅馆管理干部学院熊露士、郑州旅游职业学院王庆国、高朝阳和黄山市教育局黄民强。全书编写具体分工如下：概论、单元七和单元十二由袁晓国编写。单元二、单元三和单元十由王庆国编写，单元四、单元六和单元八由熊露士编写，单元一和单元九由高朝阳编写，单元五、单元十一和单元十三由黄民强编写。全书由袁晓国撰写大纲并负责统稿。教材中的部分图片、知识链接来源于网络，再次对原有作者表示感谢！

由于时间及编者水平所限，书中难免存在疏漏及不足之处，敬请读者批评指正。如有反馈意见，请发邮件至zz_dzyj@pub.hep.cn。

主编

2012年4月

第一版前言

合抱之木，生于毫末；九层之台，起于累土；千里之行，始于足下。

——《老子·六十四章》

博学多识，疑则思问。

——王符《潜夫论》

文化可谓是当今最为时髦的词汇，风行寰宇，无处不在，无时不有。神州大地“文化热”如火如荼、方兴未艾。寻根文化、探源文化，已经成为许多人的炽热追求，尤其是思学若渴的青年学子。遗憾的是，目前全面介绍文化的普及读物还偏少，远远不能满足他们追求精神文化的需求。所幸的是，高等教育出版社独具慧眼，及时地关注了这一选题，并将主撰该书的重任委托给南京金陵旅馆管理干部学院。院方十分重视这一任务，组织了教学骨干、专家、学者对教材编写提纲多次进行研究、磋商、修改，为该书的最终编撰制定了框架。

中国文化源远流长、丰富多彩。它涵盖的内容包括思想、学术、哲学、教育、宗教、典章制度、文学艺术、语言文字、天文地理、农学医药、科学技术、出版印刷、图书博物、文化典籍、文物收藏以及衣食住行、价值观念、社会风尚、民间习俗，等等，可以说它是涵盖面最广泛、与社会联系最密切的学科。历来评价一个人的知识能力如何，实际上就是视其文化水平的高低。因此，增强学生在中国历史文化方面的综合知识水平和能力，特别对于旅游专业的学生而言，既是文化素质需要，更是职业内容要求，对提高他们的综合知识水平和能力，作用是十分明显的。在我国旅游专业教育中，历史文化课教学还处于探索阶段，历史文化教材更是属于空白。因此，本教材的编写将对于我国旅游专业教育和旅游从业人员综合素质的提高起到重要作用。

2004年9月，“教育部五年制高等职业教育旅游服务与管理专业推荐教材研讨会”在南京召开，会上组成了本书编写班子，由袁晓国担任主编，郑州旅游职业学院王庆国先生担任副主编，同时参与编撰工作的还有南京金陵旅馆管理干部学院熊露士先生、郑州旅游职业学院高朝阳先生和黄山市教育局黄民强先生。全书各章节具体分工如下:概论、第七章、第十三章由袁晓国先生编撰,第二章、第三章、第十一章、第十六章由王庆国先生编撰,第四章、第六章、第十章由熊露士先生编撰,第一章、第八章、第九章、第十五章由高朝阳先生编撰,第五章、第十二章、第十四章由黄民强先生编撰。全书由袁晓国撰写大纲并负责统稿。书成后,由南京师范大学博士生导师沙润、黄震方两位教授负责主审,在此深表感谢!

由于各地具体情况有别,教学和实习环节存在一定差异,甚至少数地区还涉及师资配备的棘手问题,因此,在本课程的教学上可根据各地区的实际需要,合理安排教学进程。以下是教学课时分配建议(总课时74),仅供参考。

章节	内容	课时	章节	内容	课时
概论		6	第九章	中国戏曲艺术	4
第一章	中国礼仪文化	4	第十章	中国书画艺术	4
第二章	中国思想学术流派	4	第十一章	中国古代建筑艺术	4
第三章	中国古文化遗址	4	第十二章	中国古典园林	4
第四章	中国古代职官制度	4	第十三章	中国饮食文化	4
第五章	中国选举和科举制度	4	第十四章	中国服饰文化	4
第六章	中国古代主要宗教	4	第十五章	中国的工艺成就	4
第七章	中国民俗和岁时节令	4	第十六章	中国古代科学技术	4
第八章	中国音乐舞蹈艺术	4	复习考试		4
总计	74				

感谢南京金陵旅馆管理干部学院领导、郑州旅游职业学院和黄山市教育局领导给予的大力支持,也十分感谢高等教育出版社王江华编辑为本书付梓出版而付出的辛勤劳动。

本书在编写过程中,参考了大量相关书籍和报刊文章,并引用了不少新的研究成果,限于篇幅,不能一一列名,谨在此表示诚挚的感谢!由于文化涉及的范围和层面太广太多,虽然力求考镜源流、广为罗致,但仍不免挂一漏万。此外,书稿由多人执笔编成,文章风格难出一辙,内容交叉在所难免,只能说在如何普及文化课教学方面,做了一些粗浅的尝试。由于我们水平有限,疏漏舛误之处,敬请海内同仁见宥,并望不吝赐教!

编者

2005年12月22日

目　　录

概　论 ………………………………………… 1

主题一　文化的界定 ………………………… 1
主题二　中国文化的发展历程 ………… 6
主题三　中国文化产生的条件、特点和基本精神 ……………………… 19
主题四　旅游文化的创新与发展 …… 22

单元一　中国礼仪文化 ………………… 28

主题一　礼仪文化的起源 …………… 28
主题二　礼仪文化的发展 …………… 33
主题三　礼仪文化的要素、表现和特点 ……………………… 37
学习与思考 ………………………………… 45

单元二　中国古代思想学术流派 ……… 47

主题一　儒家学派 ………………………… 47
主题二　道家学派 ………………………… 52
主题三　法家学派 ………………………… 56
主题四　墨家学派 ………………………… 60
主题五　其他学派 ………………………… 63
学习与思考 ………………………………… 66

单元三　中国古文化遗址 ……………… 67

主题一　古文化遗址发现的重大意义 ……………………………… 67
主题二　旧石器时代的文化遗址 ……… 70
主题三　新石器时代的文化遗址 ……… 72
学习与思考 ………………………………… 82

单元四　中国古代职官制度 …………… 83

主题一　先秦职官制度的建立和发展 ……………………………… 83
主题二　秦至清代的中央职官制度…… 85
主题三　秦至清代的地方职官制度…… 94
学习与思考 ………………………………… 98

单元五　中国选举和科举制度 ………… 99

主题一　选举制度的产生和发展 ……… 99
主题二　科举制度的创立、发展和终结 ……………………………… 104
主题三　科举制度的特点 …………… 108
学习与思考 ………………………………… 114

单元六　中国古代主要宗教 ………… 115

主题一　佛教的传入及基本教义 …… 115
主题二　佛教的主要宗派 ……………… 116
主题三　佛教诸神及名山名窟 ……… 117
主题四　道教的形成及基本教义 …… 122
主题五　道教的主要宗派 ……………… 123
主题六　道教诸神和名山 ……………… 126
学习与思考 ……………………………… 128

单元七　中国民俗和岁时节令 ……… 129

主题一　中国民俗的形成和发展 ………………………… 129
主题二　民间三大岁时佳节 …………… 135
主题三　民间其他主要岁时节令 …… 142
学习与思考 ……………………………… 148

单元八　中国书画艺术 ……………… 149

主题一　书法的起源和发展 …………… 149
主题二　中国古代书法名家及其作品 ……………………… 151
主题三　中国绘画的起源和发展 …… 155
主题四　中国古代绘画名家及其作品 ……………………… 158
学习与思考 ……………………………… 166

单元九　中国戏曲艺术 ……………… 167

主题一　中国戏曲的兴起 ……………… 167
主题二　中国戏曲的繁荣 ……………… 169
主题三　中国戏曲的欣赏 ……………… 177
学习与思考 ……………………………… 182

单元十　中国古代建筑 ……………… 183

主题一　古代建筑的成型与成熟 …… 183
主题二　古代建筑的高峰期和衰落 ………………………… 187
主题三　古代建筑的基本特色和成就 ………………………… 193
学习与思考 ……………………………… 202

单元十一　中国古典园林 …………… 203

主题一　中国古典园林的形成与发展 ………………………… 203
主题二　唐宋至明清的古典园林 …… 207
主题三　古典园林的特色 ……………… 210
学习与思考 ……………………………… 218

单元十二　中国饮食文化 …………… 219

主题一　中国饮食的起源 ……………… 219
主题二　中国饮食的发展 ……………… 223
主题三　中国主要的菜系 ……………… 228
主题四　中国的名茶名酒 ……………… 234
学习与思考 ……………………………… 241

单元十三　中国服饰文化 …………… 242

主题一　历代服饰的演变 ……………… 242
主题二　帝王服饰 ……………………… 247
主题三　官员服饰 ……………………… 251
主题四　妇女服饰 ……………………… 254
学习与思考 ……………………………… 259

参考文献 ……………………………… 260

概　论

历史悠久、源远流长的中国文化，犹如一泻千里、滚滚东去的长江，气势磅礴，奔腾不息，以其博大精深、瑰丽多姿而屹立于世界文化之林，成为世界三大文化体系的重要组成部分。中国作为具有五千年文明史的泱泱大国，曾与埃及、巴比伦、印度等文明古国，共同创造了古代世界的四大文明，遗憾的是，埃及、巴比伦、印度的古文明已经无以后继，即使稍后的古希腊、古罗马的文明也迭经蹂躏，失去光泽，出现断层。只有内涵广博、机制复杂、生命力强大的中国文化，虽历经艰难和沧桑，却延续至今，从未中断，而且代有高峰，蔚为壮观，成为世界文化的奇迹。自成体系、独树一帜的中国文化，不仅为人类作出了巨大的贡献，也令炎黄子孙感到无比的自豪和骄傲。

中国历史文化是指居住在中国这一广袤的区域内的各个民族及其世世代代共同创造并为中华民族世世代代继承发展的、具有鲜明的民族特色和优良传统的文化。

主题一　文化的界定

一、中国古文献里的“文化”

文化一词，既是古已有之的词汇，又是一个在近代被赋予新义、内涵极为丰富而复杂的科学概念。

在中国传世的古文献中，“文”比文明、文化出现得早。“文”的本义，是指各色交错的纹理。《易·系辞下》称：“物相杂，故曰文。”《礼记·乐记》载：“五色成文而不乱。”《说文解字》说：“文，错画也，象交文。”均指此义。此后又被引申为包括文字在内的各种象征符号，进而具体为文物典籍、礼乐制度等。《尚书·序》记载伏羲氏画八卦、造书契，“由是文籍生也”，《论语·子罕》所载“文王既没，文不在兹乎”，《论语·学而》“行有余力，则以学文”即指此。之后，“文”进一步引申为装饰、彩绘、修养之意，与“质”、“实”相对。《尚书·舜典》称“经纬天地曰文”，《论语·雍也》说：“质胜文则野，文胜质则史，文质彬彬，然后君子。”在上述解释的基础上，进一步引申出“文”具有美、善、德行之义。

“化”字本义为变易、造化、生成，《庄子·逍遥游》说：“化而为鸟，其名曰鹏。”《易·系辞下》称：“男女构精，万物化生。”《礼记·中庸》记“可以赞天地之化育”等，

"化"既指事物形态或性质的变化，同时又被引申为教化、从善之义。

在中国现存的古文献中，文明一词比文化一词出现得早。《易·乾》载"见龙在田，天下文明"，《尚书·舜典》说"睿哲文明，温恭允明（舜有深远的智慧，而又文明、温恭、诚实）"，《易·明夷·彖》称："内文明而外柔顺，以蒙大难，文王以之。"文明一词在这里的词义是指"文"具有文采、文藻、文华之意，"明"则意味着开明、明智、昌明。

文与化的合并使用，较早见于《易·贲卦·象传》："（刚柔交错），天文也。文明以止，人文也。观乎天文，以察时变；观乎人文，以化成天下。""天文"在这里指的是天道运行的自然规律，"人文"指的是人与人之间纵横交错的社会关系以及人伦规范和风土人情，两者是相辅相成的。为政治国，须通过观察天象变化，把握自然规律和时令变化，这高度集中地反映了古代传统政治和文化思想。与此同时，还要讲究对复杂的社会人际关系的把握，要因势利导，施以教化，以求得"化成天下"的理想治国的局面。

秦汉以来，文化作为合成词较早见于西汉刘向《说苑·指武篇》，"圣人之治天下也，先文德而后武功。凡武之兴为不服也，文化不改，然后加诛"。《文选》卷十九晋束皙《补亡》诗"文化内辑，武功外悠"，这里的含义即是"以文化辑和于内，用武德加于外远"，南朝齐王融《三月三日曲水诗·序》讲"设神理以景俗，敷文化以柔远"，上述引文中的文化与天造地设的自然相对应，其含义均指封建王朝的"文治教化"，即用诗书礼乐去教化天下，这里既含有政治主张，又寓以伦理意义。另外从古汉语表达系统来看，"文化"还具有与武功、武力、野蛮、质朴相对举的意思。

总而言之，古文献中关于文化即文治教化、礼乐典章制度的理解，在我国一直持续至近代。大体来说，中国古代的"文化"概念，基本上属于精神的范畴，与没有教化的野蛮等形成了很大的反差。

二、文化的概念

"文化"的定义众说纷纭，可谓"仁者见仁，智者见智"。古代所谓的"文化"与我们今天所说的"文明"与"文化"的含义均不甚贴切。在西方的语言中，"文化"一词来源于拉丁文Cultura，原形为动词，有耕作、培养、教育、发展、尊重、居住、联系、注意等多重意义。与拉丁语同属印欧语系的英语、法语、德语中的"文化"一词，或多或少都保留了拉丁文的某些含义，诸如栽培、种植等，并将其引申为对人的性情的陶冶、品德的教养，这与中国古代"文化"一词蕴涵的"文治教化"内容比较接近。所不同的是，中国古文献中的"文化"一词，一开始就专注于精神领域，而拉丁文Cultura一词则更偏向于人类的物质生产活动，精神活动领域是它的引申义，其内涵比"文化"更为广阔。从现代意义讲，"文化"与"文明"是既相联系又互有区别的两个概念。文化是人类创造的所有物质成果和精神成果的总和，而文明则是人类创造的文化成果达到一定发展水平的显现。

我们现在通用的"文化"一词，首先是近代日本学者在译介西方文化学著作时，借用了中国古文献中"文化"这一词汇，然后再由近代中国的留日学生将其"带"回，经过这一番周折，"文化"一词在中国的学术界才被赋予更为广泛、深刻的内涵和外延。

文化与人类同步诞生，然而文化作为一个内涵丰富、外延宽广的概念，被大量的学者从多学科、多视角予以研究与解读，是近几百年，尤其是20世纪以来，由西方学术界开始进行的。在西方中世纪，文化概念的含义被神学观念所压倒。只是到了17世纪，才由德国法学家普芬多夫（1632—1694）最早作为独立的概念提出并使用。他认为，文化是社会人的活动所创造的东西和有赖于人和社会生活而存在的东西的总和。最早将文化作为专业术语使用的是英国著名的文化进化论派人类学家爱德华·伯内特·泰勒（1832—1917）。

知识链接：西方文化学之父

泰勒是英国著名的文化进化论派人类学家，文化史和古典进化论派的创始人之一。1832年出生于伦敦一个富有的铸铜厂主的家庭。年青时曾去墨西哥考察托尔特克文化遗址，掌握了考古学和人类学实地调查的大量知识。1858年婚后，曾漫游欧洲，并出版了墨西哥探险的第一部著作《墨西哥和墨西哥人的过去和现在》，1865年出版《人类早期历史和文明发展研究》，给他带来了权威人类学家的声誉。1871出版的《原始文化》一书，奠定了他在文化研究领域的泰斗地位。他在此书中，对文化作出如下的界定："所谓文化或文明，就其广泛的民族学意义来说，乃是包括知识、信仰、艺术、道德、法律、习俗以及包括作为社会成员的个人而获得的其他任何能力、习惯在内的一种综合体。"泰勒为"文化"所下的经典性的定义，对学术界产生了重大的影响。自此，西方学术界从多视野、多角度、多方面展开了对文化的科学研究，对文化的深入探索蔚然成风，先后出现了众多的流派并创建了各具特色的理论。"文化"作为学术用语一直被学术界沿用至今，泰勒也因对文化学的杰出贡献而被后人誉为"西方文化学之父"，同时他也是把统计学应用到研究处理文化事实的世界第一人。

文化概念是当今最为复杂、见仁见智的概念，据不完全统计，世界上已有了200多种定义。各国学者分别从符号学、价值论、功能性、规范性等各个侧面对文化做了不同的界定。"文化"一词已成为当今世界上使用频率最高的词汇。法国文化学家路易·多洛当年曾对此作过一个颇为有趣的推断，如果用电子计算机对当今处于首要显著地位的词或概念进行统计，并同时定出其最优先者，那么"文化"一词将占着头等的位置。1952年，美国文化学家克罗伯和克拉克洪发表《文化·概念和定义的批评考察》一书，他们对西方从1871年至1951年80年间关于文化的164种定义进行了清理和评析，并在此基础上给文化作出了综合定义："文化是包括各种外显或内隐的行为模式，它通过符号的运用使人们获取和传递，文化代表了人类群体的显著成就，包括体现于人工创造物中的成就；文化的基本核心包括由历史衍生及选择而成的传统观念，尤其是价值观念，文化体系虽可被认为是人类活动的产物，但也可被视为限制人类作进一步活动的因素。"克拉克洪还认为："文化一词意味着一个民族的生活方式的总体和个人从其集团所得到的社会遗产。"两人的定义论述了文化的外显和内隐、传授和获得，尤其是文化的基本核心问题，可以说是较全面地阐释了文化的含义，他们对文化的综合定义为现代东西方的许多学者所认可，产生了广泛的影响。

"文化"内涵的丰富性决定了它外延范围的广泛性，文化的研究正是因为这一特点而变得更加扑朔迷离，从而也更增加了它对研究者的吸引力。这一点正如美国文化人类学者洛威尔（1856—1942）所描述的那样："在这世界上，没有别的东西比文化更难捉摸。我们不能分析它，因为它的成分无穷无尽，我们不能叙述它，因为它没有固定形状。我们想用文字规范它的意义，这正像要把空气抓在手里似的，当我们去寻找文化时，除了不在我们手里以外，它无所不在。"据法国学者摩尔的统计，世界文献中有250种以上的文化定义，足以让人目不暇给，无所适从。所以有人说文化圈子的圆心无处不在，但圆周在哪儿却不太好找。显然，要对文化下一个世界范围都认可且绝对确切的定义是十分困难的。

西学东渐以来，尤其是作为社会人文科学的文化学传入中国以后，我国学术界对文化的争论也一直非常激烈。我国文化或文明的研究始于19世纪末，梁启超为其首倡者，1899年他在日本发表《文明之精神》一文，其中说"文明者，有形质焉，有精神焉，求形质之文明易，求精神之文明难"。他首先使用了文明一词，并对其进行了形质和精神的剖析。1922年，他在《什么是文化》一文中进一步提出："文化者，人类心能所开释出来之有价值的共业也。"系统介绍西方文化学理论并在中国推进文化学建设的台湾学者黄文山于1932年发表了《文化学建设论》和《文化学方法论》等文，主张在社会学外另建文化学。但他直到1968年才写成《文化学体系》一书。1983年又出版《文化学及其在科学体系中的位置》，成为这方面的著名学者。1949年新中国成立以后，大陆学术界对文化的研究一直很薄弱，几乎是一片空白。20世纪80年代以后，文化学研究才在大陆如火如荼地发展起来。在此以前，对文化的定义，一直沿用广义和狭义两种解释。

广义的文化指人类社会历史实践过程中所创造的物质财富和精神财富的总和。狭义的文化指社会的意识形态以及与之相适应的制度和组织机构，是一种历史现象。每一社会都有与其相适应的文化，文化是一定社会的政治和经济的反映，又反作用于一定社会的政治和经济。在有阶级社会中，它具有阶级性。随着民族的产生和发展，文化又具有民族性，通过民族形式的发展，形成民族的传统。文化的发展具有历史的连续性，社会物质生产发展的历史连续性是其发展历史连续性的基础。无产阶级文化是批判地继承人类历史优秀文化遗产和总结阶级斗争、生产斗争和科学实验的经验而创造发展起来的（见1989年版《辞海》"文化"释条）。

广义文化是从人的意义上立论，将人类社会历史生活的全部内容完全纳入"文化"的定义域，即"自然的人化"：凡是人类的物质生产、社会组织、精神生活、科学技术、思想观念以及以风俗习惯为主要内容的行为文化都是广义文化的研究对象，人类有意识地作用于自然界和社会的一切活动、一切创造物都属于"广义文化"。狭义文化仅把观念形态的精神文化视为文化，它包括社会伦理道德、政治思想、文学、艺术、哲学、宗教、科学技术、民情风俗、民族心理、思维方式等。本书所涉及的文化主要指精神领域内的文化现象，即"狭义文化"，又称"小文化"。

三、文化的基本结构

人们往往可以根据各自不同的角度，对文化作出不同的分类。从外在角度着眼，可将文化按时间、空间或社会层面作出划分；从文化自身的内在逻辑结构和层次，可将广义的文化分为物质文化、精神文化两个层次，或分为物质文化、制度文化、精神文化三个层次，也可将文化分为物质文化、行为文化、精神文化、制度文化四个层次，或分为物质、社会关系、精神、艺术、语言符号、风俗习惯六个子系统。上述层次所研究的都是文化本身的基本结构。一般来说，四层次基本结构说是比较完整的。

物质文化，又称物态文化，是人类所从事的物质生产活动及其劳动产品的总和，亦即“物化的知识力量”构成的物态文化层。它以满足人类最基本的生存需求为目标，直接反映的是人与自然的关系，反映人类对自然的把握、利用、改造的程度与结果，反映社会生产力的发展水平，是可感知的，具有物质实体的文化事物，这构成了全部文化创造的基础。物态文化层属于文化的表面结构，在各种文化的交流与冲突中，它是最不稳定的层次，最快也最容易发生变化。

制度文化，又称调适文化，是人类在社会实践活动中所建立的各种社会规范的总和。社会的法律制度、政治制度以及人与人之间各种关系准则等，都是制度文化的反映，包括婚姻、家庭、政治、经济、宗教等制度以及组织形式在内。它是解决与规范协调人与人之间行为的文化，具有很强的调适性。制度文化虽不直接与自然发生关系，但其特征与发展水平受到人与自然进行物质交换方式的制约。这一层次属于文化的中层结构，变化的难度很大，速度极慢。有学者认为，制度文化可以视为行为文化的一种特殊表现，是行为文化的固定化、程式化，将其包含在行为文化层面中而不予以独立分开。

行为文化，是人类在长期的社会实践和复杂的人际交往中，约定俗成的习惯行为定式，是以民风民俗的形态出现，见之于日常生活中的，具有鲜明民族特性和地域特性的行为模式，钟敬文先生《民俗学》说：“（行为文化）首先是社会的、集体的，它不是个人有意无意的创作。其次，跟集体性密切相关，这种现象的存在，不是个性的，而是类型的或模式的。再次，它们在时间上是传承的，在空间上是播布的。”行为文化属于文化的深层结构，更直接地表现了文化的承担者的价值观、审美情趣与思维方式，对它进行改造的难度也极大。

精神文化，又称心态文化或观念文化，是人类在长期的社会实践活动和意识形态活动中升华出来的价值观念、知识体系、审美情趣和思维方式等的总和。它分为社会心理和社会意识形态。它通常是由专业人员对社会心理进行理论归纳、逻辑整理、艺术完善，以物化形态固定下来并在时间空间中传播流传。精神文化是文化概念最重要的层面，是文化的核心结构，具有最强的稳固性。

精神文化、行为文化、制度文化是非物质文化。精神文化是最内层的，又称为内在文化；而处于中层的行为文化、制度文化以及外层的物质文化通常称为外在文化。精神文化是文化发展的动因，而价值观是文化的核心。价值的评断决定着社会中的人心所向、活动所趋，指导着人与人、人与自然关系中的行为方式。因此，行为文化是精神文化在人们行为活动中的体现，物质文化是精神文化通过人们的实践活动在物质产品上的反映。

主题二　中国文化的发展历程

文化是动态的，永远处于运动的状态。纵观中国文化的发展轨迹，它经历了一个漫长而曲折的历程。这一过程中，人不断解放自身，从而使人类的物质文化、精神文化日臻丰富，逐渐走向文明的高峰。中国文化从孕育到繁荣，大体上经历了史前文化—古代文化—近代文化—现代文化的历程。源远流长的中国文化是迄今为止世界上最久远、最稳定、最丰富、最发达的文化。

一、中国文化的萌生期

（一）旧石器时代文化

有了人类，就开始有了文化，文化的实质性含义是“人化”或“人类化”。中国文化产生于从猿到人的转变过程中。根据科学家的推测，人类诞生的历史至少已有300万年。目前我国学术界一般认为，早期人类的发展经历了四大阶段，即南方古猿、直立人、早期智人、晚期智人。直立人又称猿人，早期智人又称古人，晚期智人又称新人。新人的体貌已与现代人基本相同。中国是世界上发现直立人及其遗址最多的国家。阶级社会出现以前的社会形态，统称原始社会，包括原始群和氏族公社两大发展阶段。原始群是指直立人时期和古人时期，延续时间最长，几乎从人类诞生直至5万年前。氏族公社约从5万年前开始，一直延续

北京猿人生活复原图

对于猿人来说，火的使用，无疑是一场划时代的创举，它不仅揭开了人猿相揖别的帷幕，而且也让猿人告别了野蛮，开始踏上文明的征程。我国考古发现，境内猿人使用火已有170万年的历史，但被确证能制造火，这就归功于北京猿人，距今约60万年前。

到阶级社会出现。氏族公社相当于新人时期，又分为父系社会和母系社会两大阶段。若从生产工具角度划分，它又可分为旧石器时代和新石器时代。旧石器时代从人类诞生起直至1万年前，新石器时代从1万年前开始直至阶级社会出现。旧石器时代是考古学上石器时代的早期阶段，当时的原始群主要从事狩猎和采集活动，使用天然火。在文化生产的过程中，最早出现的是工具，原始群最早使用的工具是经过简单加工的打制石器，形状比较小，是用坚韧的脉石英或石英岩制成的。中国已发现的最早的直立人化石是云南元谋人，距今约170万年。陕西蓝田人距今约80万年。距今50万年以上的北京人，体质强健，身高1.5~1.6米，脑容量平均已达1 059毫升左右，他们已经能制造出比较复杂、精巧的石器，可用锤击法、砸击法、碰砧法三种技术加工石器，并已开始使用火。火的使用促进了人类体质的发展，增强了人类征服自然的能力，火的使用从本质上讲，也属于工具的范围。此时，人类已具备了初步的语言能力，这是创造文化进步的前提。

旧石器时代文化上的进步，首先表现在石器磨制技术和钻孔技术的发明。石镞的出现，证明当时已发明了弓箭。这时的先民已开始用骨针缝制兽皮、树皮衣服；鸵鸟蛋壳、贝壳、鱼骨、兽牙装饰品的出现，说明先民已产生了爱美观念。由于先民对自然现象缺乏了解，也无法抵御风雨雷电、山崩海啸的袭击，他们总以为这些不寻常的自然现象背后，一定蕴藏着某种不可思议的神秘力量，由此便产生了对火、血、生命之间联系的神秘观念和万物有灵的观念，并由此萌生了早期巫术，泛神论的宗教也开始出现。

（二）新石器时代文化

距今大约1万年前，中华先民进入了新石器时代，其基本标志是农业和畜牧业的产生、磨制石器、以“泥条盘筑”为主要制作方法的陶器广泛出现、纺织术的诞生。人类已由完全依赖自然赐予的采集、渔猎经济过渡到改造自然的生产经济。迄今为止，已发现的新石器遗址达七八千处。社会发展也经历了从母系氏族制度到父系氏族制度的转变，在新石器晚期已呈现出氏族公社走向崩溃、私有财产与阶级分化萌芽发展的趋势。鉴于我国新石器文化产生的年代、分布区域、文化面貌以及它们之间的继承性和相互关系，可将其划分为六大文化区：辽河流域的燕辽文化区、黄河流域上游的甘肃文化区、黄河中游的中原文化区、黄河下游的山东文化区、长江中游的长江中游文化区及长江下游的江浙文化区。其中最著名的新石器文化遗址有仰韶文化、大汶口文化、红山文化、良渚文化、马家窑文化、龙山文化和河姆渡文化等。其中存在于黄河中游的仰韶文化和存在于黄河下游地区的龙山文化，是新石器文化中内涵最丰富、也是影响最大的新石器文化，是目前发现遗址最多、发展序列最清楚、研究得最充分的地区。中华农耕文明就是从这片土地开始的，它的遗存展现了华夏民族先民从采集、渔猎向农耕生产过渡的历史风貌。新石器时代，中华民族已萌芽发展成三个农牧业发展带，即以秦岭—淮河为界，北方是以粟黍为代表的旱地农业带，家畜有猪、狗、鸡、黄牛、山羊、绵羊和马；南方是以水稻为代表的水田农业带，家畜有猪、狗、鸡、水牛；秦长城以西以北主要是狩猎和渔业带，后来大多狩猎部落发展成为游牧民族，渔猎部落经长期发展，逐渐成为了渔猎或农业民族。

新石器时期是中国原始文化的繁荣时期，磨制石器和石器钻孔技术的普遍运用是新石器时期的主要标志，而陶器的大量使用，则是新石器时期文化的主要内容，以致“鼎鬲文化”

龙山文化黑陶高足杯

龙山文化遗址和仰韶文化遗址都是20世纪20年代先后发现的，仰韶文化比龙山文化发现略早。两处遗址均发现了大量的陶器，以至于“鼎鬲文化”成为了中国特有的文化。仰韶文化出土的多为红陶，龙山文化出土的多为灰陶和黑陶，尤以黑陶器皿厚度极薄，而被誉为“蛋壳陶”。

被称作中国特有的文化。黄河流域先民的穴居、半穴居住宅逐渐向地面房屋过渡，并出现了套间；南方则出现高出水面、板柱与榫卯相结合的干栏式房屋。龙山文化遗址发现的黑陶高足杯，质地细腻，厚度仅0.1 ～0.2 厘米，考古学上称之为蛋壳陶。冶铜业也开始出现，出土了铜刀、锥、凿等工具。骨针、纺轮、骨梭、织物残片的出土，说明当时的纺织、编织、缝纫均较普遍。现已出土的文物，有造型精美的陶器，陶器上有优美的几何装饰花纹和栩栩如生的动物图案。此外还有陶塑、牙雕、玉器以及种类繁多的装饰品，反映当时已有早期的原始艺术。从出土的骨哨、骨笛、陶埙、陶钟、鼍鼓等乐器以及陶绘和现存的岩画遗迹看，可证明当时已经出现了原始歌舞。上古之际，歌唱、音乐、舞蹈是密不可分、融为一体的，是原始人类对劳动生活的艺术再现或仿效。先民在劳动中，由结绳记事到刻画符号，渐渐发展到以图画符号来记事，这种文字诞生的萌芽在不少文化遗址中均有发现。当时的原始宗教也有了进一步的发展，在对自然崇拜、生殖—祖先崇拜的基础上，又出现了图腾崇拜，图腾崇拜是较为高级的原始宗教形式。据有关学者考证，它形成于旧石器时代的晚期，发展到新石器时期，图腾崇拜已相当普及。北方的大汶口——典型的龙山文化系统即是以鸟图腾为特征，而南方各文化有蛇、龙图腾崇拜，中华大地龙凤文化的延续和传播即溯源于此。原始社会的多神论，亦即泛神论的宗教观，在我国新石器时期及其前后的相当长的时间里都产生了广泛而重要的影响。

中国文化的多元性，不仅在考古学方面拥有充足的证据，神话学、民族学、民俗学的研究也在支持这一理论。中华民族的远祖基本上可分为华夏、东夷、苗蛮三大文化集团。考古学研究认为，黄河中上游的仰韶文化和马家窑文化是由包括炎帝部落在内的古羌人所创造，其后由黄土高原沿黄河东进，散布于中国中部及北部的部分地区，即仰韶文化和龙山文化分布区，统称华夏集团。东夷集团主要分布在山东、河南东南和安徽中部一带，即大汶口文化、龙山文化及青莲岗文化江北类型分布区，代表人物为蚩尤。苗蛮集团主要活动于湖北、湖南、江西一带，即大溪文化、屈家岭文化分布区，向东延伸，囊括河姆渡文化，伏羲、女娲都属于这一集团。在中国即将跨入文明时代的前夕，黄河流域出现了部落联盟之间的兼并战争。在距今约5 000年，黄帝和炎帝的联军，与九黎大战于涿鹿，打败了九黎，杀其首领蚩尤，从而完成了炎黄诸部与蚩尤部落的融合。随后，炎帝和黄帝又大战于阪泉，最终黄帝打败了炎帝，成为了黄河中下游部落联盟的首领。继而通过对东夷集团以及苗蛮集团的征战，华夏集团连续取得胜利，从而确立了在中华多元化中的主导地位。黄帝、炎帝、蚩尤的相互交战和融合，反映了黄河中下游的两大氏族部落集团长期交往、互相影响，最终通过兼并与征服，结成稳定部落联盟的历史过程。华夏、东夷、苗蛮三大集团经过长期交往及斗争，最后终于融合成华夏集团，也就是汉族的前身和主干。

中国现存的古籍文献中，保存有丰富的历史传说和神话故事，虽其内容真假难辨，但绝非毫无根据，我们可以从这些记载中，隐约窥见原始社会历史的影子。诸如盘古开天地、共工触天、女娲补天、羿射九日、有巢氏架木为屋、燧人氏钻木取火、伯益作井、太昊结网、神农尝百草、嫘祖植桑养蚕、仓颉造字、大桡作干支、伶伦制乐器、大禹治水等。我们如果剥去神话构织的迷雾，多少还有古先民创造世界的痕迹。

（三）先秦时期文化

夏朝是中国第一个有阶级的奴隶制国家，反映了原始社会父系氏族社会制度发展到后期，私有制和奴隶制开始形成，国家机器也随之诞生。夏文化最典型的代表是位于河南偃师西南的二里头文化遗址。该处出土了丰富的遗物，仅陶器一项就有360多件，各种小器物多达7 000多件，还发现了迄今为止我国最早的宫殿建筑遗址。当时军队、监狱等强力机关已经出现，并颁布了我国历史上最早的刑法——“禹刑”，出现了贡赋。《世本·作篇》说：“鲧作城郭”，“禹作宫室”。我国的城郭，最早出现在夏代，河南登封告成镇王城岗已挖掘出一座夏代的城堡遗址，二里头遗址发掘的宫殿建筑基址已是由堂、庑、庭、门组成的大型建筑群，颇为壮观，极可能是夏代次迁都建的7座王都中的斟寻城。夏代已经出现了青铜文化。《竹书纪年》记载，夏禹初年“颁夏时于邦国”，“观象授时”是夏朝的一项国策，夏历是观察天象成果的积累，干支纪日已开始使用。传世的《夏小正》一书就有夏代历法的记载，可以说夏代是我国古代天文历法的滥觞时期。此外，货币和文字也是从夏代开始的。朝觐和巡狩不仅是夏代政治生活中的大事，也是推动古代文化发展的契机。夏代神学迷信盛行，祭祀是人们生活中的例行大事，祭祀的对象主要有天地、山川、鬼神、祖宗等。

商代奴隶制进一步发展，国家机器更趋完备，官制和兵制都较夏代更为复杂，并确立了王位的嫡长子继承法。商代耕地面积扩大，作物品种增多，以农业为主，采集和狩猎仍有一定地位，虽有少量青铜农具出现，但石、骨、蚌器仍为主要生产工具。商代文化前期以郑州二里岗遗址为代表，面积约25平方公里。遗址中部有规模巨大的商代城址和宫殿区，有专

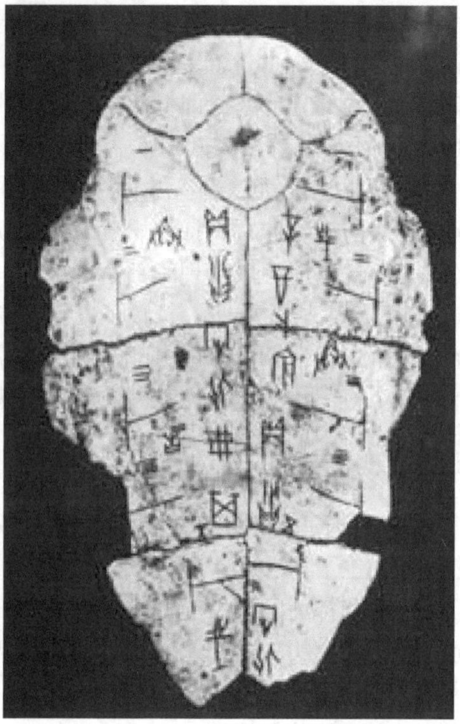
甲骨文

甲骨文是我国目前发现最早的殷商时代的文字。它的发现十分偶然，清末担任国子监祭酒的学者王懿荣因为生病吃中药，药中配有龟甲，他吃完药后，发现龟甲上有文字，于是他就收集了有刻字的甲骨，经研究，最后认定这是我国最早的文字。但现存的甲骨文已具有传统的六书结构，属于很成熟的文字，在此之前，应该还有更古老的文字。

家认为它可能是汤代王城亳都。城址的外围还发现了多处铸铜、烧陶和骨角器的作坊。商代文化后期以殷墟为代表。遗址面积24平方公里，是商代盘庚至帝辛（纣）都城所在地，建都长达273年。这里先后发现宫殿、作坊和陵墓遗址以及大量的生产工具、生活用具、礼乐器和甲骨。王城周围还有商代聚落和平民墓葬。商代手工业已初具规模，设有铸铜、制陶、纺织、雕刻、造车、造船等各种作坊。尤以青铜手工业最为突出，创造了举世无双的青铜文化，重达875千克的后母戊大方鼎是其成就发达的标志。陶器品种有灰、黑、白、红、釉5种。丝织品除纹绢外，还生产出世界上最早的提花织品菱纹绮。漆器生产也较前发达。建筑方面，发明和推广了夯土和板筑，为中国土木建筑业奠定了基础。商代后期还出现了金属货币——铜贝。商代对于天象已有比较详细的观察和记录，已有日月食记载。《殷历》是现存最早的历法，已使用阴阳合历，纪日已采用六十干支法，并使用十进位计算法等。

以殷墟为主出土的甲骨文，不仅是商文化的大事，亦是世界文化史的大事。甲骨文是我国目前发现最早的一种文字，共出土有16万多片，单字在5 000字以上，可识别的有1 000多字，多系象形字，证明当时我国文字发展已达到基本成熟的阶段。甲骨文已具备了象形、会意、指事、形声、假借、转注等传统的六书结构。甲骨文的发现为后世研究商代社会史提供了相当丰富的资料，我国历史也开始进入了最早有文字记载的历史。

此外，商人尊天事鬼，祭祀是最受重视的经常性的活动之一，名目繁多，仪式隆重。占卜是一项最受人们重视的活动，凡事皆占卜，国家设有专门官员司其事。占卜的方法是炙烧龟甲牛骨，以裂纹卜凶吉。因此有人称商代是中国巫史文化勃兴的时代。

"周虽旧邦，其命维新。"周王朝的建立是中国古代文化发展史上的一座重要里程碑。周王朝是中国奴隶制王朝由盛至衰的时期。西周前期是中国奴隶制社会发展的鼎盛期。周王朝建立以后，实行了分封制和宗法制。分封制即周天子给自己的子弟、亲戚、功臣和古代先王圣贤后裔等分别授予一定范围的土地和人民，让他们建立西周的属国，即诸侯，史称"封藩建卫"。宗法制即把宗族分为大宗小宗，周王以嫡妻所生长子继承王位，这是大宗。嫡妻所生次子及侍妾所生之子是小宗。同姓诸侯对周王说是小宗，但在他的封国内是以嫡长子世袭诸侯，又是大宗。卿大夫到士，其大宗和小宗的关系同上。宗法制下，贵族间等级森严，尊卑有序，奴隶主贵族妄图以血缘关系为纽带，来维护统治阶级内部的团结。这种兼具政治权力和血亲道德制约的制度，其影响深入中国社会机体。周代建立的礼制是制度文化、行为文化和观念文化的集中体现，它既是典章制度的总汇，又是政治生活、经济生活、社会生活、家庭生活各种行为规范的准则。周王朝礼制文化的建立和完善，从而在相当大的程度上决定了此后3 000年中国古代文化的格局，并成为秦汉以后历代封建统治者（包括少数民族执政时的统治者）所奉行的文化模式。古书称之为周代的"文化维新"。

二、中国文化的形成期

从公元前770年平王东迁至公元前221年秦始皇统一中国，这段时间是春秋战国时期，是中国社会制度由奴隶制向封建制转变的时期。西周末年，由于铁器的出现和推广，生产力得到很大的发展，铁犁牛耕逐步代替传统的耦耕，大量"私田"的开辟，使多年推行的"井田制"开始瓦解，再加上王室的腐败，激化了阶级斗争，以致"公田不治"，"礼崩乐坏"。周王室逐渐衰微，诸侯势力日益强大，又有狄人南下，楚人北上，中原各国互相征伐，霸主迭出，彼此争雄。公元前594年，鲁国被迫实行"初税亩"，即不论公田、私田，一律按照田亩的多少征税，以后各国竞相仿效。从此代表地主阶级的赋税制度正式登上历史舞台，土地开始可以自由买卖。与此同时，中原各国诸侯的权力日趋衰弱，各国卿大夫权势日益膨胀，政权逐渐下移。随着"三家分晋"、"田氏代齐"的发生，生产力的发展终于推动了旧的生产关系的改变，春秋末年，新兴的封建制社会取代了奴隶制社会。

尽管目前学术界还有分歧，但大多数学者认为战国时期，中国已进入封建社会。战国初期，新兴的地主阶级为了巩固自己的政权，打击奴隶主贵族以及奴隶制，进一步扫荡氏族制残余，他们运用政权力量，自上而下进行变法改革。与此同时，诸侯国之间兼并战争频仍发生，"争地以战，杀人盈野；争城以战，杀人盈野"，战国250余年间，发生大小战争220余次，最后形成"战国七雄"的局面，七国之间相互争雄的结果，是变法最彻底的秦国，最终战胜了楚、齐等六国，由秦始皇建立起中央集权的大一统秦帝国。

春秋战国时期是中国历史上大分化、大动荡的时期，但文化却由于社会生产力的发展，走向空前的繁荣。这一时期是中国文化第一次大发展的时期，是中国学术界生气勃勃最有活力的时代。在思想解放的前提下，学术从神秘化、理想化和宗教色彩浓厚的原始状态下解脱、升华出来，成为具有鲜明的人文意识和深刻的历史性。出现了深受后世景仰的诸子纷起、百家争鸣的学术盛况。造成这一喜人局面的物质基础是社会经济的飞跃发展，私学兴起、士的解放并形成独立的阶层，是“百家争鸣”出现的重要条件。诸子百家反映了不同阶级和不同阶层的利益，既有鲜明的“救时之弊”的文化目的性，同时又有鲜明的个性风格。他们光辉灿烂的学术思想虽是时代的产物，却对中国文化的发展产生了极为深远的影响，并成为了中国传统文化思想理论的奠基石。

孔子像

自从汉武帝接受了董仲舒“罢黜百家，独尊儒术”的建议，将其定为国策以后，孔子的儒家思想统治了中国的思想文化界2 000多年，其影响一直延续至今。随着儒学成为国学的地位稳定以后，孔子的身份地位也与日俱增。谥号由尼父、褒成宣尼公直至“大成至圣文宣先师”、“至圣先师”。

据西汉司马谈《论六家之要指》和刘歆《七略》的划分，诸子主要分为儒、墨、道、法、名、农、杂、纵横、阴阳、小说家等十家，其中儒家和墨家是当时的显学。儒家是诸子百家中最早对社会产生重大影响的学派，儒家的创始人是孔子，他是我国古代著名的思想家和教育家。孔子的学术核心是“仁”，以中庸辩证为思想方法，重血亲人伦，重现世事功，重实践理性，重道德修养。他提倡“祖述尧舜，宪章文武”，崇尚“礼乐”、“仁义”，重“亲亲尊尊”之恩，行“忠恕”、“中庸”之道。政治上以“仁政”、“德治”相号召，德刑兼施，竭力维护统治阶级“君君、臣臣、父父、子子”的等级制度。孟子是儒家学说的最大继承者，他主张继承孔子的仁学，并将其发展为“王道”、“仁政”之说。他主张“性善论”，提倡“养浩然之气”，“天人合一”，并由此达到“万物皆备于我”的修身养性的方法。墨家的创始人是墨翟，他的思想代表的是小生产者的利益，主张“兼爱”、“非攻”、“尚贤”、“尚同”、“天志”、“明鬼”、“节葬”、“节用”、“非命”、“非乐”，与儒家学说相对立，具有平民色彩，他的平等思想对后世影响很大。法家是战国时期主张以法治国的学派，代表的是新兴地主阶级的利益。前期法家代表人物是李悝、吴起、商鞅、申不害等，他们主要贡献是参与了社会经济制度的改革。商鞅重“法”（政令），申不害重“术”（策略），慎到重“势”（权势）。战国末期韩非是法家思想之集大成者，建立了完整的法治理论。法家主张经济上建立封建土地私有制，执行重农抑商、奖励耕战的政策；政治上，主张中央集权制，严刑峻法，赏罚分明；人事上，主张“宰相必起州部，猛将必发于杂伍”，从基层选拔官吏；思想教育上，主张“以法为教、以吏为师”。法家学说多切于世用，被当时诸侯国多所采用，秦国坚持法治最彻底，最后终于一统天下（参见本书第二单元中国古代思想学术流派）。

最后值得指出的是，春秋战国时期不仅是“文化轴心时代”，而且是华夏民族最终形成的时代。在诸侯国不断兼并的过程中，中原地区的古老部族不断统一到几个大国版图中，被中原诸侯国视为蛮夷的秦、楚两国，经过春秋时期几百年的变迁，也已从语言文字、生活方式、政治制度、礼仪制度等方面实现了华夏化。自此，中国广袤的大地上，除当时边远的少数民族以外的民众，已基本上融合为一个统一的民族，再也没有先秦时代华夏、蛮、夷、戎、狄等民族的区别了。

三、中国文化的定型期

秦始皇凭借变法最彻底而形成的经济、军事实力，以其摧枯拉朽之势，横扫天下，席卷群雄，仅仅十年的时间，便完成了“吞二周而亡诸侯，履至尊而制六合”的统一大业，于公元前221年建立起中国历史上第一个专制主义君主集权的统一帝国——秦王朝。

始皇即位伊始，便立即着手于封建政权的巩固，他宣布废除分封制，设立郡县制，建立起完备的国家政治制度，强化国家机器，修筑万里长城，开通以咸阳为中心通往四面八方的驰道，加强了中央与地方政权的沟通。

与此同时，他也加强了思想文化上的统一。他鉴于战国时期天下“田畴异亩，车途异轨，律令异法，衣冠异制，言语异声，文字异形”的情况，以齐整圆润的秦篆为官方文字，颁行全国，是为“书同文”；以车宽6尺为制，统一车辆形制，一车可通行全国，是为“车同轨”；他还颁布统一度量衡、统一货币的诏书，结束六国度量衡混乱的局面，是为“度同制”；“以法为教”，并在各地设置专管教化的乡官，统一人们的文化风俗，是为“行同伦”；废除周代以来的封建制，将全国政权统一于中央政府的政令、军令之下，他又通过移民、开发边疆地区等措施，传播中原文化，是为“地同域”。这些措施的实施，对促进生产的发展、巩固全国的政权起到了积极的作用，也使秦王朝成为了当时世界上与地中海罗马帝国、南亚大陆印度孔雀王朝并称的世界三大帝国之一，把文明发达的中华民族推向了世界。秦代以来确立的中央集权封建专制政体，有其经济、文化的必然性。尽管中国以后朝代不断更迭，战乱频仍，分裂局面屡次出现，但国家统一始终成为主流和人心所向，分土裂疆，不得人心。“天下为一，万里同风”。社会稳定、国家统一，正是封建经济繁荣，文化领先世界的基本原因之一。

秦始皇在实行文化一统中，也曾采取过极端政策，这便是深受后世抨击的“焚书坑儒”，他在强化思想控制的同时，也毁掉了大量珍贵的文化典籍，迟滞了思想文化的正常发展，并为后世封建统治者压制思想文化的发展树立了极坏的榜样。秦王朝的国力强盛和经济繁荣，还体现在我们今天还能看到和听到的物质文明建设上，诸如气势磅礴的万里长城、隔离天日的阿房宫、巍峨壮丽的秦始皇陵、被誉为世界第八大奇迹的秦陵兵马俑等。

秦王朝因为政策失误，仅15年便被声势浩大的农民起义推翻了。汉初统治者汲取秦王朝覆灭的沉痛教训，推行黄老思想的“无为而治”、“与民休息”的政策，社会经济得到了迅速的恢复和发展，生产力提高了，牛耕和铁制农具普遍使用。经过六七十年的恢复建设，特别是被封建史学家津津乐道的“文景之治”以后，汉朝迎来了以汉武帝为领军人物的封建盛世。汉武帝在削弱地方势力、统一铸币、盐铁专卖、抑商重农和抗击匈奴等方面采取了很多十分有效的政策，使得汉王朝迅速强大繁荣起来。此外汉武帝还开辟了陆上和海上丝绸之路。通过丝绸之路，中国产品远抵西亚和欧洲，西域乃至印度的文明成果，也源源不断涌进内陆，为中国文化的发展增添了绚丽的光彩。

为了巩固封建政权，并在思想上和文化上实行控制，达到长治久安的目的，由董仲舒倡导、汉武帝主持推行了“罢黜百家、独尊儒术”的措施，把儒家学说当作官方唯一的统治思想，并取消其他各家学说，即“诸不在六艺之科、孔子之术者，皆绝其道，勿使并近。邪辟之学灭息，然后统纪可一，而法度可明，民之所从矣”。从此儒学取得了“定于一尊”的显赫地位，成为汉代文化思潮的主流。董仲舒提倡“天人感应”的神权思想，主张“天人合一”、“天不变道亦不变”，强调“君权神授”。他根据神学的人性论，将封建社会统治和服从的关系说成是永恒的天然秩序，建立起“三纲”、“五常”的礼教枷锁。“三纲”即“君为臣纲、父为子纲、夫为妻纲”，“五常”即“仁、义、礼、智、信”，五常是作为调整三纲的基本原则，从而为封建统治秩序的合理性制造了神学的理论根据，并成为封建社会长期儒家说教的中心。由此形成的封建政权、族权、夫权和神权成为在封建宗法思想和制度方面束缚广大人民的四条绳索。“独尊儒术”被提倡以后，儒家学说从此便成为中国古代社会占据统治地位的思想，孔子被奉为神圣不可侵犯的圣人。经孔子删定的《诗》、《书》、《礼》、《易》、《春秋》（《乐经》已亡）被列为“五经”，并指定为“太学”教材。“五经”作为官方指定教材，一直延续到清末，对中国文化产生了极为深远的影响，并使当时的文化显示出制度化、模式化和程序化的特征。

汉武帝提倡儒学以后，造成汉代经学大盛，儒家以读经、说经、注经、论经作为主要任务，并由此形成今文经学和古文经学之争。经学主要是训解和阐发儒家经书之学，表面上是学术之争，实质上是政治斗争。经学的兴起，引起谶纬神学的流行，大讲特讲天人感应，符端灾异，将大量胡编乱造出的种种离奇古怪、荒诞不经的“大义”附会到天帝和孔子名下，其发展的结果，使经学几乎完全丧失了学术价值，完全堕入迷信巫术的深渊。西汉末年至东汉初年，谶纬神学在帝王的支持下尤为盛行，这是中国文化发展的一股逆流，严重阻碍了学术思想的进步。但它所依托的今古文经学的发展，却推动了中国的哲学、史学、语言文字学、文献学、考据学的发展。东汉末年经学大师郑玄（127—200）虽基本属于古文经学派，但他注经时，多兼采今文经学的学说并自成一家，被人誉为“郑学”，之后汉代长期存在的今古文经学之争才暂告平息。

东汉末年，政治腐败，民不聊生，更兼灾祸频仍，遂爆发黄巾起义，起义失败后，出现了军阀割据、群雄并起的局面。东汉末、魏晋时期是继先秦之后，中国历史上第二次社会大变革时期。这一时期虽然是中国历史上政治动乱、民生凋敝的悲剧时代，却又是精神上极自由、极解放的时代。风云激荡的社会变迁反映在学术文化方面，就是居于垄断地位的两汉经学全盘崩溃，取而代之的是文化生动活泼的多元发展局面。其中尤以以探求理想人格的本体为中心的玄学对后世的影响最大。它是这一时期崛起的一股新的文化思潮。与先秦诸子百家相比，玄学在思辨的纯粹性和深度上，是前所未有的，它提出并论证了一系列极有价值的理论范畴。

知识链接：玄学

玄学始于曹魏正始年间（240—249），是糅合《老子》、《庄子》和《周易》等“三玄”发展起来的，“三玄”系玄学家的经典。其创始人是曹魏名士何晏、王弼，其思想是以“贵无”为宗旨，以非物质性的“无”为宇宙万物的主体，在理论上属客观唯心论，他们以论证“无中生有”为主要内容，在自然与名教（伦理纲常）的关系上，认为自然是本，名教是末，名教出于自然，主张君主“无为而治”。稍后的代表为“竹林七贤”中的嵇康和阮籍，他们认为名教与自然是对立的，阮籍猛烈批评名教礼法，称之为“乱危死亡之术”，嵇康公开“非汤武而薄周孔”，提倡“越名教而任自然”，主张“崇简易之教，御无为之治”。西晋时期玄学的代表人物是向秀和郭象。向秀专门研注《庄子》，形成“新庄学”，他认同名教与自然一致，封建秩序是天理的自然，但他们表面上却认为“无不能生有”。真正与“贵无”论持相反观点的是主张“崇有”论的学者裴頠（267—300），他是西晋思想界反玄学的杰出代表，著有《崇有论》。此外，唯物主义的思想家鲍敬言更大胆地推出《无君论》著作，认为天地是物质的自然存在，万物是阴阳二气化生而成，并提出“古者无君，胜于今世”的政治思想。

玄学兴盛的同时，道教与佛教也兴盛起来。道教是本土宗教，酝酿于东汉，发展于魏晋，定型于南北朝时期，逐步形成了一整套完整宗教仪式、斋醮程式和道教戒律。南北朝时期，由于统治者的大力提倡，来自南亚次大陆的佛教迅速流行，萧梁时还一度被定为“国教”，佛寺遍布南北，僧尼数多至惊人地步。魏晋南北朝时期，儒、玄两学与佛、道两教既互相冲突又互相整合，使文化格局更呈现出多元激荡的格局。

四、中国文化的繁盛期

唐代初期，国家统一，政治清明，经济繁荣，国力强盛，出现了历来备受封建史家盛誉的“贞观之治”和“开元盛世”。隋末的农民大起义给予门阀地主以致命的打击，继而隋唐推行的包括均田制、科举制等一系列全面压抑门阀世族的改革措施，使庶族寒士的精英分子得以登上文化的舞台，也使得唐代文化具有明朗、高亢、奔放、热烈的时代气质。唐初不仅在政治上采取开明专制，对文化也采取了宽容政策。中国文化进入了气度恢弘、史诗般壮丽的隆盛时代，体现出唐文化特有的一种无所畏惧、无所顾虑的兼容并蓄的宏大气势，这是中国文化走向成熟的鼎盛时期。以至当时首都长安成为中外文化荟萃、气象盛大的国际性大都市。唐文化的灿烂辉煌还在于它以其博大的襟怀，广泛吸收南亚、中亚、西亚以及西方世界宗教、历法、医药、语言、音乐、舞蹈、美术、建筑艺术等长处，不仅在中国文化史上，乃至世界文化史上，均成为了卓越的典范。与此同时，先进优秀的唐文化不仅对东亚的世界文化产生了深远的影响，其文明的辉煌也影响了西亚和欧洲地区，唐文化的对外辐射，有力地推动了世界文化的进程。

唐代的文化成就是全方位的，尤其彰显在文学艺术方面。唐代的诗歌，无论内容之广泛、艺术之精湛、数量之繁多，在我们这个诗的国度里，均堪称顶峰。仅清人所编《全唐诗》就收集作品48 900余首、诗人2 300余家，并涌现了像“诗仙”李白、“诗圣”杜甫和白居易这样世界级的文化名人，真可谓群星灿烂，气象万千。书法方面，唐代不仅涌现了“颠张（张旭）狂素（怀素）”这样的草书大家，也涌现了“欧（阳询）、虞（世南）、颜（真卿）、柳（公权）”四大家，他们将唐楷推至登峰造极的地步。绘画方面涌现了“画圣”吴道子、山水画南北两宗的大师李思训和王维。雕塑方面则涌现了“塑圣”杨惠之。诸多辉煌，不一而足。

宋代都市繁荣，商业经济发达，出现了市民阶级。与盛唐文化相比，宋代文化则以相对封闭、内倾，风格淡雅为特征。宋代理学着意于知性及反省，宋词婉约细腻，建筑白墙黑瓦，书画尚淡朴，重意境，无不反映出上述特色。宋代是词的黄金时代，形成了婉约、豪放两大风格流派，涌现了像柳永、苏轼、李清照、辛弃疾等词学大家。宋代的苏轼、黄庭坚、米芾、蔡襄在书法上均有独到之处，被誉为“宋四家”。宋代宫廷设立了画院，徽宗时发展到鼎盛，涌现了很多山水画家，尤以李成、范宽、郭熙、李唐、马远、夏珪最知名。宋承唐绪，儒、佛、道并行，虽互相排斥又互相兼容。宋代理学是儒学发展的新阶段，对后世产生了极为深刻的影响。宋代理学的奠基人是周敦颐、邵雍、张载、程颢、程颐等，他们以阐释儒家的义理兼谈性命为主，故称理学。真正形成理学完整而系统的体系的是南宋的学者朱熹，他是理学的集大成者，建立了以“理”为本的天人合一宇宙观，赋予传统儒学以哲理性和思辨性。他提出的“格物致知”的认识论及“天下之物，莫不有理”、“即物而穷其理”等命题，在认识史上具有重要意义。朱熹格物穷理的目的是要“穷天理、明人伦、讲圣言、通世故”，即为封建社会人们的文化实践确立道德的最高目标，构建世人的修养体系。他把人欲说成是一切罪恶的根源，主张以天理来克制人欲，以道心来主宰人心，要“去人欲、存天理”，完全恪守三纲五常的封建道德规范，他的整个哲学体系属于客观唯心主义。

五、中国文化的转衰与转型期

从明末清初到1919年五四运动以前，是中国文化由盛转衰的时期。明清时期是中国封建君主专制制度登峰造极的时代，程朱理学占据着统治地位，文化专制亦空前严酷地钳制着思想文化界。

明太祖朱元璋是具有雄才大略的地主阶级政治家，深知“居安虑危，处治思乱”，更兼他亲身参加过元末农民大起义，因此他在夺取全国政权后，竭力主张通过发展生产，“阜民之财，息民之力”，予民实惠以达到长治久安的目的。为了发展农业生产，他颁布了奖励垦荒、实行屯田的政策，承认凡是被农民耕垦或即将开垦的土地都归农民自有，并分别免除三年徭役或赋税；屯田分民屯、军屯和商屯三种，民屯和军屯的规模都很大。此外，他还大力提倡种植经济作物，多次组织农民大规模兴修水利等，这些措施的推行，使得明初的土地耕种面积大幅增加。洪武二十四年（1391），全国纳税田亩总数达到387.4万余顷，洪熙元年（1425）增加到416万余顷，可耕土地的增加使得粮食总产量也逐步提高。洪武二十六年（1393），全国粮食产量已增至3 278.98石。与此同时，明初的手工业也有了明显的发展，其中棉纺织业、制瓷业、矿冶业和造船业等的发展最为迅速。继承明太祖大业的永乐帝，亦是一位具有雄才大略的封建帝王，他在政治、经济、军事乃至对外关系等方面采取的一系列措施，繁荣了社会经济，巩固了统治基础，维护和发展了多民族国家的统一。尤其是由他倡导的郑和下西洋，不仅是世界航海史上的空前壮举，亦是中国人民对航海事业的巨大贡献，不仅极大地弘扬了明朝的国威，也进一步促进了亚非各国人民的友好往来和经济文化交流。

知识链接：永乐大典

《永乐大典》又名《文献大成》。永乐帝即位之初，即下令编辑此书。《永乐大典》将古今事物分类搜集，历时四年多，于永乐六年(1408)编成，永乐帝亲自撰写序言，全书计22 937卷，共辑录图书七八千种，总计3.7亿多字，参与其事的文臣儒士达3 000人。此书修成后，初藏南京，后藏于北京新宫文楼。嘉靖年间，宫中大火，该书险遭焚劫。嘉靖皇帝决定重录一部，永乐抄本命为“永乐正本”，嘉靖抄本命为“嘉靖副本”。后正本下落不明，且不见史籍记载，遂成文化史之谜。该书不仅是我国极其宝贵的文化遗产，具有很高的史料价值，而且也是中国有史以来第一部综合性的大类书，比大英百科全书和法国百科全书早约300多年。

成书于明初的《永乐大典》，修成后从未刊印过。该书堪称雄踞世界之巅、最早最全的百科全书，遗憾的是，该书的主体及其精华，大多毁在1900年八国联军攻占北京之际，如其不然，也许我们的部分历史将因之而改写。

永乐大典

明初的国力还是比较强盛的，康熙帝曾誉之为“治隆唐宋”。但朱元璋为了钳制人民，特别是知识分子的思想，也实施了一些扼杀文化思想进步的措施。明初恢复科举考试，规定以八股文取士，以四书五经的文句命题，四书要以朱熹的注解为依据。于是，明初学术界成为程朱的一统天下，程朱理学被推上至尊地位，凡“言不合朱子，率鸣鼓而攻之”。明代的学校和科举制度实际上已成为一种文化专制制度。更有甚者，朱元璋还大兴“文字狱”。他出身贫寒，曾当过和尚，参加过红巾军（统治者诬蔑为“贼”），所以他成了皇帝以后很忌讳这段历史，凡与僧、光（无头发）、贼等谐音的字，均成了他杀人的借口，大批儒生士大夫便因文字而遭横祸，形成人人皆危、惴惴不安的局面，并为清代更加酷烈的文字狱提供了恶劣的模式。明代中后期宦官执政，“厂（东厂、西厂、内行厂）”、“卫（锦衣卫）”横行，对士人深文周纳，以致“飞诬立构，摘竿牍片字，株连至十数人”。及至清代，文字狱之盛有过之而无不及。康熙、雍正、乾隆三朝，见于记载的就有80多起。顺治、康熙年间的浙江湖州府富户庄廷鑨“明史案”，被杀70余人，充军边疆的几百人，涉及江南名士222人；康熙时期的学者戴名世《南山集》案被牵连的人多达300余人；雍正年间的曾静、吕留良案是清代最大的文字狱案；乾隆时期文网更加严密，他在位之年所兴文字狱竟多达70多次，文人士子因只言片语，即可入狱乃至灭族。“一把心肠论浊清”，“大明天子重相见，且把壶儿搁半边”，“夺朱非正色，异种也称王”等，均成为获罪之由，严重地窒息了文化、学术的发展。以至于有清一代，文人士子“以文为戒”、“避席畏闻文字狱”。乾隆年间集中大量人力财力，编纂了《四库全书》，共收书3 457种，79 090卷，装订成36 275册，分为经、史、子、集四大类，仅抄写人员就动用1 500人之多，前后历时十年，是中国最大的一部丛书。该书保存了大量珍贵历史文献，应该说是文化上的一件盛事。但乾隆皇帝为了加强专制，借编书之机，操纵了长达19年的禁书活动，共禁书24次，禁毁书籍3 100多种，15 100多部，销毁书版8万多块，其数量几乎与四库所收者相近，故史家认为乾隆修书的目的是寓禁于修，是中国文化自秦始皇焚书以来的又一次浩劫。所以，清修《四库全书》对古代文献的保存与销毁真可谓之功魁祸首。

明清两代，在文化专制主义空前强化的同时，与资本主义萌芽相适应，出现了具有市民反叛意识的早期启蒙思想，以明清之际的三大思想家黄宗羲、顾炎武、王夫之为代表，对封建社会晚期的程朱理学和专制君主制度进行了锋芒直指的批判。黄宗羲（1610—1695），伟大的政治思想家和历史学家。他在名著《明夷待访录》中，对专制暴君政治和现存的封建秩序进行了激烈的批判，批判封建帝王“以天下之利尽归于己，以天下之害尽归于人”，是“天下之大害”，指出治天下“不在一姓之兴亡，而在万民之忧乐”，他这部具有民主主义思想的著作堪称封建社会的人权宣言书。顾炎武（1613—1682）是讲求“经世致用”的杰出历史学家，他激烈地反对君主专制，主张限制君权，扩大地方势力，他主张“以天下之权，寄之天下之人”，他那“天下兴亡、匹夫有责”的名言充满着挽狂澜于既倒、济危难于乱世的英雄气概，对后世产生了深刻的影响，成为爱国者的座右铭。王夫之（1619—1692）是我国17世纪杰出的唯物主义思想家。他明确地提出“气者，理之依也”和“天下唯器”的唯物主义观点，主张从进化发展的观点看问题，指出自然和社会都是变化不息的。他反对君主专制，要求改革政治。他在《噩梦》一书中，指出天下土地“非王者所得私”，提出“耕者有其田”，这在当时是十分难能可贵的。

明清是封建社会走向衰落的时代，但同时也是中国传统文化的总结性时代。明清统治者曾调动巨大的人力物力，对中华几千年浩如烟海的文献典籍进行收集、钩沉、考证、考辨，除编纂了前文叙及的《永乐大典》、《四库全书》外，还编纂了世界上最早、字数最多的字典《康熙字典》，1万卷的《古今图书集成》，440卷以字韵为纲目的文学辞典《佩文韵府》及分装100册、图文并茂、百科全书式的大类书《三才图会》等，大型类书的编纂，是文化极为成熟的体现。

明清之际，还涌现了一批具有总结性的科学巨著，为我国科学发展史作出了巨大贡献。其中有李时珍的《本草纲目》，系伟大的古代医药学巨著，对世界药物学的发展作出了卓越的贡献并产生了积极的影响；徐光启的《农政全书》是一部集古代农业知识大全的农业科学巨著，“考古证今，广咨博讯”，它全面地总结了中国历代传统的农业知识和生产经验，还介绍了欧洲农田水利技术；徐霞客是我国17世纪最杰出的旅行家和地理学家，他根据亲身经历和考察研究成果撰写的《徐霞客游记》，是我国地理学的巨著，他揭示的云、贵、川、广的石灰岩地区溶蚀地貌的特征，是世界上的首创，领先了欧洲人200多年；宋应星的《天工开物》，内容广泛、资料丰富、系统分明、切合实际，既总结了我国古代农业和手工业生产技术等各方面的卓越成就，又反映了当时社会的生产发展水平，是一部图文并茂的工艺学百科全书。书成不久，即在日本翻刻流传，日本将此书视为至宝，并由此发展成一门“天工学”。以上四人被誉为明代科技四巨匠。此外，明代后期潘季驯《河防一览》、王征《泰西奇器图说》、清代乾隆年间官修的《医宗金鉴》、梅文鼎《古今历法通考》等著作，在治理河务、机械原理、医学临床、历学史等方面都作出过一定贡献。

明末清初的西学东渐，使传统的中国文化面临着严峻的挑战。及至清朝后期，中国封建社会已日薄西山，风烛残年，旧思想、旧文化和封建伦理道德的根基已摇摇欲坠。一旦西方列强入侵，以血与火的形式把中国传统文化推向一个蜕变和新生并存的历史阶段，标志着封建文化已由烂熟走向衰灭，中国传统文化遭遇了质的变化，这就是中国文化的转型期，新旧思想文化在激烈斗争中发生裂变，启蒙文化在曲折中不断前进！

内容博大、气势恢弘、蕴涵深刻、形式多样的中国历史文化，其中有许多“取之不尽、用之不竭”、值得继承的宝贵遗产和永可借鉴的历史经验。因此，学习和弘扬优秀的中国历史文化，振奋中华民族精神，是我们义不容辞的神圣责任！

主题三　中国文化产生的条件、特点和基本精神

一、中国文化产生的条件

文化是一个生生不息的过程。任何一种民族文化都有它发生、发展的历史，都有它的过去、现在和未来。传统的中国文化涵盖的内容，不只是哲学、史学、文学、医学、民族学、人类学、考古学以及音乐、绘画、书法、伦理、道德、教育、社会习俗、宗教信仰等精神方面的内容，同时也包括诸如农业、手工业、商业、建筑、交通乃至饮食、服饰等等外显或内

隐的行为特征和现象。文化是人类共同创造的产物，也是人类创造能力的具体体现。简言之，凡是超越本能的、人类有意识地作用于自然界和社会的一切活动及其结果，都属于文化；或者说“自然的人化”即是文化。换言之，文化是人类在适应环境与改造环境的实践中所产生的价值观念及其作为价值观念体现的制度规范与物化技术。由于文化构成了人与非人的区别，也构成了人类各种群之间的区别，它作为对人的群体或类的本质及现象的描述，成为区别人类与他类、人类各群体之间相互差异的依据标准。

任何一种文化类型的产生，都离不开特定的自然条件和社会历史条件。也就是在特定的自然地理环境下的物质产生方式和社会组织结构，有的学者将其称之为文化发展的三维空间：地理环境、经济环境和社会结构，三者相辅相成，组成一个民族相对稳定的文化发展空间。中国传统文化赖以生存和发育的东亚大陆疆域广大，回旋余地开阔，由于周边各类自然壁障的围护，使其远离其他文明中心，形成了中国古代历史上主要为半封闭型的大河内陆文化，与西方开放型的海洋多元文化有着明显的差异。这种地理环境造成的半封闭性对文化特质的形成产生了深远的影响，而自给自足的农业自然经济和宗法、专制制度又从经济、政治诸方面强化了这种封闭性，自然经济是宗法制度滋生繁衍的丰厚土壤，专制制度又与宗法制度互为表里，宗法制度及其变种得以在中国长期渗透到社会伦理、道德规范、社会生活等各方面，造成专制制度得以延续2 000年之久的局面。中国特有的地理环境、建立在农耕基础之上的农业经济以及宗法制度、政治制度，造就了中国的传统文化，也使得中国传统文化具有其独特的个性和内涵。

二、中国文化的特点

（一）具有强大的生命力和凝聚力

学者曾经统计过，在人类近6 000年的历史中，曾经出现过26种文明形态，其中最负盛名的是埃及尼罗河文明、幼发拉底河与底格里斯河的两河文明、印度恒河文明和中国黄河文明，但是随着岁月的流逝，其他三处的世界文明都消逝了，唯有中国的文化体系长期延续发展而从未中断过，体现了强大的生命力。中国文化的强大生命力还体现在它历久弥坚的凝聚力，具体表现在文化心理的认同感和超地域、超国界的文化归属感。

（二）务实求稳的农业文化心态

中国文化是一种农业文化，农业是中国文化的主导方面和支配力量，并由此衍生出以务实精神为主的群体趋向及安土乐天的国民精神。思维的循环论和源远流长、影响深远的变易观与恒久观念相辅相成，在中国文化中很自然地结合、统一起来。

（三）家族本位的宗法集体主义文化

中国古史的发展脉络，不是以彻底的奴隶制国家替代由氏族血缘纽带联系起来的氏族社会，而是由家族走向国家，以血缘纽带维系社会制度，家国一体，社会组织是在君臣、父子、夫妇之间的宗法原则指导下建立起来的，不像古印度和中世纪欧洲社会等级制度十分森严。由家庭宗族和邻里乡党组成村社、城镇再组成社会、国家，这种社会结构给宗法制度、宗法思想的延续，提供了丰厚的土壤，也造成了自然经济的长期延续。这种传统文化也造成了重家族、轻个人，重群体、轻个体，总是强调个人在群体中的义务和责任的规范，忽略了

“孝”为儒家提倡的重要伦理思想。“孝”字古匾现存安徽黟县西递村胡氏宗祠敬爱堂供奉厅内，传为南宋理学家朱熹所书。细看孝字右侧，酷似一躬身作揖的孝子；左侧活像一尖嘴猴腮的猴子，挥臂踢腿。将汉字象形特色渲染得淋漓尽致。该匾寓意“孝则为人，不孝则为畜”，十分引人深省。

安徽黄山市西递村“孝”字古匾

个人在社会中的权利。

（四）尊君重民相反相成的政治文化

长期运作于中国的农业自然经济，是一种少有商品交换、彼此孤立的经济。由此形成极度分散的社会，需要高度的集权政治加以统合，以抗御外敌和自然灾害，另一方面，农业宗法社会的正常运转，又要仰赖以农民为主体的民众的安居乐业，才能保障朝廷的赋役、社会必需的基本生活资料，社稷家国方得以保全。“尊君”和“重民”相反相成，共同构成了中国传统政治文化的一体两翼，也即是形成了双重的君主专制制度和民本主义，一方面两者极端对立，而一方面又在一般形态下相互补充，构成所谓的“明君论”。

（五）摆脱神学独断的生活信念

中国在远古时代，产生过原始宗教和对鬼神的绝对崇拜。殷周之际，因为宗法道德观念的确立摆脱了神学独断，从宗法中产生的道德观成为维系社会的纽带。和神学独断相比，中国文化则更具有理性，所以在中国历史上，从未出现过欧洲中世纪基督教神学占思想统治地位的“黑暗时代”。中国传统的民间宗教信仰，具有极大的实用性，这和西方文化中的宗教严格排他性迥然不同，这种现象表现出了中国文化的独特智慧。

（六）重人伦轻自然的学术倾向

中国文化以“人”为核心，在哲学、教育、文学、科学、艺术等各个领域表现为乐以成德、文以载道、追求人的完善、追求人的理想、追求人与自然的和谐，体现了鲜明的重人文、重人伦的特色。但是，忽视对自然界本身的认识和改造。儒家思想在这方面表现得特别明显，由于中国文化长期以来是以儒家经学为主流，并且一以贯之的，故使得中国文化对自然的研究显得苍白无力。

三、中国文化的基本精神

中国传统文化是我们勤劳智慧的祖先在往昔的沧桑岁月中创造、积累起来的文化宝藏，它记录着五千年华夏文明的发展轨迹，展示了我们中华民族的伟大与辉煌。所谓文化精神，是指民族文化中占主导地位的基本思想、基本观念。文化精神与民族精神是相通的。民族精神是特定民族文化传统的凝聚和整合在民族文化心理结构中长期积淀而形成的整体国民性格。中国文化的基本精神，就是中华民族的民族精神，是中华民族特定的价值体系、思维方式、社会心理以及审美情趣等方面内在特质的基本面貌。

（一）天人合一

基本思想是把人作为整体宇宙的中心来考虑，强调人是自然系统中不可缺少的有机部分，主张道德原则与自然规律相一致，追求的人生理想是天人的谐调和有机统一。中国文化重视天人合一，西方文化强调人要征服自然、改造自然。

（二）以人为本

中国传统文化坚持“民为贵”的民本主义精神，即以人为考虑一切问题的根本，肯定天地人之间，以人为本；人神之间，以人为中心。

（三）刚健有为

刚健有为、自强不息是中国文化的主流精神，集中反映了中华民族百折不挠的开拓精神，反抗恶势力的斗争精神，完善自我的进取精神以及勤劳刻苦的奋斗精神，它激励人们不断用改革精神去积极创造、革故鼎新。

（四）贵和尚中

和谐是中国传统文化追求的最高境界，重视自然的和谐、人与自然的和谐、人与社会的和谐、人与人之间的和谐以及人自身身心的和谐，强调“和为贵”、“厚德载物”，认为要达到最高境界，必须尚中，做事要恰到好处，为人要坚持原则而又能团结和谐，着力维护集体利益，求大同存小异。贵和持中是东方文明的精髓。中国文化重和谐与统一，西方文化重分别和对抗，这是中西文化的一个重要差异。

主题四　旅游文化的创新与发展

一、旅游文化和地域文化

地域文化又称区域文化，它是一门研究人类文化空间组合的地理人文学科，是以广义的文化领域作为研究对象，探讨附加在自然景观之上的人类活动形态、文化区域的地理特征、环境和文化的关系、文化传播的路线和走向以及人类的行为系统，包括民俗传统、经济体系、宗教信仰、文学艺术、社会组织等。与文化地理学相比，其地域概念没有文化地理学那么严谨，地域概念只是一种对文化界分的标志。地域文化主要是由自然环境和社会结构形成的。区域文化在漫长的历史进程中，既不断丰富、积淀而自成一体，又不断地与周边的特质文化融会交流，从而不断提高自身素质和品位，逐步演变为华夏文化一个充满个性和生机的区域。

湘西凤凰古城被人誉为“中国最美的小城”，位于湖南湘西土家族苗族自治州凤凰县沱江镇，沱江穿城而过，凤凰古城的城墙建于清康熙五十四年（1715），周长2 000米，设有4门，门上均有城楼，北门楼重檐歇山式，做工考究，精雕细琢，至今巍然屹立，成为古城标志之一。这里山清水秀，风景如画，民风淳朴，古风犹存。多年以来，古城藏在深闺人未识，人们是通过作家沈从文的生花妙笔，方才一识庐山真面目，也是因为这支如椽大笔，才使古城走向中国，走向世界……

湘西凤凰古城

文化是作为一种系统而存在的，任何一种文化都是由多种要素，按照一定方式结构组成的有机整体，了解文化的结构系统，对于深入理解文化的内涵并认识文化运动的规律是十分必要的。对于一个民族来说，文化遗产可以说是自身的识别标志，是民族生存和发展的动力源泉。文化的承袭性使得一种文化一旦形成，便会在特定的人群中代代相传，从而具有一定的稳定性，这一点反映在旅游接待地里也比比皆是，诸如延续了几千年的田园生活、水利建设、生活习俗、农耕形式等。当然这里也有变化，例如维系了几千年的自耕自足的小农经济，建国以后发生了天翻地覆的变化，这就是文化在承继的同时遭遇的变异性的冲击。文化在垂直沉淀的过程中，不可避免地要发生缓慢的渐变过程，这种过程总是从文化的最小、最基本的单位——文化特质的变化开始的，通过不断的积累、丰富、变化，最后各种文化系统通过接触、传播、交流及互相渗透、吸收和作用，使文化的结构、风格发生变异融合。尽管文化的变异是历史的必然，但这种变化有时又是可以人为控制其变化的范围和速度，使其朝着有利于人类进步和文化健康的方向发展。如其不然，这种变异可能意味着民族个性、民族特征的消亡，意味着文化多样性的消亡。当前，随着全球经济、科技的发展，文化交流范围之广、频率之快是前所未有的，人类几乎每时每刻都在进行文化观念的分化和整合，文化的变异对文化的继承冲击很大，尤为严重的是许多健康、有益的遗产正在加剧消失，这方面的先例，国外已发生许多，这是我们在规划和建设旅游接待地时，尤其是规划开发旅游接待地的文化资源时极需认真考虑的问题。

二、文化旅游产品的开发

文化旅游产品的开发，一定要有文化依托。因为文化不是凭空存在的，它需要一定的载体，必须与当地的民族文化和社会环境相适应。旅游接待地文化旅游产品的开发要有丰富的文化内涵，就必须扎根于地方文化的沃土中，不仅要研究旅游接待地所在地的文化资源，而且要研究与旅游接待地文化形成相关联的文化模式，也就是一个大范围的社会群体在长期的社会实践过程中形成的相对稳定的、各个层面有机组合的文化结构，从中找出文化发展的一般规律和特殊规律。

地理环境，也就是环绕人类社会的自然界，它是人类存在的自然基础和社会发展必需的基础，深刻而久远地影响着人类历史的进程。一个国家和民族所处的地理位置，居住地的地形地貌、山川河流、气候冷暖等自然地理环境对文化的影响至关重要，特别是对早期文化的形成更为直接，是文化形成的重要因素之一。中国文化自其发生期开始即因地理环境的多样性而呈现丰富的多元状态，其后在不断衍变中直接受到人文因素的作用而形成不同的文化类型。

地域文化是中华传统文化的有机组成部分，除了拥有中华传统文化的属性和特色以外，它更具有鲜明的地方特色，这是地域文化形成的根和灵魂，继承和发展地域文化需要做的就是在新的时代背景下，如何让经历几千年衍变的地域文化继续继承和发扬光大下去。旅游文化与旅游经济是相辅相成的，从文化角度看，旅游也是一种文化现象，旅游活动是文化求异和文化认同的统一。许多国内外学者通过研究分析，认为形形色色的旅游接待地，尽管因资源、区位、社会经济背景等方面条件的差异，在发展方式和水平上各有特色，但在发展的总体历程上，几乎都有惊人的相似处，基本上都要经历探索阶段、起步阶段、发展阶段、稳固阶段、停滞阶段、衰落和复兴阶段。促使这种周期变化的根本就是旅游地吸引力的绝对和相对的变化。旅游对接待地社会文化的作用，反过来会影响接待地的吸引力，进而影响其生命周期。针对旅游接待地来说，它的旅游吸引力必然要体现在人文资源或自然资源上。地域文化是这些在文化上的集中反映，要想继承和发展旅游接待地的地域文化，就必须贯彻和执行可持续发展旅游的战略措施。

安徽黄山市宏村

宏村位于黄山市黟县，被誉为是“中国画里的乡村”。这里山川秀媚，气候宜人。四周山色如黛，谷幽林茂，粉墙黛瓦，鳞次栉比，阡陌交通，山水辉映，移步换景，浑然入画。宏村创建于南宋绍兴年间，距今已有900年历史。宏村最为人称道的是开“仿生学”之先河，整体规划布局合理，巧夺天工，创建了古水系的牛形村落，形成“山为牛头树为角，屋为牛身桥为脚”的格局，登高俯瞰，整个村落就像一头青牛，静卧在绿水青山之中。更为一绝的是，从村外引入的溪水，九曲十八弯，穿堂绕屋，碧水清莹，泽惠千家，是谓“牛肠”。

知识链接：可持续发展

“可持续发展”思想产生的渊源可追溯到20世纪50~70年代，那时世界风云变幻莫测，动荡不安，世界各种矛盾错综复杂，严峻的社会现实，使得一些西方学者开始研究第三世界国家不发达的原因和解决途径。这一股世界性潮流为持续发展的产生准备了必要的思想条件和理论基础。

目前这一新的发展理念已风靡全球，成为具有划时代意义的指导人类社会未来发展的思想。这一思想的核心，体现在1987年挪威首相布伦特兰夫人主持的有21个国家的环境与发展问题著名专家组成的联合国世界环境与发展委员会发表的长篇调查报告《我们共同的未来》中的解释：“满足当代人的需要，而又不损害子孙后代满足其自身需要的能力”。“可持续发展”的含义很广，但其核心思想是：一是强调人类的经济和社会发展不能超越资源与环境的承载力，二是强调公平性，尤其是代际间的公平，要世世代代公平利用自然资源。“可持续旅游”是由此衍生而来的，它的内容是：增进人们对旅游所产生的环境影响与经济影响的理解，加强人们的生态意识；促进旅游的公平发展；改善旅游接待区的生活质量；向旅游者提供高质量的旅游经历；保护未来旅游开发赖以存在的环境质量。

可持续旅游发展要求生态发展、社会文化发展、经济发展的有机统一，使旅游地发展成为一个可持续发展的系统整体。可持续旅游发展的实质是谋求旅游与自然、文化和人类社会环境融合为一个和谐的整体，因此对资源和环境的保护就成为可持续旅游发展的基本出发点。旅游发展必须建立在生态环境允许的承载力上，避免对自然资源、生物多样性和生态环境造成负面影响；旅游业的发展要有效地维护地方特色、地域文化的特色、旅游地的特色，避免当地文化遗产、传统风俗和社会生活方式改变或消失。因为丰富多样的自然资源和文化遗产是地域文化赖以生存和发展的基础，也是地域文化特色和吸引力的关键所在。

继承和发展旅游接待地的地域文化要做到旅游开发的均衡，包括传统性和现代性的均衡，民族性和世界性的均衡，本真性和商品化的均衡，开放性和限制性的均衡。

为了保护地域文化，应该统一认识，认识到地域文化在旅游持续发展中的地位和重要性；加强旅游规划，强化地域文化的管理；强化宣传教育，使当地居民自觉保护和继承地域文化。

三、未来旅游文化的塑造

社会在发展、人类在进步，现代化是社会发展的必然，现代化不仅仅是物的现代化，而且是人与人的社会关系的现代化，是“人的全面发展”，其中首当其冲的是文化的现代化。

18世纪工业革命以后，人类社会从传统农业社会迅速向现代工业社会、从生产的家庭化向生产的社会化转变，这就是现代化进程。现代化不仅仅限于经济领域内生产力的进步和生产方式的更新，而且包含着社会的政治发展和文化发展。在现代化的进程中，随着生产方式的变革，工业化、后工业化社会的实现，尤其是随着知识经济时代的到来，文化也将随着社会制度、精神风貌、思想意识等实行各方面的更新。中国的文化，在知识经济时代向何方发展，这已成为众人瞩目的关键。

中国传统文化深深植根于民族土壤之中，在与世界上其他民族文化相互交流，相互融合中，在广采博纳、综合创新中保持着中华民族文化旺盛活力。中国传统文化博大精深、源远流长，在它的长期发展过程中，逐渐形成了一系列优秀的文化传统，对于中国社会的发展和中华民族的长成壮大有着极为重要的推动作用。而这些优秀文化传统的相互凝聚和整合，便构成了中华民族文化的基本精神。

中国自古就是礼仪之邦，在与西方文化接触之前，她是四邻之中的文化中心，这种现状使许多人错误地认为中国是世界的中心，是普天下文化最发达的国家。自从明末西方传教士东来之后，中国的文化改革便经历了从最初的技术层面、物质层面到制度层面、观念层面的文化变改一直到民族的、科学的、大众化的文化变革的确立时期。从古代文化发展到近代文化，中国人曾经过艰苦的探索，漫长的历程中不乏失误和曲折，中国近代深重的民族危机和社会发展的需要决定了中西文化内容的选择和改造，决定了近代文化思潮的迅速变迁和发展路向，这成为中国文化近代化的根本动力。近代以后，文化变革与选择始终是被作为民族重大问题来思考的，国人也为此做出了令人惊叹的奋斗和努力，但如何创建既有高度文明、发达的，又能体现民族特色，能有效指导民族文化实践的文化体系的历史任务始终没有很好完成，这一重任必将落在21世纪新一代人的肩上。

任何一个国家、一个民族的文化，在其发展过程中，都是一组运动中的矛盾：一方面要维护自己的民族传统，保护自身文化的特色，另一方面它又需要吸收外来文化以发展壮大自己。文化学上称之为“认同”和“适应”。在当今知识经济高速发展的时代，中华民族的文化认同绝不是对传统文化的全面认同，而是立足现实，学会理解传统、从传统文化中汲取可为今用的营养，进行创造性的转换，形成开放、宽容、具有灵活性的自我调节的文化体制。当一个民族处于封闭状态，与外域文化不发生任何联系时，是无所谓适应不适应；只有当它与异民族文化发生交往，特别是激烈冲突的时候，发展水平较低的民族文化才有一个如何适应发展水平较高的民族文化的问题。外部挑战乃是文化发展的重要条件。

文化建设是当代中国必须要做好的一篇大文章，必须坚持正确的政治方向，用科学和理性来指导。建设21世纪有中国特色的社会主义新文化的方针必须是：“古为今用，洋为今用，批判继承，综合创新。”其广泛空间中相对统一的精神文化基础只能是中华文化。建设有中国特色社会主义的新文化体系任重而道远，要完成这一艰巨的历史任务，必须精心整合其文化来源，社会主义新文化的起点也是中华民族赖以生存发展的基础所在。另外，要尽可能吸收西方乃至世界各国的先进科学技术和思想文化成果，赋予社会主义新文化以时代性和世界性的双重意义。

旅游接待地在新形势下，如何塑造自身未来的旅游文化呢？

文化是人民共同创造的，必须要将有中国特色社会主义旅游文化的意识贯彻到当地居民中去，要让他们明白从近代的农业文化向未来的社会主义新文化的过渡是社会发展的必然，要建立既批判地继承历史文化的传统，而又充分体现时代精神，立足于地域文化而又面向世界的旅游接待地的社会主义新文化。

要掀起学习新文化的热潮，让当地居民懂得什么是新文化、塑造未来文化的目的和意义，并将有关未来文化的理论知识转化为继承保护地域文化、建设塑造社会主义新文化的具体行动。要让当地居民养成人人关注文化、学习文化的好风气，开办有关的文化培训班和文化学校，举办“中国未来文化论坛”，并将塑造未来新文化的意识落实到旅游接待地具体的事物中去，诸如参观游览景点、娱乐区域、休闲区域、民居建筑外观和室内装潢等均要充分体现当地浓郁的历史、民俗内涵，竭力打造旅游接待地整体的文化氛围，通过建筑、雕塑、绘画、书法、摄影、工艺美术等艺术形式，让游客在旅游接待地能得到最高文化享受。

对于未来文化发展方向的生态文化、度假文化、休闲文化等时尚文化，要组织专人研究，研究它们未来发展的动态、趋势和表现形式，并结合旅游接待地的实际情况，找出对策，落实措施，不断总结经验，使旅游接待地成为研究前卫文化的尖端阵地，成为培育未来文化的摇篮。

旅游接待地旅游事业的飞速发展，势必要引起一些原有文化的深化和加速发展，诸如服务文化、商品文化、节庆文化、娱乐文化等，这些都需要在可持续旅游战略的指导下，在不破坏生态环境前提下，在旅游业面临严峻挑战和难得机遇的前提下，把好旅游文化“认同”和“适应”的两者关系，充分运用旅游文化产业的差异性，不断采用创新的知识和新技术、新工艺，采用新的生产方式和经营管理模式，提高旅游接待地服务质量，为广大旅游者提供新的服务，占据市场并实现自身的市场价值。与此同时，努力塑造好旅游接待地未来的旅游文化，创造最佳的文化旅游的轰动效应。

单元一　中国礼仪文化

学习目标

了解中国文化最明显的特质之一——礼仪文化，认识我国古代礼仪文化的起源、发展和演进的情况，掌握有关我国古代礼仪文化的基本知识，增强礼仪之邦的民族自豪感。

主题一　礼仪文化的起源

与现代社会中礼貌、礼节、礼仪的含义不同，中国历史文化中的礼仪是一个庞大的体系，有非常复杂而丰富的内容，涉及政治、经济、军事、宗教、思想、文化和社会生活的其他诸方面，并长期作为中国社会生活中的行为规范而存在并发挥作用。上自帝王将相，下至平民百姓，都要严格遵循，不得例外。否则，就要受到道德乃至法律的严厉惩罚。因此，学术界有人将礼仪文化称为中国文化之根。

从字面看，“礼”指对他人的尊敬，“仪”指成规模、规范的程式。我国古典文献中二字连用始见于《诗经·小雅·楚茨篇》“礼仪卒度”、“礼仪既备”。

知识链接：古典文献关于礼仪起源的记载

关于礼仪的起源问题，历来说法不一。《通典》云：“自伏羲以来，五礼始彰；尧舜之时，五礼咸备。”不过最为学者所公认的说法，是礼起于三代而备于周朝。据现代文化人类学的研究，礼仪的起源早于文字，约在原始社会旧石器时代中后期开始发端，在新石器时代走向兴盛。我国古代文化典籍有大量相关记述。如“伏羲制嫁娶，以俪皮为礼”（《路史·后记》），“［伏羲］立礼教以导文，造干革以饰武，丝桑为瑟，均土为埙，礼乐于是兴矣”（《拾遗记》），“［伏羲］仰则观象于天，俯则观法于地……始作八卦，以通神明之德，以类万物之情”（《周易·系辞下传》），“［伏羲］

调和八风，以画八卦，分六位以正六宗”（《拾遗记》），“［神农］日中为市，致天下之民，聚天下之货，交易而退，各得其所”（《易·系辞》）等，还有《礼记》中提到“礼”“始诸饮食”、“本于婚”，《史记·五帝本纪》记载：尧命舜摄政，“修五礼”，“舜命伯夷典三礼，为秩宗；夔典乐，教稺子”。史书记载的这些行为都直接或间接与礼相关，甚至被纳入礼的范畴。这告诉我们：礼仪文化来自生产和生活。另外，礼仪也是古代文化传承的一个非常重要的方式和渠道。

归纳起来，有如下几种礼仪起源说：

一、货物交换起源说

人类社会最初的阶段，茹毛饮血，依赖渔猎和采集果腹几乎成为奢望，根本不可能有交换行为。随着人类生存能力的增强，原始农业出现，继而出现了社会分工，产品除满足自身生存需要之外还出现剩余，于是交换便应运而生了。《礼记·曲礼上》有“礼尚往来，往而不来非礼也，来而不往亦非礼也”，及“伏羲制嫁娶，以俪皮为礼”等语句。有学者认为礼的最初意义就是指人们之间互相交换产品的行为。杨堃在《民族学概论》中说：“起初，氏族和部落间的交换，往往仅限于互相通婚和有友好关系的才进行礼品交换，就是我们过去所说的‘礼尚往来’、‘往而不来非礼也’。但它逐渐演变为不等价的礼品交换，甚至是有强迫性的礼品交换。”杨向奎解释说：“在原始社会，‘礼尚往来’中的礼品交换，实质上是货物的交易行为。”这一说法主张以物易物的交换行为本身就是礼。当公平的以物易物行为存在时，就有了礼的存在，当带有强迫意味的交换行为取代公平的以物易物时，礼仪的面貌就变异了，礼的内容也就发生了变化，变为暴力下的贡献，与之相伴随的仪式也带有了尊崇的社会色彩。

当电子秤风靡世界之际，中国传统的杆秤与我们渐去渐远。古秤是何时诞生的呢？对不少人而言，似乎已成谜团。古人在交易中，最早使用的是“原始天平”，因其不便，方才琢磨出杆秤。据有关史料记载，春秋战国时期，天平始向杆秤过渡，及至北朝，始有带秤锤的原始秤，直至隋代，杆秤才正式定型。图中黄金秤属于小型精密秤，始发明于宋代。

古代黄金秤

二、宗教起源说

《说文解字》说“礼”，从示，从豊。“礼，履也，所以事神致福也”（“豊”是祭祀用的礼器）。点明礼的本义是举行仪礼，祭神求福。这种解释成为一些学者主张宗教起源说的论据之一。这派学者认为从历史的发展来看，礼乐文化是从巫祝文化演变而来的。郭沫若先生说：“大概礼之起源于祀神，故其字后来从示，其后扩展而对人，更其后扩展而为吉、凶、军、宾、嘉的各种礼制。”（《十批判书·孔墨的批判》）

良渚文化兽面纹玉琮

玉琮出土，时有所见。但长期以来，玉琮原产地是何处，始终是一则扑朔迷离的雾团。直至1973年夏，华美润泽、制作精致的玉琮、玉璧在江苏苏州草鞋山遗址出土时，才首次证明玉琮是良渚文化的典型器物，时间也由“三代之物”提前至四五千年前。

知识链接：我国的巫祝文化

与世界上其他地区的远古民族一样，我国远古先民也经历过原始宗教时期即巫祝文化时期。在人类社会早期，人们从大自然索取生存资料，与自然力对抗的能力极为有限，几乎微不足道，于是逐渐产生了对代表不可抗拒、不可理解的神秘力量的鬼神的信仰和崇拜即原始宗教。原始宗教崇拜的范围很广，包括天神、地祇、人祖、某些作为氏族或部落图腾的动物或植物等，先民们认为万物都有灵性，都能行赏罚，不可不敬。对于鬼神，人们必须有奉献，奉献出自己的劳动产品如粮食果蔬、牲畜肉食、玉石器具，因为这些献祭之物在先民看来，没有鬼神的护佑就不可能得到，甚至是人本身也被拿来作为祭祀之物。为表达尊崇，还有相应的仪式如乐舞等。他们认为，倘不如此就得不到鬼神的爱怜和生活资料的赏赐，甚至会受到来自鬼神的不可战胜、威力无比的严厉惩罚。辽西红山文化遗址发现有五千年前巨大的神庙遗址；与之年代相近的浙江良渚文化遗址也发现和出土过大小祭坛和大批供祭祀用的玉器。这些都表明上古巫祝文化之盛。据《国语·楚语》记楚大夫观射父所说，上古巫祝文化经历了由“民神不杂”到“民神杂糅”再到“家为巫史”、“绝地天通”三个阶段。其中“家为巫史”、“绝地天通”阶段，也就是从以神守国到以社稷守国的历史转变时代。大体说来，夏以前应该为巫祝文化期，夏、商、周三代是礼乐文化期，西周礼乐达到极盛。周初周公制礼作乐，造就孔子所景仰的“郁郁乎文哉”的礼乐文明。这就是早期礼仪的缘起。

《大戴礼记·曾子天圆》说：“神灵者，品物之本也；而礼乐仁义之祖也。而善否治乱所由兴作也。”。把神灵抬到极高的地位上去。《荀子·礼论》所谓“礼有三本：天地者，生之本也；先祖者，类之本也；君师者，治之本也。无天地，恶生？无先祖，恶出？无君师，恶治？三者偏亡焉，无安人。故礼，上事天，下事地，尊先祖而隆君师，是礼之三本也”，明确提出天神作为万物之本必然成为礼乐之祖的观点。在这里，“礼”就是贡献给神灵的牺牲即供品，“仪”则指人们为了博取神灵的欢欣而举行的各种歌舞仪式。当然，主持这样仪式的无非是当时一个特殊的群体——“巫”，即可以“交通鬼神”的神职人员。后来，随着生产力水平的提高，人们逐渐认识到，并非是鬼神决定了和人的生存相关的一切物质资料，人类自身也大有可为，于是逐渐将对于鬼神的崇拜和供奉转向人间的英雄，物质的和精神的贡献乃由虚无的神灵下降至人间。礼仪也由神坛下降至人间，成为人间的一种秩序。

三、圣人制欲说

荀子是主张圣人作礼以制人欲（即“礼本于性情”说）的最早的学者。他以性恶论为出发点，将“礼”之起源归结为“圣人”的“制欲止乱”。他说：“礼起于何也？人生而有欲，欲而不得，则不能无求；求而无度量分界，则不能不争。争则乱，乱则穷。先王恶其乱也，故制礼义以分之”，故荀子是主张圣人作礼以制人欲（即“礼本于性情”说）的最早的学者。他以性恶论为出发点，将“礼”之起源归结为“圣人”的“制欲止乱”。他说“以养人之欲，给人之求。使欲必不穷乎物，物必不屈于欲，两者相持而长，是礼之所起也。故礼者，养也。”（《荀子·礼论》）他认为人性无分高下贵贱，人人相同，有各种各样的欲望：“目好色，耳好声，口好味，心好利，骨体肤理好愉佚”，“饥而欲饱，寒而欲暖，劳而欲休”，“食欲有刍豢，衣欲有文绣，行欲有舆马，又欲夫余财蓄积之富也”，“生而有嫉恶焉”；即便“夫贵为天子，富有天下”，也不免会有各种欲望。他分析说，“今人之性，生而好利焉，顺是，故争夺生而辞让亡焉。生而有疾恶焉，顺是，故残贼生而忠信亡焉；生而有耳目之欲，有好声色焉；顺是，故淫乱生而礼义文理亡焉。然则从（纵）人之性，顺人之情，必出于争夺，合于犯分乱理而归于暴”（《性恶》），从而得出结论——“欲恶同物，欲多而物寡，寡则必争矣”（《富国》），“人生而有欲，欲而不得，则不能无求；求而无度量分界，则不能不争。争则乱，乱则穷。先王恶其乱也，故制礼义以分之，以养人之欲，给

古代婚礼用品

图为仿制的古代仕子、仕女成婚所用的大婚礼服，现多用于戏剧演出。民间多以“凤冠霞帔”来比喻女子婚服的典雅华丽。凤冠最初为贵族妇女所戴的礼冠。太皇太后、皇太后、皇后冠上置凤凰。明清时一般妇女盛饰所用的彩冠也叫凤冠，多用于婚礼时。霞帔形如两条彩练，绕颈而下，垂于胸前，下垂金玉坠子。隋唐时人盛赞此服如朝霞，故而得名，初为命妇之妆，明清流为普通妇女盛妆。

人之求。使欲必不穷乎物，物必不屈于欲，两者相持而长，是礼之所起也”（《礼论》）。司马迁也持这一观点。在《史记》卷二十三《礼书》中，他说“缘人情而制礼，依人性而作仪”。又说：“礼由人起。人生有欲，欲而不得则不能无忿，忿而无度量则争，争则乱。先王恶其乱，故制礼义以养人之欲，给人之求，使欲不穷于物，物不屈于欲，二者相待而长，是礼之所起也。故礼者，养也。稻粱五味，所以养人口也；椒兰芬茝，所以养鼻也；钟鼓管弦，所以养耳也；刻镂文章，所以养目也；疏房床第几席，所以养体也。故礼者，养也。”

四、风俗起源说

从历史的角度来看，礼仪应该说是起源于风俗。《礼记·礼运》说：“夫礼之初，始诸饮食”。所谓“饮食”就指人们对于生存资料的索取、使用的过程，即物质资料的生产和分配的方式，里面既有取食和分食方式，也涵盖居住和服饰等方面，内容较为宽泛。最早出现的食礼与远古的祭神仪式直接相关。后来食礼由人与神鬼的沟通扩展至人与人的交际，以便调节日益复杂的社会关系，逐步形成“先秦五礼”，奠定了古代饮食礼制的基石。

《礼记·礼运》说礼“本于婚”，即“婚姻”，指的是人类自身的生产方式，包括男女之间如何交往，如何结成婚姻，由婚姻又如何构成家庭和家族，即血缘组织的过程。

也就是说，食俗和婚俗实质上代表了人类社会的两种生产，在生产中形成了各种风俗，而这些风俗又成为礼仪得以形成的根本因素和起点。春秋时期的思想家们就说过“礼失求诸野”，意思就是当社会主流的礼仪形态发生迷失，或不适应社会要求时，就需要重新到礼仪原本发端的地方即民间风俗中重新寻求。甚至到今天，我们可以见到的礼仪形态，也是以饮食礼仪、结婚礼仪表现较为突出。这也是符合历史唯物主义观点的。

总之，无论关于礼仪文化起源的争论结果如何，我们都应该认识到：我国作为世界上著名的礼仪之邦，礼仪文化的起源很早，它来自现实的人类与环境的关系及人类的生产生活。礼仪文化已成为我国传统文化中与世界其他国家和地区相区别的特质之一。

主题二　礼仪文化的发展

夏商周，中国古代礼仪基本确立。随着社会制度的急剧变革，礼仪文化发生了重大的变化，作为国家典章制度综合体的古礼走向崩溃。汉代出现了记载礼仪文化理论形态的三部巨著——《周礼》、《仪礼》、《礼记》，合称“三礼”。它标志着礼仪文化发展到成熟的阶段。此后，随着儒家思想的发展和占据主导地位，礼仪文化日渐成为中国历史文化的重要表征。

一、礼仪文化的建立

夏、商、西周是我国历史上的奴隶制王朝，来自远古的礼仪在这个时期逐渐定型并确定下来。孔子说“殷因于夏礼，所损益，可知也；周因于殷礼，所损益，可知也；其或继周者，虽百世，可知也”。文中“礼”是维护统治者等级秩序的政治准则、道德规范和各项典章制度的总称，其中自然也包含了今天意义上的礼仪。

周公，即姬旦，周文王四子，武王姬发之弟，因其封地在周，故也称周公旦，中国历史上杰出的政治家，号称中国历史上第一位贤相。他推行分封制，还“制礼作乐”，他对周王朝的建立和巩固，用尽了毕生的精力；他对中华民族传统文化的形成、发展，对中国古代历史的进步作出了重大贡献。

清人绘周公像

对中国礼仪文化的建立具有重大奠基作用的是“周公制礼”。周王朝建立之后，统治者在夏礼和商礼的基础上，以“亲亲”和“尊尊”为基本指导思想，综合周族的风俗习惯，制定了一整套礼制，大到国家制度如宗法制、分封制等，小到个人行为包括人的婚姻、丧事、成人礼仪、祭祀活动等都有详细规定，建成了一整套贵贱有等、上下有别、长幼有序，具有权威性和严肃性的规范体系。统治者希望社会制度、国家制度、人们生活以及思想都符合这些规范的要求，凡事都以“礼”为准则，用“礼”来衡量。此后数千年，尽管岁月荏苒，朝代更替，但西周所确定的各种礼仪制度大多延续下来，至今仍能看到周礼对于中国人生活的影响。如“未嫁从父，既嫁从夫，夫死随子”（《礼记·丧服》）和“妇德、妇言、妇容、妇功”（《周礼·天官·九嫔》）等“三从四德”的伦理规范。

二、春秋战国时代“以仁化礼”与礼法合流

到春秋战国，礼仪文化继续进步，不断充备，人们对于礼的认识也不断深化，从而奠定了中华文明的底蕴，并赋予中华文明以鲜明的礼仪特色。

针对春秋时期“礼崩乐坏”的巨大社会变化，孔子极力推崇和提倡“礼治”。

知识链接：孔子论“礼”与“仁”

孔子说礼是“治国之基”，“礼，经国家，定社稷，序民人，利后嗣者也”（《左传·隐公十一年（前712）》）；“所以守其国，行其政令，无失其民者也”（《左传·昭公五年（前537）》）；“礼之可以为国也，久矣，与天地并。君令臣共，父慈子孝，兄爱弟敬，夫和妻柔，姑慈妇正。姑慈而从，妇听而婉，礼之善物也”（《左传·昭公二十六年》）。他强调礼的教化作用，主张“齐之以礼”，即用礼去移易陋习，使人的情感“发而皆中节”，即“乐而不淫，哀而不伤”（《论语·八佾》）。孔子将“礼”和“仁”结合起来。他说“人而不仁，如礼何？人而不仁，如乐何？”（《八佾》）。他认为仁高于礼，仁是礼的本质和根据，礼以仁为基础，是支配人类生活和行为的道德规范，具有其合理性、权威性、必要性、重要性。孔子认为“不学礼，无以立”（《季氏》），“上好礼，则民易使”（《宪问》），“上好礼，则民莫敢不敬”（《子路》）。孔子主张“克己复礼”，要求人们“非礼勿视，非礼勿听，非礼勿言，非礼勿动”（《颜渊》），把礼乐文化植根于仁，依仁成礼，使中国传统文化顺利地实现了由上古向中古的转折，也沟通了孔子之前数千年、之后数千年的文化血脉，这是孔子对中国文化最伟大的贡献。

孔子之后，思孟学派在继承周孔仁义思想基础上，对礼进行了新的阐释，为礼仪制度全面兴起做出了理论上的积极准备和推动。思孟学派认为治必由道，若不由其道，“虽尧求之弗得也”，“上不以道，民之从之也难”，认为礼的基本内涵是人性，而人性，是与生俱来的自然的属性，因此可以推己及人，上推命与天道，乃知人所当行的人道如“察诸出所以知己，知己所以知人；知人所以知命，知命而后知道，知道而后知行”（《日知录》卷七《夫子言性与天道》，《论语集解义疏》卷二）。思孟学派认为“礼因人情而为之”。情与性互为表里，性外显则为情，道始于情也即始于性，人性即指喜怒哀乐之情（《大戴礼记·文王官人》称“民有五性，喜怒欲惧忧也”）。思孟学派指出“礼，门也”，即要经过礼才可达到仁的目标，即“以礼成仁”。思孟学派“礼治”的主张使“礼”走下圣坛，更多地走向民间，利于形成上下共行的礼仪文化。

后来，经过荀子的发挥，“礼”不仅仅是对统治者的要求，也是对有知识的“君子”的要求，从而与法相结合，成为全社会成员取齐的标准。

《礼记》是儒家关于礼学的一部论文集。原附《仪礼》之后，是对《礼经》经义的阐发，是在对《仪礼》长期传习的过程中，儒家学者撰写的释经文字。该书于东汉末年独立成书，在唐代取得经书的地位。汉代戴德把流传的经文合为85篇，称为《大戴礼记》；戴圣在此基础上，又加以删辑。最终形成49篇，史称《小戴礼记》，因东汉经学家郑玄为其作注，故得以广泛流传。

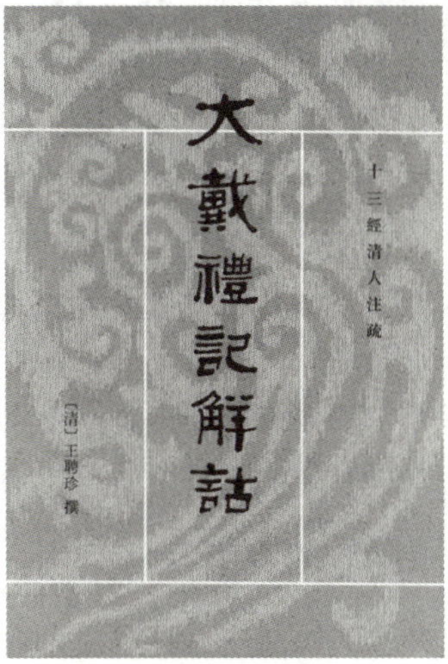

清人注疏的《大戴礼记》

另外，先秦儒家还认为礼乐结合就是天地万物秩序的体现；礼乐结合可以实现天下大治：“乐者，天地之和也；礼者，天地之序也。和，故百物皆化；序，故群物皆别。”（《礼记·乐记》）为了保证礼乐的推行，儒家还主张礼乐与政、刑相结合，如《论语》：“道之以政，齐之以刑，民免而无耻；道之以德，齐之以礼，有耻且格。”《乐记·乐本篇》：“礼节民心，乐和民志，政以行之，刑以防之，礼乐刑政，四达而不悖，则王道备矣。”从而开辟了礼仪与政治结合的道路。

三、秦汉时期纲常伦纪的确定

孔子以后的儒家学派继承了孔子的礼治思想，礼仪取得了进一步发展，并对先秦礼制进行了总结整理，于是就出现了“三礼”。所谓“三礼”，即经过秦汉时期儒家学者整理成书的《周礼》、《仪礼》、《礼记》三部礼学专著。它们记录保存了先秦尤其是周代礼仪，体现了儒家的政治和社会理想。在汉以后的两千多年里，“三礼”一直是国家制定礼仪制度的经典文献，素有“礼经”之称。中国的礼仪文化以此为标志，全面走向成熟。

秦汉时期是封建地主阶级彻底战胜奴隶主阶级而取得政治和社会的支配地位，建立了以皇权为中心的封建官僚体制，同时又面对着农民阶层的反抗。统治者不得不调整统治政策，多方采取措施，巩固自己的统治。秦始皇统一全国，就施行“以礼节俗”即行同伦的政策，宣告用严刑峻法禁止男女淫佚，把中原伦理推广到全国。西汉建立之初，由当时的大儒叔孙通考订礼仪，区分上下尊卑。通过思想本身的衍化，礼进一步与法密切结合，加上陆贾、贾谊、董仲舒等人的努力，至汉武帝时期，儒家礼治思想借助于政权体系得以广泛推广，礼仪制度通过政权体制广泛普及到社会生活各方面。值得一提的是，董仲舒从“天不变，道亦不变”的世界观出发，提出了“三纲”、“五常”的伦理标准，经《白虎通义》的肯定，与“六纪”共同成为后世儒家礼仪的道德规范。

从此，德治、礼治与仁政一起成为历代王朝治世的通则。每当新王朝建立，都要整饬风俗，制定礼仪，有的还专设观风整俗官员入乡问俗，引导风俗民情。《史记》“采风俗，定制作”，《汉书》“观风俗，知得失”，《晋书》“移风俗于王化，崇孝敬于人伦”，《旧唐书》“弘长名教，敦励风俗”，《新唐书》“为政必先究风俗”等，就是这方面的记载。

于是，因俗成礼、以礼化俗成为中国特有的文化现象。上层的精英文化与下层的民间文化互相渗透，礼与俗紧密结合，使中国礼仪文化呈现出极强的世俗特征，礼俗文化逐渐形成。封建的大一统，使礼治依赖其统治地位，强有力地切入习俗，极大地增强了全国不同地区风习有异的各类族群对礼的价值的认同，使中国文化的整体性特征日益凸显，同时也增强了中国文化的凝聚力。礼仪的覆盖面不断扩展，使日常生活日渐意识形态化。礼仪遂渐渐积淀为中华民族文化心理的重要组成部分。

四、宋明以后的礼仪文化

中国礼仪文化的发展一直存在着两个方向：一是与国家政治体制密切结合，宣扬礼乐教化，维护封建等级和统治秩序；一是与人们日常生活即“俗”相结合，成为“俗礼”。早在先秦，思想家们就开创了注重百姓日用之学的传统，树立起以伦理为本位导向的价值取向。由秦汉至隋唐，礼仪文化因上层统治者的倡导而进一步完成了与百姓习俗的结合。为此，他们还对古礼进行修订，如改厚葬为薄葬，将婚聘六礼简化为三礼等，以便推广。

朱熹像

南宋哲学家、教育家。徽州婺源（今江西婺源）人。受业于李侗，得程颐、程灏之传，兼采周敦颐、张载等家学说，集礼学之大成，亦称程朱学派、闽学，属完整的客观唯心主义理学体系。他曾将《礼记》中《大学》、《中庸》和《论语》、《孟子》合编为《四书》并加以注释，明清时代科举考试以他的《四书集注》作为圭臬。朱熹理学在封建社会后期极大地起着禁锢思想的作用。

随着中央集权政权的强化，隋朝以后的统治者不断强化代表等级秩序的“君权神授”、“三纲五常”等传统礼学的核心思想来维护王权的“正统”地位。到宋明时期，儒家学者们将礼治教化继续抬高，不仅强调纲常伦纪，而且将孔孟之礼的核心“仁”与所谓“道”、“天理”等同并且替换。比如南宋大儒、程朱理学集大成者朱熹从日用之学中发现了人的各种欲望，认为必须去除人欲，甚至“灭人欲”才可以“存天理”。于是，他提倡“饿死事小，失节事大”，要求人们信守伦理规范，实行禁欲主义，在日常生活中实践礼治。这样，到宋明时期，中国的礼仪文化不仅仅作为实现儒家的社会理想的行为规范而存在，更使禁欲主义成为中国封建社会后期礼仪文化的主要原则，传统礼制逐渐走向僵化。

宋代以后，产生了一系列诸如司马光的《家范》和《书仪》以及清初朱柏庐所著《朱子家训》(亦名《朱子治家格言》)。等家庭礼仪规范丛书。这些所谓“家礼”因为反映了悠久的儒家文化熏陶下形成的士大夫伦理意识而被人们所推崇，甚至走出国门，在海外发生了广泛的影响。另一方面，民间礼仪广为流传，也是当时一大值得注意的现象。

清王朝统治建立以后，为笼络汉族地主和上层知识分子，巩固其统治，与废止圈地、减免税粮、鼓励垦荒等措施相配合，统治者强调“满汉一体”，崇奉孔子，提倡理学，编纂图书竭力宣扬“三纲五常”、“三从四德”、忠孝节烈等封建道德伦理，从而延续了宋明理学的意识形态脉络，强化了对人们尤其是妇女的思想和行为的束缚。中国礼仪文化呈现出一种特殊的面貌。

主题三　礼仪文化的要素、表现和特点

中国是礼仪之邦。礼仪在中国古代社会的政治文化生活中占有极其重要的地位，有着和其他国家完全不同的面貌。它远远超出了礼节、礼俗、礼貌的范畴，与政治、宗教、法律、哲学、思想、习俗、文学、艺术结成密切的关系。大至政治体制、朝廷法典、天地鬼神祭祀、水旱灾害祈禳、科举考试、军队征战、行政区域划分，小至房舍陵墓营造、衣食住行、婚丧嫁娶、言谈举止，都属礼仪范畴。直到近代，礼仪的范畴才逐渐缩小，仅存礼节仪式的意思。

一、中国礼仪文化的要素

中国礼仪文化有如下要素。

(一) 礼法

礼法是礼的外在形态，即章法和程式，也是判断礼与非礼的标准。《仪礼》记载了先秦各种礼法，对行礼的时间、场所、人选、人物的服饰、站立的位置、使用的辞令、行进的路线、使用的礼器以及行礼的顺序等，并对之都有规定。

(二) 礼义

礼义即礼的内核和思想内涵。孔子认为玉帛钟鼓只是表达礼义的工具，不能片面重视器物仪节，而应该以礼义为核心。《礼记》一书对于礼义进行了全面阐发。

(三) 礼器

礼器即行礼借助的器具。古人说“藏礼于器”。礼器主要分食器、乐器等。从质地看，礼器可以用石、陶、骨、木、金属、玉、竹等物制成，样式往往与日常使用的器具有所区别而以示特殊。

(四) 辞令

辞令即行古礼时使用的语言。有些有明确的规定。如第一次去见仰慕的人，要说“某固愿闻名于将命者”。再如逢公卿之丧，要说“听役于司徒”。有的无固定格式，需临场发挥，随机应变，对此，《左传》、《国语》中有大量记载。

（五）礼容

礼容即行礼者的体态、容貌等方面的要求。礼义重在诚和敬。因此，无论冠婚、丧祭、射飨还是觐聘，行礼者的体态、容色、声音、气息都需注意。《礼记·杂记下》说“颜色称其情，戚容称其服”。孔子说“祭神如神在”。《礼记·玉藻》记载“君子之容舒迟，见所尊者齐遬，足容重，手容恭。目容端，口容止。声容静，头容直。气容肃，立容德。色容庄，坐如尸”，就是面见尊者时的礼容标准。

（六）等差

等差即礼仪的等级差别。如郊天、大雩为天子之礼，诸侯、大夫不得僭越。据《礼记·礼器》，礼数高低常以礼器的多少、大小、繁简等来区别。如“礼有以多为贵者”：天子七庙，诸侯五庙，大夫三庙，士一庙；盛食的豆，天子廿六，诸公十六，诸侯十二，上大夫八，下大夫六。“礼有以高为贵者”：天子之堂九尺，诸侯七尺，大夫五尺，士三尺。“礼有以大为贵者”：宫室、器皿、丘封等，都以大为贵，棺椁也以厚为贵。“礼有以文为贵者”：愈尊者，文饰越复杂，如祭用冕服，天子龙衮，诸侯黼、大夫黻、士玄衣纁裳；乐舞，舞者之数：天子八佾，诸侯六佾，卿大夫四佾，士二佾。“以小为贵”、“以素为贵”的比较少见。

二、礼仪文化的表现

古代中国的礼仪名目繁多。《礼记》说“经礼三百，曲礼三千”，《中庸》说“礼仪三百，威仪三千”。《尚书·尧典》说尧东巡岱宗“修五礼”，但是《尚书》并未说明“五礼”所指。《周礼·春官·大宗伯》篇将“五礼”确定为吉礼、凶礼、军礼、宾礼和嘉礼，并固定下来，还说“以吉礼事邦国之人鬼神祇，以凶礼哀邦国之忧，以军礼同邦国，以宾礼亲邦国，以嘉礼亲万民”，从而使中国礼仪文化的基础得以奠定。

中国礼仪文化博大精深，表现为邦国礼仪、人生礼仪和丰富多彩的生活礼仪。

（一）邦国礼仪——五礼

1. 吉礼

吉礼指祭祀之礼。古人祭祀为求吉祥，故称吉礼。《礼记·祭统》说：“礼有五经，莫重于祭。”将吉礼放在极其重要的位置。

《周礼·春官·大宗伯》说“以吉礼祀邦国之鬼、神、祇”，表明古代吉礼所祭祀的对象有天神（如天、日、月、星辰等）、地示（如社稷、五岳、五行、山林川泽、四方百物）、人鬼（含祖先、历代帝王、先圣先师、贤臣、先农、先蚕、先火、先炊、先医、先卜等）三大类。不同对象、不同时代有不同的祭时和祭法。

《礼记·祭法》载，王为群姓立七祀，诸侯为国立五祀，大夫立三祀，適士立二祀，庶士、庶人立一祀。

古代还有“五祀”，即对于门、户、行、灶、中霤（指屋檐或堂屋）的祭祀。周代春祀户、夏祀灶、季夏祀中霤、秋祀门、冬祀行。此后，不断变迁，汉魏孟冬三月总祭一次。唐、宋、元时用“天子七祀”之说，祀司命（宫中小神）、中霤、国门、国行、泰厉（野鬼）、户、灶。明清两代行五祀，清康熙之后，废除对门、户、中霤、行的专祀，采用了民间形式，只在夏历十二月二十三日祭灶。

2. 凶礼

凶礼是救荒分灾的礼仪。《周礼・春官・大宗伯》说："以凶礼哀邦国之忧"。凶礼，包括荒礼和丧礼两大类，细目则有丧礼、荒礼、吊礼、禬礼、恤礼五种。

（1）丧礼

在生活类礼仪中，丧礼产生最早，也最重要。丧礼用于安抚死者鬼魂，核心是通过对死者遗体的处理，来表达对死者的敬爱之情，对生者则以之分长幼尊卑，通过尽孝正人伦。与之相关的是丧服制度，根据与死者亲疏关系，分别配以三个月至三年的服丧时间。

（2）荒礼

"荒"意为年谷不熟，就是灾荒之年。《逸周书・籴匡》按农业丰歉程度将年景分为成年、年俭、年饥、大荒四种情况。《周礼》认为疫病流行也属荒。当邻国出现灾荒或传染病时，应表示同忧。《礼记・曲礼》说，"岁凶，年谷不登，君膳不祭肺，马不食谷，驰道不除，祭事不县，大夫不食粱，士饮酒不乐"。《国语・鲁语》有"国有饥馑，卿出告籴，古之制也"。《左传》记载，襄公二十九年，郑国发生饥荒，郑子"饩国人粟，户一钟"。《孟子・梁惠王》说："河内凶，则移其民于河东，移其粟于河内。河东凶亦然。"这些都是荒年应做的事，属制度层面的礼。

（3）吊礼

吊礼就是当邻国遭遇水火灾害时，派使者前往吊问。鲁庄公十一年（前683）秋，宋国发生大水，鲁君就派人前往慰问。《左传》成公三年二月甲子，新宫（宣公之庙）灾，鲁君"三日哭"。《汉书・成帝纪》载：河平四年（前25）三月，对因"水所毁伤，困乏不能自存者振贷，其为水所流压，死不能自葬，令郡国给槥椟葬埋。以葬者与钱，人二千"。

（4）禬礼

禬礼即会合财货。邻国发生祸难，兄弟之国应该凑集钱物救助。《春秋》记：襄公三十一年（前542）冬，"会于澶渊，宋灾故"。

（5）恤礼

恤礼是指邻国发生外患内乱，应该派遣使者前往存问安否，表示关心。

儒家对荒礼提出的"散礼"、"薄征"、"缓刑"、"劝分"和"移民通财"等一系列措施，两汉政府曾具体运用。汉高祖二年（前205）六月，关中大饥，米价每斛万钱，民人相食，政府移民通财，"令民就食蜀汉"。汉文帝颁令，凡遇大灾，百姓可蠲免租税，称为"灾蠲"。成帝下令入粟助赈者赐爵。光武帝建武五年（29）夏四月，旱灾、蝗灾并起，迫于饥饿而触犯法律者甚多。光武帝下诏宽赦缓刑，以示哀矜。汉顺帝永建三年（128）正月，京师地震，乃下诏年7岁以上的受害者，每人赐钱两千。经过历代政府不断完善，救荒赈灾成为重要礼制之一。

3. 军礼

古代军礼的范围很宽，涉及了军队的召集、出征、检阅、军队的日常管理，甚至包含了赋役、道路沟渠疆界的整修等内容。

《周礼》列举了大师、大均、大田、大役、大封等仪条。唐《开元礼》有告太庙、命将、出师、宣露布、大射、马祭、大傩等仪条。《周礼・春官・大宗伯》解释说："以军礼同邦国。大师之礼，用众也；大均之礼，恤众也；大田之礼，简众也；大役之礼，任众也；大封之礼，合众也。”

按照礼的规定，军队的规模有限定，天子为六军，诸侯不得超过六军；与国力相称，大国三军，次国二军，小国一军。当时的军力多用战车衡量，故有天子万乘、诸侯千乘、大夫百乘之说。军队必须按礼的原则，严格训练、管理。《礼记·曲礼》说：“班朝治军，莅官行法，非礼威严不行。”

《司马法》一书记述了当时的军礼，已失传。《周礼·春官·大宗伯》中的军礼，包括五种：

大师之礼，是召集和整顿军队的礼仪。《周礼》说“大师之礼，用众也”，意思就是调动民众的热情。郑玄说：“用其义勇也。”大均之礼即校正户口，调节赋征。国家根据礼制建立军队，还要分摊军赋。使民众负担均衡，不仅仅由军人承担。唐宋以后，军礼中取消此条。

大田之礼即检阅车马人众，亲行田猎。古代诸侯都亲自参加四时田猎，分别称为春蒐、夏苗、秋狝、冬狩。目的是检阅战车与士兵的数量，士兵的作战能力，训练战争中的协同配合。

大役之礼，是为了营造宫邑、堤防等工程而役使民众。大役之礼要求根据民力的强弱分派任务，就是孔子的“为力不同科”思想。

大封之礼，古代疆界、道路、沟渠都要封土植树，故称大封之礼。

据《礼记·王制》载，如果天子亲征，则出征前要举行“类乎上帝”、“宜乎社”、“造乎祢”、“祃于所征之地”、“受命于祖”、“受成于学”等礼仪，祭祀上帝、社、祢（父庙）和所征之地，祈求各方神灵保佑战争胜利。受命于祖即告庙，将神主请出，奉于军中。受成于学是针对作战进行谋划。

此外，军队的车马、旌旗、兵器、军容、营阵、行列、校阅，乃至坐作、进退、击刺，军队的日常训练，如校阅、车战、舟师、马政等，都有严格的礼仪规定。得胜之后，又有凯旋、告庙、献俘、献捷、受降、饮至等仪节必不可少。

4. 宾礼

《周礼·春官·大宗伯》：“以宾礼亲邦国。”宾礼是在宗法制度下，为强化天子与诸侯的亲戚和同盟关系。彼此亲附而举行的定期礼节性会见。天子、诸侯接待宾客的礼仪有：“春见曰朝，夏见曰宗，秋见曰觐，冬见曰遇”。六服之内的诸侯，按照季节顺序，轮流进京朝见；“时见曰会”，指天子要征伐不顺服的诸侯时，其他诸侯觐见；“殷见曰同”指若天子十二年未巡守，四方诸侯齐往京师朝见。诸侯之间互相定期聘问也属宾礼范畴。

（1）朝礼

朝礼包括天子的五门（皋门、库门、路门、雉门、应门）三朝（外朝、治朝、燕朝）、朝位（三公、孤、卿、大夫等在朝廷中站立的位置）、朝服（冠冕、带韠、黻黼、佩玉等）以及君臣出入、揖让、登降、听朝等的礼仪。经过历代根据尊王原则进行补充修订，朝礼规范日益细密。

（2）相见礼

相见礼即士与士之间的交际礼仪。《仪礼·士相见礼》记载上古时代士相见，以及士见大夫、大夫相见、大夫庶人见于君、燕见于君、言视之法、侍坐于君子、士大夫侍食于君等的礼节。由此发端，历代的相见礼各有变化。

（3）蕃王来朝礼

蕃王来朝礼是明洪武初年制定蕃王来朝的一系列礼仪规范。

5. 嘉礼

嘉礼是和合人际关系，沟通、联络感情的礼仪。其范围很广，包含饮食、婚冠、宾射、燕飨、脤膰、贺庆等各项礼仪。《周礼·春官·大宗伯》载“以嘉礼亲万民”，表明了它的功能。

（1）饮食之礼

国君通过宾射、燕享，与宗族亲戚及四方宾客饮酒聚食，以加深感情，即“以饮食之礼亲宗族兄弟。”

（2）婚冠之礼

婚冠之礼即成年礼。古代男子二十而冠，女子十五而笄方可许嫁，乃有冠笄之礼。对成年男女来说，婚礼可使之恩爱相亲，即“以婚冠之礼亲成男女”。

（3）宾射之礼

古代乡有乡射，朝廷有大射。在射礼中，即使有贵如天子者，也须分宾主行礼仪，故名宾射之礼。功能是“以宾射之礼，亲故旧朋友”。

（4）燕飨之礼

天子“以燕飨之礼，亲四方之宾客”，即通过燕或飨与四方诸侯、宾客相亲善。飨在太庙举行，烹太牢以饮，重在往来，燕即宴，在寝宫举行的燕礼，主宾可放开拘束，开怀畅饮。燕礼对后来中国饮食文化有深远的影响。

（5）脤膰之礼

脤膰，宗庙社稷的祭肉。祭祀结束后，需将脤膰切分为礼，目的在增进感情，即“以脤膰之礼，亲兄弟之国”。

（6）贺庆之礼

周代异姓诸侯间往往有婚姻甥舅关系，这样，别国有喜事，按礼要致物相贺，即“以贺庆之礼，亲异姓之国”。

（7）巡守礼

上古帝王有定期巡守的制度即为巡守礼。《礼记·王制》说“天子五年一巡守”，《周礼·大行人》说天子十二年“巡守殷国”。《易·观卦》说，王者要“省方、观民、设教”。天子巡省时要观民俗而设教。《后汉书·光武帝纪》记载光武帝于建武十七年南巡狩、十八年西巡狩、二十年东巡狩。

（8）即位改元礼

古代政权的更迭，往往选择元日（即甲子年、甲子月、甲子日、子夜为冬至之时称初元或上元）。据《尚书》记载唐虞禅让，就选择在“正月上日”，上日就是朔日。新君即位，必称元年。即位无论何月，都要沿用旧君年号，次年正月元日才告庙即位以免混乱王年。汉武帝先后使用建元、元光、元朔、元狩、元鼎、元封等年号，成为最早使用年号的帝王。后汉光武帝是第一位举行即位大典的君王，从此，天子即位必有大典，仪式也日益庞杂。

除上述诸礼外，嘉礼还有正旦朝贺、冬至朝贺、圣节朝贺、皇后受贺、皇太子受贺、尊太上皇、学校、养老、职官、会盟，乃至观象授时、政区划分等礼，涵盖了诸多领域。

（二）人生和生活礼仪

除五礼以外，我国礼仪文化还表现为丰富具体的人生和社会生活礼仪。孔子非常强调礼的重要性，说“不学礼，无以立”。

人生礼仪主要有诞生礼、成人礼、婚礼和葬礼等。

1. 诞生礼

诞生礼又称人生开端礼或童礼，是人生第一礼。从求子、保胎到临产、三朝、满月、百禄，直至周岁，以长命为主题有一系列礼仪。汉魏时出现高睹之祭即乞子礼仪，唐宋成定制，金代高睹祭青帝。清代虽无高睹之祭，却有“换索”与之相当。诞生礼自古就重男轻女，生男称“弄璋之喜”，生女为“弄瓦之喜”。另外，诞生礼还包括“三朝”、“满月”、“百日”、“周岁”等礼仪。一般是“三朝”受贺，“满月”剃发，“百日”认舅、命名，“周岁”时抓周。

2. 成年礼

古代男子二十加冠，女子十五插笄（把头发盘成发髻），表示成年可以婚嫁，也称冠笄礼。该礼由氏族社会盛行的成丁礼演变而来。汉代沿袭周代制度，魏晋时加冠必用乐。清代废止。

古代冠礼，一般在宗庙里举行特定的仪式，由父或兄主持。仪式前，要占卜选时和礼请加冠的“宾”（一般由父兄的僚友担任）。行礼时，“宾”要加冠三次。主人要“礼宾”即招待，“宾”要给受冠者取“字”，受冠者要拜谢，换上玄色的礼帽、礼服，携礼品拜见达官贵人。古“笄礼”与此不同的是在室内中堂举行，主持者和加冠者都是女性。现在，我国一些少数民族仍保留着古老的成年礼，如拔牙、染牙、穿裙、穿裤、盘发髻等仪式。

3. 婚礼

婚礼是人生礼仪中最盛大、最隆重的礼仪，很早就受到人们的重视。古人很早就认识到婚姻有传宗接代、事奉宗庙的功能。《礼记·昏义》曰：“昏礼者，将合二姓之好，上以事宗庙，而下以继后世也，故君子重之。”从而形成了一套约定俗成的礼仪。古代婚姻的过程有纳采、问名、纳吉、纳徵、请期、亲迎六个阶段，每个阶段都有相应的礼仪规范，称“六礼”。宋代改为三礼。

4. 葬礼

葬礼是最后一个人生礼仪，极为隆重。《论语·为政第二》说：“生，事之以礼；死，葬之以礼、祭之以礼。”要求生养死葬都须以礼为准。尽管各地、各民族有差别，但大体说，中国古代葬礼都有初死时沐浴更衣、告丧与奔丧、大殓、出殡诸环节。各环节都体现了宗法伦理、灵魂不死、祭死祝生、趋吉避邪、葬先荫后、魂归故里等中国传统的思想观念和意识。

此外，还有饮食、称谓等其他生活礼仪。

（1）饮食礼仪

我国传统上有节日设宴的习惯，早在西周就已形成，后来不断发展丰富，成为一整套节日饮食礼仪。如正月十五吃元宵，清明节吃冷饭（寒食），五月端阳吃粽子和雄黄酒，中秋时节食月饼，腊月初八的腊八粥，辞岁的饺子等都是节日约定俗成的饮食。较为大型、正式的宴会，在宾客的迎送，饮食器的摆放，宴席上的座次，上菜的顺序，劝酒、敬酒，甚至进食动作等方面，都与男女、尊卑、长幼次序、趋福避邪相关，并有相应要求。再有，日常饮食也有一些要求和禁忌。如“食不语”，如忌讳竖插筷于碗中等。

筵席礼仪简称筵礼，是古代饮食礼仪的最高表现形式，从产生到发展，直接受礼的制约，为礼服务。古代筵席礼仪列其位、定宾主、序尊卑都是“以天地为本”作为重要的依据。古代室内筵席以西墙设席面东而坐为最尊，依次为北墙设席，面南而坐；南墙设席，面北而坐，卑位是东墙设席，面西而坐。

古人饮食礼仪

（2）称谓礼仪

孔子说“名不正则言不顺，言不顺则事不成”（《论语·子路》）。作为非常重视礼仪伦理的民族，在不同的场合有不同的称谓以表示谦恭，否则就会被视为失礼而受人冷遇。

知识链接：我国古代的称谓

古代的称谓主要有尊称和谦称，其他有自称、他称、鄙称、专称、代称、惯称等。

1. 尊称，即敬称，用敬辞向对方表示尊敬

常用的有汝、尔、子、而、公、君、先生、吾子等。也可用对方所在的处所或手下的人来代表对方，常用的有足下、陛下、阁下、执事、左右等。还有用官职身份尊称对方的，如大王、大夫、将军、公子等。

另外，称呼与对方有关的人物或行为常用的有：尊（如尊府、尊兄、尊驾、尊夫人等），贤（如贤弟、贤妻等），仁（如仁兄等），贵（如贵体、贵姓、贵庚等），高（如高朋、高亲、高邻、高见等），令（如令兄、令弟、令郎、令爱、令尊、令堂等），大（如大礼、大作、大驾等）等。

2. 谦称，即用谦辞表示谦虚的自称

可以用自己的姓或名表示，如“苏子与客泛舟赤壁之下”（《赤壁赋》）是用姓，“季父愈闻汝丧之七日”（《祭十二郎文》）用名。

在君主面前，臣子自称为“臣”，清代满族官吏自称“奴才”。

还可以用仆、某、小人、不才、不佞、不敏等。如“仆以口语遇遭此祸”（《报任安书》），“某自幼熟读兵书”（《失街亭》）。

妇女往往用妾、婢、奴、奴婢、奴家等。如“同是被逼迫，君尔妾亦然”（《孔雀东南飞》）。

君主常谦称寡人（寡德之人）、不穀（不善之人）、孤（孤独之人）以表谦下。如“寡人之于国也，尽心焉耳矣”（《孟子·梁惠王上》）。

其他还有：愚（如愚兄、愚弟、愚见、愚意），敝（如敝国、敝邑），微（如微臣），卑（如卑职）。另外，老人自称“老朽”，年幼者在年长者面前自称“小弟”，和尚自称“贫道、贫僧”，一般人自称“鄙人”。

3. 他称是对别人即第三人称呼

如称贵族妇女为“仕女”，“夫人”在古代称诸侯的妻子，后来用来尊称一般人的妻子；称年老男子为“老丈”，称年轻男子为“郎君”，在别人面前提到自己的家人时用“家”，如家父、家君、家尊、家严称自己的父亲，家母、家慈称自己的母亲，家兄是称自己的哥哥。称呼比自己年纪小或辈分低的亲属用“舍”如舍弟、舍侄，称自己的妻子为拙荆、贱内，称自己的孩子为小女、小儿、犬子等。

4. 鄙称是用轻蔑的口吻称呼别人

如竖子、小子、女流等。

随着社会的发展，以上有些称谓已弃之不用。

三、我国礼仪文化的特点

与西方礼仪相区别，我国古代礼仪文化有如下特点：

（一）涉及范围广泛

在我国礼仪文化中，包含了来自原始社会祭祀的宗教礼仪，还包括了诸如国家机构设置、官吏铨选、君臣有别的典章制度，又有吉、凶、军、宾、嘉等不同场合的礼仪规范，乃至器皿用具、居住宫室、服饰车马、钟鼎乐器、亲属称谓、婚姻制度、丧葬礼仪、官爵等级、身份地位等均各有讲究。可以说，我国的礼仪文化几乎涉及人们社会生活的一切方面。

（二）与政治关系密切

《左传·襄公三十年》说“礼，国之干也”，《左传·桓公二年》说“礼以体政，政以正民，是以政成而民听，易则生乱”。礼仪一方面规定统治阶级内部等级关系及血缘关系，另一方面又加强统治者对于平民和奴隶的统治。商周时期兵刑不分，因而“礼”和“法”也不分，非礼即非法，非法就要用刑，用刑则要用兵。《荀子·富国篇》说：“由士以上，则必以礼乐节之；众庶百姓，则必以法数制之。”杨倞注云：“君子用德，小人用刑。”荀子说“国无礼则不宁”。《礼记·曲礼上》说“礼不下庶人，刑不上大夫”，可见“礼”与“刑”同属于治国的手段，礼仪早在创始时期就已经包含了治国的功能。

（三）鲜明的人伦色彩

《礼记·曲礼上》开宗明义第一句就强调“毋不敬”。孔子说：“君子敬而无失，与人恭而有礼。四海之内，皆兄弟也。”（《论语·颜渊》）他强调“君君、臣臣、父父、子子”的尊卑长幼次序。孟子说：“尊敬之心，礼也。”所谓的“敬”、“尊”、“恭”都是调整的人伦关系。韩非认为“臣事君、子事父、妻事夫”是“天下之常道”。《孟子·滕文公上》说：“父子有亲，君臣有义，夫妇有别，长幼有序，朋友有信。”将主要的社会关系界定为五伦，并提出五伦关系的标准。荀子说“人无礼则不生，事无礼则不成”。《淮南子》说“夫礼者，所以别尊卑，异贵贱；义者，所以合君臣、父子、兄弟、夫妻、朋友之际也”，另外，“贵贱有等”（《礼记·坊记》）、“长幼有序”（《孟子·滕文公上》）、“朝廷有位”（《礼记·坊记》）、“男女有别”（《礼记·大传》）和“贫富轻重皆有称”（《荀子·礼论》），这些记述都强调了礼仪的人伦功能。

（四）明确的规定性

作为我国社会制度的重要组成部分，礼仪文化带有明确的规范性和可操作性。如孔子“克己复礼”，“非礼勿视、非礼勿听、非礼勿言、非礼勿动”，“己所不欲，勿施于人”的要求，再如礼法、礼器、礼容、礼义、辞令、等差等的严格规定，“三纲五常”中君臣、父子、夫妻身份的确立及关系的处理原则的制定，以及后世对妇女“三从四德”的要求，还有一些家礼、家训都极为详尽细致，人们一言一行、一举一动都有礼仪的规定。若有超越，即属“非礼”。

（五）阶级时代的阶级性

我国礼仪文化处于历史的变动中，在不同的时代，礼仪文化有不同的表现和侧重。如奴隶制时代礼仪文化由祭祀出发，将对神的敬意逐渐转移至对人间的王和贵族的敬，对于社会、民族和地域的整合起到积极的推动作用。封建时代则建立起以儒家思想伦理规范为核心的礼教系统，为统治阶级利益张目，其中一部分如等级秩序、重男轻女等原则，对社会成员的思想和行为负面的、消极的束缚和阻滞作用日渐突出，对社会的进步和发展带来了不利的影响。

（六）以“仁”为内核

“温良恭俭让”是儒家自孔子以来的理想人格追求。在儒家思想体系中，“仁”和“礼”有着密切关系。孔子将“仁”作为人类的最高道德规范，做到了“仁”，礼自然不在话下。他认为礼崩乐坏违背了人伦道理，应该“约礼入仁”。他说：“人而不仁如礼何?”在儒家的“仁”学体系中，“忠恕之道”是其一以贯之的实践原则。孔子提出“礼之用，和为贵”的思想。孟子提出“天时不如地利，地利不如人和”。中国历史文化蕴涵了礼让、谦逊、谨慎等为人处世的丰富思想。这样，“礼”与“仁”就结为一体：“礼”是“仁”的外化，“仁”是“礼”的思想核心。

学习与思考

行知合一

礼“始诸饮食”对我们今天的饮食有什么启示?

网络世界

请上网查一查我国古今婚礼有什么不同。

请上网查一查，我国礼仪文化在现实生活中还有哪些表现？反映了什么？

深度思索

关于礼仪起源问题为什么存在多种观点交锋？这一争论说明了什么问题？你是怎么看的？我国古今礼仪发生了重大变化，今天我国还能称为“礼仪之邦”吗？

开拓视野

调查你所在地区的礼仪文化现象，并以报告形式研究其成因或现实意义。

单元二　中国古代思想学术流派

学习目标

了解我国古代思想文化形成和发展的过程，学会辨析古代思想文化的精华和糟粕。

主题一　儒家学派

一、儒和儒家

（一）“儒”的出现

“儒”最早见于《论语·雍也》：“女为君子儒，无为小人儒。”汉代刘歆认为，儒者出于“司徒之官”。最晚在殷代，出现了一批精通丧葬礼仪、专门料理丧事的“术士”。他们地位卑下、收入微薄。后来，从事这一职业的人称“儒者”。“殷人尊神”使“儒者”获得了生存条件。到殷末，“儒者”地位不断上升，成为与贵族利益相关的智者群体，活动范围也扩大，不仅治理丧葬，也参与军国典仪。商亡周立，“儒者”作为殷商遗民因精通礼乐而受重视，成为独立的社会阶层。周公制礼作乐而天下服，就有“儒者”的贡献。于是，以“儒者”之学为中心的官学在周初基本成型。随着西周统治的日趋衰落，这一官学形态的地位不断下降，成为替诸侯国君臣服务的学问（即所谓“学术下移”）。春秋时，天子衰微，“儒者”之学更沦落民间，成为“私学”之一。

孔子的时代，“礼崩乐坏”，诸侯争霸。孔子受鲁国礼仪文化熏陶，又以“儒者”职业来谋生，所以掌握了“儒者”之学的精髓。他批判地继承了周公、老子等的思想，对“儒者”之学进行了改造，周游列国试图改造社会，后广收弟子，传播自己的学术、政治和社会思想，使趋于没落的“儒者”之学焕发了生机与活力，成为“显学”。“儒”就由神职人员的称谓变为圣贤先哲之学、六经六艺传习者的专称。孔子实现了“小人儒”到“君子儒”的跨越，故成为儒家学派创始人，举世公认的伟大思想家、教育家。

（二）儒家学派的发展

孔子后“儒分为八”，“有子张之儒，有子思之儒，有颜氏之儒，有孟氏之儒，有漆雕氏之儒，有仲良氏之儒，有孙氏之儒，有乐正氏之儒”（《韩非子·显学篇》）等。子夏等人还推动魏文侯实行孔子的主张。

战国时期，思孟学派的孟子提出“王道”和“仁政”理论，推动了儒学发展，被称为“亚圣”。荀子则结合当时流行的诸子百家学说，对孟子学说进行批判，实现了先秦学术（包括儒学）的终结。儒家学说继续完善扩大，却未引起统治者足够重视，且受到杨朱、墨子等学派的攻讦，在秦“焚书坑儒”中还成为打击对象之一。

陆贾、叔孙通、贾谊、辕固生等汉初儒生对原始儒学大力改造，到汉武帝时，儒家学说已完成理论的建构。董仲舒不失时机提出的“罢黜百家，独尊儒术”的建议被采纳后，儒家思想遂成为官学，迎来了它的黄金时代。

汉代今文经学与古文经学之争是中国学术史上最大的争论。古文派（代表人是刘歆、班固等）重考据，今文派（代表人是董仲舒）重谶纬。汉宣帝主持石渠阁会议，“讲五经之异同”，使今文经学达到极盛。公元79年，汉章帝主持白虎观会议，编《白虎通义》，以今文经学为主，也有古文经学的内容，标志着今文派一统天下局面的结束。东汉末，儒家思想衰微。古文学派最大的思想家王充著《论衡》，宣扬了中国早期的朴素唯物主义思想。

魏晋南北朝时，士族门阀制度建立，重礼的郑玄学术受关注。郑玄杂糅今古文，以谶纬怪异附会经说，以不同为同，给纯正的儒家学术造成一些漏洞，遭到以刘表为核心的“荆州学派”和曹魏王肃的反对。王肃揭露了“郑学”的许多问题，但他热衷立异，伪造经典，给儒学制造了混乱。此后，儒学向玄学方向发展。应劭《人物志》是其代表。魏晋何晏、王弼首倡儒道合一，给儒学带来了新气象，又导致阮籍、嵇康等“竹林七贤”乱礼狂放、空谈虚无甚至倡言“越名教而任自然”的重道倾向。南北朝儒道佛论争中儒学不仅道学化，而且具有佛学化倾向。南朝梁武帝公开宣布儒、释、道三教并行，三教合流的趋势更明显。在北朝（尤其北魏）相当长时期儒学一统天下，学风较纯正，保留了汉代尤其东汉古文经学的淳朴。儒学在北朝还有“胡化与汉化同步”的现象。

董仲舒《春秋繁露》

经学是汉代的儒学，董仲舒是儒学的经学大师，当时享有“群儒之首”的声誉。《春秋繁露》是董仲舒的代表作，收集了他与汉武帝的对策以及多年来撰写的文稿。全面系统地阐发了孔子的“微言大义”，宣扬“天人感应”、“君权神授”、“王道三纲”、“重德教、轻刑罚”以及“天不变道也不变”等观点，为加强封建统治提供了理论依据。

隋代学者们努力使南北儒学兼糅佛道，达到重新统一。但南北学术思想趋向、学术风格等方面仍存在差异和分歧，大儒颜之推著《颜氏家训》，用道德箴言的形式，以儒家正统观念为纲，抨击崇尚虚无的玄学，主张恢复早期儒家观念，为重构儒学作出了贡献。王通提出“三教可一”，承认三教各有价值，为儒学融通三教提供了理论依据，给儒学在唐代再度复兴做了铺垫。

唐初，太宗李世民尊崇儒学，儒学地位提升，仅次于道教，在三教中实际居于中心，开创了中国文化体系以儒为主、儒道互补的格局。加上科举推动，儒学再次成为官学。贞观四年（630）到高宗永徽四年（653），完成了儒家经典的整理，出现《五经正义》，经义再无异说。中唐后官方儒学趋于僵化。一些学者为儒学的发展另辟新途。如刘知几对儒家经典进行人文解释，开启对儒家经典的怀疑思潮。刘知几以后，谈助、赵匡、陆淳等代表的疑经学派兴起，代表作有刘知几《史通》、谈助《春秋集传》、陆淳《春秋集传纂例》、史征的《周易口诀》等。韩愈力主重建儒学道统、恢复儒学精神。其“道统说”树立了儒学传承体系，启发了宋明理学。其《原道》、《原毁》、《师说》等篇，目的都是重建儒学伦理体系。他们大胆疑古，见解独到，摒弃今古文的门户之见，直接阐释经文的努力开创了宋儒疑经正经先河。

北宋赵匡胤登基伊始，就下令增修国子监学舍，修画先圣贤哲像，并亲自为孔子、颜渊撰赞辞，儒学有了复兴条件。以范仲淹为代表的宋初诸儒首开自由议论之风，产生的直接影响是孙复代表的怀疑精神成为学术主流。欧阳修使宋初的疑传疑经思潮达到高潮，儒学发展获得转机。刘敞《七经小传》标志了儒学由汉唐训诂之学向宋明理学的正式转变。胡瑗以经义和时务为重点，一反隋唐以来重文辞的学风，标志着宋明理学的开端。因此，胡瑗成为理学先驱之一。石介继承中唐古文复兴精神，主张承继韩愈“文以载道”论，张扬道统说。胡瑗、孙复、石介合称“宋初三先生”，代表了宋初儒学的最高成就。

周敦颐等吸纳佛道思想，是理学奠基人。程颢、程颐兄弟开创了强调“存天理，灭人欲”的“洛学”，标志着理学正式形成。南宋朱熹将理学发展为博大的体系，成为两宋理学集大成者。由于二程和朱熹贡献最大，宋朝理学才别称“程朱理学”。学者陆九渊以“心”为“理”，开创了“心学”。此外，宋代还有以胡宏、张栻为代表的湖湘学派，以叶适、陈亮为代表的永嘉事功学派、永康学派，在当时都有相当的影响。

明初朱元璋推崇程朱理学，下令乡试、会试一律采用程朱对儒家经典的解释，使程朱理学走向全盛。明成祖下令编修有关程朱理学的著作，1415年亲自主持并作序，由胡广、杨荣等具体负责编修的《五经大全》、《四书大全》、《性理大全》使程朱理学完全官学化。明代学者囿于程朱，缺乏创新。明初宋濂和方孝孺等，名气虽大，贡献不多。明中后期，程朱理学日趋僵化。资本主义萌芽产生，市民阶层的兴起，“西学东渐”等都对儒学构成了冲击和挑战。陈献章、王阳明等批判朱熹的格物致知，主张继承陆九渊思想。其中王阳明贡献最大，形成盛极一时的“陆王心学”，甚至东传日本，形成日本阳明心学。王阳明以后，李贽（泰州学派代表人）猛烈抨击宋明理学的道德说教和神秘主义，主张回归早期儒家精神，是最具叛逆性格的学者，以“敢倡乱道，惑世诬民”而下狱，遭迫害致死。晚明，以无锡东林书院为基地，顾宪成、高攀龙代表的“东林党人”发起“清流运动”。他们以程朱为宗，批评陆王心学尤其是王学末流的谈空说玄、引儒入禅的学风，提倡务实之学，还积极参政议政，反对宦官专权。明末清初出现开创一代学风的黄宗羲、顾炎武、王夫之三大思想家。顾炎武强调学术创新，反对抄袭古人，注重实政，主张调查研究并身体力行，开创了乾嘉汉学先河。黄宗羲、王夫之都看到理学的危机，主张以六经为根，经世致用为目的，对乾嘉汉学的形成起到关键作用。

清初各帝都提倡儒学。雍正追封孔子五世先人，还是向孔子行跪拜礼的第一个中国帝王。他继承康熙，以程朱理学为正宗，以科举笼络知识分子，试图以儒释道抵抗“西学”。局势稳定后，统治者实行文化专制，严惩异端，形成“文字狱”，使学者们逃避现实，出现以义理、考据、辞章为研究对象的纯学术倾向，乾隆嘉庆时最突出，故称乾嘉之学。乾嘉之学兴起于惠栋，至戴震达到高峰。乾嘉系统内，有以苏州人惠栋为中心、信古为标志的吴派，以徽州人戴震为中心、求实为特征的皖派；以焦循、汪中为代表的扬州学派以及以全祖望、章学诚为代表的浙江学派。这些学派均以考证实证为基本特征，标榜“汉学”以别于官学“宋学”（程朱理学）。吴派标志着乾嘉汉学正式形成，皖派是主流。扬州学派从皖派和吴派发展而来，号称“通学”，使乾嘉汉学大为扩展。乾嘉之学继承了顾、黄、王三大学者的研究方法，却偏离了三大学者“实学”、“经世致用”的研究目的。

戴震后，乾嘉汉学分化为段玉裁等为代表的保守派和龚自珍、魏源等为代表的激进派。嘉庆年间，章学诚等对乾嘉考据学派脱离现实进行了批判。继之，龚自珍以《公羊》义理探讨摆脱危机、建立新秩序的途径，政治上主张改革、富国强兵，学术上提倡超越汉宋、重建学术体系。

鸦片战争后，魏源、曾国藩等鼓吹复兴宋明理学，反对空谈心性，主张汉宋结合，道德修养与经世致用结合，认为应学习西方科学技术，出现了张之洞“中体西用”说。此后，康有为、梁启超、章太炎等学者均对儒家思想提出了自己的观点和看法。五四运动以后，儒家思想失去了正统的地位。20世纪80年代以后，儒家思想进入了新阶段。

知识链接：晚清儒家代表人物——曾国藩

曾国藩(1811—1872) 清末洋务派和湘军首领，湖南湘乡人。曾任内阁学士兼礼部侍郎等职，是镇压太平天国运动的主要清廷官员。1860年升两江总督，授钦差大臣。与李鸿章创办上海江南机器制造总局等近代军事工业，奏请派遣幼童留学美国。1870年查办天津教案，惩办民众，对外妥协，受到舆论谴责，回任两江总督。著有《曾文正公全集》。

曾国藩像

曾国藩是我国历史上极有影响的人物之一，是我国近现代化建设的开拓者。在他的指导下，建造了我国第一艘轮船、第一所兵工学堂，他还组织人翻译印刷西方书籍，安排第一批赴美留学生。

曾国藩的学问文章以经世致用为主，他革新了桐城派的文学理论，是清代后期很有影响的儒家代表人物。

二、儒家思想的内涵和影响

儒家思想的内涵极为丰富，概括起来有：

（一）积极入世，主张仁政

孔子希望参与政治，有所作为。他强调为政者需要首先端正自己的行为，然后才可以令行禁止；希望为政者待民众以仁爱；还讲“苛政猛于虎也”。孔子设计了他的社会理想——“大道之行也，天下为公。选贤与能，讲信修睦，故人不独亲其亲，不独子其子。使老有所终，壮有所用，幼有所长，矜寡、孤独、废疾者、皆有所养。男有分，女有归。货，恶其弃于地也，不必藏于己。力，恶其不出于身也，不必为己。是故谋闭而不兴，盗窃乱贼而不作，故外户而不闭，是谓大同。”（《礼记·礼运》）孟子极度看重仁政，认为不行仁政就会丧失天下。荀子提出“国无礼，则不正。礼之所以正国也，譬之犹衡之于轻重也，犹绳墨之于曲直也，犹规矩之于方圆也”（《王霸》）。董仲舒及后来的二程、朱熹、王阳明等人的学说无一不是从治国出发的入世之学。

（二）在重民的基础上，讲求德治

我国古代很早就有民本思想，认为民为邦本，本固邦宁。儒家学者不断进行发挥。孔子极力反对以陶俑殉葬（因其像人），说“始作俑者，其无后乎”（《孟子·梁惠王上》），表露出对生命重视和关怀的人文精神。孟子说：“桀纣之失天下也，失其民也；失其民者，失其心也。”（《孟子·离娄上》）孟子还说“民为贵，社稷次之，君为轻”（《尽心下》）。荀子提出：“君者，舟也，庶人者，水也。水则载舟，水则覆舟”。（《荀子·王制》）。

孔子讲：“道之以政，齐之以刑，民免而无耻；道之以德，齐之以礼，有耻且格。”孟子说“尊贤使能，俊杰在位”。《淮南子·泰族训》中说：“民无廉耻，不可治也”，“民不知礼义，法弗能正也”，“无法不可以为治也，不知礼义不可以行法也”。汉代以后，逐步形成了“德治”的传统。

（三）鲜明的伦理特色

为稳定秩序、调和矛盾、巩固统治，历代学者们制定一系列或成文或不成文的伦理规范、行为准则，以严肃君臣、父子、夫妇、朋友、老幼以及上下尊卑等关系。从孔子的“君君臣臣”、汉代《白虎通》的“三纲六纪”到宋明理学中“饿死事极小，失节事极大”的封建礼教，透出了儒家思想鲜明的伦理特色。

（四）注重修养

儒家思想中，“修身”是“齐家”、“治国”、“平天下”的前提和基础，是实现人生理想的第一步。“修身”即品德修养，从严要求自己，努力成为“君子”、“贤者”、“仁人”甚至

“圣人”那样的楷模。为此，儒家学者们设定了一整套美德标准，如修德行仁、立志笃行、正直忠信、谦逊谨慎、自知自省、知书达理、文质彬彬、与人为善、以德报怨等。学者们还总结了许多修养的方法和途径，如诚意、正心、格物、致知、慎独、闭门思过、“日三省乎身”、“闻过则喜”、“有则改之，无则加勉”等，还有对真理的追求“朝闻道，夕死可矣”以及“学而不厌，诲人不倦”的努力进取，都是儒家思想的精华。

（五）现实主义精神

《论语》中“未知生，焉知死”、“子不语怪力乱神”、“敬鬼神而远之”、“人无远虑，必有近忧”的观点，孟子“富贵不能淫，贫贱不能移，威武不能屈”，论述“天将降大任于是人也”等的胸怀，都表现出儒家强烈的现实主义精神和社会使命感。尽管儒家学派曾经走过谶纬神学的弯路，但这种现实主义精神深刻影响了中国历史文化。

主题二 道家学派

一、道家学派的思想源流

道家学派，又称“老庄之学”，是我国古代最有影响的学术派别之一。其创立略晚于儒家学派。《汉书·艺文志》云：“道家者流，盖出于史官，历记成败存亡祸福古今之道，然后知秉要执本，清虚以自守，卑弱以自持，此君人南面之术也。”汉代司马谈《论六家之要指》第一次将老子和庄子称为“道德家”。《汉书·艺文志》称道家，列为“九流”之一。

以老子和庄子为代表的思想家，困惑于春秋战国时代政治和社会大变革的现实，转而对宇宙本体与人类社会及人自身进行思考，表达自己对于时局的观点和看法，创立了道家学派。

老子像

老子作为道家学派的创始人，备受后人敬仰。被道教尊为鼻祖，并被尊为道德天尊、太上老君，其思想和哲学已经成为中国文化不可或缺的重要组成部分。

老子是道家学派创始人，姓李名耳，字伯阳，又称老聃，楚国苦县厉乡曲仁里人，东周时曾任守藏室之史，掌管图书典籍。相传孔子曾向他问“礼”。李耳一生修行道德，晚年

"著书言道德之意"，即《道德经》(又名《老子》)。全书分为上下篇，共81章，有5 000余言。在《道德经》中，老子以"道"为核心，创建了包括世界本原说、朴素辩证法及认识论等在内的哲学体系，其核心是"道"。他认为"道"先于天地和世界万物的形成而存在，是世界万物的本原："有物混成，先天地生"，"吾不知其名，字之曰'道'"。有学者认为老子所讲的"道"，就是从一切具体事物中抽象出来的自然法则或规律。以"道"为基础，老子提出朴素的辩证法思想——自然界、人类社会随时都处在运动变化之中，并在这运动变化中形成一系列相互矛盾的范畴，如福祸、有无、美恶等。他指出这些矛盾的对立面之间是相互依存和相互转化的关系，如"天下皆知美之为美，斯恶已"、"祸兮，福之所倚；福兮，祸之所伏"、"以弱胜强"、"以柔克刚"、"以静制动"、"以退为进"、"以虚应实"、"以反取正"、"以小代大"等思想都闪耀着智慧的光辉，是老子给我们留下的宝贵精神遗产。

认识论方面，老子否定人的知识来自于感觉经验。他认为只需要"虚静"，"玄鉴"，便可达到"闻道"的目的。

老子是中国唯心主义哲学的先驱与杰出代表。老子的学说体系完整：先说"道生一，一生二，二生三，三生万物"，即由"道"化生元气，元气产生阴阳，由阴阳二气和合产生天地万物，再引出他的行为哲学。但老子的思想是消极的，他认为世间战乱纷争，全由私欲膨胀所致，认为社会进步和文明是万恶之源，"大道废，有仁义；智慧出，有大伪；六亲不合，有慈孝；国家昏乱，有忠臣"。而太古之人，无识无知，无为无欲，却可相处和睦，怡然自得。他斥礼乐、排行政、恶甲兵，主张"绝仁弃义"、"绝圣弃智"，主张重回"小国寡民"的时代："鸡犬之声相闻，老死不相往来"，从而实现其"无为而治"的政治理想。

到战国时，出现了庄子、黄老、杨朱、列子等道家的不同流派，各有侧重，或偏于治国，或偏于治身，但都以"道"为本，自然无为，轻物重生。其中，影响最大的是庄子学派。庄子(约前369—前286)名周，战国中期宋国人。庄子的思想保留在《庄子》(道教称为《南华经》)一书中。庄子思想源出老子，却比老子的思想更消极。他以"物(人)不胜

作为老子思想的传人，庄子进一步发展了老子的思想，对道家思想的成熟起到了一定的作用，被道教尊为南华真人，其著作被称为《南华经》。

庄子像

天”（《大宗师》）作为中心理论，把人在自然面前的无可奈何叫做命，不可违离的称为天，无为即无是非、无成败、无梦醒、无生死，也无空间（“天地并”）、时间（“无古今”），一切都归于无；要弃绝人世，学做混沌，不视不听不食不呼吸，回到无人类的世界里去。庄子内篇七篇表现出极端的厌世悲观倾向。庄子希望人们“知其不可奈何，而安之若命”，“绝圣弃知，大盗乃止，擿玉毁珠，小盗不起，焚符破玺，而民朴鄙，掊斗折衡，而民不争”。他提倡“无君”的社会，主张抛弃一切现有的文明成果，回归原始状态来消除人世纷争。在哲学上，庄子强调相对主义，抹杀事物之间的界限，从而走向不可知论。如《齐物论》中说：“是亦彼也，彼亦是也。彼亦一是非，此亦一是非”。《庄子》一书文学价值很高，尤其善于用寓言故事和比喻的方法来说理，通俗易懂。许多篇章，注重音韵，文句富于音乐美。其瑰丽的想象又使此书具有了相当的浪漫主义色彩。此书的“汪洋恣肆，逸趣横生”对后世文学影响很大。

在先秦，道家是作为儒家的对立而存在的。战国时期，孟子不能容忍的就是天下之学不归杨朱则归墨。几乎在所有问题上，道家都提出了与儒家相反的意见。然而，两者之间却又有相似之处，比如两家都在精神上追求身心内外的和谐，以塑造理想的人格风范为目标；再如，两家都注重人与自然的关系，否定“天命”、“天神”的观念；并且，两家都有一定的复古倾向。

战国以后，随着长期诸侯割据混战局面的终结，天下穷困，人民厌倦了纷争和极权。在这样的背景下提倡“无为”，主张“无为而治”的黄老之学有了出头的机会，到西汉初达到极盛，成为新兴地主阶级的官方学术和指导哲学，对西汉前期社会经济的恢复起到了重要的作用。当时学者刘安等撰写了《淮南子》，试图以道统儒，将儒学融入道家思想中。道家学说在中国政坛上第一次大放异彩。同时，老子的“任自然”思想成为道家思想发展的另一分支，对后世产生了深远的影响。西汉中期，尤其从汉武帝开始，儒家学派一度上升，道家学派进入低潮，从此成为非主流思想，但道家一直在中国古代思想的发展中扮演重要角色。有学者认为：汉代以后，儒道两家逐渐合流，两千年来，道家思想历经起伏，但基本是儒家思想的补充，与儒家思想共同构成了中华民族传统思想文化。

魏晋时期清谈渐盛，老庄思想与儒学相融合的玄学思潮，是道家思想的又一次勃兴。当时，文人们不关心现实政治，而是谈玄说虚，贵“无”崇“有”。他们将老庄的唯心主义加以发挥，主张虚无的“道”，宣扬“无”能生“有”，所以是万物的本原。由此，他们提出政治上应“清净无为”，不要王道霸道；生活要任其自然，不能违背事物本性；崇尚清谈，离现实越远越好。这一思潮的兴起，是汉末魏晋当政者对于异己的大族名士严厉打击、统治阶层内部斗争频仍、知识分子无所适从的结果。玄学早期（曹魏时期）代表人物是何晏、王弼，中期（魏晋之际）代表者是嵇康和阮籍，后期（两晋）代表人物是王衍。尤其以阮籍和嵇康等人组成的“竹林七贤”最为有名。他们对司马氏政权采取消极不合作的态度，思想上沉入庄子的神秘主义，生活上颓废放纵，纵情山水，放浪不羁，是当时玄学的突出代表。西晋时期，玄学得到王衍的提倡，逐渐成为上流社会的精神点缀，甚至被一些人当成了沽名钓誉的晋身之阶。到东晋，玄学成为兼容儒、道、释各家思想的庞杂体系。

唐初，老子被尊为“太上玄元皇帝”，备受推崇。但这时所提的“老子”是道教教主、

"太上老君"，远非先秦的一代学术宗师老子。宋代也推崇老子。因为，南北朝以后，道家思想已被部分纳入道教体系，"道家"也多被当作道教别称。真正学术意义的道家思想则成为宋明理学重要的思想来源之一。

总之，道家思想对于中国思想文化传统的形成发挥了很大作用。

二、道家思想的文化意义

道家对中国古代文化思想的影响是巨大和深刻的。

在中国哲学的最初奠基阶段，道家学派以它的创造性、丰富性对宇宙、自然、社会、人生和政治等诸多关系进行了哲学的思考。老子提出了"道"，对先秦的诸子学说和后人都有深远的影响。他的一些思想为历代的统治者所采用，其严谨的哲学类比方法、奇妙深邃的想象力，夸张优美的文学描写，对中国数千年的传统文化，包括文学、宗教、医药、哲学和美学等，均产生了极为广泛的影响。

道家学派的思想源自《周易》，以老庄的自然天道观为主，认为天地万物是由"道"派生，强调人们在思想、行为上应效法"道"的"生而不有，为而不恃，长而不宰"（"道"生长万物而不据为已有，有所作为而不居功自恃，有所成长而无意作主宰）。

道家在政治上主张"无为而治"，反对"法治"和"尚贤"，认为"法令滋彰"反而造成"盗贼多有"，"不尚贤"可以"使民不争"。伦理上主张"弃仁绝义"，反对"礼治"，认为"礼"是酿成大乱的祸首（《道德经》）。道家的这些主张，与儒、墨、法等家学说形成鲜明的对比。与儒家尊尊亲亲、君臣父子论思想不同，庄子的"无君论"开创了中国无政府主义思想的传统。历史上，每当动乱过后、新朝建立，为安定社会、恢复生产，统治者多以清静无为为治，轻徭薄赋、减省刑罚、与民休息。史家所称道的"文景之治"、"贞观之治"都是如此。

道家思想是道教重要的思想来源。在道教的长期发展中，始终依托道家思想，《老子》、《庄子》道家经典等转而成为道教经典。道教学者根据时代的需要不断对《老子》、《庄子》等进行新的解释。没有道家，道教就失去了思想支柱，也不会有道教。

《道德经》与中国古代养生学有密切的关系。"道法自然"、"少私寡欲"、"柔弱不争"、"知止知足"等思想，为历代养生家所尊奉；"致虚极，守静笃"、"守中"、"守一"等主张，成为静功养生的指导原则。"玄牝之门"在道教内丹学中发展为"玄关一窍"理论。"谷神不死"、"长生久视之道"成为道教徒追求长生成仙的理论依据。太极拳深受老子的"柔弱胜刚强"思想的影响自不待言。另外，《道德经》对中国古代文学、音乐、绘画、建筑等领域都有着深刻的影响。

崇尚自然是道家思想体系中的重要内容。老子说"道法自然"。因此，道家是中国学术中最尊重人的个性的流派。故而在历史上，一遇到法网严密、文网森严的时代，以"与世无争"为代表，道家思想就受宠，成为一些人消极避世、逃世的法宝和自我麻醉的精神鸦片。

主题三　法家学派

一、法家思想的产生

春秋战国时期，兴起了一个主张发展经济、尚法明刑的学派，即法家。司马迁引《论六家之要指》说：“法家不别亲疏、不殊贵贱，一断于法。”《汉书·艺文志》说法家“信赏必罚，以辅礼制”。章太炎在《检论·原法》中说“著书定律为法家”。

春秋时期，已经出现了法家思想的雏形，代表人物是齐国的管仲和郑国的子产。

管仲，字仲，名夷吾，颍上（今安徽颍上）人。他突破了周礼的垄断地位，首次提出了法的概念，首创“法治”，是春秋时期著名政治家。他说“尺寸也，绳墨也，衡石也，斗斛也，角量也，谓之法”。管仲重视礼在治国以及对外交往中的作用，但不因循旧礼。他在维护周礼的前提下，提出了“修旧法，择其善者而业用之”；他打破了周礼的“亲亲”原则和“礼不下庶人，刑不上大夫”的传统，选贤任能，对旧贵族实行打击。管仲非常重视法：在立法方面，打破了“刑不可知，则威不可测”的观念，主张制定公布成文法，“设象以为民纪，式权以相应，比缀以度，　本肇末”（《国语·齐语》），“慎用其六柄焉”，即以生、杀、贫、富、贵、贱作为推行“法治”的六种手段，“劝之以赏赐，纠之以刑罚’”（《国语·齐语》），实行以赏罚为后盾的法治。执法方面，他主张“有过不赦，有善不疑”。经济方面，管仲注重发展农业，主张发展经济、轻税免税、差别课税和实行盐铁专卖，提出“无夺民时，则百姓富；牺牲不略，则牛羊遂”（《国语·齐语》）的进步主张。终于使齐国成为春秋时第一个称霸中原的大国。

管仲不仅注重刑事立法，也注重行政法、经济法、军法，所以战国法家把管仲视为自己的先驱。管仲反对重刑主义。他说：“故刑罚繁而意不恐，则令不行矣；杀戮众而心不服，则上位危矣。”（《管子·牧民》）管仲还首先提出了以法治作为统一天下的手段。但当时在其他诸侯国中，仅郑国、晋国在春秋末期提出了法治的主张。

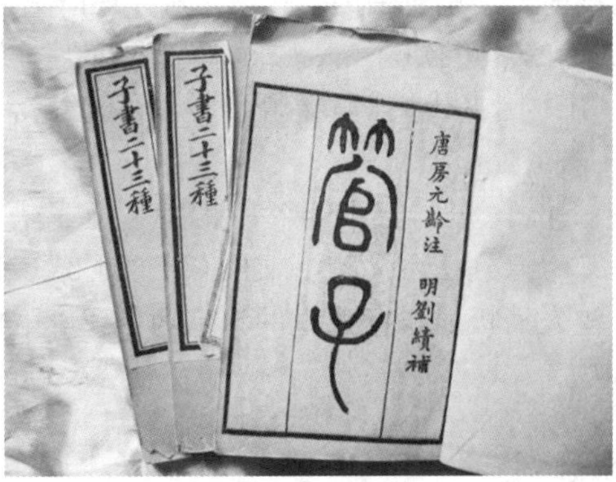

《管子》

《管子》约成书于战国至秦汉时期，是先秦管仲言行及管仲学派思想的汇集，也是研究先秦政治、经济、军事及哲学思想的重要参考资料。

子产，又名公孙侨，字子美，亦称公孙成之，郑穆公之孙，晚于管仲约一百年，与孔子同时，是当时最负盛名的政治家。子产的法律思想折中于礼、法之间。为保持贵族特权，他强调礼，赞美礼为“天之经也，地之义也，民之行也”，要求遵守礼义，强调法必须符合礼的原则；他对周礼进行了改革，削弱其天命神权色彩及习俗性，使礼治自然化、社会化和规则化，他公布成文法，还提出宽猛相济的思想。子产的思想带有后来法家思想的色彩，其言行事迹主要载于《左传》、《史记》等书中。子产铸刑书在中国乃至世界的法律思想史上有着重要的意义：他开创了古代公布成文法的先例，可以说是世界历史上的首创，早于古罗马的十二铜表法近一百年；他打破了“刑不上大夫”的传统，明确肯定了法律对于限制贵族特权的重要作用，是后来法家“一断于法”的理论前提。

作为春秋初年杰出的政治家，虽无专著留存，但子产的言行具有深远的意义。尤其是他提出的宽猛相济的治国理念，兼容后世儒法两家，实属可贵。

子产像

二、法家学派的形成

战国时期法家学派正式形成，以法治为富国强兵、结束割据、统一天下服务的思想，逐渐被各诸侯国君所认同并采纳。

战国初年，李悝在魏国提倡“尽地力之教”；吴起在楚国提出“明法审令”；申不害在韩国“内修政教，外应诸侯”。他们相继公布刑法。商鞅在秦国实施变法，这些政治家便是后来的法家先驱者。

战国时期的法家分为齐、秦、晋三系，主张有所差别。晋系法家以李悝、赵国人慎到、韩国申不害为代表。李悝的《法经》有盗法、贼法、囚法、捕法、杂法、具法六篇，是我国第一部较为完整的封建法典（已失传）。李悝的思想和实践突出的是重罚轻赏。慎到，强调“事断于法”，认为应该论功行赏、依法处罚，以打击世袭特权实力。他特别重视“势”的作用，认为只有“权重位尊”，才能令行禁止。因此主张树立君主权威，依靠君主和政权的力量推行“法治”。慎到是由道入法的过渡人物，是法家思想理论的开拓者。《慎子》一书，讲“势”、讲“法”，有部分内容论“术”。法家的“法”、“术”、“势”理论初具规模，为后期法家思想之源。申不害亦称申子，郑国京（今河南荥阳）人，以“术”著称。申不害受道家影响，遵循老子“道法自然”的哲学，把“静因无为”思想用于“权术”之中，要求君主“示弱”，在关键时刻，却要独揽一切，决断一切。申不害认为，君主必须有两面之术，一面是控制术，如以静制动的无为而治等领导管理方法，另一面即搞阴谋，要手腕，玩弄权术。申不害是第一个在理论上对权术系统研究的思想家。

先秦法家以商鞅为代表。商鞅（约前390—前338），本名公孙鞅，卫国人，公元前361年受秦孝公重用实行变法，是战国法家代表人物，是法家理论的主要奠基者。他在总结早期法家代表人物的法律思想和各诸侯国变法经验的基础上，对中国古代法家的法律思想作出了全面的论述，为先秦法家思想体系的形成和发展奠定了基础。他的法律思想，尤其是“法治”思想，具有鲜明的时代特色，体现了社会重大变革时期新兴地主阶级的政治主张和利益要求，对中国封建社会法律制度的形成和发展产生着深远的影响。现存《商君书》共有《定分》、《开塞》、《更法》等24篇，比较全面地收录了商鞅及其他法家代表人物的作品，是研究商鞅法律思想的主要资料。

商鞅从好利恶害的人性论出发，认为要想治理好国家，只能实行以赏罚为后盾的“法治”。他把“礼、乐，诗、书，修善、孝悌，诚信、贞廉，仁、义，非兵，羞战”（《商君书·靳令》）说成是“六虱”，坚决反对“以六虱授官予爵”（《商君书·靳令》），甚至提出“燔诗书而明法令”的主张。他极力宣扬以“法”代“礼”，反复告诫国君“不可以须臾忘于法”。

商鞅最早将法家的基本主张“缘法而治”在秦国付诸实施。他认为：“利天下之民者莫大于治，而治莫康于立君，立君之道莫广于胜法”（《商君书·开塞篇》），“民本，法也。故善治者塞民以法，而名地作矣”。他主张布法于众，使民众知法。他反复谈到：“为法，必使之明白易知”；“行法，令明白易知”。商鞅还改“法”为“律”。

但是，商鞅的“法治”思想以承认并极力维护君主专制权力为前提。他认为必须树立君主的绝对权威，“君尊则令行”；君主必须“操权一正”并“专其柄”，才能确保君主专制政

商鞅像

商鞅的改革精神不仅符合当时社会发展和形势的客观需要，也为后人树立了榜样。

体的巩固。在他看来，法律只是君主实行专制统治的工具。

与秦、晋法家只讲“法治”不讲“礼治”不同，在齐国形成了以法为主、礼法并用的法治思想。田齐政权坚持厉行法治和礼义教化兼收并用。理论上，田齐法家认为礼出于法：“所谓仁义礼乐者，皆出于法，此先圣之所以壹民者也。”齐威王任用邹忌为相，改革内政，“谨修法律而督奸吏”（《史记·田敬仲完世家》），制定了《七法》作为治国的准则。齐宣王即位后，继承和发展齐威王和邹忌的变法成果，使齐国成为当时东方最强大的国家。

儒家的代表人荀况继承了田齐法家的思想，既隆礼又重法，提出“隆礼致法”，为封建正统法律思想的建立打下了基础。其弟子韩非成为战国末期法家思想集大成的人物。

韩非（约前280—前233），出身韩国贵族，生活在秦灭六国统一全国前夕。他痛斥儒家“法先王”思想，主张变革，反对复古。他说：“世异则事异，事异则备变”，应废“先王之教”，“以法为教”。韩非思想以“法治”为核心，目的在于建立中央集权政权，实行君主专制独裁。他批判和吸收了各家主张，总结了前期法家的理论和实践，提出“以法为本”，法、势、术相统一的“法治”思想体系，鼓吹中央集权，反对地方割据，为专制主义中央集权的封建制度的建立提供了理论根据。他发扬了荀子“人定胜天”的思想，认为“当争于气力”，提出一系列巩固和加强封建地主阶级专政的主张。

先秦法家思想集大成者。韩非子的著作对上升时期的地主阶级无疑具有相当的启迪作用。

韩非子像

三、法家思想的作用和影响

与韩非子同时代，且同为荀子学生的李斯是法家的另一代表人物。在统一的秦王朝建立以后，秦朝许多政治经济文化措施都出自李斯之手，使法家思想在政治实践中走向顶峰。从春秋争霸到秦灭六国，法家学说远较其他各家的影响大。秦统一后，仍然继承法家衣钵，以法家思想作为其统治思想通过“焚书”、“坑儒”的强硬措施来打击其他诸子学派。秦朝因此成为中国历史上以严刑峻法著称的王朝。但秦朝统治者忽略了对社会的教化引导，导致天下离心的灭亡命运，也使法家学派受到一定的打击。不过秦以后法家思想未消亡。如西汉景帝的大臣晁错仍代表法家在政治舞台上发挥着影响。西汉武帝以后，法家影响逐渐式微，作为严格意义上的法家学派消失了。但法家思想以另一种形式融入了中国政治文化，影响了一代又一代的封建王朝和地主阶级政治家，也成为我国思想文化中的宝贵遗产。现代学者描述传统政治，常说儒表法里，儒法互补，儒道互补。而且历代王朝建立之初，必修定律法，以强化统治秩序，镇压劳动人民的反抗，可见法家对历代王朝统治一直有很大影响。

主题四　墨家学派

一、墨家与墨子

墨家学派由创始人墨子而得名，稍晚于儒家而产生。据《汉书·艺文志》载："墨家者流，盖出于清庙之守。茅屋采椽，是以贵俭。养三老五更，是以兼爱。选士大射，是以上贤。宗祀严父，是以右鬼。顺四时而行，是以非命。以孝视天下，是以上同。此其所长也。""清庙之守"，意即管理庙中事物、演习郊祀等礼仪。春秋初的尹佚，就是"清庙之守"。据说其传人史角居鲁国，墨子曾就学之。

墨子（生卒不详）名翟，原居宋国，后迁鲁国，做过木工，自称"贱人"，曾自诩"上无君上之事，下无耕农之难"，同情"农与工肆之人"。他先学儒术，读《诗》、《书》、《春秋》等儒家典籍，称道尧舜大禹，后厌倦儒家烦琐礼乐，遂舍弃儒学，自创新说。他长期奔

墨子像

作为先秦工商业者阶层的代表，墨子思想具有较大的历史意义。而墨家学派的边缘化和墨家思想影响的深化和内化耐人寻味。

波于各诸侯国之间，宣扬他的学说，招纳门徒弟子，使墨家学派成为“一时显学”。孟子曾感叹“天下之言，不归杨，即归墨”。韩非子著《显学》的时候也说：“世之显学，儒、墨也”。《吕氏春秋·当染篇》则把孔、墨并举，说“举天下之显荣者，必称此二士（孔、墨）也……孔、墨之后学，显荣于天下者众矣，不可胜数”。墨子身后“墨离为三”，到司马迁写《史记》的时候，竟无法为墨子作传，只在《孟子荀卿列传》中简单地说：“盖墨翟，宋之大夫。善守御，为节用。或曰并孔子时，或曰在其后”，此外就没有其他记述。汉初，仍然孔墨并称，被视为智慧的代表。如《史记·李斯列传》：“必有乔松之寿，孔墨之智”；《淮南子·主术训》：“吴起、张仪，智不若孔墨。”墨子后学一般称后期墨家。墨家在秦汉以后几乎成为绝响。

二、墨家学派的思想

墨家学派的创立恰逢春秋战国之际社会的动荡和混乱，出身下层劳动阶层的墨子站在劳动者的立场上提出了他进步的理论和主张。

墨家思想主要反映在《墨子》一书中。该书成于战国末期，基本忠实记录了墨子言行，又称《墨经》，还因其很强的思辨色彩被称为《墨辩》。书中语言平实，但局部诘屈聱牙，晦涩难懂。其主要思想如下：

“兼爱”、“非攻”：“兼爱”即“兼相爱，交相利”，就是不分差等、不分亲疏远近，互爱互利。“非攻”，就是坚决反对兼并征战。墨子曾经亲自出面制止了楚国对宋国进攻的计划。

“尚贤”、“尚同”：是《墨子》一书的基本政纲。“尚贤”，即主张选官不分贵贱，唯才是举；“尚同”即 强调治理天下要统一意志，上下齐心、兴利除弊。

“天志”、“明鬼”：“天志”是墨子哲学中重要的观念，意即“天”的意志。墨家认为“天”是超越人伦秩序的客观存在，可赏善罚恶。“天”之所喜即为善，是墨家的兼爱非攻等主张。“天”之所恶即应罚之事，是墨家所反对的各种现象。墨家认为鬼神是客观存在，鬼神的职责就是监督统治者和人民，遇善必赏，逢恶必罚。

“非命”：即不承认宿命，认为通过努力可以掌握自己的命运。表现出墨子作为来自平民阶层的思想家所代表的广大劳动人民对命运的抗争精神。

“非乐”：墨家反对敲剥民利的“以为大钟鸣鼓琴瑟竽笙之声”。因此要求摆脱等级森严的礼乐的束缚，废除烦琐奢靡的编钟制造和演奏，来保护民利。

“节用”、“节葬”：“节用”即针对统治阶层的奢侈浪费提出的节约财用。墨家认为节用可以扩大生产，利于天下。墨家还认为将大量财富用于丧葬，就不是爱民而是害民。

墨家十项主张又称“十论”，是墨家学派的主要思想，充分反映了在社会巨变的时期下层民众的思想。它也是墨家提出的救世药方。墨家“天”和“鬼神”的观念使墨家学派带有宗教的倾向。墨家学派本身组织性很强，被视为中国最早的民间结社。其最高领袖为钜子，由公认的贤者相传让。团体纪律严明，所有成员必须绝对服从钜子。若有违规，纵使不与法律抵触，钜子也可向各地的追随者发出命令予以惩戒。《淮南子》中说，“墨子服役者百八十人，皆可使赴火蹈刃，死不旋踵”。墨家主张“损己而益所为”，即具有“任侠”精神。《吕氏春秋·上德》中载，墨者钜子孟胜受楚国贵族阳城君所托帮他守卫封地。后阳城君参与楚国内乱而出逃，楚国决心用武力收回阳城。孟胜对其弟子言道："死之所以行墨者之义而继其业者也。"与孟胜共同殉难的墨家弟子达183人。

《墨子》是一部内容丰富、结构严谨的科学著作，体现了相当强的科学精神。书中涉及到认识论、逻辑学、经济学等内容，还有时间、空间、物质结构、力学、光学和几何学等知识，有些问题阐述严密，说理透彻，立论准确，具有重要的科学价值。因此，《墨子》在古典哲学和自然科学著作中是一部不可多得的珍品，是我国科学发展史上的一座里程碑。书中记载了当时不少科学发现和成就，如力学方面的杠杆原理、小孔及凹凸面镜成像现象及其原理；在数学方面提出了"端"、"尺"、"区"、"穴"等概念，约相当于近代几何学上的点、线、面、体。《墨子》一书还开创了中国最早的逻辑学，是中国古代逻辑的高峰和典型代表，与印度因明和西方逻辑同为世界古典逻辑学的源头。

三、墨家思想的影响

墨子一生都为扶危济困、兴利除弊而奔忙。墨家学说又以贴近平民和小生产者的生活，代表其愿望为特征。因此，墨家门徒众多且多来自社会下层。墨家学派就此广为传播，成为战国著名学派之一，在中国历史文化上留下了光辉的一页。庄子将墨家列为百家之首，司马迁、韩愈等学者也都对墨家给予很高评价。

秦朝以法家为官学，墨家也受到冲击。西汉初奉黄老为至道，墨家逐渐荒废。到汉武帝"罢黜百家"，墨家也在被"罢黜"之列，墨家遂湮没不传。《墨子》一书也长期未得到应有的重视。墨家学派的衰落，主要原因在于新兴的封建地主阶级迫切需要巩固统治秩序、镇压民众反抗。而墨家主张与当时社会形势、统治者心理相违，和主张"尊王攘夷""大一统"的儒家相左，对血缘宗法体系构成了挑战。有些学者认为墨家不传还与其学说不够系统、著作晦涩等有关。

但墨家思想已深入人心，虽多数场合依附于别家，但一旦时机成熟，就会大放异彩。

首先，墨家思想对后世思想产生了重要影响。墨子主张诛除独夫民贼，以安天下万民。孟子也主张重民轻君、反战非攻、诛杀"一夫"。墨子的"尚贤"、"禅让"等学说也不同程度地为孟子所汲取。墨子的"尚同"，经法家与董仲舒的渲染，对后世产生了深远的影响。西汉陆贾的《新论》、刘安的《淮南子》、桓宽的《盐铁论》等论著都受墨子的影响。司马迁也通过《史记·游侠列传》中刻画的墨侠形象表达了他对墨家的崇敬。魏晋南北朝时，墨学被道教所吸收。西晋科学家鲁胜也是墨家传人。到隋唐时，墨家"尚同"学说及救世精神又为人们所重。唐代许多开国元勋如魏征、李勣等，都深受墨学影响。也有不少文人受墨子影响，如杜甫《茅屋为秋风所破歌》就表现了墨家"摩顶放踵，利天下为之"的思想。韩愈专写《读墨子》对墨家学说大加宣扬。宋代张载《西铭》说"民吾同胞，物吾与也"，明显受墨子影响。从"先天下之忧而忧，后天下之乐而乐"的范仲淹，"生当作人杰，死亦为鬼雄"的李清照等人身上的豪气，也可看出墨家任侠精神的影子。南宋学者陈亮、叶适等的功利主义也与墨家思想息息相关。明代《墨子》一书刊本远超前代。明代学者如宋濂、焦竑、李贽、傅山、马肃等深受墨学影响。乾嘉以来，墨学逐渐复兴，尤其是清代实学大师颜元，大大发挥了墨子学说，被近现代学者公认为"墨子门徒"。鸦片战争后，人们发现了墨学里的民族与法制思想、辩学原理、科学及人道主义等思想的现实意义，墨学又一度成为“显学”。

其次，在我国科技史上，墨子也有相当的影响。张衡曾认真研读过《墨子》，三世纪大数学家刘徽、三国时期马钧创制的连续抛石机更受到《墨子》中转射机的启发。宋代大科学家沈括全面继承了墨子的科学精神，在著作中他曾多次直接引用《墨子》原文。只是后来墨子的科学精神逐渐被人们所淡忘。

另外，墨家的任侠精神、“为民请命”作风，对普通民众影响很大，成为后世农民起义的理论根据。中国历史上，农民起义曾多次利用墨家的思想，创立墨家那样的团体。秦末农民起义中即有冲锋陷阵的墨侠，有人还跻身汉初开国功臣的行列。墨子提出“杀己以存天下”、“视人之身若其身”、“爱人如己”、“为身之所恶，以成人之所急”及“损己而益其所为”的“任性”思想、“万事莫贵于义”的“仗义精神”等均成为侠的信条。后世也视墨子为豪侠，把墨家信徒视为“墨侠”。不过西汉景帝平定七国之乱后，墨侠团体不存。隋唐之际，墨侠重新活跃起来，有“长安重游侠，洛阳富财雄”之说。唐传奇中的《谢小娥传》、《昆仑奴》、《虬髯客传》、《潘将军》等，都体现“墨侠”精神的复苏。鸦片战争以来，墨家思想影响深广。

总之，独树一帜的墨家思想已成为中华民族魂中的有机组成部分。

主题五 其他学派

春秋战国时期除儒、墨、道、法四家外，还有许多其他学派。

一、阴阳家

阴阳家是先秦时期以阴阳五行说为中心、以同类相应为基础，重视先兆征象、顺应四时规律的哲学流派。此流派多由古代天文家、占星家而来。他们在长期天象观测中，看到“天则有日月，地则有阴阳；天有五星，地有五行”，掌握了自然界阴阳五行变化的某些规律。他们把本来带有朴素唯物主义性质的阴阳五行神秘化，用五行生克的理论说明王朝的更替，以“五德终始”说为新兴王朝提供理论依据，使阴阳五行理论走向了唯物主义的反面，并赋予其强烈的神秘主义色彩。在我国古代，阴阳家还是古代的术数家，对社会的作用就是以天象来预测人事的吉凶祸福，从而又把科学和巫术结合在一起。

阴阳家作为一个哲学流派，是科学从属于巫术的矛盾体系。一方面从社会生产实践中，他们掌握了天象运行规律和作物生长周期，积累了丰富的阴阳消长和五行生克的朴素辩证法思想；另一方面在说明世界的统一性时，他们往往把自然和社会混同，用天象变化来比附、隐喻人事的吉凶祸福，宣传天人感应的神秘主义。

二、名家

名家即辩者，又称刑名家，主要讨论名实关系和概念的同异、离合问题。早期的“辩者”（名家）是春秋时郑国人邓析，能操两可之说，设无穷之辞。他是名家的创始人。战国时期的代表人物有公孙龙、惠施等。他们擅长论辩，探索事物的同一性和差别性，对古代逻辑学的发展作出了贡献。

名家并无相同的政治思想或经济主张，他们仅仅都以“名”为研究对象，并以此区别于其他学派。在名家内部，由于观点不同又形成若干派别，其中主要有“合同异”派和“离坚白”派，其代表人物分别为惠施与公孙龙，两派侧重点不同，各持一端。“合同异”派夸大事物普遍联系和变动不居的特性，犯了相对主义的错误；“离坚白”派则夸大事物的相对独立性和相对静止性，犯了绝对主义的错误。

三、兵家

春秋战国时诸侯争霸和兼并战争使战法和谋略研究日益重要，于是出现了一批专门研究战争战略和规律的思想家，这就是兵家。据《汉书·艺文志》载：兵家分为兵权谋家、兵形势家、兵阴阳家和兵技巧家四类。也有将姜尚（即姜太公）视为兵家始祖的。春秋时，兵家的代表人有孙武、司马穰苴，战国时有孙膑、吴起、尉缭、公孙鞅、赵奢、白起，汉初有张良、韩信等。兵家著作现存有《孙子兵法》、《孙膑兵法》、《吴子》、《六韬》、《尉缭子》等。

春秋末，孙武继承前人思想并结合战争实践，写成了我国现存最早的兵书《孙子兵法》（现存13篇）。该书有完整的思想体系，内容丰富，揭示了战争的一些规律。它的出现标志着我国军事思想的成熟。此后，更多思想家和将领致力于兵学研究，他们在继承的基础上吸收了各家各派的学说，并不断创新，创作出一部部兵法。到战国时，兵家正式名列诸子百家。兵家被广泛运用到多种领域，和其他各家的思想相互贯通，形成了一个相对完整广博的思想体系。在中国历史进程中，兵家思想不仅直接影响军事征战，还影响到其他学派的思想。在海外，人们还将兵家智慧运用到商业和外交活动中。

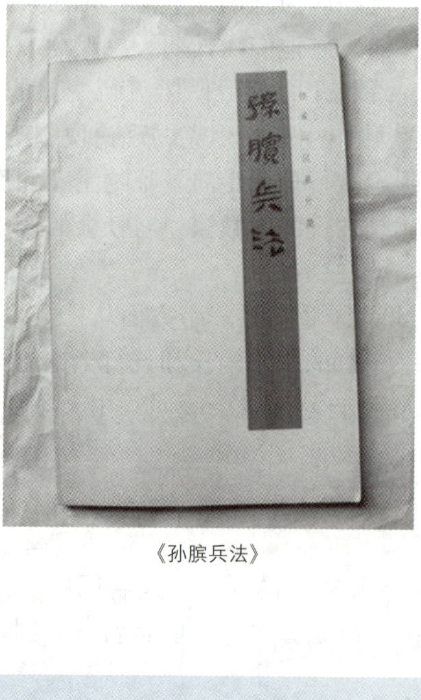

《孙膑兵法》

经考证，《孙膑兵法》约于唐代以前失传，1972年在山东临沂银雀山西汉前期墓葬中,出土已失传1 000多年的《孙膑兵法》等竹简4 000多枚。

四、纵横家

纵横家是先秦诸子百家中一个特殊的流派。《汉书·艺文志》说："纵横家者流，盖出于行人之官"。"行人"是古官名，即通使之官，周官有大行人、小行人，属秋官；春秋、战国时各国皆有行人；汉代为大鸿胪官，后改称大行令。战国末年，纵横策士之风兴盛。一些人周旋于列国，四处游说，献计献策，以此谋取富贵。

纵横家的创始人是战国中期富于传奇色彩的人物鬼谷子。苏秦、张仪是纵横家的代表人，是鬼谷子门生。纵横家专门从事政治外交，如苏秦主张"合众弱以攻一强"，即"合纵"；张仪主张"事一强以攻众弱"，即"连横"，当时影响很大。

纵横家思想属智谋型，主要集中于《战国策》。秦汉以后，纵横家作为一个学派不复存在，但在分裂动荡时期，纵横家的形象不断涌现。

五、农家

农家是先秦以神农为尊的学派，因注重农业而得名。《汉书·艺文志》说"农家者流，盖出于农稷之官，播百谷，劝耕桑，以足衣食。"《汉书·艺文志·诸子略》将农家列为九流之一。

农家学派认为农业是衣食之本，应放在首位，主张耕战政策，奖励农业生产，研究农业问题。

农家对农业技术和经验的总结及其朴素的辩证思想见于《管子·地员》、《吕氏春秋》、《荀子》中。农家主张"贤者与民并耕而食、饔飧而治"、"市贾不二"，肯定分工互助，提倡平等劳动、物物等量交换。农家的其他著作还有《神农》20篇，《野老》17篇，《宰氏》17篇，《董安国》16篇，《尹都尉》14篇，《赵氏》 5篇等，均已散佚。农家的思想和活动散见于诸子著述。《吕氏春秋》中《上农》、《任地》、《辩土》、《审时》等，被认为是研究先秦农家的重要资料。秦汉以后，历代农家成为专门研究农事的技术流派，编著了许多农书，为我国古代经济的发展、技术的进步作出了突出贡献。

六、杂家

杂家是战国末到汉初糅合各派观点的学派。《汉书·艺文志》说"杂家者流，盖出于议官，兼儒、墨"。杂家的出现，是当时政治上统一、学术上一统趋势的产物。杂家的代表人物是吕不韦。

《汉书·艺文志·诸子略》载：杂家著作有《盘盂》26篇、《大禹》37篇、《伍子胥》8篇、《子晚子》35篇、《由余》3篇、《尉缭》29篇、《尸子》20篇、《吕氏春秋》26篇、《淮南内》21篇、《淮南外》33篇等。其中以《吕氏春秋》、《淮南子》（但也有认为《淮南子》以道家为主，兼采众家，应属道家代表作）为最重要。杂家著作现存仅《吕氏春秋》、《淮南子》、《尸子》（原书已佚，今仅有后人辑本）三书。

学习与思考

行知合一

儒家学派是宗教吗？谈谈你的看法。

你所生活的地区有哪些著名思想家？请整理其核心思想。结合时代背景进行科学评价并思考这些核心思想对当今社会的现实意义。

网络世界

道家与道教是不是一回事？道学、道统又指的是什么？它们之间有什么联系和区别？“儒法合流”、“内儒外法”是怎么回事？说明了什么问题？

深度思索

简述墨家学派的影响并分析其兴衰的缘由。

开拓视野

有人说：中国人的气质和性格可以概括为“器宇轩昂、潇洒飘逸、侠骨柔情”。你认为有道理吗？为什么？

单元三　中国古文化遗址

学习目标

掌握我国重要的古文化遗址及其意义，探析古文明秘密，增强民族自尊心和自豪感。

主题一　古文化遗址发现的重大意义

在我国辽阔的疆域范围内，发现了大批远古时期包括旧石器时代、新石器时代的文化遗址。这些文化遗址的发掘出土具有极其重大的意义。

腊玛古猿亦称拉玛古猿，是从猿到人阶段中最接近人属的过渡型化石。拉玛古猿化石最早发现于印度西瓦利克山附近，地质年代属渐新世至更新世初期和中期，距今1000万—1400万年以前。腊玛是印度名著《罗摩衍那》中的王子，是印度教的神，象征纯洁。云南禄丰发现的腊玛古猿化石是世界上最多最完整的，其中3具完整的头骨在世界上绝无仅有。

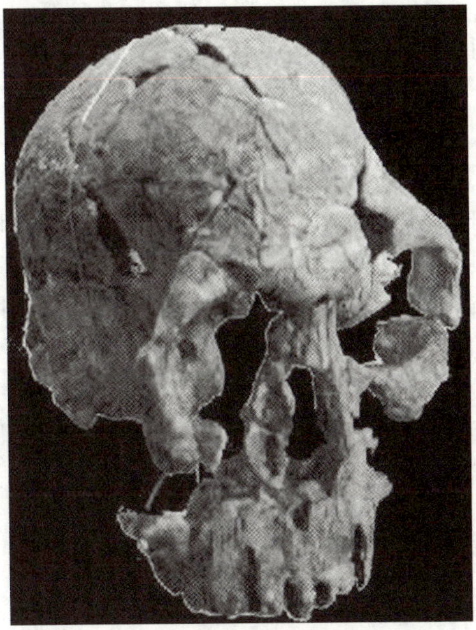

腊玛古猿头盖骨化石

第一，这些遗址的发现，对于人类进化研究具有极其重大的价值。

人类起源问题一直是人们所关心的重大问题之一。长期以来，人们一直认为人类起源自非洲。1980年年底，在我国云南省禄丰县发现一具腊玛古猿（从猿到人的过渡阶段，开始直立行走是其标志）完整的头骨化石，对于判定腊玛古猿的体质特征、研究人类进化史以及寻找人类兴起的历程和发展状况提供了较为完整的资料和证据。经研究，腊玛古猿不仅开始直立行走，而且还会使用天然工具，甚至可能已经有了简单的语言。这一发现表明我国也是早期人类起源地之一，对人类非洲起源说构成了挑战。腊玛古猿之后，南方古猿可以说已经是“真正的人”。此外，早在1970年，还曾在湖北始建县发现了南方古猿的三颗下臼齿，另在广西也有发现。这说明在我国境内，古猿在按照自己的规律发展着。南方古猿距今100万—500万年，他们以天然石块和木棒为工具，能够熟练地直立行走，体质和脑量都比腊玛古猿有了很大进步。在距今约300万年的时候，南方古猿终于打制出世界上第一件石器工具，从而进入猿人阶段。这些发现表明：从古猿到猿人的各个环节，我国境内都有发现，我国自然也应该是世界人类起源地之一。

第二，这些遗址的发现对于远古历史研究具有重大推动作用。

20世纪初至二三十年代，在我国史学界，出现了一股疑古思潮。人们不再对于过去习以为常的中国历史毫无保留地笃信不已，而是提出了许多非同寻常的新理念。恰在这时，中国考古学诞生，并先后发现了仰韶文化遗址、北京猿人遗址、安阳殷墟遗址。这些遗址的发现充分证明了我国在新旧石器时代不仅有人居住，而且达到了很高的文明。安阳殷墟遗址更证明了殷商时代不仅不是传说，而且是千真万确存在过的一个强大王朝。河南偃师二里头遗址的发现又揭开了商代之前夏王朝的神秘面纱，将夏朝从传说变为了“信史”时代。特别是近30年来，山西的丁村、匼河、西侯度、峙峪、许家窑、下川，陕西的蓝田、大荔，河北的虎头梁、小长梁、东谷坨，河南的小南海，甘肃的环县，辽宁的庙后山、小孤山，湖北的大冶，四川的汉源、铜梁，云南的路南、元谋，贵州的观音洞、硝灰洞、猫猫洞，青海的小柴旦湖等重要旧石器时代遗址，以及湖北长阳、广东马坝、广西柳江、安徽和县和巢县、山东沂源、辽宁金牛山等重要人类化石地点的发现和研究，大大提前了中国旧石器时代的年代上限，获得了中国古人类进化的系列材料，填补了东北、西北、华南广大地区旧石器遗迹发现的空白，建立起比较完整的华北地区的旧石器文化年表，在探索中国旧石器文化的传统和复原中国旧石器时代的生产、生活等方面迈出了可贵的一步。20世纪末，我国根据古文化遗址考古挖掘，并汇集了各学科专家进行耗资巨大的夏商周断代工程的完成，又给我们提供了三代时期相当广阔的思维空间。我们知道了夏商周三代并非前后相继的一统天下，而是各自有其发源地，是各具特征的。目前正在进行中的中华文明探源工程必将使我们对于我国远古历史认识更为清晰。这些，对于过去人们心目中的历史，无疑具有相当大的颠覆性。

仰韶遗址发现以后，学术界即开始了仰韶文化研究。研究范围不断扩大到整个黄河流域和长江流域的大部分地区。很长时间以北方仰韶文化为代表的新石器时代文化一枝独秀，在长江流域尚无重要发现。于是，由学术界开始，人们普遍相信，黄河流域是中华文明的发祥地，是中华民族的摇篮，中华文明是先产生于黄河流域，然后向周边辐射，乃形成今天的中华文明。20世纪70年代后期以来，随着各地一系列新石器时代早、中期遗址的普遍发现，整个新石器时代的历史框架有了比较完整的轮廓。尤其是1972年，浙江余姚河姆渡遗址的发现使学术界为之震惊。河姆渡文化的繁荣表明，江南的母系氏族时代同样达到了相当高的水平，且从时间上来看，不晚于中原地区。从而对原来的认识产生了新的冲击。人们转而认为长江流域与黄河流域一样，都是中华文明发祥地，中华文明是多元发生、共同发展的，以中原为中心的辐射与向中原的会聚相结合，这不仅是文明的传播方式，也是中华民族形成的途径。而早于仰韶文化遗址的大量发现，更有力地支持了中国文化的本土起源说。周代以前的历史，也由于考古学上的发现而得到了证实、丰富或订正。

我国原来的古史从传说中的五帝说起，至多不过5 000年。20世纪20年代，北京猿人化石的发现把中国的历史上推了50万年。1965年云南元谋猿人化石的发现，又上推到170万年以前。尤其是20世纪80年代以来，古人类化石和石器时代各阶段的遗址、遗物的发现和研究，已经使我国能够写出一部相当丰富而系统的原始社会史。

第三，古文化遗址的发现对于远古人类生存环境和状态的研究具有相当的作用。

在现代考古学产生以前，人们对于远古时期的人类生存状况，只能通过古代的神话传说来窥测。当越来越多的人类早期遗址被发现发掘以后，人们通过对这些遗址相关的地层、地质结构进行分析，对于遗物的尽心考察，甚至可以利用现代科学技术对于当时的环境进行某种程度的复原，就可以得到远古人类生存的气候、自然环境的第一手资料；通过原始人类牙齿的磨损程度进行研究和观察，结合所发现的动物骨骼、植物残渣，可以得出当时的食物结构等资料。比如，在北京猿人遗址发现人类用火的痕迹，就对于原始人类体质的增强、活动范围的增大以及人猿揖别有了更多的认识；通过对于其他遗物的研究，人们还推知了北京猿人的时代：周口店附近气候温暖湿润，周边活跃着剑齿虎、大象等多种野兽，猿人生存仍然有很大的威胁。对于半坡遗址、河姆渡遗址以及裴李岗遗址的考察，更有助于我们弄清我国农业、养殖业的早期起源情况。石器、骨角器、大量陶器的出土及缝纫工具的发现更是我们得知早期手工业起源和发展状况必不可少的珍贵资料。

第四，这些古文化遗址对于了解远古人类的精神生活具有相当大的帮助。

同样是在北京西南周口店龙骨山，山洞中发现的山顶洞人遗址给我们的启发意义不仅仅使我们知道，山顶洞人已经在体质上属于晚期智人，更让我们知道他们已经有了萌芽状态的宗教信仰——灵魂不死的观念已经产生。而且，人们已经懂得了对自己的身体进行装饰会使自己看起来更美——他们有了朴素的审美追求和艺术创造活动。

而在裴李岗文化的河南舞阳贾湖遗址出土的七孔骨笛、河姆渡遗址出土的骨哨和陶埙、青海出土的陶号、河南出土的陶钟，就非常明显地透露出这样的信息：早在我国原始社会，就已经有了相当丰富多样的乐器，人们已经掌握七声音阶的乐理知识，接下来就可以进行更高水平的音乐创造了。河姆渡遗址中的玉璜、玉玦，红山文化遗址的玉人、玉凤、玉龙、玉鸟、玉龟、玉鱼，浙江良渚文化遗址大量精美玉器的发现，还有半坡遗址陶器上面的风格独具的动植物图案，不仅昭示了人们早期艺术创造能力的进步，还包含了一定的宗教意味，其中有些应该说就是某些氏族或部落的图腾。同时，这些发现还表明我国历史上的确曾经有过一个相当辉煌的“玉器时代”，也给我国文化中“尚玉”的传统找到了实物依据。

主题二 旧石器时代的文化遗址

旧石器时代，是指以使用打制石器为标志的人类文化发展阶段，时间上大体从二三百万年前至一万年前为止。旧石器时代的时间最长，占人类历史的99.8%。旧石器时代一般采用两分法或三分法，即分为上部旧石器时代、下部旧石器时代，或早期、中期、晚期。后者的划分与人类体质发展的直立人、早期智人、晚期智人3个阶段相一致（表3–1）。

我国旧石器文化遗存不仅丰富而且自成系统。早期遗存有蓝田人文化、北京人文化、观音洞文化遗址；中期遗存有丁村文化遗址；晚期遗存有峙峪文化、山顶洞文化、小南海文化遗址等。

表3–1 中国境内发现的古人类化石简表

旧石器时代早期	直立人	元谋人	170万年前	云南元谋
		蓝田人	115万年—60万年前	陕西蓝田
		南京猿人	约60万年前	南京汤山
		北京人	50多万年—20万年前	北京周口店
		沂源人	40万年前	山东沂源
旧石器时代中期	早期智人	大荔人	23万—18万年前	陕西大荔
		马坝人	20万—16万年前	广东马坝
		长阳人	约19.5万年前	湖北长阳
旧石器时代晚期	晚期智人	山顶洞人	约3万年前	北京周口店
		柳江人	5万年—3万年前	广西柳江

一、旧石器时代早期遗址

旧石器时代遗址在我国境内最为著名的是元谋猿人、蓝田猿人和北京猿人遗址。

（一）元谋猿人遗址

元谋猿人遗址1965年在云南省元谋县境内发现。经古地磁测定，生存年代距今约170万年，为亚洲最早的原始人类。元谋人遗址还出土了7件石器，在地表采集到10件石器，均为刮削器。在化石层出土了大量的碳屑和两件烧骨，这表明元谋人在当时已学会用火，元谋人亦是目前所知最早会用火的原始人。在遗址中还找到一些有明显人工痕迹的动物骨片，说明元谋人当时已会制造骨器和简单的工具了。

元谋人遗址的发现具有重大的历史意义和科研价值，中国及其他一些国家已将此发现写进了教科书。1982年2月，国务院公布元谋人遗址为第二批国家级重点文物保护单位。

（二）蓝田猿人遗址

蓝田猿人遗址1963年发现于陕西省蓝田县。蓝田猿人眉骨粗大，前额低平，嘴向前突出，牙齿较大，虽然脑壳较厚，脑量却仅有约780毫升，枕骨宽而圆成楔形。其体质上仍带有较大的原始性，但已属于早期直立人，学名为“直立人蓝田亚种”。生存年代距今65万—

100万年。

蓝田猿人遗址包括陈家窝和公王岭两处。除蓝田猿人骨骼化石外，这两处地点还出土了200余件石器，以及蓝田剑齿虎、李氏野猪、三门马、葛氏梅花鹿等中更新世动物化石。在公王岭地点，与人类化石同一地层出土的以三棱大尖状器为特色的石器，被认为是蓝田猿人文化的特征之一，此外还发现了用火的遗迹。公王岭化石是亚洲北部迄今发现的最古老的直立人化石。蓝田猿人遗址为研究古人类进化提供了宝贵的实物资料。

（三）北京猿人遗址

北京猿人遗址1927年发现于北京西南龙骨山的山洞里。据研究，北京猿人距今六七十万年。北京猿人的体质较蓝田猿人有了较大的进步；进入直立人阶段。其脑壳变薄，脑量超过1 000毫升，前额升高，眉骨缩小，嘴向后收缩，枕骨窄长为椭圆形。但仍与现代人有着差距，带有较大原始性。北京猿人上肢、下肢骨骼已经近似于现代人。北京猿人遗址中发现了不下10万件石制品，以及丰富的骨器、角器和用火遗迹。北京猿人的材料在全世界发现的同一阶段人类遗址的材料中，是最丰富也是最系统的，为研究旧石器时代早期的人类及其文化提供了可贵的资料。

（四）其他遗址

除上述遗址外，在我国境内还发现了同属于旧石器时代早期的原始人遗址多处。其中主要有：湖北省郧县和郧西县的郧县人、河南南召县云阳镇杏花山的云阳人、辽宁营口的金牛山人、安徽和县人遗址等。同类遗址在河南三门峡、山西垣曲、贵州桐梓、湖北大冶等地都有发现。其中，1964年发现于贵州黔西观音洞的旧石器时代遗址是我国南方规模最大的旧石器时代早期洞穴遗址。河南南召的云阳人则是中原地区最早的旧石器时代早期遗址。

对这些遗址的研究表明，在旧石器时代早期，我国境内的猿人在体质上已属于晚期猿人，他们开始了制造和使用以打制石器为主的工具，而且开始懂得使用天然火以防御野兽侵袭，同时火的使用有利于增强人们的体质，并扩大了人们的活动范围。在社会组织上属于原始人群阶段，婚姻形式则属群婚。

二、旧石器时代中期遗址

在距今二三十万年前，我国境内的早期人类从猿人中脱胎而出，进入早期智人阶段（人类学称之为“古人”）。早期智人体质上更加进步，脑壳更薄，脑量更多，下颏明显成型，手更为灵活，腿部骨骼壁变薄、弯曲度变小，已经接近现代人。

这一时期，我国境内人类遗址更多了，分布地区也更加广泛。主要的有：大荔人遗址：1978年发现于山西省大荔县；马坝人遗址：1958年发现于广东韶关；长阳人遗址：1956年发现于湖北长阳；丁村人遗址：1954年发现于山西襄汾的丁村，是北京猿人向现代黄种人过渡的中间环节；许家窑人遗址：1976—1977年发现于山西阳高县。

旧石器时代中期，石器制造技术显著提高，出现了单刃的砍砸器，大三棱和小型尖状器，三角形、四边形、圆形的刮削器，球形投掷器等。早期智人还掌握了人工取火技术，进一步增强了人类和大自然作斗争的能力。经济生活上仍处于狩猎和采集阶段。在婚姻上摆脱了同一家族内部的婚姻，从而奠定了氏族公社制度的基础。

三、旧石器时代晚期遗址

距今四五万年以前，人类进入晚期智人（或称新智人，即“新人”）阶段。人们体质上的原始性完全消失，现代意义上的人种形成。

这一时期主要的文化遗址如下：

河套人遗址：发现于内蒙古自治区鄂尔多斯市的萨拉乌苏河沿岸和宁夏回族自治区灵武县的水洞沟。遗址发现的人类化石有头骨、牙齿和腿骨，还有许多的石器。研究证明，河套人属于早期智人向晚期智人的过渡形态。

山顶洞人遗址：1933—1934年发现于北京西南周口店龙骨山的山顶洞穴中。它是旧石器时代晚期最具代表性的文化遗址。据考证，其年代距今约1.8万年。山顶洞人在体质方面和现代人基本相同，而且明显地显示出蒙古人种的特征。山顶洞人遗址反映了我国母系氏族公社早期生产技术成就、社会生活和组织状况，是这一时期的典型代表。在此遗址中，石矛和球形投掷器的发现表明生产技术的进步，较为精致的骨角器如一枚长82毫米、针孔直径3.3毫米的骨针作为缝纫工具被发现，意义极其重大。遗址中还发现成串的石珠、穿孔的兽牙、兽骨，经过加工甚至雕刻的鸟、鱼、蚌等的骨骼，还被染上了红色的染料，这些证明山顶洞人时期有了朴素的审美意识和创造能力。在遗址墓地，发现骨骼周围撒有红色赤铁矿粉末，说明山顶洞人有简单的丧葬仪式并产生了灵魂不死以及复活的观念，具有原始宗教意味。

与此同时代的晚期智人还有柳江人（广西柳江通天岩，是蒙古人种南方类型的代表）、麒麟山人（广西来宾）、峙峪人（山西朔县）、左镇人（是台湾地区迄今发现最早的晚期智人遗址）、建平人（辽宁建平）、资阳人（四川资阳）、榆树人（吉林榆树）、下草湾人（江苏泗洪）、小南海人（河南安阳）等。另外，在四川汉源，云南丽江、路南，辽宁凌源，以及青藏高原都有发现。旧石器时代晚期，我国境内大部分地区都有了人类活动。

研究证明，这一时期，我国境内的先民们已经进入了母系氏族时代，石器制造技术得到了改进，掌握了两头打制和挖制技术，弓箭的发明是生产技术大为提高的重要标志。血亲婚配受到了限制。在氏族公社内部，按照性别和年龄进行劳动分工，女子在生产生活中占据主导地位。

主题三　新石器时代的文化遗址

距今约一万年，以北方草原的细石器文化为代表，我国境内先民进入了新石器时代。新石器时代是以磨制石器和陶器为代表的考古学时代。我国已发现距今约10 000年新石器时代早期的残陶片。河北徐水县南庄头遗址发现的陶器碎片经鉴定为10 800—9 700年前的遗物。

此外，在江西万年县、广西桂林甑皮岩、广东英德市青塘等地也发现了距今10 000—7 000年的陶器碎片。在我国境内，新石器时代遗址更是遍地开花，从台湾到伊犁河流域，从海南岛到黑龙江流域，甚至青藏高原都有发现。迄今为止，我国已发现新石器时代遗址7 000余处。重要的文化有辽河流域的查海文化、兴隆洼文化，山东泰沂地区的后李文化，关中地区的大地湾和老官台文化，中原地区的裴李岗和磁山文化，长江下游的浦江上山文化、河姆渡文化（两者俱在浙江省境内），长江中游的彭头山文化、城背溪文化和石皂文化等。这些发现突破了黄河流域一元中心论的传统认识。

一、中原地区最早的新石器文化——裴李岗文化

1972年，在河南新郑率先发现了裴李岗文化，距今七八千年。其分布相当广泛，以嵩山内外为核心，包括新郑、新密、登封、巩义、郑州、中牟、长葛，甚至远及鄢陵、项城、舞阳等地，共有20余处。裴李岗遗址中出土了大量精工细作的石器，还有石头制成的磨盘和磨棒，这一粮食加工设备的出现表明了原始农业的进步。新密市境内出土了形象生动的陶塑老人头，裴李岗遗址中出土了陶制的猪、羊等动物形象，既显示了制陶工艺的进步，也代表了原始艺术的水平。舞阳县境内出土的甲骨和石器上还有一些锲刻的符号，有人认为是甲骨文的雏形，不过现在尚无定论。舞阳贾湖遗址出土的七孔骨笛则表明我国原始音乐已具备七声音阶结构。

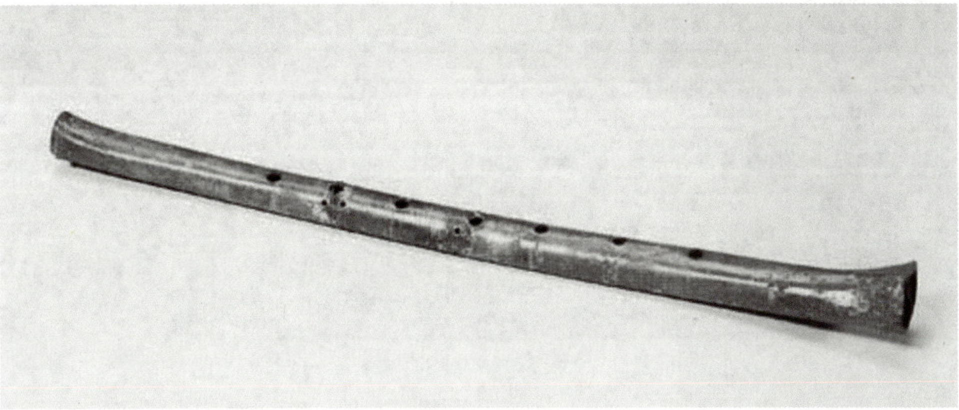

舞阳贾湖出土的七孔骨笛

七孔骨笛出土于河南舞阳贾湖村新石器时代早期遗存的墓葬中，系用猛禽鹰鹫之骨制成。经过现代科学测试，证明此骨笛已具备较完整的音节结构，采用的律制是中国传统的三分损益律。证明骨笛的制作者已掌握了七声音阶，而且他们的音乐水平相当高，可利用笛子上的小孔，调节音阶上很小的误差。

河北武安的磁山文化与此相类似，往往与新郑的裴李岗文化合称为裴李岗—磁山文化。

二、母系氏族公社的繁荣

约7 000年前，随着生产力的发展，我国母系氏族公社走向繁荣。

（一）江南地区的代表——河姆渡文化

1973年，在位于钱塘江口的浙江余姚河姆渡村发现河姆渡文化，距今7 000年，这是江南地区较为典型的新石器时代遗址。经研究，河姆渡文化已达到相当繁荣的水平，江南地区的新石器文化应该不晚于中原地区。

河姆渡遗址出土遗物有陶器、骨器、木器、石器等。陶器主要是夹炭黑陶、夹砂红陶和红灰陶。除素面陶外，有大量拍印绳纹陶，陶器的宽边口沿上常刻画平行条纹、波浪、圆圈、叶形、谷穗状等几何图样，也有白底深褐色纹的彩陶。以平底和圜底陶器为多。代表性器物有釜、罐、带把钵、宽沿浅盘、支脚等。与支脚配合使用的陶釜是河姆渡文化的主要炊器。骨器数量远超过石、木、陶质各种工具的总和，这在中国新石器文化中是罕见的。木器精巧，多样，极具特色。石器则为相当精致的磨制石器。而大批榫卯木构件及干栏式建筑的遗迹，说明河姆渡的先民已经进入了定居时代，也显示了河姆渡文化住房方面的江南特色。这一建筑形式至今仍是江南民居的主要样式。

余姚河姆渡文化模拟场景

长期以来，中国的文化学研究上，始终存在着中原中心说的提法，即认为黄河是中华民族的摇篮，华夏文化是由黄河流域为中心向四周辐射扩散的。随着考古学的实证，越来越多的事实证明，中华文化一开始即呈多元状态。河姆渡文化的发现，再次说明了以其为代表的长江下游发达的新石器文化，比同时期的黄河流域毫不逊色。

在河姆渡遗址中，有证据表明：江南地区的先民们在很早的时候，已经开始驯养家畜，如猪、狗、水牛等；他们也用耜种植水稻，稻作农业为他们提供了稳定有保障的食物来源。遗址中出土的一口浅水井，是我国江南人民很早就掌握了凿井技术的明证，它对于人们摆脱大江大河的限制，扩大活动范围，形成定居聚落具有相当重要的作用。

在河姆渡遗址发现的纺织工具数量之多、种类之丰富为新石器时代遗址考古所罕见。数量最多的是纺轮，有300多件，质地以陶为主，还有石质和木质结构，形状以扁圆形最常见，另有少量剖面呈梯形状。织的方面有经轴、分经木、绕纱棒、齿状器、机刀、梭形器等，纺织专家认为这是原始踞织机的部件。缝纫用的是骨针，有90多件，最小的骨针长仅9厘米，径大0.2厘米，针孔大0.1厘米，与今天大号钢针差不多。从出土的苇编和器物上精致的图案看，当时织品为经纬线数量相同的人字纹和菱纹。河姆渡遗址出土的木桨共8支，系用原木制作，形似后世的木桨，只是形体略小一些。有桨一定有船，可以推测河姆渡人已使用独木舟这样的交通工具。河姆渡遗址发现了漆器20多件，出土的木胎漆碗是其代表，可见我国髹漆技术出现之早。

在遗址中，还发现以象牙雕刻为代表的原始艺术品，最为人称道的是“双鸟朝阳”纹象牙雕刻件，该器长16厘米、宽5.9厘米、厚约1厘米，形似鸟窝。器物正中阴刻5个同心圆，外圆上部刻火焰纹，两侧各有一只圆目利喙的鸷鸟相对而视。画面布局严谨，线条虚实结合，图画寓意深刻，具有强烈的宗教意义，表明河姆渡地区的先民们也已经有了较为复杂的精神生活。

（二）黄河流域的典型——半坡遗址

半坡遗址，1953年发现于陕西省西安市，距今六七千年。它是我国黄河流域仰韶文化的典型代表（仰韶文化是距今七八千年前的新石器时代的一种远古文明，因最先发现这种文化的地点是河南渑池仰韶村，所以称为仰韶文化，1921年发现）。

半坡遗址遗存丰富，面积约5万平方米，是我国考古历史上第一次发现的一处原始氏族聚落遗址。半坡村的半地穴房屋建筑，出现了墙壁和屋顶。这是古代建筑技术上的重大进步。而且有的木柱下面还垫上杂草硬土或碎陶片，夯实后，再铺以陶片、石片或垫一块卵石，可以认定这是我国建筑技术史上柱础的原始形式。

遗址中所发现的生产工具多达621件，主要是石斧、石铲、石锄、陶刀、石刀、骨铲和一些经过打制的粗糙的石制工具。在一处房屋遗址下面发现了一个小陶罐，里面保存着虽已腐朽但粟粒的皮壳却清晰可辨的粟。另外在一个小地窖里出现了储存的粟米堆积，残壳有数斗之多，说明当时粟的生产有一定的数量，不仅供人食用，而且还为死者随葬，这是半坡农业生产发展的一个有力证明。除粮食生产外，半坡人也已开始种植蔬菜，遗址中出土的陶罐里面装着已经炭化了的白菜或芥菜的种子。家畜饲养业在当时已出现了，当时养的牲畜有猪、狗、牛、羊、鸡，以猪为主，遗址中随处可见幼猪骨骼，说明猪已经过家养，未到成年而被宰杀。

1973年秋，考古工作者在青海大通县上孙家寨新石器时代遗址发现了这个绘有先民舞蹈图案的彩陶盆，该遗址属马家窑文化，距今四五千年，图案中的歌舞者舞姿绰约、节律感十分生动，且图案线条奔放潇洒、飞动流畅，具有极高的历史和艺术价值。

青海大通上孙家寨舞蹈纹彩陶盆

半坡遗址中最有特色的当数陶器了。半坡遗址居住区外有专门的公共窑场来烧制陶器。这种陶器因其色泽而被称为彩陶，这也是仰韶文化的最大特点。红色的陶器上，绘有人面、鱼等动植物及渔网的形象和大量的几何图案，既反映出当时人们的艺术思维和创造能力的提高，又带有一定的宗教意味。特别是陶钵的口沿上，发现了二三十种锲刻符号，有专家认为，这或许是我国文字的早期形态，但目前仍无定论。

半坡遗址墓葬中还发现了瓮棺葬，瓮棺上还留有小孔。郭沫若先生考证为供灵魂出入之用，其信仰的成分更加突出。

马家窑文化1957年发现于黄河上游地区甘肃的临洮，其时间晚于仰韶文化半坡遗址。

三、父系氏族公社时代——大汶口文化中晚期

大汶口文化1959年发现于山东省泰安市境内。其中晚期是我国北方的新石器时代晚期遗址，距今四五千年。遗址内容丰富，有墓葬、房址、窖坑等遗存。出土文物造型美观，生活用具主要有鼎、豆、壶、罐、钵、盘、杯等器皿，还有背壶、钵型鼎、镂孔豆、高柄杯、彩陶豆等，分为彩陶、红陶、白陶、灰陶、黑陶几种，特别是彩陶器皿，花纹精细匀称，几何形图案规整。生产工具有磨制精致的石斧、石锛、石凿和磨制骨器，骨针磨制甚至可以与今天的针相媲美。1995年，考古工作者在山东广饶傅家村大汶口文化遗址清理一个男性头骨的泥土时意外发现：该头骨顶部靠后的位置，有一个周边较为规则的圆洞，圆洞的直径约为30毫米，这个圆洞的周边有十分明显的骨组织生长、愈合的痕迹，说明这个病人在开颅手术之后，还存活了较长的一段时间。这是迄今为止中国最早的开颅手术实例。这一发现将中国此类发现提前了1 000年。在此之前，世界考古学界仅在非洲等少数地方有此类发现。

2002年，在同属大汶口文化的安徽省蒙城县尉迟寺遗址，一只深埋在土层中的5 000年前的陶制鸟形“神器”重现。考古专家说，这只“神器”是迄今为止发现的中国原始社会大汶口文化遗址中最为完整的图腾，在考古界称得上是“惊天的发现”，对史学界研究早期的陶器史、聚落考古史、宗教、图腾等有突破性的意义。

安徽蒙城尉迟寺出土的鸟形神器

2008年出土的这件鸟形神器是迄今为止发现的中国原始社会新石器时代最完整的图腾，对研究原始社会陶器、宗教等都具有重大的科学意义。

大汶口文化遗址中的发现可以表明：在距今四五千年的山东地区，人类社会已经出现了私有财产和贫富分化。有的富有家族拥有许多粮食和家畜，粮食用来酿酒，还有成套酒器的出现。一些大型墓葬仅随葬玉器就达百余件，而有些墓葬中则仅仅有少量的生产工具。

四、龙山文化、红山文化和良渚文化

（一）龙山文化

龙山文化因为1928年首先发现于山东省章丘县龙山镇城子崖遗址而得名，泛指仰韶文化以后以黑陶为特征的史前文化。龙山文化的分布范围很广，东到黄海之滨，西到陕西省的渭河中游，北含辽东半岛渤海湾沿岸，南达鄂、皖、苏三省的北部，主要分布地区是河南、山东、河北、山西南部和陕西渭水流域。这一范围基本与商朝控制范围一致，说明龙山文化同夏、商奴隶制国家的出现有着密切的关系。

龙山文化的半地穴房屋一般是单室，形状各异：有圆形，有方形。还有一种双室房子。两间房屋或者都是方形，或者前方后圆。房屋之间有短窄的门道，因其平面像“吕”字而被称为“吕字形双式房屋”。河南省陕县庙底沟村落遗址的一座圆形房子和陕西省长安区客省庄龙山文化遗址的吕字形双室房屋（尤其后者属结构比较复杂的房屋）显示了当时建筑技术的进步。

知识链接：龙山文化村落选址

龙山文化的村落选址在黄河流域的黄土平原和高原靠近河流的台地。选择这种地方作为居住区充分考虑了当地的自然条件：一是这一带黄土结构稳定，适宜建造半地穴式的建筑；二是土质多为粉土颗粒，肥力较高，利于农业生产；三是靠近河流便于取水；四是这里的台地地势较高，可以躲避洪水的侵害。

龙山文化的村落分布相当稠密。如河南省安阳洹水沿岸龙山文化遗址7公里左右范围内，就有19处村落遗址；陕西西安沣河下游两岸7公里左右，有村落遗址8处。这些村落并非同时建起来。有专家推断由于农业技术还不高，不懂人工施肥，土地的肥力下降了，人只能迁移到别处。村落遗址的面积，大小不一。小的几百平方米，大的却有36万平方米，表明村落遗址的规模经历了一个发展的过程。在龙山文化的村落遗址上，还发现口小底大，穴壁整齐，形状规则，而且多数在房屋附近的大量窖穴，个别的窖穴还同房屋连在一起。这些窖穴表明农业生产有了提高，人们可以有比较多的粮食储备了。龙山文化的窑场不再像仰韶遗址的窑场集中在一起，而是分散的。如在河北省邯郸市涧沟和陕西西安客省庄的发现就是如此。它表明制陶工业已由氏族的共同事业逐渐转变成由一些有制陶经验的家族所掌握的生产部门了，这是社会分工的结果。在邯郸市涧沟遗址，考古工作者发现两口水井，井口的直径约为2米，井深7米。可见，我国北方龙山文化时代，个别的氏族已经懂得利用地下水，掌握了凿挖深水井的技术。

考古发掘还表明，农业已经成为龙山文化氏族公社的主要经济，渔猎经济的比重比仰韶文化显著下降。更重要的是，在龙山文化遗址里，还发现了一些为仰韶文化所没有的新型农具如半月形的双孔石刀，有柄的石镰、蚌镰和双齿木耒等。这些新型农具的发现是龙山文化的农业生产技术比仰韶文化时代有了更大进步的证据。

1960年出土于山东潍坊姚官庄，是龙山文化姚官庄类型的典型代表，突出表现了龙山文化陶器乌黑光亮的特点。

龙山文化黑陶豆

在邯郸涧沟一个龙山文化大土坑里，发现了21个猪的骨骼。龙山文化遗址中除了发现大量猪、狗骨骼外，还有不少牛和山羊的骨骼，甚至还有马和鸡的骨骼。由此可见，那时候饲养的家畜不但数量比仰韶文化增加了，而且种类也更为齐全，人们常说的“六畜”（猪、狗、牛、羊、马、鸡）均已开始驯养。用陶轮制作陶器是龙山文化手工业方面的一个巨大进步。由于陶窑结构和烧制技术尤其是封窑技术的使用可以使窑变更为充分，因此，龙山文化的陶器以灰陶和黑陶为代表，主要品种有鬶、斝、鬲、甗、鼎、甑、簋、豆、罐、盂、盆、碗、壶、杯、瓮等。其中尤以山东出土的蛋壳黑陶最能代表其成就。这种陶器质地细腻，内外漆黑，表面晶亮，厚度只有0.1~0.2厘米，用指轻弹，声音清脆。在山东省潍坊姚官庄出土了一只大型的陶杯，形似一朵盛开的花，底有棱边，上部透雕着5圈近似几何纹的图案，是陶器中的精品。

在各地龙山文化遗址中还发现了不少陶制的纺轮。纺轮的中间有孔，形状有的像馒头，有的像圆板。这种纺轮是纺车的最早形态。在城子崖遗址里，还发现织布用的骨梭，两端尖形，各有一小孔。山东省滕县岗上村遗址曾发现一件底上印有麻布纹的陶罐，从布纹来判断是一种平纹麻布，每平方厘米有7根到8根经线和纬线。细而长的骨针在各遗址里都有发现，可见当时纺织手工业的发展水平之高。

用骨和玉石制作的日用品和装饰品丰富多彩：有透雕花纹的骨梳、骨筒，有半圆形的束发器，有乳白色的条形、钩形的石饰，有成串的球形石珠，有半透明的绿色的或白色带黑斑的玉镯，有翠绿玉璧和乳色玉坠等。有些骨器，在牙白色的器面上嵌上绿松石，色彩十分瑰丽。在山东日照还发现一只陶鸟，形体不大，但嘴、眼、翅膀、尾巴样样齐全，造型十分逼真、生动。由此可见当时的手工艺是相当发达的。在各地龙山文化遗址里，还发现许多经过烧灼的有裂纹的兽骨，应该是占卜用具。

生产力的发展使社会发生了巨大变化，婚姻形式逐渐转变为一夫一妻制。同时，不仅私有现象大量出现，贫富分化也相当明显，甚至出现了阶级差别。龙山文化时代，人们以猪腭骨为财富的标志，墓葬中数量明显不同，在邯郸市涧沟遗址的一个房址里面，甚至还发现了4颗被砍下来的人的头骨，专家推断奴隶已经出现。这说明原始社会已经走到了尽头。

（二）红山文化

红山文化是我国北方地区的新石器时代文化，距今五六千年，延续时间达两千年之久，最先发现于内蒙古自治区赤峰市郊的红山后遗址（1933年前后）。它以西拉木伦河、老哈河流域为中心，分布面积达20万平方公里，主要分布在内蒙古和辽宁、河北、吉林三省的交界地带，全面反映了我国北方地区新石器时代文化特征和内涵，1954年以发现地正式命名。

红山文化遗址的发现与中原和江南其他新石器时代遗址有着巨大差别，是中原仰韶文化和北方草原文化互相碰撞交汇于西辽河流域而产生的文化类型，内涵十分丰富。红山文化的手工业达到了很高的阶段，形成了极具地方特色的陶器装饰艺术和高度发展的制玉工艺。红山文化的彩绘陶器多为泥质，以红陶黑彩为主要样式，花纹丰富多彩，造型朴实富于动感，陶器上也有各种刻画符号。

红山文化的玉器可分为三类：一为斧、凿、锛、铲、刀等工具和兵器；二为动物雕塑，如龙、虎、龟、蝉、熊等；三类可暂称为“饰品”，是被赋予了一定意义的具有某种特定形状的器物。已出土的有玉器数十件之多，颇具神韵。其中包括蚕形玉器、玉鸟、玉龟、勾云形玉器、玉筒形器，特别是玉猪龙，它鼻子前伸，嘴紧闭，双眼突起，眼尾细长上翘，头上刻着方格网状纹，脊背有长鬃，但无足、爪、角、鳞、鳍，代表了早期中国龙的形象，既是红山文化玉器的代表作，又是迄今为止我国最早的龙形玉器，被誉为“中华第一玉雕龙”。红山文化的龙凤形象证明我国后来的龙凤崇拜起码已有了五六千年的历史。

1984年辽宁凌源与建平市交界处的牛河梁遗址发现了玉猪龙，从而揭开了1971年发现的“中华第一玉雕龙”的神秘面纱，验证了我国玉文化与龙图腾崇拜历史的悠久。

红山文化玉猪龙

红山文化的社会形态处于母系氏族社会的全盛时期，主要社会结构是以女系血缘为纽带的部落集团。20世纪80年代中期，辽西东山嘴—牛河梁红山文化女神庙、祭坛、积石冢的发现和研究，将红山文化的研究推向一个崭新的阶段。辽宁省喀喇沁左翼蒙古族自治县东山嘴遗址是迄今为止发现的我国最早的一处宗教祭祀遗址，是用大石砌就的成组建筑遗址，南圆北方、中心和两侧对称。南部圆形祭坛旁在我国首次出土了女性裸像。出土的陶器造型奇特而不同于生活用品，可以推断这是祭祀场所。与东山嘴相距仅三四十公里的凌源、建平两县交界处的牛河梁，发现了规模宏大的女神庙、祭坛、积石冢群。牛河梁遗址出土的红山文化女神庙是中国首次发现的远古神殿。牛河梁处于大凌河与老哈河之间，为东西走向，黄土发育，以神庙及广场平台为中心，十几个积石大冢列于四周，和远处山峰相呼应，形成一个庞大的祭祀建筑群。在牛河梁遗址群南部一处名叫“转山子”的山冈上，还发现了一座类似积石冢的金字塔式建筑，与山丘浑然一体，总面积达1 000多平方米，规模之宏大、结构之复杂非其他积石冢所能比拟。其建造十分考究，内部夯土，外部砌石，台体顶部有炼铜坩埚等遗物，说明其文化内涵的复杂性。作为一座单体建筑，它是至今发现的中国史前建筑中规模最大的，目前尚未发掘。在女神庙已出土了大量泥塑人像残块，最小的如真人一般大小，大的则相当于真人的三倍。其中一尊较完整的人物头像，结构合理、比例准确、表情自然。女神庙南1公里的牛河梁第二地点发现一个大型祭坛和四个积石冢。冢的结构复杂，形制各异，都有内、外石墙，冢内若干石棺墓只随葬玉器。从规模、随葬玉器数量看，氏族成员的等级分化已很严格。

红山文化的坛、庙、冢代表了已知的我国北方地区史前文化的最高水平，也代表着与之同时的中国新石器时代文化的较高发展水平。它对于中华文明起源史、中华古国史的研究具有极大意义。它是我国文明至少有五六千年的标志，被人们称为“中华文明的曙光”。

（三）良渚文化

良渚文化是我国长江下游太湖流域一支重要的古文化，因1936年原西湖博物馆施昕更先生首先发现于余杭市良渚镇而命名。距今四五千年。良渚文化遗址主要分布在东到上海，南至钱塘江，西以茅山、天目山为界，北达宁镇地区边缘的长江以南地区，围绕太湖大致呈三角状，其影响达浙东、浙西南、皖南、华南、山东、苏北等地。分布于余杭境内的“良渚遗址群”是良渚文化的中心。

良渚文化遗址出土了大量文物，表明长江下游地区在新石器时代晚期物质、精神和生活领域都达到了相当发达的程度。

石制农具有三角形犁状器、斜柄铖形器、双翼耘田器、长方形或半月形石刀、石镰等。良渚文化多处遗址出土了粳稻和籼稻的实物遗存，在浙江湖州钱山漾等地还发现有花生、蚕豆、甜瓜子、小泡瓜子、红蓼、菱角、葫芦、酸枣核、毛桃核等植物籽实，其中有些可能已属人工栽培。农业水平较高，良渚人从耜耕农业阶段迈入了效率较高的的犁耕阶段。

竹编、木作手工业发达，竹木器广泛应用于生活和生产方面，钱山漾一地即出土整、残竹编器物200多件和不少木器。麻纺手工业之外，又开辟了丝织手工业的新领域。钱山漾出土的绢片、丝带和丝线是迄今我国史前时期最重要的丝织品实物，原料是家蚕丝。

琢玉工艺在当时各原始文化中处于领先地位。玉器种类在20种以上，采用了多种相当

这件玉琮的发现，表明了我国古典玉文化与宗教祭祀有着密切的关系，也反映了我国玉雕工艺悠久的历史与高超的工艺水平。

良渚文化晚期玉兽面鸟纹琮

成熟的雕琢技法。有的大型墓葬出土了成组成套玉器，玉质玉色相近。可见制玉业已成为专门性的手工业部门。有重6 500克的大型玉琮、直径20多厘米的玉璧，小型玉器有玉管、玉珠和玉质镶嵌附件，琢制都很精良。玉器是良渚文化的精髓，达到了中国史前文化高峰，其数量之多、品种之丰富、技艺之精湛，均为其他同时代部族望尘莫及。

这幅良渚古人解玉想象图直观地描绘了远古先民开创我国古代玉文化时的场景，其本身就是我国古代玉文化的组成部分。

良渚古人解玉图

制陶工艺也很进步，以黑陶为主。良渚陶器胎质细腻、造型规整，器型多样，构成了富有良渚文化特色的器物群。陶器上刻画有纤细禽鸟纹、蟠螭纹的鼎壶及漆绘陶器是良渚文化陶器中的代表。在良渚文化的一些陶器、玉器上还发现了许多单个或成组具有表意功能的刻画符号，有学者称之为“原始文字”。

在浙江余杭墓地、瑶山遗址和上海青浦福泉山遗址发现显贵专用墓地，是在人工堆筑的土墩或废置的低山祭坛上营建的。一般墓坑较大，有棺椁葬具，随葬有数十至上百件玉器，如玉琮、玉璧、玉钺等。有的大墓中还出现了以人为殉葬品。一般认为，在良渚文化时期社会发生深刻变化，原始氏族制度瓦解，中期以后可能已处于中国古文明的始创时期。

学习与思考

行知合一

夏商周断代工程和中华文明探源工程是怎么回事？取得了哪些成果？

网络世界

你了解“北京人头盖骨之谜”吗？为什么会出现这样的争夺？

深度思索

红山文化在我国整个文化体系中有什么样的地位和影响？

我国古文化遗址遍布全国各地，它们和后来乃至当今的中国历史文化有没有必然联系？如果有，是什么样的联系？为什么？

开拓视野

调查你所在地区的古文化遗址的相关情况，分析其对于中国历史文化或当地地域文化的意义。

单元四　中国古代职官制度

学习目标

大概了解职官制度的沿革，扩大学生的知识面，以适应学生今后旅游工作的需要。

主题一　先秦职官制度的建立和发展

职官是随着国家的产生才出现的，夏朝是我国历史上的第一个奴隶制王朝，了解中国古代的职官制度应该从夏朝开始，但夏朝几乎没有留下什么历史文献。古籍中记载关于夏朝的官职虽有“六卿”、“车正”、“牧正”、“庖正”、“兽臣”、“仆夫”等，但不少是后世的附会之说。要勾画出夏朝职官制度的可靠概貌，还有待于地下的发现和对夏文化的深入研究，因此我们对中国古代职官制度的了解只能从商代开始。

一、商代官制

商代的最高统治者是“王”，商王以下的僚属按其司职，大致可分为王朝外廷辅政官、一般政务官、外廷事务官和内廷事务官四类。

（一）外廷辅政官

根据文献记载，商王的外廷辅政官有尹、保、臣、巫等。

“尹”字含治理的意思，以“尹”称人则指握事、治事的人。尹本身是没有职位高低的，从商王的辅佐到各级官吏都有称尹的。尹作为官名，只是一种泛称，各级握事、治事的官吏之正长都可称尹。

“保”在商王朝时期已由长者监护制中的“保”发展为辅佐职官，但仅限于辅佐幼主的重臣、老臣。

“巫”是专门的神职官吏。在殷商社会，神权具有至高无上的地位，商王每做一件事都要占卜，而神职人员的意见也是举足轻重的。

"臣"不是纯粹的官名，其身份很复杂，其中有相当部分属管理王室事务人员的官称，但是甲骨、金文资料所反映的事实是，臣是主要作为分管王室某方面具体事务的一般官吏的官名，作为辅佐大臣的不多。

（二）一般政务官

商王朝的一般政务官主要为多尹。"多尹"也称"尹"、"诸尹"。多尹是分管王朝各种政务的职官，他们对王朝军国大事有发言权。

（三）外廷事务官

外廷事务官主管宗教文化教育和生产经济两大类。宗教文化官吏主要是巫、贞卜、作册。巫职偏重以巫术沟通人神；贞卜官员主要掌握王朝的占卜；作册主管司理典籍和册命。他们都是当时为数不多的文化人。

（四）内廷事务官

内廷事务官员主要有宰和臣。

"宰"的职责是随商王田猎、祭祀，是商王负责内廷事务的近臣。"臣"主要从事组织王室的各项生产活动，另外也参与攻治甲骨，参加祭祀典礼，跟随商王出征，以使者身份传达王命，侍奉商王的日常生活等。

二、周代官制

整个周代的官制又可分为西周时期和春秋战国时期。

（一）西周时期

西周承袭了商朝各种政治制度并有所发展，使得西周的统治机构更为完备。其中辅政机构明确地分为卿事寮和太史寮，这是西周中央官制最突出的发展变化。

卿事寮的职能是主管"三事"和"四方"。"三事"即"三事大夫"，是王畿以内官员的总称；"四方"是指王畿以外统治四方的诸侯。也就是说，卿事寮主管中央和地方的各级官吏和政务，是中央王朝的辅佐官署。卿事寮的长官简称卿或卿士，其正式官职在西周称太师、太保。

太史寮掌管册命、制禄、神事、教育、秘书、历法等事，是兼管神职与人事的机构，也是周王朝的辅佐官署。太史寮的长官是太史。

西周的早、中期是卿士寮和太史寮的长官共同管理国政，但太史的地位次于太师、太保等卿事寮长官。后太史寮及其职官的地位一直呈下降趋势，并逐步过渡到西周中晚期的权臣卿士执政。

西周的一般政务官，开始有了较明确的分工，出现了分管某方面政务的司徒、司马、司空三大夫。他们是卿士寮的属官。司徒主管征发徒役、劳役和田地耕作；司马掌管军赋和车马，是位高权重的军事职官；司空掌管土地和筑城修路等重大土木建筑工程。

西周王朝的内廷事务官有宰、膳夫和小臣。宰是管理内廷事务的总管家。其职责有两个方面，一是管理王家内外，传达宫中之命；二是在册命礼中作宾佑或代王赏赐臣下。宰相一职就是从此发展起来的。膳夫的职事是掌管王的膳馐以及祭祀宴享时有关膳食的事项，因为与王的关系密切，是王的亲信，在西周以后也成为朝廷重臣。西周王室的小臣主要司理周王日常生活和有关礼仪。

要了解西周官制的大致轮廓，就要借助《周礼》，而《周礼》成书年代较迟，所以可靠性也较弱。从《周礼》上看，政府机构的划分，大约是从西周开始的。西周分管部门共有6个：（1）天官冢宰，“帅其属而掌邦治，以佐王均邦国”。这些官掌理政务，称为“治官”。（2）地官司徒，“帅其属而掌邦教，以佐王安扰邦国”，这些官掌国家土地与人口，主管教化、产殖、赋税等事，称为“教官”。（3）春官宗伯，“帅其属而掌邦礼，以佐王和邦国”。这些官掌管邦国祭祀典礼，称为“礼官”。（4）夏官司马，“帅其属而掌邦政，以佐王平邦国”。这些官掌邦政，称为“政官”。（5）秋官司寇，“帅其属而掌邦禁，以佐王刑邦国”。这些官掌理刑法，称为“刑官”。（6）冬官司空（现存《周礼》中亡佚司空一篇），这些官各有一批属官各司其职。从组织的严密程度看，甚至远远超过后代官制，有可能是后人假托。

（二）春秋战国时期

春秋时期，周王室衰微，各诸侯国为适应内外发展的需要，逐步形成了一套自己的官制，有的具有共同性，有的则体现其本国的特点。

春秋各诸侯国在国君之下，设文官最高长官相，武官有将军。各国还设有御史，掌记录文书及监察。中枢的职权分工，在春秋时已初见雏形。

战国时期是春秋以来新旧社会变革最激烈的阶段，新的君主集权制度需要一整套官分文武的官僚制度，即相作为文官之长管理行政，将是作为武官之长掌握军权。官分文武适应了当时政务与军务分工的客观需要，使文才武略各尽其能，又便于君主集权。

相　相是百官之长，地位高于将。这就是我们曾经读过的《廉颇蔺相如列传》中廉颇和蔺相如相争的原因。相也称为相邦或相国，通称“宰相”。相有相助、辅助的意思。战国时楚国以令尹为最高执政官，相当于相职。

将　将也称为将军，是武官之长。将作为官名是从春秋时期开始的。春秋时期的将，开始是动词，有“统率”、“率领”的意思，后来逐渐称率领军队的人为将。

总而言之，战国官制纷繁复杂，中原地区的韩、赵、魏、齐受周朝制度的影响较大，其官制大体相同。南方的楚国、西方的秦国，吸取了中原各国的一些制度，但自成体系。这些官制上承春秋，下启秦汉，所以非常重要。

主题二　秦至清代的中央职官制度

一、秦代中枢官制

公元前221年，秦始皇消灭六国，结束了诸侯割据的局面，建立了第一个中央专制集权的国家。到公元前206年汉朝建立，虽然只有短短的十几年，但秦朝开创了一代新型封建官制，在中国古代的职官史上起了极其重要的作用。

秦代中央政府机构称朝廷，是国家最高权力与行政机关。朝廷的首脑是皇帝，皇帝的称号始于秦始皇。秦在皇帝之下设三公九卿。

三公之名在西周就有，但说法不一。秦朝以丞相、太尉、御史大夫为三公，三公是皇帝以下的最高官员。

丞相　丞相是皇帝以下的第一高官，是文官之长。“丞”是承受，“相”是辅助，丞相就是承受皇帝的命令，辅助皇帝处理国家大事的意思。秦的丞相有左右二员，秦以左为上，所以左相、右相实际上就是正丞相和副丞相。

太尉　太尉是全国最高军事长官。秦的太尉，不仅掌武事，还兼管用人、定爵等人事大权。

御史大夫　御史大夫是仅次于丞相的行政长官，由御史发展而来。战国时期，秦、韩、赵、魏等国的御史是王的侍从，常在左右掌管文书与记事，实际起秘书与监察作用。秦统一后称御史大夫，成为朝廷的核心成员之一，其具体职权是掌管文书档案与图籍，监察下官，检举违法。

九卿的地位略低于三公，卿是中央各部门的长官，卿的官署称“寺”。九卿的具体分工为：奉常掌宗庙祭祀，郎中令负责保卫皇帝，卫尉掌警卫宫廷，太仆掌皇帝车马，廷尉掌刑罚，典客负责接待管理边区民族，宗正掌皇族事务，治粟内史掌粮食货币，少府掌税收及制造用具。三公九卿制度构成了秦朝完整的中枢统治体系。

二、汉代中枢官制

汉朝建立后，基本上沿用了秦朝的官制而有所增减。

汉朝也设左右丞相，与秦制不同的是汉朝尊右，则右丞相为正相。丞相的具体工作是：第一，总领朝议与百官奏事；第二，选拔任用官吏与监察百官，并执行诛罚；第三，管理郡国上计与考核。

朝官分中朝官、外朝官是从汉武帝开始的。汉武帝因丞相的权力太大，于是便重用亲信侍从甚至太监。这些人因皇帝的宠信，权力迅速扩张，地位也跟着上升，逐渐形成一个独立的系统，这就是中朝官。中朝官是对外朝官而言的。外朝官指丞相以下包括诸卿及其下属官员。中朝官指皇帝的侍卫近臣，包括大将军、将军以及授予侍中、常侍等等官员，这些官员绝大多数本来也是外朝官，但有了加官称号，就可以自由出入禁中，成为中朝官。这里有必要提一下将军和尚书。将军的名称起于春秋，因为是在战时领兵打仗的，所以不常设置。秦汉时的将军名号繁复，但以大将军地位最高，官阶级别相当于丞相。汉武帝后的大将军常“录（总领）尚书事”，权力超过丞相，成为实际的执政大臣。尚书本来是九卿中少府的属官，最初只是殿中主管文书收发的办事员，其办事机构叫尚书台，长官叫尚书令。如果以宦官为尚书，就称为中书，司马迁受腐刑后就曾任中书令。汉武帝为了削弱相权，经常用尚书办事，尚书的作用也开始逐渐大起来。因此，自汉武帝以后，丞相地位虽然尊贵，其权力却逐渐缩小。例如霍光以大司马大将军领尚书事，辅理国政，其权势就远远在丞相之上。

汉代的太尉不像丞相那样固定，从汉高祖到汉武帝百余年间，太尉一职就屡罢屡置，名称也一改再改，武帝改为大司马，东汉光武帝仍称太尉，汉灵帝以后大司马与太尉并置。究其原因，其实是在皇权至上的时代，皇帝十分担心军权落入他人之手。即使在设置太尉的职务时，也想尽办法来限制太尉的权力。汉在三公之外还另设九卿。

周瑜点将台

传说是东吴大都督周公瑾检阅水师和操练兵马的地方，位于江西九江星子县城偏西，始建于汉建安十一年（206），距今1 800年的历史，现楼是明天顺二年（1458）重修，台上建筑砖木结构，长18米，宽11米，面积200多平方米，台前原有周瑜石马槽，毁于1966年。

东汉的官制基本和西汉相同。在朝廷中以太傅为上公，不常置。以太尉（光武初称大司马）、司徒、司空为“三公”，也就是“三司”。太尉的职权比西汉广泛，排在三公之首。三公都是宰相。但到汉光武帝时，三公的地位进一步下降，只是处理例行公事，而台阁反而成为了实际上的宰相府。这里的台阁就指的是尚书台，这就是所谓“虽置三公，事归台阁”了。

三、三国、两晋、南北朝中枢官制

东汉末年，各地兴起的豪强势力在镇压了黄巾起义后，又展开了激烈的兼并战争，最后形成了魏、蜀、吴三国鼎立的局面，使中国历史进入了一个封建割据的大分裂时期。这时的官制也比较混乱，有的用古制，有的沿用汉制，各国根据实际需要作了一些改变。蜀、吴两国并没有形成自己的官制系统，而魏国的官制对后代有不小的影响。

由于曹操在汉末任丞相，曹丕即位后就不再设丞相一职。魏初也设太傅、太尉、司徒、司空，但都虚有其名而没有实权。自东汉以后，尚书台的权力越来越大，地位越来越重要。在曹丕称帝后，为了减弱日益发展的尚书令的权力，将原来的秘书监改为中书省，设中书监、中书令掌管机要。中书监、中书令在秦、汉时只不过是掌管宫中书记的小官吏，而且一般由宦官担任，曹丕则改由士人充当。由于中书都是皇帝的亲信，比尚书更接近皇帝，所以权力不断增加，地位也越来越高，造成尚书台的权力大减，而中书之权加重。自中书省成为决策机构后，尚书台也就实际成为了办事机构。这成为以后由“三公”制向“三省”制演变的关键。

晋代以太宰（即太师，避司马师讳改）、太傅、太保为上公，以尉、司徒、司空为三公，合大司马、大将军，称为“八公”。八公地位尊贵，但不掌实权。

晋代的宰相没有定员、没有定名、也没有定职。有时称相国，有时称丞相，有时称录尚书事。有一点很明确，凡总揽大权的，必加上“录尚书事”的称号。

尚书台另设尚书令及左右尚书仆射各一人，设六曹尚书：吏部、三公、客曹、驾部、屯田、度支。后改为吏部、殿中、五兵、田曹、度支、左民。东晋改为五曹：吏部、祠部、五兵、左民、度支。尚书台在南北朝时，已正式称为尚书省了，尚书令是实际上的宰相，“省”是宰相机构。

到东晋时，中书监的权力越来越重，中书监、中书令的权力超过了录尚书事及尚书令。到南朝梁、陈时，中书监、令的权力更大。为了抑制中书省的权势，于是形成门下省。门下省的长官是侍中，侍中在秦时只是皇帝的文学、天文、礼仪方面的顾问小官，两汉时隶属少府，常侍皇帝左右。至南朝宋文帝时，始掌机要，并由此逐步发展成为独立的决策机构。凡是军国大事，皇帝都要征询侍中的意见。可见，门下省比尚书省、中书省的地位更加重要。魏晋以来置侍中四人，在朝廷备皇帝咨询。南朝宋、齐、梁、陈各代都设侍中四人总掌国家核心机密，行使参断裁决大权。北朝尤其重视门下省，常以侍中辅弼朝政。可见门下省是从刘宋开始，到南北朝时正式行宰相之职。

三省制的形成，是国家发展到相当水平的产物。其权力关系的演变大致是东汉政归尚书，魏晋政归中书，南北朝政归门下。其优越性是：把作为制令机关的中书省、作为封驳审议机关的门下省与作为行政事务机关的尚书省分开，职责明确。三省长官都是掌实权的宰相，这就使得我国的官制从独相制发展成为群相制，限制了宰相的权力，加强了皇权。

四、隋代中枢官制

隋代中央机构中设三师、三公和尚书省、门下省、内史省（中书省的改称）、秘书省、内侍省五省。三师（太师、太傅、太保）三公（太尉、司徒、司空）地位虽尊，但实际上是优奖大臣的荣誉职衔。五省当中，尚书省、门下省和内史省三省才是最高决策机关，三省长官共同参与国家大政，同为宰相。自此，结束了三公共议大事的历史，代之而起的是三省执行宰相的职权，这是宰相制度的一大变化。

隋代的尚书省是一个机构完整的中枢政务部门，负责处理日常政务。置尚书令、左右仆射各一人，下设吏部、礼部、兵部、度支（后改为户部）、都官（后改为刑部）、工部六部。六部的最高长官是六部尚书，左右仆射与六部尚书有“八座”之称。六部尚书之下设六部侍郎、诸曹侍郎、尚书左丞、尚书右丞。因尚书令不轻易予人，尚书省的实际职权由左右仆射分掌。左仆射掌吏部、礼部和兵部，兼掌纠劾；右仆射掌刑部、户部和工部，兼掌财政。六部尚书分管全国政务从此定型。

隋代的内史省执掌机要，负责审查诏令，签署章奏。内史省长官为内史监、内史令，下有内史侍郎 、舍人、通事舍人等官。

门下省负责侍从、谏议、封驳。门下省长官称纳言，下设给事黄门侍郎、散骑常侍、谏议大夫等官。

秘书省掌图书的收藏和整理，并辖掌修撰国史及天文历法的著作曹和太史曹。秘书省的长官是秘书监，下设秘书丞、秘书郎、校书郎等官。

内侍省是宦官机构，掌后宫内廷侍奉。有内侍、内常侍等官，都由宦官担任。

隋代的中枢机构还设有御史台、都水台和太常寺、光禄寺、卫尉寺、宗正寺、太仆寺、大理寺、鸿胪寺、司农寺、太府寺、国子寺、将作寺等11寺。御史台负责全国的监察工作，御史台的长官是御史大夫，下有治书侍御史、侍御史、殿内侍御史、监察御史。都水台负责全国水利事业，设有都水使者、都水丞以及参军、河堤谒者等官。11寺主要围绕宫廷日常活动和保卫各负其责。各寺设有卿、少卿、丞、主簿等官。

五、唐代中枢官制

唐王朝是中国历史上影响巨大的朝代，唐朝沿用了隋朝的官制而又多创新。中国古代的官制在唐朝基本定型，中央政府机构的六部制一直沿用到清末。

三师三公　唐代也有太师、太傅、太保三师和太尉、司空、司徒三公，但实际只是授予那些地位很高的大官的荣誉官衔，一般也没有实际的执掌，并且不常设置。

六省六部　唐代的中枢机构以中书、门下、尚书三省为核心。因为官署治所的所在地不同，中书省、门下省合称为北省，而尚书省称为南省。中书省长官是中书令，门下省长官是侍中，尚书省长官是尚书令。在唐代，中书省掌管制令决策，门下省掌管封驳审议，两省共同执掌军国大政，而尚书省则成为政策的执行机构。由此看出，在唐代中书、门下两省的作用更为重要。

尚书省设尚书令一人，但因为唐太宗李世民在登上皇位之前曾做过尚书令，以后也就不再设置，所以这个职务在唐代长期空置，由仆射行使其职权。尚书省设左、右仆射各一人，是实际上的尚书省长官。仆射以下有尚书左丞、尚书右丞各一人，主持日常事务；左右司郎中、左右司员外郎各一人是他们的助手。在尚书令，左、右仆射以下设吏部、户部、礼部、兵部、刑部、工部六部尚书，各部有侍郎一到二人，是各部尚书的副职。

中书省有中书令二人，次官是中书侍郎。其主要属官是中书舍人，中书舍人是中书省事务的实际主办人员，职权很重。以下有右散骑常侍、通事舍人、右补阙、右拾遗等属官。

门下省设侍中二人，侍中的副职是门下侍郎。属官有左散骑常侍、左谏议大夫、给事中、左补阙、左拾遗等。

“宰相”的名称从隋代开始，到了唐代才有正式称号。在唐初，三省的长官中书令、侍中、尚书令共议国政，行使宰相职权。以后经过了多次变化，除三省长官外，也常以其他官加上有关名号兼任宰相之职，这些名号众多，直到中唐以后才逐渐确定为“同中书门下三品”和“同中书门下平章事”两个名称。本来是宰相的三省长官，如果不加此名号，也就失去了宰相地位。

除三省之外，唐代还设有秘书省、殿中省、内侍省三省。

秘书省有秘书监一人，少监二人。下有秘书郎、校书郎等属官。掌管统籍图书。下设著作局，掌管撰写碑志、祝文、祭文等。

殿中省有殿中监一人，少监二人，丞二人。内侍省设内侍四人，内常侍六人。掌管皇帝衣服、用品及日常生活等事。

内侍省有内侍监二人，下有少监、内侍等，都由宦官担任，掌宫内侍奉及宣达制令。

九寺五监　唐代虽有六部二十四司作为中央行政中枢机构，但九寺五监仍是非常重要的中央政府办事机关。九寺是太常寺、光禄寺、鸿胪寺、卫尉寺、宗正寺、太仆寺、大理寺、司农寺和太府寺。五监是国子监、少府监、将作监、军器监和都水监，其中国子监是中央文化教育机关，是培养封建统治人才的学校，长官称国子祭酒。

御史台　御史台是唐代中央监察机关，执掌以刑法典章纠正百官的罪恶。御史台以御史大夫一人、御史中丞三人为正副长官。由于大夫不常设，中丞实际上是台长。其属有三院，即台院、殿院、察院，分别由侍御史、殿中侍御史和监察御史统领。

六、宋代中枢官制

宋代的中枢机构和置官大多是沿用唐制，但机构的职权与唐代有很大不同。

“宰执”和宰相制度　为了削弱宰相的权力，在宰相之下设“参知政事”作为副职，还以枢密使分掌宰相的军政大权，以三司使分掌财政大权。

宋代的中枢政权由宰执执掌。“宰”指宰相，“执”指执政。宋代虽然没有宰相的官名，但有宰相的实职。宋承唐制以“同平章事”为宰相，但没有定员。以枢密院使、中书侍郎、参知政事、尚书左右丞等官为“执政”，与宰相合称“宰执”，执政是专为牵制宰相而设。在宋代三百余年中，宰相制度变更主要有五次：第一次在北宋之初，沿用唐制，以同中书门下平章事为宰相，以参知政事为副相；第二次是神宗元丰改制，以尚书左仆射兼门下侍郎、尚书右仆射兼中书侍郎为宰相，门下侍郎、中书侍郎、尚书左丞、尚书右丞为副相；第三次是徽宗政和年间，改尚书左、右仆射为“太宰”、“少宰”，由太宰兼门下侍郎，少宰兼中书侍郎。以太宰兼门下侍郎、少宰兼中书侍郎为宰相，门下侍郎、中书侍郎、尚书左丞、尚书右丞为副相；第四次高宗建炎三年（1129），以尚书左右仆射同中书门下平章事为宰相，又将门下侍郎和中书侍郎改为参知政事为副相；第五次孝宗乾道八年（1172），又改左、右仆射兼同中书门下平章事为左、右丞相为宰相，参知政事为副相。

三省六部　即门下省、中书省和尚书省。门下省的职权是主管皇帝宝玺、大朝会设位版、赞拜、拜表、宣黄、外官和流外官考课以及各司附奏署名等事。门下省设有侍中、侍郎、左散骑常侍、左谏议大夫、左司谏、左正言、给事中等官。侍中很少任命，基本是有名无职，另派一名给事中担任“判门下省事”，真正掌握门下省职权。中书省的职权是主管郊祀、皇帝册文、州县官考课、斋郎等年满复奏、文官改赐章服、僧道给赐紫衣师号、举人出身及寺观名额等事。中书省设有中书令、侍郎、右散骑常侍、舍人、右谏议大夫、起居舍人、右司谏、右正言等官。中书令实际上也是有名无职，另派一名中书舍人任“判中书省事”，真正掌握本省职权。尚书省的职权是总辖吏、户、礼、兵、刑、工等六部二十四司，并主管议定官员谥号、祠祭、受誓戒、在京文武官封赠、二十四司人吏迁补等事。其长官是尚书令，还有左右仆射，左、右丞等。尚书令从不任命，另委派诸司三品以上者或学士一员任“权判尚书都省事”掌实权。尚书省下设六部，各部设有尚书、侍郎，每部设四司，各司有郎中、员外郎等官，六部共二十四司。

枢密院　枢密院是宋代总理全国军务的最高机构，与中书省共掌文武二权。中书省掌政权，枢密院掌兵权，号称“二府”。枢密院的职权是掌全国的军权。皇帝身边的侍卫、国家精锐部队的禁军都由枢密院管理。枢密院长官是枢密使，又称知枢密院事。副长官是枢密副使，又称同知枢密院事。以下有签书枢密院事、同签书枢密院事等官。枢密院长官和宰相的地位相近。北宋有时以宰相兼枢密使，南宋末年定为永制。

三司使　三司是北宋前期最高财政机构，号称“计省”。其职权是总管全国各地的贡赋和国家的财政。长官是三司使，官位仅次于“执政”，被称为“计相”。三司使之下又有三司副使、判官等。

御史台　御史台是中央的监察机关，上自宰相，下至一般小官，都在御史台的监察弹劾之列。御史台下设三院：一是台院，有侍御史；二是殿院，有殿中侍御史；三是察院，有监察御史。御史台设有御史大夫和御史中丞。宋御史大夫属于加官，不是实职，御史中丞是御史台的真正长官，称为台长。

翰林院　翰林院是宋代中央文职机构，其职权是负责起草朝廷文书，在皇帝出巡时备顾问，实际是皇帝的秘书处和参谋官员。翰林院有翰林学士承旨、翰林学士、知制诰、翰林侍读学士、翰林侍讲学士等官。

七、元代中枢官制

元代也设三公（太师、太傅、太保）虽然地位崇高，但没有实权，只是对某些大臣表示尊崇的虚衔。元朝的中央政府机构是中书省、枢密院和御史台。

中书省　元朝由中书省一省制代替三省制。（元代也设过尚书省，但屡设屡废，最后权归中书省。元代不设门下省。）中书省的最高长官是中书令，往往由皇太子担任。中书省的实际长官是右丞相、左丞相各一名（蒙古习俗尚右），副手是平章政事。右左丞相和平章政事是元代实际上的宰相，可以议决军国大政。宰相下有右、左丞，参知政事等官。

中书省下一级是吏、户、礼、兵、刑、工六部，各部有尚书三人和侍郎、郎中、员外郎等官。

枢密院　是中央最高军事机构，主管宫廷保卫、边防、驻军、征伐、节制调度等事务。枢密院的最高长官是枢密使，因此职常缺，实际主事的是枢密副使、佥书枢密院事。后设知枢密院事（知院）一员作为枢密院长官，下设同知、副枢、院判等官。

御史台　又称中台、内台、宪台、乌台，是中央最高监察机构，主管纠察百官善恶、政事得失。有御史大夫二人、御史中丞二人及侍御史、治书侍御史等官。与宋代相比，元代提高了御史台的地位，在中央机构中，与中书省、枢密院互不统属，三足鼎立。

元代中央除中书省、枢密院、御史台外，重要的机构还有宣政院、宣徽院、翰林兼国史院。

宣政院　宣政院掌管宗教并直接管理吐蕃（今西藏）事务，权力很大。宣政院长官称院使，院使以下设同知、副使、佥院、同佥、院判等官。

宣徽院　宣徽院掌管宫内宴会，诸王口粮等事，设有院使、同知等官。

翰林兼国史院　翰林兼国史院主管起草诏令和撰修国史。长官是翰林学士承旨，下设学士、侍读学士、侍讲学士、直学士等官。

八、明代中枢官制

三公三孤　三公指太师、太傅、太保；三孤指少师、少傅、少保。三公三孤是皇帝的辅佐官，是中央政府最高级职官，地位崇高，但无定员，无专责，是一种名誉职务。中期以后，成为大臣的加官或赠官，表示皇帝对大臣的宠信恩荣。

内阁　明代初设中书省，有左、右丞相。后因丞相专权乱政，朱元璋撤销中书省，罢丞相，将中书省的职权大多划归六部，六部直接对皇帝负责。取消丞相制度后，设置春、夏、秋、冬四辅官帮助皇帝处理政务，不久又取消了。洪武十五年（1382），朱元璋又仿宋制设置殿阁大学士，当时有华盖殿、武英殿、文渊阁、东阁和文华殿等大学士称号。开始，大学士只是皇帝的顾问官，在皇帝身边参赞国家大事，但不能直接处理行政事务。到明成祖时，大学士才开始参与中枢机要，称为内阁。在仁宗朝内阁大臣的权力渐重，到世宗朝，大学士的朝班位次已排在六部尚书之上，成为实际上的宰相。

六部　明代中枢设六部。洪武初年，六部隶属中书省，取消中书省后，六部直接秉承皇帝的旨意办事。因吏部是管官的机构，所以职权特重，列六部之首。吏部设尚书一人，左右侍郎各一人。吏部下设文选、验封、稽勋、考功四个清吏司，每司设郎中一人，下有员外郎、主事等官。户部主管全国的财政、民政，事务最多，机构最庞大，官员也最多。户部设尚书一人，左右侍郎各一人，下设浙江、江西、湖广、陕西、广东、山东、福建、河南、山西、四川、广西、贵州、云南十三个清吏司，各司有郎中、员外郎、主事等官。户部还有一些直辖机构，如宝钞提举司、印钞局、广盈库、军储仓等。礼部主要职掌礼文、宗封、贡举、学校。礼部有尚书一人，左右侍郎各一人。礼部尚书多由翰林儒臣充任，许多人由此升为公孤。礼部下设仪制、祠祭、精膳、主客四个清吏司，各司有郎中、员外郎、主事等官。礼部直属机构有铸印局。兵部是全国最高军事行政机关，设尚书一人，左右侍郎各一人，下设武选、职方、车驾、武库四清吏司。各司设郎中、员外郎、主事等官。刑部也是六部之中的大部。置尚书一人，左右侍郎各一人，下设十三个清吏司（分司同户部）。各司有郎中、员外郎、主事等官。工部置尚书一人，左右侍郎各一人，下设营缮、虞衡、都水、屯田四个清吏司，各司设郎中、员外郎、主事等官。

都察院　都察院于洪武十五年由御史台演变而来，是司法行政监察机构，掌纠察百官善恶和弹劾、建言等事。设左、右都御史，左、右副都御史，左、右佥都御史等官。又设浙江、江西、河南、山东、福建、广东、广西、四川、贵州、陕西、湖广、山西、云南十三道监察御史。监察御史虽然官品不高，但权力很大。监察御史奉旨外出，因公务不同，名称也不一样，有总督、巡抚等名称，任务完成，职务自然取消。巡抚的意思是代皇帝巡行天下，安抚百姓，原不是固定的官职，到宣德年间，许多巡抚不再回朝，而成为一省最高行政长官。巡抚始于明朝。

通政使司掌管内外章疏、敷奏、封驳等事，负责将下情及时上达。遇到重要机密大事，可以不受时间限制，随时奏明皇帝，使皇帝可以及时掌握下情。通政司设通政使、左右通政、左右参议等官。

大理寺与刑部、都察院称为“三法司”。大理寺作为执法机关，与刑部、都察院有所不同。凡刑部、都察院断事官所判案件，都交给大理寺复审定案。凡大理寺认为不合法律的案件，则予以纠正，或交他司重审。重大案件由“三法司”会审。大理寺有卿、左右少卿、左右丞等官。

翰林院是皇帝的顾问机构，掌管制诰、文翰、讲读经史、修撰国史等事。有学士、侍读学士、侍讲学士、侍读、侍讲等官。

九、清代中枢官制

内阁　清朝在定都北京以后仿照明代的阁部制度，在六部以上设内阁。内阁是皇帝以下的政权中心，总理全国政务的最高官署。与明代不同的是，清内阁大学士的官品很高而权力不大。清内阁只能在皇帝和议政大臣控制下办理日常事务，起上呈下达的作用。内阁成员有：大学士，三殿（保和、文华、武英）三阁（体仁、文渊、东阁）满、汉各二人。大学士照例要冠以殿阁名称，如保和殿大学士、文渊阁大学士等。协办大学士满、汉各一人，不冠殿阁名。下设学士、侍读学士等官。三殿三阁学士的体制一直沿用到清末。

南书房　康熙皇帝为了咨询方便，在乾清宫旁设立了南书房机构，其主要工作是秉承皇帝的旨意拟写谕旨，发布政令，实际上是皇帝处理政务的机要秘书班子。在南书房供职的称为“南书房行走”，人数不定，由皇帝挑选德才兼优的人入值。

知识链接：清代的花翎

我们在电影、电视上看到，清朝的官员们的帽子上都插着一枝孔雀翎，这就是花翎。其实花翎不是所有的官员都能戴的，根据清代文献记载，皇室成员中的亲王、郡王、贝勒是不戴花翎的（康熙后也只作为美饰）。爵位低于他们的贝子、固伦额驸戴三眼花翎，清宗室和藩部中被封为镇国公或辅国公的贵族以及和硕额驸戴双眼花翎。五品以上，在皇宫服务的满洲正黄旗、镶黄旗、正白旗出身的内大臣、前锋、护军各统领、参领戴单眼花翎，“外任文臣无赐花翎者”。康熙后也将花翎赐予有特殊贡献的官员，清后期甚至有了捐翎的事例。所谓的“眼”，是指孔雀翎上圆形的花纹，眼越多级别越高。

军机处　雍正年间因在西北用兵，为了保密和及时迅速地处理军务而设立了军机处。军机处由皇帝指定亲王、大臣入值，称为“军机大臣”俗称“大军机”。属官军机章京，俗称“小军机”。军机大臣人数不定，一般为三四人或五六人，多从各部院的长官中选派。其任务是每日朝见皇帝，议论国政，起草机密文件，用各种形式的谕旨发出。军机处是处理全国军政大事的常设核心机构。自从设立军机处，内阁的地位虽依然高，但无实权，南书房也不再参与机要。

六部　清朝的六部具有国务大臣的性质，要定期进见皇帝，参议国政。各部有尚书、左、右侍郎，军机大臣兼任各部正、副长官。各部分设清吏司，吏部四司，户部十四司，礼部四司，兵部四司，刑部十八司，工部四司，各司有郎中、员外郎、主事等官。

理藩院　理藩院是清代新设的机构，由“蒙古衙门”演变而来。专管蒙古、新疆、西藏、青海和四川等地少数民族地区的行政，是一个十分重要的中央行政机构。设尚书一人，副官左、右侍郎各一人，下有员外郎、主事、笔帖式等官。

都察院　都察院是中央监察机构，主管对政府官员的监督和弹劾。都察院按省区分为十五道，每道有监察御史，而监察御史又按任务不同而分为巡按、巡盐、巡漕等等。都察院长官是左都御史，下有左副都御史、给事中、监察御史等官。

总理各国事务衙门　第二次鸦片战争以后，中外交涉日益频繁，于是成立总理各国事务衙门，简称“总理衙门”。其主要职责本来是办理外交，后来权力越来越大，成为和军机处平行的包揽一切的机构。总理各国事务衙门仿军机处的体系，设有大臣和章京两级。1901年清政府在列强的压迫之下，将总理各国事务衙门改为外务部，外务部由总理、会办、左、右侍郎组成。

主题三　秦至清代的地方职官制度

一、秦代地方官制

秦统一后，在全国设36郡，后增至48郡，郡的官署称郡府，郡府的长官称郡守，郡守上承朝廷诏令，下理所属各县，全权负责一郡政务，掌管财、政、军大权。

郡以下设县，县直属于郡，是基层地方政权。官署称廷，有时也称寺。县的长官称县令或县长，一般而言，万户以上的县称县令，不足万户的县称县长。县令、县长与其主要助手县丞、县尉共同处理一县政务。县以下设乡、亭、里、什、伍等行政组织行使职能。

二、汉代地方官制

汉高祖刘邦沿用了秦朝的官制，建立了一个中央集权政权，但又在剪灭异姓王的同时，分封了许多同姓王。于是，汉朝的地方官制和秦的地方官制就有了很多不同之处。汉初在全国各地普设郡、县，而又有封国。封国分为王、侯二级，王国大体如郡，侯国大体如县，王、侯都是世袭。实际上实行的是郡国并置之制。在所封的王国中，仿中枢官制另设一套官员，诸侯王拥有一切权力。除王国的太傅、相国、中尉由朝廷派遣外，其余百官都由诸侯王任免，实际上是一个小的独立王国。

汉武帝时，把全国划为十三个部州，每一个部州设一个刺史，监察州内各郡，“周行郡国，省察治状，黜陟能否，断治冤狱”。这是汉代特制，后来州由监察区成为实际上的一级行政区。

东汉的地方官制仍沿用西汉分封王、侯与州、郡、县双轨并设之制，也就是事实上的州、郡、县三级制。

三、三国、两晋、南北朝地方官制

三国时期的地方政府机构还是州、郡、县三级制度。

州官称为刺史，郡官是太守，县官是令。由于三国时期天下动荡不安，所以军权极为重要。为了避免军、政争权，朝廷往往用重臣任刺史，一身兼二任，集军政大权于一身。

晋代仍实行州、郡、县制。

州设刺史，刺史以下有别驾、治中从事、诸曹从事、主簿等。和三国时期一样，为了避免军、政争权，晋代常以重臣任刺史，并常加以都督某州军事之号，甚至有都督几州军事的。刺史和领军刺史的品级也不同，刺史是第五品，领军刺史是第四品。

郡设太守，河南郡是国都所在地，设河南尹，地位高于一般太守。太守以下设主簿、主记室、五官掾、文学掾、功曹史、记事史等等。

晋代大县置令，小县置长，以下有主簿、录事史、主记室史、功曹史、尉等。

西晋灭亡后，中原士族南迁，建立了东晋王朝。东晋王朝为了安置中原士族及其部曲，先后在南方设立侨州、侨郡、侨县，但这些侨州、侨郡、侨县乃是在北方州郡的名称加上"南"字，如南徐州、南兖州等。

四、隋代地方官制

隋代之初设州、郡、县三级，开皇三年隋文帝对地方政权的设置进行了调整，下令废除郡级地方行政，改为州县两级制。隋炀帝大业三年，改州为郡，但地方两级行政制度没有改变。设州时长官称为刺史，设郡时长官称为太守，下设长史、司马、录事参军事、各曹参军事、行参军等官。县设县令、县丞、县尉等。隋初州县各分为九等，如州有上上州、下下州等，炀帝时合为上中下三等。州的刺史、郡的太守、县的县令一般计户给禄。如大县县令140石，小县县令最少的仅60石。

五、唐代地方官制

唐代地方行政机构在安史之乱前是州（府）、县二级建制。唐代将隋代的郡改为州，州的长官是刺史，刺史以下有别驾、长史、司马、录事参军事及各曹参军事等官。

唐代首都或陪都所在地府的建制相当于州，其规模略高。唐代的西都京兆府（长安）东都河南府（洛阳）、北都太原府就是著名的三都府。后来又在凤翔、成都等地设府。府的长官称牧，下有尹、少尹等。刺史和牧、尹的职权大致相同。

府、州之下设县。唐代的县名目颇多：三都的县在县城内的叫京县，又叫赤县，城外的叫畿县。又按人口多少分为上、中、中下、下四县。县的长官是县令，因为县的不同，所以县令也不都是"七品芝麻官"。县令以下有县丞、主簿、录事、县尉。

都督与都护　唐代都督府设在边地及军事要地，专掌军事，有上、中、下都督府之分。都督府设有都督、长史、司马等官。都护府设在边疆及少数民族聚居地，"都护"本来是监察的意思，其主要职责是抚慰和监督周边少数民族地区。都护府设大都护一人，以下有都护、长史、司马等官。

方镇与幕府　唐代方镇又称"道"，原来是按山川形势而划分的监察区域，先前定期或不定期地派遣各种巡察使节，到了玄宗时期变成了固定设置的采访史。安史之乱后，道已成为实际上凌驾于州县之上的一级地方行政机关。唐太宗时分天下为十道，玄宗时分天下为十五道，唐后期全国被划分为四十余道。每道置观察使，雄藩重镇则带节度使，不带节度使的按例带都团练或都防御使，他们实际上已成为集军政、民政、财政、司法大权于一身的行政长官了。州县二级建制实际上变成了道、州、县三级建制。

六、宋代地方官制

宋代地方机构实行的是路、州、县三级制。

路相当于唐代的道。北宋初全国划为十五路，神宗元丰年间定为二十三路，宣和四年（1122）为二十六路，南宋嘉定元年（1208）为十七路。路的机构主要有四个监司：安抚司，俗称帅司，长官为安抚使，掌兵政。加经略衔，可掌军民二权，转运使司，俗称漕司，管一路财赋。提点刑狱司，俗称宪司，管一路司法；提举常平司，俗称仓司，管一路赈荒救济事宜。

州相当于秦汉时的郡，隋、唐以后改称为州。宋代的州按户口或军事政治地位分为上、中、下三等。州的长官是知州或权知州事。宋初一般在二品以上，直接受皇帝差遣。同时还设“通判州军事”即通判，与知州相互牵制、监督，以文臣担任，被称为“监州官”。州属机构有录事、司户、司法、司理的各曹参军，其官员的设置根据户口的多少、事务的繁简酌情而定。

宋代的县分为赤县、畿县、望县、紧县、上县、中县、中下县、下县八等，赤县和畿县是京县的等级，其余则是按户口多寡而分的等级。县的长官是县令，又称知县事，即知县。下设县丞、县尉、主簿等官。

知识链接：安抚使是多大的官？

有些书上为了说明南宋朝廷不积极收复中原，就说主战派的辛弃疾只任过一些小官、闲官，这是不负责任的说法。在宋代，安抚使是掌管一方军事和民政的官员，常由知州、知府兼任，称为“帅司”。以二品以上大臣充任者称为安抚大使。文天祥担任过江西安抚使，辛弃疾担任过湖南、江西、福建安抚使，绝不是什么小官、闲官。

七、元代地方官制

元代行政区划分与前代最大的不同是除了中书省直辖的地方（今山东、山西、河北一带称为“腹里”）以外，在全部版图中，分设十一个行中书省，简称“行省”。行中书省原是中央为加强对地方的控制的临时派出机关，后来成为地方最高行政机构，也是一级政区的名称。形成了省、路、府（州）、县四级地方政权，省的制度沿用至今。

行中书省　行中书省简称行省、省。行省官员的名称、品秩和中书省相同，一般有丞相一人、平章二人、右左丞各一人、参知政事二人。行省的丞相、平章多由蒙古亲王担任，总揽一省军、政、财大权，权力极大。

路　路设总管府，按规定，十万户以上的为上路，十万户以下的为下路，重要地区不论户口多少都定为上路，所辖范围比宋代的路小得多。各路设达鲁花赤一人，总管一人，下有治中、判官、推官等官。

“达鲁花赤”，蒙古语的原意是镇压者、制裁者、掌印者，后转为监临官、总辖官的意思。各机构的达鲁花赤都由蒙古人担任，所以从总管府到府、州、县的实权都操在蒙古人手中。

散府　元代设府比较杂乱，有的隶属于路，有的隶属于行省，有的直属于中书省；有的统州、县，有的不统州、县。散府有达鲁花赤、知府（或府尹）、同知、判官、推官、知事等官。

州　州一般隶属于路，根据户数而有上、中、下之分，各州都设达鲁花赤、知州（或州尹）、同知、判官等官。

县　州下设县，和州一样也分为上、中、下三等，有达鲁花赤、知县（或县尹）县丞、主簿等官。

八、明代地方官制

承宣布政使司　明初沿用元代行省制度，后改为承宣布政使司，最高行政长官是布政使，主掌一省的行政，权势极重。承宣布政使司设左、右布政使，左、右参政，左、右参议等官。

提刑按察使司　提刑按察使司不但是执法机构，而且是一个监察机构，其重要职责就是监督一省官吏是否清廉。提刑按察使司的最高长官是按察使，下设副使、佥事等官。布政、按察二司是一省的最高行政、司法机构，合称“二司”。

府　明代省以下设府，一府的最高长官是知府，知府掌一府的政事。知府的属官有同知、通判、推官等。

州　明代的州分属州和直隶州，直隶州相当于府，直属于省。属州相当于县，隶属于府。州的最高长官是知州，下设同知、判官、吏目等官。

县　知县是一县之长，下设县丞、主簿、典史等官。

九、清代地方官制

清代的地方官可分为省、道、府、县四级。

省　总督和巡抚都是省级的最高长官，握有省级军政大权。清代划全国为若干个大区，每个区设有一个总督，总督辖地有的是一省，有的则是数省。如直隶总督驻天津，辖河北省；两广总督驻广州，辖广东、广西两省；两江总督驻南京，辖江苏、江西和安徽三省。巡抚只管一省。总督比巡抚官阶高，职权重，但巡抚不是总督的属官，二者处于平等地位。这样督、抚相互牵制虽有利于皇帝牢固地掌握地方政权，但因事权不一，也会造成混乱的局面。

清保留了明代的承宣布政使司和提刑按察使司。承宣布政使司通称“藩司”，是一省民政、财政机构，布政使俗称“藩台”。提刑按察使司，通称“臬司”，为一省的司法机构，按察使俗称“臬台”。二司虽与省级平行，但在督抚制度建立后，二司实际上成为督抚的属官。

道　乾隆时将原来是监察分区的道，划为省的直属机构，道的长官是道员，俗称“道台”，道员管辖行政区的政务。

位于河南省南阳市内乡县城东大街，始建于元大德八年（1304），历经明、清多次维修和扩建，现存均为清代建筑，是我国目前保存最完整的封建时代县级官署衙门，现为全国重点文物保护单位。

内乡县衙

府　清代在各省道下设府，府的长官是知府，负责本府各州、县的行政事务。知府以下有同知、通判等官。

清代与府相关的行政单位还有州，州分为直隶州和散州。直隶州直属省，与府平行；散州分属各府，与县平行。所以，州虽是固定的行政单位，但不能算一级政权机构。州的长官称知州，下属有州同、州判等官。

县　每县设知县一人，管理全县政务，官虽小但有实权。知县以下有县丞、主簿、典史等。

学习与思考

行知合一

简要介绍秦代的郡县制。

什么是“三省制”？“三省制”的优越性是什么？

网络世界

请查一下，看看这些古代名人当的都是怎样的官：王献之 中书令；杜甫 左拾遗；韩愈 吏部侍郎；王安石 参知政事；司马光 尚书左仆射兼门下侍郎；曾国藩 两江总督。

深度思索

宰相是中国人最耳熟能详的一个官职，大家可能不知道，除了辽以外，各个朝代都没有“宰相”这个正式官称。请认真阅读本单元相关内容，弄清宰相究竟是什么样的官。

开拓视野

简要介绍清代的“南书房”和“军机处”。

单元五　中国选举和科举制度

学习目标

了解古代选拔人才的各种方式，掌握自隋唐至明清1 300多年间科举制对政治、教育、社会、文化等各方面所具有的重大影响，通过对选举和科举文化的了解，孕育强烈而深沉的历史感，从而进一步思考今天的考试及人才选拔制度。

中国官吏人才选拔制度的雏形，可以追溯到原始社会末期。自秦始皇开始才形成严密的制度。从秦朝至明清，形成了一个十分完整的发展轨迹。大致情形为：南北朝以前，人才的选拔途径主要为推荐。隋唐以后，考试成为一种独立的取士制度，而且是选拔人才的一种非常重要的途径。实际上推荐及考试两种取仕的途径贯穿于秦至清各个时期的始终，只是各有所侧重。而在秦汉之前，夏商周以来盛行的世袭制，事实上也延绵数千年并未绝迹。总体说来，古代选官制度经历了如下发展历程，即：禅让制—世官制—明贤制—察举制—九品中正制—科举制。

主题一　选举制度的产生和发展

一、禅让制和世官制

最早的选举制可以追溯到原始社会末期的民主制。《礼记·礼运》描述当时情形说："大道之行也，天下为公，选贤与能，讲信修睦。"这里的"选贤与能"即当时自然而然形成的选拔公职人员的原则。尧、舜、禹是我国原始社会末期部落联盟的首领，根据《尚书》记载，尧帝在位七十年时，征求四方诸侯议定帝位继承人，众人推荐了地位卑微但贤良的舜。尧帝把自己的两个女儿嫁给舜，又把自己的四个大臣给舜，对舜进行了数年考验，最后放心地把帝位传给了舜。舜在位六十一年，他宽厚待人，孝顺父母，友爱兄弟，为政仁和，把天下治理得很好。舜在即位三十三年时，打算让位给禹，而禹又极力推荐皋陶。他们之间相互让位的故事传为美谈。历史上称这一行为为"禅让"。古代尧、舜、禹"禅让"的传说具体地反映了当时选拔人才的情况。

考古发现，距今六七千年前的西安半坡遗址是一个典型的母系氏族公社的村落。在这个村落居住区的中心有一座160平方米的大房子，是公共活动的场所。它就是早期先人“议政”的地方。这个大房子的周围是氏族成员居住的小房子，房门都向着大房子，凡氏族酋长的选举、氏族会议、节日庆典以及宗教活动等都在大房子进行。原始社会没有私有制度、没有阶级分化，它的选举没有阶级性，是平等的，具有全社会性。

从禹开始，打破了选举首领的“禅让”制，实行了“传子”的世袭制。诸侯传位原则及官吏任用规程均为世官制。古史传说中讲：“夏传子，家天下”。中国历史上开始第一次出现了阶级分化。

夏代的选举制度历史上无明确记载。商代设有技术官和事务官，技术官相对说来有文化，如史官、卜官，一般由奴隶主阶级担任；事务官如臣、宰等，一般从奴隶中挑选。奴隶的首领，有机会掌握大权。例如伊尹本是“媵臣”，却能够一度废掉汤孙太甲。这种情况在中国古史上是不多见的。

西周时，天子以及诸侯分封天下。周礼之下社会阶级分明。管理国家由天子、诸侯、卿、士分级负责，而各阶层依照血缘世袭。根据《左传》记载，周时最重要的官，一是管理宗教活动的，一是管理军事活动的，即所谓“国之大事，在祀与戎”，一文一武，便是周代的两大官僚部门。西周时“学在官府”，不管是文也好，武也好，都有一个共同点，就是选贤与任能仅限于贵族之间，平民根本不能为官，这叫“庶人不议”，官吏都是世袭制。

西周时世官制进入鼎盛时期。那些担任王室或诸侯国官职的大小贵族，在继承官位之前必须经过国学（分大学和小学。大学设在王城的称为“辟雍”，设在诸侯国都的称为“泮宫”）的教育。西周初期，为了加强军事统治，选拔人才的首要标准是要求奴隶主贵族子弟都成为军事骨干。贵族一生下男孩，就在门左挂上一张弓，表示“射者，男子之事”，说明用武力保卫奴隶主贵族的国家是贵族子弟的天职。他们进入专门的军事学校（“辟雍”或“泮宫”）学习后，接受选拔武士的比射、考核。

西周到了“成康之世”，经过“制礼作乐”、分封诸侯，奴隶制政治经济发展到高峰，加上青铜器的广泛采用，促使农业、手工业和商业进一步发展，文化、艺术、科学、教育皆空前繁荣，使西周成为当时世界上少有的先进国家。这时，文武兼备的“六艺”教育成为奴隶主阶级选拔人才的主要要求。

知识链接：何谓“六艺”？

“六艺”包括六门课程：礼、乐、射、御、书、数。书、数的内容为读写算，称为“小艺”，主要在小学阶段学习。礼、乐、射、御称为“大艺”，主要在大学阶段学习。礼是政治教育，包括奴隶制的宗法等级制度、道德标准和礼节，传授贵族的统治经验。乐是综合艺术课，包括音乐、诗歌和舞蹈。射、御是军事课，包括射箭和驾战车。

以西周王朝被迫东迁为标志，开始了有名的春秋（前770—前476）战国（前475—前221）时期。这是中国社会由奴隶社会向封建社会的过渡时期。出于争霸斗争的需要，一些大国突破世官制的框架，实行唯功唯贤的明贤选官制度，于是有“客卿”、“食客”等制度以外的人才为各国的国君服务，世官制时代终告结束。

二、明贤制

春秋时期长期兼并战争中形成的战国七雄——秦、楚、燕、韩、赵、魏、齐，先后进行了较深刻的社会变革。这一时期“养士”之风盛行，用家臣管理国事的官僚制开始建立。战国的官僚多出身于庶人，而卿则多出身于贵族。官僚可以随时更换，不世袭；卿往往是终身制且世袭。战国时期官僚主要从社会涌现出来的掌握着一定知识或技能的“士”（或食客、宾客、客、门下）中选拔。战国时期游士靠其本领游说于各国，被各国重用，成为卿或相，“布衣将相”的局面与春秋战国以前的“庶人不议”形成鲜明的对照。各诸侯国中一些立志改革的君主莫不礼贤下士，待之如贵宾，委之以重任。诸侯国中有声望的贵族，竞相养士。养士知名者，“齐有孟尝、赵有平原、楚有春申、魏有信陵。此四君者，皆明智而忠信，宽厚而爱人，尊贤而重士”，史称“四君子”，其门下食客多者可达3 000人。士的知识和技能多种多样，从经世济民治国到鸡鸣狗盗，其本领无所不备。士所担当的职务从一般官吏直到出将入相。士在许多国家也作出了重要的贡献。如秦国，自孝公以后，锐意维新变法，致使国富民强。孝公大量招揽并重用东方各国人才，仅担任秦国的丞相要职者，出身于客卿的就有李斯、商鞅等人，东方各国游士所作的贡献实为秦国强大不可或缺的因素。当时私学勃兴，许多著名的私学老师都有比较渊博的文化知识。他们到各诸侯国去讲学，经常评论时政，并且向统治阶级推荐自己的学生，这在政治上起了巨大的作用。战国以来直到近现代，贵族为官的世卿制虽然仍未完全根除，但其基础却从此已动摇。

三、察举制

秦汉是中国古代出现的空前的大一统时期。秦统一时间很短，仅十余年便为汉所代替。汉祚延续400多年，古代人才的推荐制度主要盛行于汉代。汉代的推荐制度可归纳为两大类：一类为察举，一类为征辟。除此两大类外，还有荫袭、赐赠、卖官、赀补、鬻爵、由吏补官、以方伎为官、上书得官等，这些称为杂途。这里将重点介绍察举制。

察举制选官的程序是先经官吏察访，然后推荐给中央予以任用。荐举的标准，主要看德行和才能，而非全靠家世。汉武帝以前察举制刚刚建立，选官多出自客士，汉武帝以后，受到董仲舒《对策》重选举的影响，此制逐渐向规范化发展，按郡国人口规定察举的人数，每岁举孝廉等科。选举成为汉代选拔人才的重要制度。

汉代的察举以贤良方正、孝廉和博士弟子三者最为普遍。此外还有秀才等杂举科。贤良方正始于文帝二年（前178），目的是为中央选拔具有文学才能的上层统治人才。选举不受时间限制，遇到日食、昼晦、地震、星陨或其他变故或新帝即位时，下诏令举贤良方正。由何人荐举，没有定制，皆由诏书规定。选举办法是第一步多由中央直接挑选，诸侯王、三公、九卿或丞相、御史，两千石及郡守才有荐举的资格。第二步由天子亲自策问授以官职，自昭帝以后，也有不策试就委任官职的。被举之人，既有平民，也有官吏。谬举者要受到处罚，优举者则可以获得嘉奖。由于天子所颁令举贤良方正的诏书往往将“直言极谏”四字系于方正之下，又往往有“举贤良方正以正朕之不逮”这类思贤若渴的谦逊之言，推荐者自然多谆谆勉励自己务必多荐贤者能者，被推荐者也敢大胆直言，颇有不少指陈时政，切中时弊者。贤良方正既经举后，策试合格，皇帝必虚心下意听其建议，常与之协商国政。如文帝不仅与贤良方正共商国是，而且一度与之宴游射猎。所以汉代推行贤良方正举士之制一般还能收到较好的效果。

孝者孝行，廉者廉吏。察举孝廉目的是为地方选拔人才。郡国长官奉着天子的命令，从地方有名望人中选送，或从本地方属吏中择优派送。前汉推举出来者不需要经过考试就可以委任官职，后汉则要经过文字考试才能录用。后汉对孝廉的选举办法更为细致具体，变化也大。汉初下诏奖励廉吏最早是在文帝前元十二年（前168），至武帝元光元年（前134）下诏令郡国举孝廉是汉代选举孝廉的开始。举孝廉后的授官，以授地方官及郎官者为多。

后汉自光武帝始，对察举孝廉比较重视，孝廉因此可充任令、长、丞和尉等较重要的职务。后汉推选和任用孝廉是按人口比例和任职经历作出规定的。一般是按人口20万举一人，和帝时更规定郡国凡20万人口年举孝廉一人，不满20万者两岁一人。永元十三年（101）还对人口少的边缘地区给予优抚，人口10万以上举一人。

后汉选举制度的重大改革是在顺帝阳嘉元年（132）的时候。这次改革是由于左雄的建议引起的。当时选举的流弊已相当严重，官吏腐败“朱紫同色”。左雄上书痛陈官吏“虚诞者获誉，拘检者离毁”的情况，强调要用贤，而用贤必须考核，由此他提出选举孝廉要限制年龄并要经过考试。

举孝廉与举贤良方正的不同之处：一是贤良方正举无定期，可以连年贡举，也可以多年不举。而孝廉则必岁岁举，或按规定之年限举。二是郡国虽亦能举贤良方正，然举贤良方正者初不限于郡国，中央官吏受诏令举贤良方正者比郡国官吏为多。但举孝廉则以郡国所举者为大宗或全部。三是每郡应举孝廉若干，视郡人口而定。举贤良方正则无人口名额的限制。四是举孝廉时还无策试的制度，而举贤良方正则每多策试，且往往是天子亲临策试。

博士弟子即太学生徒。汉代太学的教师就是五经博士。这些博士是儒家经典的教授，兼任政府顾问。博士的选择标准是“明于古今，温故知新，通达国体”，一般都要专长一门经学，属社会名流方能充当。太学教师为博士，所以教师的学生叫博士弟子。博士弟子秦时即有。汉武帝时渐重儒术，博士之官始受重视，于是进一步设置博士弟子。博士弟子是由中央太常选择民间18岁以上，仪容端正的男丁；或是由各县遴选“好文学、敬长上、肃政教、顺乡里、出入不悖”的士人充当。博士弟子各选儒家一经学习，皆有官俸，免除租税徭役。太学的博士弟子在年龄上没有严格规定，太学里有十几岁的少年学生，也有60岁以上的白发老人。武帝以后，太学有了很大的发展。博士弟子设置之初，定员50人，昭帝时增至100人，宣帝末增为200人。元帝好儒，在位时增至1 000人。成帝末又增至3 000人。后来到了后汉质帝时竟猛增至3万人。博士弟子也要经过考试。合格者予以录用，对才疏能弱或不能通一艺者，免除回籍。

杂举的科目制度均无一定，视诏书而定。杂举的原因和科目甚多。就原因而言，有因名臣文武欲尽，因地震日食星陨，也有因贤良方正所对不切，所以特别求士等；就科目而言，有举明德贤人的，举文学高第的，举茂材异能的，举阴阳穴异的，举勇猛知兵法的，举治狱平的，还有举知逸经、古记、天文、历算、钟律、小学、史篇、方术、本草以及五经、论语、孝经和尔雅教授等。

秀才一科的制度和选举贤良相同，并不是每年都举。名称也不完全一样，有时称茂材异等，或称茂材特立，常和贤良一起并举。选举秀才也是创始于武帝时候。当时因名臣凋谢，需要人才，恐优秀者受舆论影响不被录用，特下诏举秀才。前汉原称秀才，茂材之称系后汉避光武帝讳而改的。

四、九品中正制及其他取士办法

魏黄武元年（220），魏文帝曹丕听从吏部尚书陈群的建议，创立九品中正制。九品中正制所以在这个时期产生，主要是由于三国时期士族在政治上经济上占统治地位，魏政权的建立需要得到士族的合作与支持；同时也由于汉代以来的“乡举里选”到了三国时期，人士大流徙，与本乡本土脱离，秦汉以来的乡、亭、里组织已大半破坏，人士的出身里爵和道德才能均难稽考，实行“乡举里选”已不可能。在这种情况下，遂不得不立权宜之制，因而得以有“九品中正”制的产生。

“九品中正”的办法是：各州设大中正，各郡设小中正，依据所管辖区域内人物的品行，定为上上、上中、上下、中上、中中、中下、下上、下中和下下九品。中正有权按他们的言行予以进退，“或以五升四，以六升五”，“或自五退六，自六退七”。小中正品第的人才送大中正，大中正核实后送司徒，司徒再核，然后送尚书选用。中正定品三年一更。这个制度加强了东汉以来铨选权力完全转归吏部的趋势，它比“乡举里选”在用人权上更为集中，是我国古代取士制度的必经过程。它在开始实施时，还有所谓“盖以论人才优劣，非为世族高卑”，但是由于大小中正官都由“著姓士族”担任，而且所谓九品，前三品限于士族称为上品；四品以下为下品，从寒门选出，下品不能升为上品，形成“上品无寒门，下品无士族”（《晋书・列传十五》）的现象。九品中正制是一种按门第高低取士的方法，是保证士族统治特权的产物。

这个制度暴露出来的流弊很多，归纳起来主要有三点。其一是看门第高低而不分贤愚，如官位的高低依据家族谱而定，富贵人家累世富贵，平民很难出头；其二是评论和擢用全由中正官一人包揽，中正官徇私的弊病无法纠正；其三是在品第中由于单纯注意私德，以致只要私德稍有异议就终身不用。

总之，九品中正制有严重的缺陷，在政治上它不但堵塞了民间人才，还让世族得以把持人事，影响皇帝的权力。但那时恢复古代乡举里选的办法也是不现实的，而在士族制度条件下，没有客观标准是不容易得到人才的。因此中正取士制在魏晋以来三百多年中始终居于统治地位，直到南北朝之末，随着士族制度的崩溃，到隋开皇中叶才由科举制所代替。

九品中正制建立之前，曹操“唯才是举”的用人政策颇具特色。曹操掌权以后，在地方割据的争夺中，特别需要搜罗人才以巩固其政权。赤壁之战后，在七年内就曾下了三道求贤令，即《求贤令》、《敕有司取士毋废偏短令》和《举贤勿拘品行令》，要求“唯才是举”不一定非廉士而后用，强调不能因个人私德而影响用人，明确提出可以举“不仁不孝而有治国用兵之术”的人来为他所用。这一方面固然是出于求贤若渴的急切，另一方面也是冲淡士族的势力，对于东汉以来注重清议偏重微行的一种反动，也是曹操注重法治的表现。三次求贤令的颁布，使曹操手下聚集了很多人才，形成了“猛将如云”的可喜局面。当然曹操的这种改革并不能从根本改变士族在政治上的强大地位，九品中正制兴，此制即终止。

知识链接：北魏“停年格”取士

北魏“停年格”取士的办法：这是论资排辈取士的办法，是一种压制人才的做法。此制取士始于北魏孝明帝，止于东魏孝静帝元象元年（538）。原本是因为人多官少，负责官吏考核与升黜的官员为贪图省事而想出的权宜之计。其特点是：官吏的考核与升黜只看年资，不问贤愚，用停止工作的办法，轮流做官，停的时间最久的先用。就是说即使品学兼优，不够年头也不能用；庸才下品，熬到了年头也照旧加官晋级。这种压制人才的做法恰与曹操“唯才是举”的政策形成对照，判若泾渭。

主题二　科举制度的创立、发展和终结

一、科举制度溯源

科举是隋以后各封建王朝设科考试选才任官的一种制度，由分科取士而得名。严格说来，科举制度应分为文举和武举（文科和武科）两类。武举是专门选拔武官而设置的科目，唐武则天长安二年（702）始置，清光绪二十七年（1901）废除，历时1 200年。其考试程序与文举基本一样，只是内容与时间不同。在科举史上，自唐以后历来是文武两科殊途并进。但是，科举制度历来重视文科，文科一直占据科举的统治地位。本文所指科举主要指文举。

徽派石雕组窗：千年科举

“千年科举”大型徽派石雕组窗，选用上等“黟县青”石材制成，座落于安徽省休宁县状元文化广场，共16幅，每幅4平方米，刻有144名神态各异、栩栩如生的人物和94件徽州地方什物、田园房舍、花草树木等。每幅花窗都沿用了典故和传说，从“童子夺冠”到“状元及第”，从“衣锦还乡”到“安邦定国”，艺术地再现了中国千年科举的历程。

科举虽形成于隋唐，但其实滥觞于汉初。即汉文帝十五年（前164），文帝亲自策问贤良。文帝策问时的诏书可以说是一篇完整的策题，要求针对时政提出建议，这不仅是对策射策（所谓射策，是将题目写在“策”上，分别密封摆设好，参加射策之人，抽其中之一题而作出解释，由此可以看出应试者之优劣。类似于今天抽签题）的起源，也是后世科举的端绪。这种方式自汉时起一直沿用了2 000多年，到清末废除科举才停止用，所以文帝的这篇策题是研究科举制的重要材料。

文帝十五年九月，“诏诸侯王公卿郡守举贤良方正能直言极谏者，上亲策之，傅纳以言”（《汉书·文帝纪》）。诏书要求写出文章后“周之密之”，封好由皇帝亲自拆看，评定高下。这实际已具有科举考试的意味。在这次策试中晁错名列前茅，封了官。到了后汉，孝廉之举定时、定员并定制，可以称得上是国家取士之常制。因此，与隋以后的科举制相仿佛。

二、科举制度的创立和发展

隋朝废除了为世族垄断的九品中正制度。隋文帝于开皇七年（587）命各州“岁贡三人”，应考“秀才”，开皇十八年（598）设志行修谨和清平干济两科，采用“科举考试”的办法取士，炀帝大业元年（605）设进士科取士。大业三年（607），定“孝悌有闻”等十科举人，其中“文才秀美”一科即为进士科。放宽了录取标准，把录取和任用权完全集中在中央，这便是中国历史上科举制度创立的开始。开科考试的特点是录取标准专凭试卷，专重才能，而不是由地方察举。两汉和魏晋南北朝时期的选士，虽也有考试，但是以察举为主；而隋以后的科举则以考试为主。隋以前是察举，隋以后是考试，这是古代选士制度的一大分界线。科举制度为以后的历代王朝所沿用，持续了1 300年之久。

在整个隋朝的38年内，总共举行了四至五次科考，共取秀才、进士12人，其中，有后来成为初唐名相的房玄龄，也有成为初唐名将的侯君集。以科举取士选拔人才的科举制度在隋初兴起，有三个主要原因：第一，中国经过长期的分裂战乱以后，一个中央集权的统一帝国再次出现。炀帝为了进一步加强中央集权，扩大新政权的政治基础，需要一批真才实学的人才为之效劳。第二，随着国家重新统一的这个趋势，魏晋以来的豪门世族多已衰落，庶族地主由是兴起，封建社会中期新兴的这股势力急需打通一条摒弃门阀之资谋取当官的新道路，科举考试当是庶族地主中的人才入仕的好途径。第三，曹魏初期制定的九品中正选才制度越到后来越弊病百出。仕途由门阀大族操纵，按门第选人，不讲本事。选出的士人既不会打仗，又无力办事，崇尚清谈，沽名钓誉，滥设官吏，机构重叠，九品中正制度走到它的尽头。

唐承隋制全面推行科举取士的办法，正式完成了从“九品中正制”到科举制的过渡。这是古代选官制度的一次重大改革。从此，科举制度成了知识分子入仕的基本途径。

唐朝的科举分为常科与制科两类。常科每年举行，制科则是皇帝临时设置的科目。常科的考生有生徒和乡贡，常科名目很多，依据应举人的条件和考试内容分为秀才、明经、进士、明法、明书、明算以及一史、三史、开元礼、童子和道举等科。武则天主政时，曾首创了由皇帝主持复核进士资格的殿试并增设武举。但是两者在唐朝时并没有成为定例。

唐代科举中最常见的科目是明经和进士两科。中唐以后，进士一科又特受重视。进士由于受重视，成为一个十分难以登进的科目。每年录取进士平均约30人。大致为每百个考生中有一二人中进士，而明经则每十人中可录取一二人。唐代有谚语说，“三十老明经，五十少进士”，说明考明经易考进士难。因为难考所以可贵。究其原因，是进士与明经所试内容不同，进士考辞章，明经重经义。这点不仅反映在应试人及第的结果上，也反映在考场的安排上。唐人说：“焚香礼进士，撤氈待经生。”其意思是，进士试诗赋，虽有挟带，若无实学，考生还是难得作出像样的诗赋，所以考场对于进士的防范可以不严，不如焚香以礼遇之。至于明经的考生，由于所试多为默诵经文，如有挟带，等于抄书，应严于防范，从而不仅不焚香，连考场陈设的氈子也要撤去。

唐代科举试卷不糊名，录取进士除看试卷外，还要参考应试者平时的作品和声誉。这样做的原意跟举察一样，是希望可以兼顾人才在试场外的表现。因此，应试者必须向“先达闻人”尤其是那些参与决定录取名单的“通榜”者呈献自己平时的力作，争取他们的“拂拭吹嘘”。这在当时被称为“投卷”：向礼部投献的称“公卷”，向达官贵人投献的称“行卷”。

五代科举的科目及考试的做法都因袭唐代。但因为战乱频繁，时兴时废。宋代改良科举制度，其中的重要原因是皇帝加强了对取士过程的控制。自宋太祖开宝六年（973）起，取录的进士一律要经过由皇帝亲自主持的最后一关殿试，名次也由皇帝亲定。自此以后，进士都是“天子门生”，而不再是考官的门生。为了保证考试的公平及公正，宋朝对考试的规则进一步完善，以免考生或考官作弊。另一方面，宋代取士名额增加，每科进士通常达数百人，并且放宽了应考条件，不论财富、声望及年龄皆可应考，对偏远地方的考生更给予路费。及第后待遇优厚，凡中进士者立即授官，不需再经吏部考试。所授官职也十分尊显。自宋英宗治平二年（1065）起，定期开考，三年一科，之后为明清二朝所沿袭。

宋代科举有如下特点：一是由官府设立学校，延纳科举考生先入学学习，学校与科举并行，有别于隋创科举以来，士人皆自行延请老师攻读经史习作诗赋，每届考期径自应试的情形；二是由于王安石变法，引起宋代新旧两派的斗争，这个斗争也影响到科举举士的兴废；三是王安石执政时期，本着变法维新的观点，对于科举制度有所改革，不仅尽罢科举诸科，只留进士一科，且一改以前进士一科只试诗赋传统，一律并试经义策论；四是对于屡试不中的士人，开有“特奏名”和“赐出身”的特例，把屡试不第者特别开具名单奏上；对于十五举以上未中者赐以出身，这就是后世恩科的开端。

宋代科举考试办法比较前朝更为严密，计有进士、九经、五经、开元礼（后改为“通礼科”）、三史、三礼、三传、学究、明经和明法等十科。进士一科一直是各科之主流。此后，元明清各朝凡言科举者，几等于专指进士科。北宋南宋共320年，总共开科118次，取进士2万人以上。

知识链接：策论及其兴替

“策”是策问，“论”是议论文。作为科举考试方法，始于宋代。明清科举考试改用八股文，其中，清朝康熙年间曾改试策论，不久废止。到戊戌变法期间，改革科举制度，废八股文，凡乡试及生童会试各试，均改试策论，但不久即废止，八股取士制度重又恢复。1901年8月正式废八股，改试策论。

元代科举时兴时废。元代科举始于仁宗皇庆二年（1313），此后每年举行一次，不分科目，但蒙古人与汉人所试不同，分开考试。顺帝至元元年（1335）罢科举，六年以后始又复行。

明代科举考试制度在宋代的基础上继续改良发展，制度已非常完善，规模也更大，参加科举的人数大增，考核的内容却开始僵化。尤其是八股取士的创行导致教育呆板，思想僵化，学校完全成为科举的附庸。明朝277年开科89次，取进士1.7万人。

明代科举与前代不同的是应科举之士子都出自学校。学校之设，虽自宋时采范仲淹之建议，但宋时学校并未普及，且时废时设。到了明代，全国都设学校。考试科目简化为只设进士一科。考试步骤分“乡试”、“会试”和“殿试”三步进行。明代自洪武十五年（1382）以后，科举取士一直未曾间断过。清室入关以后，取士制度也是以学校与科举并行，其做法大体都沿袭明代。然而其考试办法较前代更为繁杂而周密。正式科举考试仍为乡试、会试和殿试，但在正式科举之前尚有“童试”，这是参加科举考试的前提。清代汉人与满人考试内容有区别，所沿袭明代的科举只是用作汉人取士的手段，即所谓“旗人不占鼎甲”。

清朝以八旗兵定天下，立国以后，八旗人构成特殊阶层，在科举上亦自成系统。所谓八旗人，就民族言有满、蒙、汉军三种。八旗人科举程序，与一般汉人程序相同，只是考试内容有别。一般说来，试题比汉人容易。顺治八年（1651）开始设立旗科，仅考清文一篇或翻译汉文一篇，这是试满蒙军的。至于汉军，本是汉人，其所试与一般汉人同。旗人本以治兵为主，所以考试除试文以外，还试骑射。

此外，清代还专门为满蒙人设有翻译考试。雍正二年（1724）设满洲翻译科，雍正九年（1731）设蒙古翻译科。考试及格分别授官。清朝267年间开科112次，取进士2.6万人。

三、科举制度的终结

到了晚清，科举考试不仅学非所用脱离实际，且束缚思想，摧残人才，读书人被限制在读书求功名的唯一道路上，一些人为谋求金榜题名不惜金钱乃至生命铤而走险，士风日渐败坏，官僚腐败堕落，科举制度走到了末路。例如著名学者龚自珍参加朝考，文思浩荡洒洒千余言，但因为书写楷法不符合要求，不列优等。

鉴于科举考试的种种弊病，再加上西学东渐，受西方资本主义文化的影响，光绪末年，康有为和梁启超等维新派力主维新变法，屡次上书皇帝要求废除科举兴办学校。统治集团中袁世凯、张之洞等要员也建议废除科举考试。光绪二十四年（1898），光绪帝在维新党人影响下下诏定国是，颁布上谕：在北京设立京师大学堂，各地设立中小学堂，废除八股，改试策论，开经济特科，提倡西学，派留学生出国，设译书局等。“百日维新”虽告失败，废科举之潮流已不能阻。光绪三十一年八月初四日（1905年9月2日），清政府终于颁布废除科举的命令：“方今时局多艰，储才为急，朝廷以提倡科学为急务，屡降明谕，饬令各督抚广设学堂，将俾全国之人咸趋实学，以备任使，用意至为深厚。前因管学大臣等议奏，当准将乡会试分三科递减。兹据该等奏称，科举不停，民间相率观望，推广学堂必先停科举等语，所陈不为无见。著即自丙午科为始，所有乡、会试一律停止，各省岁科考试亦即停止。其以前之举、贡、生员分别量予出路，及其余各条，均著照所请办理。”丙午科是原定于光绪三十二年举行的科举乡试，这一上谕的发布标志着隋唐以来盛行的科举取士制度的终结。但科举制度的潜在影响，例如开科取士的思想及做法等，虽时至今日影响依然存在。

主题三　科举制度的特点

一、科举考试的程式

明清时，科举制度已非常完善，其科考程式最为典型。考生参加正式科考以前，先要取得“入学”的资格，即成为生员。入学有两个途径，一是通过称为童试的县、府、院三级考试。这是大部分士子所用的方法，被认为是入士的正途。另一方法是进入国子监成为监生。监生虽然亦可应乡试、会试，但一般被认为是“杂流”，就算能考中进士，地位也较为低。

童试亦称童子试，分为“县试”、“府试”及“院试”三个阶段。县试在各县进行，由知县主持。清朝时一般在每年二月举行，连考五场。通过后参加由府的官员主持的府试，在四月举行，连考三场。通过县、府试的便被称为“童生”，参加由各省学政或学道主持的院试。清朝的院试是每三年举行两次，由皇帝任命的学政到各地主考。辰、戌、丑和未年的称为岁试；寅、申、巳和亥年的称为科试。院试得到第一名的称为“案首”。通过院试的童生都被称为“生员”，俗称“秀才”，算是有了“功名”，进入士大夫阶层，有免除差徭、见知县不跪、不能随便用刑等特权。秀才分三等，成绩最好的称“禀生”，由公家按月发给粮食；其次称“增生”，不供给粮食，“禀生”和“增生”是有一定名额的；三是“附生”，即才入学的附学生员。

正式科举考试分成三级。第一级是“乡试”，每三年一次，一般安排在秋天九月，在各省省城的贡院内举行，亦称“秋闱”（唐宋在府或州，相当于今之地、市）。考官是由翰林及进士出身的官员临时担任。乡试每次连考三场，每场三天。开考前，每名考生获分配贡院内的一间独立考屋，称为“号舍”。开考时，考生提着考篮进入贡院，篮内放各种用品，经检查后对号入座。然后贡院大门关上，三天考期完结前不得离开，吃喝睡都得在号舍内，考中的称为“举人”。第二级是“会试”，又名省试，也称礼部试，在乡试第二年的春天在历朝京都（南宋曾于四川另设会试试场）由礼部（掌握全国典礼、科举、学校的机关）在贡院举行，亦称“春闱”，同样是连考三场，每场三天，由翰林或内阁大学士主考，考中者称为“贡士”。第三级是“殿试”，因试之于殿廷，故又称廷试。

殿试由皇帝主持和出题，并由皇帝钦定前十名的次序。殿试只考一题，考的是对策，为期一天。考中者称为“进士”。乡试发的榜称为“乙榜”，又称“桂榜”，乡试第一名为解元。会试发的榜称为“杏榜”，取中者称为“贡士”，会试第一名叫会元。殿试发的榜称为“甲榜”，又称“金榜”。明清殿试分为三甲，第一甲只三人，依次称为“状元”、“榜眼”和“探花”，赐进士及第。第四名以下统称为“进士”。第二甲若干人，赐进士出身，第一名称传胪。第三甲若干人，赐同进士出身。一甲三人可直接授翰林院官职，二、三甲可再考翰林院庶吉士，叫做“馆选”，考中后入院读书，取得来年高爵资格，不中者另授其他官职。庶吉士派入翰林院继续深造，世俗称之为翰林。一人而中解元、会元及状元，叫三元及第。

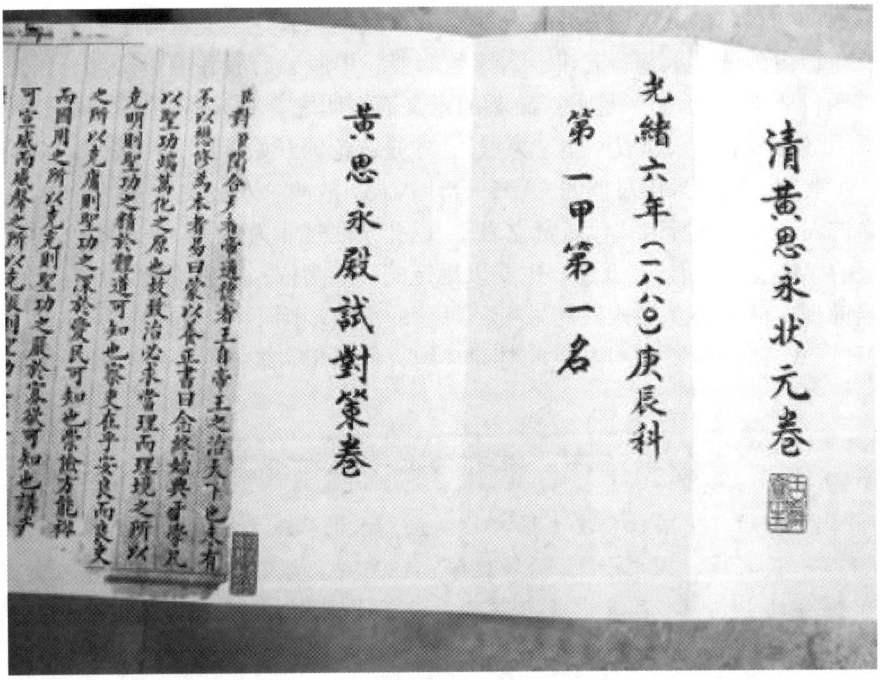

清代黄思永状元卷卷样

中国状元博物馆数百件状元文化类珍贵藏品中，休宁状元黄思永殿试试卷、乡试题目刻印实帖、洛阳状元胜迹图、御赐休宁状元黄轩“福”字匾、御赐休宁八品顶戴军功牌和御赐休宁状元金德瑛“福”字立轴等，为该馆镇馆之宝。

此外，还设有特殊制举取士方法，即因特殊需要，由君主特下“制”（皇帝所下的诏书）而举士。

隋唐时期，科举考试及格者必须经过考“官”考试后才能做官，宋以后，考“官”制度废除，应科举考试的人只要榜上有名，就走马上任，出京做官，一般不必再经过什么考试。科举制度重要性可见一斑。

唐宋举人不能当官，只取得会试的资格。若会试不中，举人资格即行取消。明清举人可以做官，乡试及格即可保有举人身份，下次再欲应会试，无须再应乡试。但当时的官多出于进士，举人当官自然不算好资格，往往受到轻侮，也难得升迁。

二、科举考试的内容和方法

科举考试的内容，主要是《四书》、《五经》等儒家经书（唐宋为诗、赋、策、论与经学，偏重诗赋，明清为四书五经文章及论、表、判、策，偏重八股）。考试的方法大约有五种：（1）口试，这是第一步；（2）帖经，将经书上的某行贴去几字要被考者填出来；（3）墨义，就是机械的经义问答；（4）策问，论文式的对策；（5）诗赋，做严格的格律诗。

至明清两朝，科举增加了以“八股文”取士的办法。“八股文”亦称“时文”、“制义”或“制艺”，形成于明成化年间，是一种以《四书》《五经》命题，限用一定的格式、体裁、语言和字数写的文章。全文按固有程式分为八节，故称八股，长文也有十股十二股的，以八股为通式。每篇由破题、承题、起讲、入手、起股、中股、后股和束股八部分组成。“破题”用两句说破题目要义。“承题”是承接破题的意义而阐明之。“起讲”为议论的开始。“入手”为起讲后入手之处。下自“起股”至“束股”，才是议论的开始，以“中股”为全篇重心。在这四股中，每股都有两股排比对偶的文字，合计八股，故叫“八股文”。这种“八股文”只能照题义揣摩古人语气，即所谓“代圣贤立言”，以孔子之是非为是非。解释经义时“四书”一定要以朱熹的《集解》为准，《五经》也要以规定的注疏为依；考生不能发挥自己的见解，更不准联系当前现实的政事。格式极其呆板，每篇的字数多则不得超过700字，少则不得少于300字。这种形式与内容都极其死板的文体是束缚人们思想、维护封建统治的工具。

知识链接：康有为上书反对八股文

鸦片战争以后，中国社会发生很大的变化，人们从救亡图存出发，认为八股禁锢思想，造成“民之愚、国之弱”，必须废除。1895年，康有为联合18省举人起草了一份14 000多字的上皇帝书，其中就力陈了八股考试的罪过，指出学八股者“不考地球各国之事”，造就了一批又一批的庸才，当国难临头的时候毫无用处，“今群臣济济，然无以应事变者，皆由八股至大位之故。故台、辽之割，不割于朝廷而割于八股；二万万之款，不赔于朝廷而赔于八股；胶州、旅大、威海、广州湾之割，不割于朝廷而割于八股。”其忧愤之情溢于言表。百日维新中，康有为连续上了七个请废八股的奏折，痛斥八股是“愚民之术”，禁锢人才、学非所用，必须废八股，改试策论。

三、科举与学校教育

中国封建社会的教育制度，主要是由官学、私学、书院和科举制度组成。作为教育成熟的重要标志是科举与学校教育的完全合流。西周以前，学在官府，只有贵族子弟才能读书。春秋时，孔子开私人讲学之风。汉以后，私学成为封建教育制度的重要组成部分，至明清时期，私学已具有一般的教学程序。学制大致分成启蒙—读—准备科举应试三个阶段。准备应试阶段主要是学作八股文。科举与学校关系十分密切。无论是官学、私学还是书院，科举直接影响着学校的培养目标以及教学内容与教育方法，客观上推动了封建教育的发展。科举实际成为学校的指挥棒，严密地控制着整个封建教育。科举只重文辞，学校也偏重文辞而少实学。科举注重帖经和墨义，学校也就重记诵而不求义理。科举要考八股文，学校的训练也就只重八股文。所以，学校教育完全成为科举的附庸。

这种“学校—科举”培养选拔人才的模式在当时曾经是十分先进的。然而也要看到，随着封建中央集权政治的极度发展，明清两代，科举完全在封建文化专制主义之下，尤其是八股文这种内容空虚、形式呆板的经义文字，竟主宰了明清500余年的科举考试，其带来的负面影响也是不容否认的。一是科举仅存“进士”一科，学校只培养文官，限制了社会所需多种人才的成长。二是科举主要考《四书》、《五经》，学校主要学《四书》、《五经》，造成学子知识结构片面、狭窄，崇尚儒家经典与书本知识，鄙薄自然科学技术与实际能力，又闭关锁国，造成知识分子的孤陋寡闻。三是八股文要求“代古人语气为之”，造成广大学子以致整个社会风气皆以古为训，不思改革，无力创新，阻碍了社会进步。四是八股乃考试专用文体，虽竞争激烈，但形式刻板，学子们以大量精力消耗其中，不仅毫无使用价值，而且严重束缚了思想。五是考试内容单薄，且长期不变，命题为避免重复而导致偏、怪，社会上押题之风盛行，“坊刻”泛滥“而本经亦可以不读矣”，学校则名存实亡，给教育事业造成了巨大消极影响。

四、科举及第前后的士子生活

科举考试作为选拔人才的一种办法为少数中、下阶层的人提供了一条向上攀登的路径，对多数人来说只是一个终生追求而不可得的钓饵。考上秀才在乡里就会被另眼相看，考上进士肯定就有官做。为了谋求生活出路，大批的知识分子不仅要把终生精力消磨于科场考试中，而且在考试过程中还要受到种种折磨与侮辱。应试之前要“具保结”；应试之日要自备水炭餐具，住号舍矮屋；入场时经官吏唱名搜身；场中兵卫森严，荐棘围之，稍有不慎，试者常被呵斥出场。“阅试之日，皆严设兵卫，荐棘围之，搜索衣服，讥诃出入，以防滥设者焉。”

书院是我国古代传播文化、交流学术、培养士子的地方。书院制度萌芽于唐，完备于宋，废止于清，对中国封建社会教育与文化的发展产生了重要的影响。著名的书院有江西庐山的白鹿洞书院、湖南长沙的岳麓书院、河南商丘的应天书院、湖南衡阳石鼓山的石鼓书院、河南登封太室山的嵩阳书院等。而“海内书院第一”的白鹿洞书院，则是我国历史上第一所完备的书院。

江西白鹿洞书院

科举制度给知识分子留下一线希望，经过十年寒窗种种痛苦之后，一旦及第不仅取得无上荣耀，而且完全变成另一族类。唐人称进士中举谓“登龙门”，意思是说过了此门“鱼”可以变成“龙”。山川变色，天地为宽，亲戚朋友甚至妻子也都改变了态度，“一举成名天下知”。当时有人说：“进士初擢第，头上七尺焰光”。进士及第后，同年大会于“曲江亭”。那天皇帝御紫云楼，垂帘以观，公卿王室也倾城往观，或于当日择婿。曲江盛会是最荣耀的事了。

“朝为田舍郎，暮登天子堂。”及第后的这种荣耀，更加刺激了中小地主阶级出身的知识分子追逐名利、争相趋于举业的风气。根据唐代制度，每逢进士放榜，凡榜上有名（被录取）的新科进士，都要穿上艳丽的新衣，排队自榜下鱼贯而过。贞观初年，进士放榜日唐太宗私自前去端门偷看，他看到所取的新进士一个个自榜前走过，人人眉开眼笑，喜形于色，便得意洋洋地对侍臣说："天下英雄入吾彀中矣！"意谓天下人才都进入我的控制范围以内了。这句话道破了科举制的秘密。赵嘏诗云："太宗皇帝真长策，赚得英雄尽折头"！那些热衷功名的士子从少年一直考到老年，竟有老死于文场亦无所恨的人。科举制度是笼络封建知识分子的高妙手段。在漫长的封建社会中，读书、考试、做官几乎是读书人的唯一出路，在1 300年科举历史的长河中，曾产生出700多名状元，近11万名进士，数百万名举人，涉足科举者更是数不胜数。几乎每一位知识分子都与科举考试结过缘，几乎每一位成功的政治家、思想家、文学家、史学家以及其他学问家都经历过科举生涯。

知识链接：诗文中所写有关科举及第后荣耀

昔日龌龊不足夸，今朝放荡思无涯。春风得意马蹄疾，一日看尽长安花。（唐·孟郊《登科后》）

旧传有诗四句诵世人得意者云："久旱逢甘雨，他乡见故知。洞房花烛夜，金榜挂名时。"（南宋·洪迈《容斋随笔》之《容斋四笔·卷第八》）

时候虽早，那看榜的人，却也万头攒动，一路上往来飞跑的，却是报子分投报喜的。（清末·吴趼人《二十年目睹之怪现状》第43回）

大批地位低下和出身寒微的优秀人才因科举而脱颖而出，成为统治阶级的栋梁之才。北宋的吕蒙正自幼遭不幸，被其父将母子两人赶出家门，长期居住在一个山洞里过着饥寒生活，他发奋读书而高中状元，极善理政治国，成为宋初名相。范仲淹自幼家贫，进士及第后官至宰相，大有作为，享有"朝廷无忧有范君，京师无事有希文"（范仲淹字希文）的盛誉。南宋状元文天祥的先祖未曾做过一官，父亲只是一个普通读书人，一家人长期身居低层，他入仕后，丹心报国壮烈就义，成为千古传颂的爱国英雄。清代乾隆年间的陕西状元王杰和清末最后一名状元刘春霖都是地地道道的农家子弟。王杰在朝为官40余年，身为嘉庆帝师，官居高位，刚正廉洁。嘉庆皇帝惩办贪官和珅时，王杰是主审官。王杰是后世公认的乾嘉两代名臣。王杰晚年告老还乡，嘉庆皇帝对他的称赞是："直道一身立庙廊，两袖清风返寒城"。倘若没有科举制度，这些布衣草民们是根本不可能登上龙门身居高位的。

五、科举制度的作用和影响

科举是中国古代的一种取士制度，它属于文官考试，同时还兼有教育考试性质，具有政治、教育、文化和社会等多方面的功能，在当时社会占据着非常重要的地位，其连续性之强、影响面之广，在中国乃至世界历史上是绝无仅有的。

科举制度以"自由报名，统一考试，平等竞争，择优录取，公开张榜"为原则，彻底打破了血缘世袭关系和世族的垄断，对古代社会的选官制度，特别是对汉代的察举制和魏晋南北朝的九品中正制是一个直接有力的改革和否定，给中小地主阶级和平民百姓通过科举入仕提供了一个公平竞争的平台，使大批地位低下和出身寒微的优秀人才脱颖而出。

科举成为入仕的唯一途径，这就在社会上养成了“万般皆下品，唯有读书高”的风气，成为封建社会长期居统治地位的思潮。宋真宗曾作《劝学诗》曰：“富家不用买良田，书中自有千锺粟。安房不用架高梁，书中自有黄金屋。娶妻莫恨无良媒，书中有女颜如玉。出门莫恨无随人，书中车马多如簇。男儿欲遂平生志，六经勤向窗前读。”科举制度对中国社会发生了极深刻的影响。

如何评价科举制度？一种观点认为，科举制是维持社会稳定的工具。科举制不仅传播儒家思想，培养庞大的“士”阶层，还使儒家思想成为占统治地位的意识形态，这对加强社会安定、促进民族融合、巩固国家统一、促进社会流动等发挥了巨大作用，是中华民族对于人类文明的伟大贡献；另一种观点则认为，科举经过千年运作成了越来越凝滞的累人制度，是对人性的摧残，是中华民族缺乏创新性的重要原因。

中国状元博物馆座落于“中国第一状元县”安徽省休宁县旧县衙遗址上。历史上，休宁县曾出过19位文、武状元。整个博物馆由三大展厅、状元文化广场和状元文化报告厅等三大部分组成。金字牌匾“中国状元博物馆”由中国古建筑学家罗哲文题写。

安徽休宁中国状元博物馆

客观上，科举制度满足了封建君主专制政治的要求，收到了集权中央巩固封建统治的效果。第一，官吏选用大权由中央朝廷来行使，这就加强了全国政权的统一和集中。第二，选官有统一标准，全国要想做官的人都以全力去适应这些标准，这就加强了思想的统一。第三，为各地方的庶族地主和平民打开了入仕之路，刺激、网罗了一批中下层知识分子，使他们有了参与政权的机会，这就调和了阶级矛盾和民族矛盾（如清朝调和满汉民族矛盾），达到了巩固统治的目的。第四，科举看起来好像是最公平不过的，任何人只要读好书就有资格应考做官，这样不仅掩饰了官僚政治的阶级实质，还可吸引全社会的知识分子，使他们埋头读书，养成极其驯服的性格，不易发生不满封建统治的不稳思想。这也就是科举考试制度之所以能在封建社会里维持1 300年之久的根本原因。

科举考试制度对古代日本、韩国和越南等周边国家曾发生过较大的影响。18世纪末到

19世纪，在欧洲各国逐步推行的文官考核制度也是吸取了中国科举考试的合理因素。1791年，法国首先试行文官考核制度；1806年，英国东印度公司开始实行文官考核制；1855年，英国开始推行文官考核制。当时，在欧洲封建等级制的土壤里生长出一大批无所事事的官僚。任人唯亲的宗法原则越来越不适应维护资产阶级利益的国家机构的需要，中国科举制度遂因此在欧洲引起重视。

科举制跨越了中国不同朝代和政权并被世界不同民族和国家吸收，表明它在古代社会有其存在的必然性与合理性。在各种选拔人才的方式中，科举制是最适应古代中国社会的选才制度。然而，鸦片战争以后，伴随着列强坚船利炮的冲击，中国社会的政治、经济和文化环境起了急剧的变化。特别是在19世纪末20世纪初，中国人在内忧外患的压力之下，求变的要求日趋强烈，科举制也陷入空前的危机，最终走到了尽头。

学习与思考

行知合一

以小组方式就科举制度利弊进行正反方辩论。

网络世界

上网搜集“察举制”或“科举制”的相关资料，试着做研究性学习。

深度思索

戊戌维新运动时，康有为、梁启超等维新派积极提倡改革科举、废除八股取士制度，他们从鸦片战争后一次次遭受列强欺凌的苦难记忆中领悟到：要救国，就应该改革科举，废八股，兴学校，学西学。但对于那些埋头八股历经数十年寒窗之苦的一般士人而言，废八股不啻是当头一棒，直隶士绅甚至有人扬言要行刺康有为。任何历史变革都会表现出两面或者多面，请就此谈谈你的看法。

开拓视野

实地探访各地相关科举考试院、书院、博物馆等，进一步加深对中国科举制度的了解。

单元六　中国古代主要宗教

学习目标

了解并掌握与我国有关的宗教知识，扩大学生的知识面，充实其宗教方面的专业知识，以利于学生将这些知识运用到今后的实际工作中。

主题一　佛教的传入及基本教义

一、佛教的创立及传入

佛教就是佛陀的言教，与基督教、伊斯兰教并称为世界三大宗教。佛教的创始人是乔答摩·悉达多，释迦牟尼是佛教徒对他的尊称，意思是“释迦族的圣人”，人们称他为“佛”。“佛”是“佛陀”的简称，“佛陀”的意思是“觉悟者”。释迦牟尼是迦毗罗卫国（以前属古印度，现在尼泊尔王国的南部）国王的长子，他自小就随婆罗门学者学习文学、哲学、算学等等，知识非常广博。又从武士学习武术，是一个骑射击剑的高手。他的父亲希望他继承王位成为一个“转轮王”（统一天下的君主）。悉达多王子在幼年时就养成了思考的习惯，当时社会的一些现象引起他的深思：在烈日下耕作的饥渴困乏的农人，遭受鞭打的气喘汗流的耕牛，蛇虫鸟兽的弱肉强食，龙钟的老人，辗转呻吟的病人，亲朋哭泣为死人送葬，这些痛苦产生的原因是什么？如何才能解脱人生的痛苦？所有这些在他读过的吠陀书（婆罗门经典）中都没有答案。于是他毅然地舍弃王位出家修行学道，然而这一切都没有找到解决问题的方法。最后，他走到一棵毕钵罗树下，铺上吉祥草，向着东方盘腿而坐，发誓说：“我如果不证到无上大觉，宁可让此身粉碎，终不起座。”经过七天七夜的苦思冥想，终于获得了彻底的觉悟而成为佛陀。

佛教究竟何时传入中国，长期以来众说纷纭。学术界一般认为汉哀帝元寿元年（公元前2年），博士弟子景庐受大月氏王使伊存口授《浮屠经》开始，佛教就开始传入了中国。而佛教界将汉明帝夜梦金人，遣使求法作为佛教传入中国之始。据说东汉永平年间（公元58—75年），汉明帝夜梦神人，全身放光，绕殿飞行。次日在大殿问群臣，有通人傅奕说："听说西方有号称为'佛'的得道者，身有日光，能在空中飞行，您所梦见的恐怕就是佛吧。"于是明帝就派使者到西方取经。三年后他们带回了两位天竺高僧，还用白马驮回了一些佛经和佛像。汉明帝下令在洛阳建佛寺存放这些经书，并以驮经白马命名，称"白马寺"，这就是中国的第一座寺庙。从此开始，佛教也就传入了中原。当然，其中不乏神话之说。但综合以上两种说法，佛教传入中国的时间，可以断定在西汉末和东汉初。

二、佛教的基本教义

佛教把现实人生断定为"无常"、"无我"、"苦"；苦的原因既不在超现实的梵天，也不在社会环境，而由每人自身的"业"所致。"业"也就是人的一切身心活动。人的任何思想行为，都会给他带来一定的后果，这就是"报应"或"果报"。释迦牟尼认为，业力的影响是不会消除的，众生所作的善业和恶业都会引起相应的果报。这也就是民间所说的"善有善报，恶有恶报，不是不报，时候未到"。以"业"为因，轮回报应，造成生死不息之果，就是"六道轮回"。佛教将我们生活的世俗世界划分为欲界、色界和无色界，芸芸众生就生活在三界的最下层欲界。六道轮回的"道"，指众生轮回往来的道途；"六道"是佛教对众生的分类，指天、人、阿修罗、畜生、饿鬼、地狱。这里的"天"不是"天空"的意思，是指一般的神，也称天神。"阿修罗"是梵文译音，意译为"非天"，是魔神。其中前三道称三善道，后三道称三恶道。佛教认为当人的生命告终时，其一生的"业"会产生作用，决定在不同的境界中轮回。故要消除业报，摆脱轮回的痛苦之路，唯有依经、律、论三藏，修持戒、定、慧三学，彻底转变自己世俗欲望和认识，超出生死轮回范围，达到这种转变的最高目标，叫做"涅槃"或"解脱"。这些内容包含在"四谛"、"八正道"、"五蕴"、"十二因缘"等最基本的教理之中。

主题二 佛教的主要宗派

天台宗　天台宗实际创始人是陈隋时期的智顗。智顗的思想渊源于北齐慧文和南岳慧思。他晚年在天台山著书立说，所著《法华玄义》、《摩诃止观》、《法华文句》被奉为"天台三大部"。学者称他为天台智者大师，他所创立的一宗因此称为天台宗。天台宗以《法华经》为主要的教义根据，故又称法华宗。天台宗是中国佛教最发达的宗派之一。天台宗的祖庭是位于浙江天台县城北3公里天台山下的国清寺。

华严宗　华严宗的早期创始人有陈隋间的杜顺和智正，实际创始人是法藏，杜顺被追认为初祖。因以《华严经》为主要经典，故称为华严宗。因法藏被武则天赐号"贤首"，故又称"贤首宗"。三祖法藏著有《华严经探玄记》、《华严经旨归》、《华严金狮子章》等。唐武宗灭佛后一蹶不振。祖庭有五台山清凉寺和陕西户县草堂寺。

法相宗　唐代玄奘法师所创立，大成于其弟子窥基。窥基常住慈恩寺，世称慈恩大师，所以又称"慈恩宗"。窥基根据玄奘意见，编纂《成唯识论》为该宗代表著作。后传入日本，日本法相宗是奈良时期、平安时期最有势力的佛教宗派之一。法相宗的祖庭是陕西西安市的慈恩寺和陕西长安县的兴教寺。

律宗　律宗全称是“南山律宗”。因创立者唐道宣住在终南山，故称“南山律宗”或“南山宗”，简称“律宗”。相传释迦在世时为约束僧众，制订了各种戒律，后因对戒律的理解不一，所流传的戒律也有差异。其中以《四分律》流传最广。道宣集《四分律》研究之大成，在终南山创设戒坛，制订了佛教授戒仪式，因此称为律宗。直到现在，僧尼们还是按道宣这一派戒律行事。律宗的祖庭一是位于陕西长安终南山的道宣律师塔，一是江苏扬州的大明寺，一是江苏句容县宝华山的隆昌寺。

净土宗　净土宗是专修往生西方阿弥陀佛净土的一个宗派。此宗以称念阿弥陀佛名号求生西方极乐世界为宗旨，故名净土宗，俗称“念佛法门”。所谓“净土”是佛教用以指“佛”所居住的国土。净土宗的成立从东晋慧远大师在庐山结白莲社开始，所以也称为“莲宗”。而建立净土宗理论体系的则是善导大师。由于净土宗不需要经过累世修行，也不需要众多的经籍典章，只要口诵阿弥陀佛的名号就能往生极乐世界，所以这一宗派特别受人们的欢迎，在民间具有很大影响。在宣扬阿弥陀佛净土的佛典中，以《无量寿经》、《阿弥陀经》和《观无量寿经》三部影响最大，被奉为“净土三大部”。净土宗的祖庭是江西庐山的东林寺，是根本道场。又一祖庭在山西交城县石壁山的玄中寺。

禅宗　“禅”是梵语“禅那”的音译，意思是“静虑”，即用静坐思维的方法，彻悟自心，故称作禅宗。5世纪时南印度高僧菩提达摩在嵩山少林寺传心法于慧可，成为中国禅宗的初祖。达摩主张以心印心，不立文字。慧可以后是僧璨、道信、弘忍，弘忍为禅宗五祖。其弟子神秀和慧能分为南北两宗。后慧能长期在广东曹溪南华寺弘扬禅法，弟子们奉他为禅宗六祖。由于慧能所说的教法标榜不立文字，顿悟成佛，用不着累世修行，因此很受士大夫和文学之士的欢迎。慧能门下弟子众多，后来有些弟子自立门派，并随着禅宗的发展，逐渐演化为“五家七宗”。自唐以来，禅宗势力最大，直至现在，全国寺院大多数都属禅宗。禅宗祖庭有河南嵩山少林寺、河北成安县匡救寺、安徽潜山西北山谷寺、湖北黄梅冯茂山真觉寺、广东韶关南华寺（原名宝林寺）等。

主题三　佛教诸神及名山名窟

一、佛教诸神

（一）佛

1. 释迦牟尼

佛是佛陀的略称，指那些彻底觉悟真理的人。佛能够帮助众人解除人生之苦，是佛教中的尊神，所以是主要的崇拜对象。在狭义上说，佛就是指释迦牟尼。释迦牟尼是佛教的创始人，世俗通常称之为“如来佛”。其实这里“如来”和“佛”是一个意思。释迦牟尼佛像一般有三种坐姿：第一种结跏趺坐，左手横放左足上，名为定印，表示禅定的意思；右手直伸下垂，名为“触地印”。这种造像名为“成道相”。第二种是结跏趺坐，左手横放左足上，右手向上屈指作环形，名为“说法印”，这是“说法像”。第三种是立像，名为“旃檀佛像”。左手下垂结与愿印，表示能满足众生愿望；右手屈臂上伸结“施无畏印”，表示能解除众生苦难。

知识链接：“结跏趺坐”

“结跏趺坐”就是我们常说的盘腿打坐，正确的坐法是将两只脚的脚面分别压在两个大腿面上，脚心向上。先用右脚面压在左大腿上，再把左脚面压在右大腿上，称为“降魔坐”，释迦牟尼常用这种坐法。如果先左后右，则称为“吉祥坐”，弥勒佛多用这种坐法。

卍：我们经常在佛的胸口看到这样一个符号，读音“万”，意为“胸部的吉祥符号”。在佛经中也经常写成“卐”。现在大多将“卐”看做是纳粹的符号。

2. 三身佛

三身，指三种佛身。中间一尊为法身佛，名“毗卢遮那佛”，表示将佛陀所说的真理加以人格化而形成的真理佛，也就是体现了佛法的佛本身。左一尊是报身佛，名“卢舍那佛”。指以法身为“因”，经过修习而获得的佛果之身。右尊为应身佛，就是释迦牟尼佛。指佛为度脱世间众生需要而现之身，特指释迦牟尼的生身。

三身佛

三身佛为大乘佛教所供奉，即法身、报身、应身三种佛身。法身佛（毗卢遮那佛）代表佛教真理（佛法）凝聚所成的佛身；报身佛（卢舍那佛）经过修习得到佛果，享有佛国（净土）之身；应身佛（即释迦牟尼佛）指佛为超度众生、随缘应机而呈现的各种化身。

3. 三世佛

三世佛又分为横三世佛和竖三世佛。

横三世佛的“三世”，指同时存在的三个空间世界。中间一尊是我们这个世界，佛教中称为娑婆世界的释迦牟尼；左尊是东方净琉璃世界的药师佛，其典型形象是结跏趺坐，左手持钵，右手持药丸；右尊是西方极乐世界的阿弥陀佛，又称无量寿佛，典型形象是结跏趺坐，双手叠置足上，掌中有一莲台，表示接引众生。

竖三世佛的“三世”，指过去、现在、未来三世。正中是现在佛释迦牟尼，左尊是过去佛燃灯佛。佛经上说，在释迦牟尼未成佛时，燃灯佛曾为他“授纪”。所以从辈分上说，他是过去佛。右尊是未来佛弥勒佛，弥勒佛是释迦牟尼的弟子，将从“兜率天”下生此界，在龙华树下继承释迦而成佛。弥勒佛的正统塑像是印度式的，十分庄严肃穆，一副悲天悯人的神情，这种塑像在大雄宝殿常见。还有一种是戴天冠，菩萨装的塑像，单独在天王殿、弥勒阁中供奉，著名的如北京广济寺、苏州灵岩寺的弥勒佛像。我们今天常见的大肚弥勒，是根据五代时后梁的游方僧契此的形象而塑造的。

（二）菩萨

菩萨在佛教中是地位仅次于佛，菩萨的形象与装束从唐代开始基本定型。根据佛教中菩萨变相“非男非女”的说法，其面容更近于女像。在汉文佛典中的菩萨，最著名的有弥勒菩萨、文殊菩萨、普贤菩萨、观世音菩萨、大势至菩萨、地藏菩萨等几位。后来弥勒升级为佛，而大势至菩萨的影响较小，文殊、普贤、观音、地藏就成了汉传佛教中最著名的四大菩萨。

1. 文殊菩萨

全称文殊师利，是梵文的音译，意思是“妙德”、“妙吉祥”。通俗地说，“文殊”有“崇高”、“妙德”、“吉祥”等意思。他是释迦牟尼的左胁侍，普贤菩萨是右胁侍，与释迦牟尼一起合称“华严三圣”。他和普贤菩萨、观音菩萨并称“三大士”。佛教传说，文殊菩萨一诞生就有三十二相、八十种好。据说他在诸大菩萨中智慧辩才第一，他的尊号是“大智文殊”。他的典型形象是顶结五髻，手持宝剑，骑青狮。手持宝剑，表示智慧锐利；骑青狮，表示威猛。佛教中常以狮子比喻佛法威猛，能降伏一切邪魔。据佛经说，文殊菩萨的住地在清凉山，中国的佛教徒认为山西五台山可以比拟清凉山，于是五台山就成了文殊菩萨的道场。到唐代开元年间，“文殊信仰”达到极盛时期。五台山还是我国最早的一处国际性道场，唐宋时，日本、东南亚、尼泊尔等地僧人常来巡礼。

2. 普贤菩萨

普贤是梵文的意译，也译为“偏吉”。意思是说要把佛门推崇的“善”普及到一切地方。他代表“德”与“行”，负责一切诸佛的理德、行德。据说他有延命之德，他发过十种广大行愿，要为佛教弘法工作，所以他的尊号是“大行普贤”。普贤的典型形象是骑六牙白象，手执如意。白象是他愿行广大，功德圆满的象征。四川峨眉山原为道教的洞天福地，晋代山上开始建普贤寺，即现在的万年寺。后来佛教兴盛，峨眉山也逐渐演变为普贤菩萨的道场。现在万年寺中一尊宋代的铜制普贤骑象像，是代表性的普贤法像。

3. 观世音菩萨

观世音菩萨是佛教诸神在中国民间影响最大、信仰最众的菩萨，又称观自在菩萨、光世音菩萨、观世自在菩萨等，后因避唐太宗李世民的讳，简称“观音”。观世音菩萨以慈悲救苦为本愿，他的美名尊号是“大慈大悲救苦救难灵感观世音菩萨”简称“大悲观音”。据传说，凡众生遇难，只要念其名号，菩萨就会观其声音前往相救。观世音菩萨与大势至菩萨，作为西方极乐世界教主阿弥陀佛的左右胁侍，合称为“西方三圣”。观世音菩萨为度化众生，经常变幻出不同的形象多达33种，称为“三十三观音”。33种不同形象的观音中，以两臂的正观音为其本形。其中杨柳观音、白衣观音、鱼篮观音、水月观音、洒水观音等形象在民间最为常见。浙江普陀山是观音菩萨的道场，传说唐代大中年间，有一印度僧来此自燔十指，“亲睹观世音菩萨现身说法，授以七色宝石”，于是就传说此地是观音的显圣之地。普陀山有普济、法雨、慧济三大寺，88所庵院，极盛时常住僧尼三四千人，是名副其实的“海天佛国”。普陀山也是近代以来最大的一所国际性道场。自北宋以来，每逢夏历二月十九观音诞生日、六月十九观音成道日、九月十九观音涅槃日，进山朝拜和求子的善男信女们人山人海。特别是日本、朝鲜和东南亚各国的善男信女们不远千里而来。

4. 地藏菩萨

“地藏”是梵文的意译，《地藏十轮经》称他“安忍不动犹如大地，静虑深密犹如地藏”。取前一句“地”，后一句“藏”，故名“地藏”。按佛教的说法，他受释迦牟尼的嘱托，在现在佛释迦入灭，未来佛弥勒尚未下世的这一段时期度化世人。于是他便立下大誓愿：一定要尽度六道轮回中的众生，拯救各种苦难后才成佛。因而他的尊号是“大愿地藏”。地藏菩萨的典型形象是结跏趺坐，右手持锡杖，表示爱护众生和戒修精严；左手持如意宝珠，表示要满足众生的愿望。因为地藏菩萨的大愿特别受下层人民的欢迎，所以在四大菩萨当中，地藏菩萨的信众仅次于观音菩萨而居第二位。后来甚至出现了地藏的化身。据说地藏化生为新罗国王子金乔觉，到安徽省青阳县的九华山结庐修行，于唐玄宗开元二十六年（738）夏历七月三十日作偈（成为后世附会的主要根据）坐化，肉身不坏。九华山的肉身殿相传就是地藏菩萨成道处，后世在这一天举办地藏法会。

山西五台山、四川峨眉山、浙江普陀山和安徽九华山被称为中国佛教四大名山。

二、中国的佛教石窟

石窟就是开凿在山崖上的佛教寺庙。自佛教传入中国以后，佛教石窟也随之传入。我国的佛教石窟开凿始于3世纪，鼎盛期在5～8世纪，延续至16世纪基本结束，是世界上保存数量最多、分布地区最广、延续时间最长的佛教艺术遗存。我国著名的石窟有敦煌莫高窟、云冈石窟、龙门石窟、麦积山石窟、大足石窟等。

敦煌莫高窟　莫高窟俗称“千佛洞”，位于甘肃省敦煌东南25公里鸣沙山东麓断崖上，是砂砾岩构成的人工佛教窟。莫高窟开凿于前秦建元二年（366），后经北魏、隋、唐、五代、宋、元相继凿建，在南北长约1 600米的崖壁上，分布着大小洞窟492个。敦煌的地质属砂砾岩，不宜雕刻，因此它以绚丽多彩的塑像和壁画为主。塑像多为泥土和麻布做成，再涂上颜色，虽经千年，仍是泥坚如石，色泽艳丽。北魏时期作品风格与印度造像艺术相似，人物通体高大，鼻挺额高。后逐渐发展为面相清癯瘦削，面带微笑。继而又演变为雍容浑厚，面容丰满，越来越具有汉化的特点。莫高窟的壁画内容极为丰富，有宣传佛教的，有反映社会生活的，还有反映建筑艺术的。这些画面构成了一部记载我国中古时代1 000多年间的历史、文化、社会、经济和人民生活的形象资料。可惜在清光绪年间，莫高窟遭受外国人的掠夺，迄今为止，还有很多敦煌藏书及壁画保存在法、英、美、德等国的图书馆中。莫高窟1 000多年来经历了无数的风风雨雨、天灾人祸，现在尚存有从北魏到元各代彩塑像

2415尊，壁画4.5万平方米，仍不失为我国规模最大、历史最久、内容最丰富、艺术价值最高、保存得最完好的艺术宝库。莫高窟是我国佛教三大石窟之冠，1961年被定为全国重点文物保护单位。

云冈石窟　云冈石窟位于山西大同西北约17公里的武周山，是我国佛教三大石窟之一。自北魏文成帝和平元年（460）昙耀奉诏开凿，至孝文帝太和十八年（494）基本完成。现存大小石窟53个，内有雕像5.1万多尊。整个石窟划分为东、中、西三区。西区的“昙耀五窟”最大，各窟中都刻有高达十几米的大石佛，佛像庄严雄伟，显示早期造像的纯朴豪放风格。在三大佛教石窟中，云冈石窟以石雕造像气魄雄伟、内容丰富多彩著称。是全国重点文物保护单位。

龙门石窟　龙门石窟位于河南省洛阳市南13公里处。是我国佛教三大石窟之一。龙门石窟开凿营建于北魏孝武帝太和十八年（494），历经东魏、北齐、隋、唐、北宋诸朝，绵延500年之久，特别在北魏和唐代达到营造高潮。龙门石窟的主要洞窟大多分布在伊河西岸的龙门山上，著名的洞窟有古阳洞、宾阳洞、莲花洞、药方洞、潜溪寺、万佛洞、看经寺、奉先寺等。现存洞窟1 352座，小龛785个，造像97 306尊，碑刻题记3 660多块，佛塔43座。佛像最大的达17.14米，最小的只有2厘米。奉先寺石窟的卢舍那佛像姿态庄严肃穆而又淳厚慈祥，堪称唐代雕塑的代表作。窟内除造像外，还有魏碑的精华《龙门二十品》等书法艺术珍品。

龙门石窟是我国佛教艺术宝库，其中奉先寺的卢舍那佛像是龙门石窟的代表作。这尊佛像总高17.14米，头高4米，耳长1.9米。佛像那似笑非笑的表情于静穆中显露出一种无形的威严。据说，这尊佛像是按照武则天的形象雕刻的，被誉为“东方维纳斯”。

龙门石窟卢舍那大佛

麦积山石窟　位于甘肃天水东南45公里的麦积山，麦积山石窟的周围环境和自然景观，为四大石窟之冠。麦积山石窟造像始于后秦白雀元年（384），大兴于北魏明元帝、太武帝时期（409—452），孝文帝太和元年（477）后又有发展。麦积山石窟在唐开元年间受地震的影响，崖面从中断裂，分成东、西崖两部分。现保存历代洞窟194个，泥塑、石雕像7 000多尊，壁画1300多平方米。因麦积山石窟的造像形神兼备、栩栩如生，充分体现了我国雕塑艺术的独特风格，被誉为“东方雕塑馆”。

大足石窟　大足石窟在四川大足县境内。为唐宋时所造，明清亦有开凿。学者们将大足石窟分为10个区：北山、宝顶山、南山、石篆山、石门山、妙高山、舒成岩、佛安桥、玉滩、七拱桥等，以北山、宝顶山石刻最具代表性。宝顶山摩崖造像多为密宗供养像，也有禅宗像，是早期禅、密结合的反映。北山古称“龙岗山”，北山石窟开凿于唐昭宗景福元年（892），经五代至南宋绍兴年间，历时250多年。北山石窟造像原有五六千尊，保存至今的尚有二三千尊。其中唐代作品端庄丰满，体态潇洒；五代作品精巧玲珑，刻画精细；两宋作品人物个性鲜明，衣着华丽，都饱含着当时人们对现实生活的审美情趣，具有强烈的时代感。北山石窟造像已列为全国重点文物保护单位，并与其他大足石刻一起被列为世界文化遗产。

知识链接：念珠与哈达

念珠　我们看到佛像或僧人的手中经常拿着一串珠子，这串珠子叫“念珠”，也叫佛珠、诵珠、咒珠。供他们在念经的时候来回捻掐。因为可以用来数念诵经文的遍数，所以又叫“数珠”。念珠的颗数一般有二十七颗、五十四颗、一百零八颗，最多是一千零八十颗。颗数越多，品级越高。念珠的材质也各不相同，以菩提子功德最高。

哈达　哈达是藏传佛教中的礼敬用品，也是他们日常生活中的礼敬用品。哈达是用丝绸或绢纱制成的长带，短者三四尺，长者丈余。颜色有白、红、黄、浅蓝等，以白色为主。哈达的质料有棉纱的，称为“素希”，最为普通；有一般丝织物的称为“阿希”，品位中等；以上等丝绸制成的哈达称为“浪翠”，品位最高。从颜色上说，白色最为尊贵；从长度上说，身份越尊贵者，受献的哈达越长。

主题四　道教的形成及基本教义

一、道教的形成

“道教”一词本来的意思是以“道”教化众人，在中国古代，诸子百家都将自己的理论方法称之为“道”，都曾自命或被称作“道教”，这就使“道教”一词具有了广义和狭义两种解释。我们这里所说的是狭义的道教，即以“道”为最高信仰，奉老子为教主，奉《道德经》为主要经典，并相信人们可以通过修炼达到长生成仙的一种宗教。道教是我国土生土长的宗教，它产生的思想渊源主要有四个方面：一是鬼神崇拜；二是巫术和神仙方术；三是黄老思想；四是谶纬神学。东汉中叶张陵创立的五斗米道和张角创立的太平道被看做是道教正式形成的标志。

二、道教的基本教义

道教在发展过程中形成了很多派别，这些派别的信仰、教义也不尽相同。但各流派都有一个共同的最基本的信仰，就是“道”，又称为“大道”、“常道”。而各派的教义也根据这个“道”推演而来。

在道教看来，“道”是宇宙的本源与主宰者，它无时不在，无处不在，是宇宙一切的开始与万事万物的演化者，是天地万物产生和存在的最终依据。

这种信仰反映在创世说上就是“大道无形，生育天地”。道教认为，世界的创造过程是：原来还没有天地，后来开始有了四面八方的区分，宇宙渐渐形成了，这就是“洪元”阶段，是道教创世纪的第一大世纪。洪元时期还是没有天地，“洪元”以后有“混元”，“混元”以后有“百成”，“百成”以后有“太初”。“太初”是道教创世纪的第二大世纪。这时，作为“道”的化身的太上老君从虚空而下，口吐《开天经》一部，48万卷，每卷48万字，一字开辟天地50公里，这才分开了天地。进而又创造了日、月、人。“太初”之后是“太始”，“太始”是道教创世纪的第三大世纪。这时太上老君下凡为师，口吐《太始经》一部，创造了万物。此后便是“太素”，这时创造了人类生存的一切资料。这一漫长的历史演变过程就是上古时代，其后又经历了中古和下古时代。

“道”的信仰体现在偶像崇拜上，就是对“三宝”的崇拜。“三宝”又称“三清”，在道教经书中指的是元始天尊、灵宝天尊和道德天尊。他们是道教的祖师，分别把天上的道经秘籍传授给世人。他们被尊为“三洞尊神”，他们所传授的经书被称为“三洞真经”。

道教对“道”的信仰表现在人生境界上，就是追求“生道合一，长生久视”。道教是一种以生为乐，重生恶死，以长生成仙为最终目标的宗教。认为“道”具有不可思议的永恒的生命力，它化生万物，又寓于万物之中，人可以通过修炼各种道术，做到人与道合，即为“得道”。人得道后就可以具有各种神通，就可以成仙而长生不死。

道教还相信天道承负，因果报应。“承负”的意思是在一个家族内，前人有过失，就会由后人来承受。同时也宣扬现世因果报应，认为吉凶祸福是个人行为善恶的必然结果。

主题五　道教的主要宗派

五斗米道　汉顺帝时，张陵在鹄（一作鹤）鸣山中修行，创立五斗米道（东晋以后称天师道，元代以后称正一道），以太上老君为最高尊神，奉《老子五千言》为基本经典。张陵初创五斗米教，不仅已有经典，而且有了自己的醮仪、科戒，信徒也遍布巴蜀，张陵被后世的道家称为“张天师”。张陵死后，由他的儿子张衡、孙子张鲁相继嗣教。张鲁雄踞汉中20多年，建立了政教合一的政权，在民间的影响极大。张鲁完善了五斗米道的组织、制度，使五斗米道的发展达到了鼎盛时期。五斗米道在东晋时称“天师道”，天师道经北魏道士寇谦之和刘宋道士陆修静的改造和整顿后，基本上从过去的比较原始的宗教变成了比较成熟的宗教，由民间宗教变成了士族宗教。后因张陵的后代在江西龙虎山建立龙虎宗继续传教，才使该道派继续发展下去。

太平道　太平道由巨鹿人张角创立于汉灵帝熹平年间。太平道以《太平经》为主要经典，以符水咒说为人治病，教人跪拜首过来吸引信众。因东汉末年朝政腐败，民不聊生，张角领导的太平道以“苍天已死，黄天当立，岁在甲子，天下大吉”为口号，发动了规模浩大的起义。因义军头戴黄巾为标志，史称“黄巾起义”。在东汉朝廷重兵围剿下，张角病亡，其弟张梁、张宝先后战死，起义失败后，这个教派也就解体了，残余教众大都融入到五斗米道中。

上清派　东晋兴宁二年（364）道士杨羲托言魏夫人和众仙真下降，授其上清众经31卷，由杨羲用隶书写出传与句容许谧、许翙父子。东晋末，经道士王灵期增广传播，形成了上清派。上清派所奉的经典是《上清大洞真经》，以元始天王为第一尊。在修行方术上，特重存神服气，同时也重视诵经、修功德，不重符箓斋醮，反对房中术。上清派中最重要的人物是梁代道士陶弘景。他是一位大学者，对天文、历算、地理、兵学、医药、文学、艺术、经学等无不通晓。他隐居茅山期间广泛收集整理上清经书，著《真诰》20卷，对上清经法源流作了系统的叙述。他还写出《真灵位业图》，按茅山宗的观点，排列了神仙系统，把众多的神分成七级，每级有中位之神，左位及右位居于辅佐地位之神。他弟子众多，使上清派达到空前鼎盛。因为陶弘景久居茅山，所以自他以后的上清派又称为茅山宗。上清派从隋唐后成为道教的主流，不时出现著名的道士，俨然是道教的正宗。

灵宝派　灵宝派以传洞玄灵宝部经而得名，创始人是葛洪的从孙葛巢甫。灵宝派重符箓斋醮，轻金丹和房中术，不重个人修炼，重视普度众生。他们以元始天尊、太上大道君、太上老君为最高神，这三位最高神最后演变为道教各派公认的最高神“三清”，即玉清元始天尊、上清灵宝天尊、太清道德天尊。在南朝宋、齐时期，经过陆修静的发扬，灵宝派的信众一度超过了上清派。隋唐时期灵宝派与天师道一样萧索，直到北宋，才以江西清江县的阁皂山为中心继续发展，因此又称为阁皂宗。北宋绍圣四年（1097），宋哲宗敕令阁皂山与龙虎山、茅山并列，为三山符箓之一。后逐渐式微，元代以后并入正一道。

全真道　全真道创建于金大定年间，创始人王喆，号重阳子。王喆早年为儒生，金正隆四年（1159），自称在甘河镇遇仙，“密付口诀，又饮以神水”，从此改儒为道，在终南山凿一墓穴修行，墓穴名叫“活死人墓”。大定七年（1167）自焚其居，到山东传道，收被称为“全真七子”的马钰、谭处端、刘处玄、丘处机、王处一、郝大通、孙不二为徒，并建立了三教金莲会、三教玉华会、三教三光会、三教七宝会、三教平等会等五个教会，以“全真”为教名。从全真道的五个冠以“三教”的教会可以看出全真道的特点是融合道、儒、释三教，规定以《道德经》、《心经》和《孝经》为全真道徒的必读经典。在修行方法上，重视内丹修炼，认为修真养性是修炼的唯一正道。轻视符箓，反对黄白烧炼之术和房中术。全真道还第一次建立了道教的丛林制度，制定了严格的清规戒律。全真道在丘处机嗣教期间达到了全盛时期。后来佛教势力逐渐强盛，佛道之间的矛盾也尖锐起来。全真道在元代的两次佛道大辩论中败北，使全真道的声誉受到很大影响。元代中后期，全真道和道教南宗合并，将东华帝君（王玄甫）、钟离权、吕喦、刘操（海蟾）、王重阳作为共同的五祖，全真派力量大增，成为中国封建社会后期最大的一个道派。由于明代的统治者支持正一道，全真道逐渐衰弱。

真大道教　真大道教原名大道教，创始人是沧州刘德仁。刘德仁少年时出家为道士，金皇统二年（1142），他21岁时，托言太上老君下降授道，传玄妙道诀，于是创建了“大道教”。真大道教订立了9条戒法，主张力耕而食，勤俭节用，柔弱谦下，知足守贫。又教人忠于君，孝于亲，诚于人。具有明显的三教合一思想。其教义旨在清静无为、少思寡欲、虚心实腹、守气养神。以无为保证性命，以无相驱役鬼神。在修行方面，重静默祈祷，不注重炼丹和符箓斋醮。元以后逐渐衰微，以至消失。

玄教和正一道　玄教是龙虎山天师道的一个支派。在两宋时期，龙虎宗与茅山、皂阁二宗并称为“三山符箓”。至元代，元室对张陵后嗣特别宠遇，龙虎宗也因此远远超过其他两宗。第三十六代天师张宗演的弟子张留孙随张宗演朝京，因为皇后祷病而愈而宠命优渥，元世祖令其自立门户，于是形成了玄教。玄教传播地区广，兴盛时间长，在整个元代都呈发展趋势，但在理论上并没有建树。在龙虎宗及其支派玄教大发展的基础上，元成宗大德八年（1304），授天师道第38代天师张与材为“正一教主”，一个以龙虎宗为主干，集合江南各符箓派一起的大道派——正一道形成了。正一道以《正一经》为主要经典，主要的宗教活动是符箓斋醮，降神驱鬼。因为它包含了江南各符箓派，所以组织结构比较松散，清规戒律也不甚严格。

武当道　武当道因湖北武当山而得名。武当山在明以前就是道家胜地，据史书记载，有不少著名的道士在此修炼。元代末年道观大多毁于战火，到明朝初年，明成祖朱棣复兴武当山，在武当山大兴土木，耗时七年，建成八宫二观及金殿、紫禁城等规模庞大的道教建筑群，武当山成了闻名于世的道教胜地。道士张三丰乘此机会在武当山开创了武当道派。武当道以真武大帝为祖师，在教义上主张三教合一，在修行方法上注重修炼内丹，主张先全人道，后成仙道；认为炼丹和房中术为“旁门邪径”。其教义教规与全真教同，后来武当道逐渐并入了全真道。这里要提一下的是武当道士习练的内家拳技的祖师，是北宋徽宗时的张三峰（亦称张三丰），300多年后明初武当山的张三丰，只是内家拳技的继承者和发扬者。

武当山古建筑群主体建筑九宫之一的南岩宫是全国重点文物保护单位，玄帝殿为南岩宫的标志性建筑，建于明永乐十年，民国十五年（1926）毁于火灾，现由清华大学古建研究所设计修复，建筑面积660平方米，2006年8月竣工。

武当山玄帝殿

从整体上看，道教在明代有一些教派兴起，也有一些道书的诠释注疏的作品，但终无新意，清以后的道教越发式微了。

主题六　道教诸神和名山

一、道教诸神

道教是多神宗教，由于道教发展阶段不同，宗派不同，所崇拜的神仙也不同，因此体现了繁杂的特点。道教的神仙，是包括至高天尊、诸天神、地祇、人鬼的统称。其中一部分是承袭了中国古代的鬼神崇拜，一部分则是后世根据道教信仰而虚构出来的。择其要者叙述如下：

三清　道教将宇宙分为大罗天、三清天、四梵天、无色界四天、有色界十八天、欲界六天，共三十六天。“三清”原指天神所居的胜境，即玉清圣境（在清微天）、上清真境（在禹馀天）、太清仙境（在大赤天），而道教三位尊神元始天尊（即天宝君，又称玉清境清微天元始天尊、玉清大帝等）、灵宝天尊（即灵宝君，又称上清境禹馀天灵宝天尊、太上大道君、上清大帝等）、道德天尊（即神宝君，又称太清境大赤天道德天尊、太上老君、混元老君、降生天尊、太清大帝等）分别居住在三清境，所以也称为“三清”。这三位尊神创造了宇宙万物，并且统御诸天神，他们是道教至高无上的尊神。

四御　四御是地位仅次于三清的四位天帝。第一位是玉皇大帝，又称昊天金阙至尊上帝、玄穹高上玉皇大帝，全称昊天金阙无上至尊自然妙有弥罗至真玉皇上帝，总执天道之神；第二位是勾陈上宫天皇上帝，协助玉皇执掌南北二极与天地人三才，主持人间兵革之神；第三位是中天紫微北极大帝，是协助玉皇大帝执掌天经地纬、日月星辰、四时气候之神。第四位是后土皇地祇，又称承天效法后土皇地祇，简称“后土”，为执掌阴阳生育万物之美、大地山河之秀的神。古代奉祀作男像，武则天之前已出现女像，宋徽宗政和七年（1117）后都作女像。

四方之神　指职司四方的大神青龙、白虎、朱雀、玄武。东方之神为青龙，因为二十八宿中东方七宿组成龙形，位于东方，属木，其色青，故称“青龙”；南方之神朱雀，因南方七宿组成鸟形，位于南方，属火，其色赤，故称“朱雀”；西方之神为白虎，因西方七宿组成虎形，位于西方，属金，其色白，故称“白虎”；北方之神为玄武，因北方七宿组成龟蛇合体形，位于北方，属水，其色玄，故称“玄武”。宋真宗大中祥符间避“圣祖”赵玄朗的讳，改为“真武”，即后来武当道奉祀的“真武大帝”。

三官大帝　“三官”是从五斗米道产生后就奉祀的神团，即天官、地官、水官。天官赐福，地官赦罪，水官解厄。因道教将三官大帝的诞辰日定于三元日，即上元天官正月十五日生，中元地官七月十五日生，下元水官十月十五日生，所以三官又与“三元”结合，称“上元一品赐福天官紫微大帝、中元二品赦罪地官清虚大帝、下元三品解厄水官洞阴大帝”。

关圣帝君　又称荡魔真君、伏魔大帝、关帝，是道教奉祀最普遍、香火最旺盛的神之一。关圣帝君的名字叫关羽，历史上真有其人。从魏至唐，关羽在民间的影响并不大。自宋以后，特别是元末著名长篇小说《三国演义》问世以后，关羽的名声大震，俨然成为勇武和忠义的化身，在民间产生了极其深远的影响。

财神　财神是旧时民间供奉的招财进宝之神。民间又分为武财神和文财神。武财神名叫赵公明，又称为赵公元帅、赵玄坛。因为他的典型形象是头戴铁冠，一手举铁鞭，一手持翘宝，黑面浓须，身跨黑虎，十分威猛，所以又称为黑虎玄坛。文财神是春秋时越国的范蠡。传说范蠡帮助越王勾践灭吴后，轻舟入海，经商成为巨富，商贾多崇奉他。也有以比干为文财神的。旧时民间多在正月初到财神庙去接财神。

八仙　八仙是中国民间传说中的八位仙人的统称。唐代已有八仙传说，但人名一直没有固定，到明代吴元泰《八仙出处东游记》始确定为：铁拐李、汉钟离（钟离权）、张果老、吕洞宾、曹国舅、蓝采和、韩湘子、何仙姑八位。“八仙过海”、“八仙庆寿”等故事在民间流传甚广，深受群众喜爱。

知识链接：八仙和暗八仙

在中国的神话传说中有不少八仙的故事，比如八仙过海、八仙庆寿等，深受大众喜爱。在中国传统吉祥图案中有一幅叫做“暗八仙”，知道的人就不多了。其实暗八仙也就是八位仙人的宝物组成的图案，它们分别是汉钟离的芭蕉扇、铁拐李的酒葫芦、张果老的鱼鼓、吕洞宾的宝剑、曹国舅的笏板、韩湘子的笛子、蓝采和的花篮和何仙姑的荷花。

二、道教名山

泰山　五岳的东岳，又名岱岳。位于山东中部，道教所称的第二小洞天。东岳之神名东岳天齐仁圣帝。泰山主峰叫玉皇顶，上建玉皇庙。其他道教胜迹有碧霞祠、斗姆宫、王母池、长春观、岱庙，岱庙主殿有《泰山神出巡图》。

华山　五岳的西岳，位于陕西华阴县南，道教称第四小洞天。华山以“险”著称。道教胜迹有四仙庵，相传谭紫霄、马丹阳、刘海蟾、丘处机在此修炼。还有玉泉院、东道院、镇岳宫三处全国道教重点宫观。

龙虎山　位于江西贵溪县西南，道教称其为第三十二福地，祀神之所在上清宫。山上道教胜迹还有建于南唐的正一观（亦名演法观）、建于宋代的真应观、建于元代的乾元观、崇禧观、玉清观、冲玄观、先天观、佑圣观、繁禧观。在传说中的张陵得异书处，至今仍有丹井、丹灶、飞升台等遗址。

青城山　位于四川省都江堰市境内，道教称为第五洞天。因张陵在此山传五斗米道，故青城山在道教史上具有重要地位。历代以来，山上宫观林立，至今尚存的道教胜迹有建福宫、天师洞、朝阳洞、祖师殿、上清宫、圆明宫、玉清宫等，其中天师洞和祖师殿被列为道教全国重点宫观。

茅山　原名肺山，又名冈山、句曲山、己山，位于江苏省西南部。道教称其为第八洞天、第三十二小洞天、第一福地。相传西汉茅盈、茅固、茅衷三兄弟在此修炼得道，号“三茅真君”，因此改名三茅山，简称茅山。后许多名道在此修行，宋代是茅山道观的鼎盛期。抗日战争时期，后宫观被日军烧毁，现只剩九霄万福宫和元符万宁宫。现存的茅山“镇山之宝”（玉印、执圭、哈砚、镇心符）都是宋代珍品。

崂山　又名牢盛山，位于山东省青岛市。元代丘处机、明代张三丰曾于此修炼，留有遗迹。崂山号称有九宫八观七十二庵，其太清宫最为著名，是全国道教重点宫观。

学习与思考

行知合一

读书不求甚解是一个境界，知其然而且知其所以然又是一个境界。一些我们熟知的，甚至是挂在嘴边的东西，要讲清楚恐怕也非易事：

我们经常看到书上有“南无阿弥陀佛”、“南无观世音菩萨”的说法，“南无”二字读什么音？是什么意思？

中国的许多成语、俗语、谚语、惯用语、歇后语都与佛教有关，如五体投地、回头是岸、放下屠刀，立地成佛等。你还能说出几个？当然，如果你还知道出处那就更好了。

网络世界

“五体投地”现在形容极端佩服，它出于佛教典籍，“五体”是指哪五体？

我们在课文中知道了藏传佛教中的“哈达”是什么，你知道“唐卡”是什么？

深度思索

佛教是外来宗教，道教是土生土长的宗教，而道教的影响远不及佛教，学习了这一单元后，你认为原因是什么？

在佛界，释迦牟尼的地位显然比观音菩萨高，为什么世俗大众拜观音菩萨的更多？请说说其中的道理。

开拓视野

以前过春节要忙着送灶接灶、贴门神、换桃符、请财神，这些节目都和道教有关，你觉得有必要保留吗？为什么？

我们长期接受的教育是“宗教是迷信”、“宗教是毒害人民的精神鸦片”，你觉得这么说对么？在现代社会，宗教应该有它的地位吗？

单元七　中国民俗和岁时节令

学习目标

初步了解中国古代民俗产生的过程及其历史背景,掌握中国古代重要的岁时节令。并利用民俗的导向功能、整合功能和向心功能,进一步加强精神文明建设。

主题一　中国民俗的形成和发展

一、中国民俗的由来及发展概况

（一）中国民俗的源起

民俗是人类文化的重要组成部分，它和各民族的社会政治、经济文化的发展密切相关。中国民俗是中国传统文化的宝贵遗产之一，也是中国文化组成的重要内容之一，它以其独特的风采风貌展现在世人面前，形成了内容丰富、色彩缤纷的历史画卷。

民俗是民间社会生活中传承文化事象的总称，是一个国家、地区或一个民族世世代代传承的基础文化，是通过民众口头、行为和心理表现出来的事象。这些事物和现象，既蕴藏在人们的精神生活传统里，又表现于人们的物质生活传统中。民俗如同一面镜子，它可以折射出一定历史时期的文化、信仰和心理等特征。民俗具有鲜明的时代特征，成为考察一个民族的历史背景、地理风貌、社会形态、心理素质和文化发展的“活化石”，人们可从中窥见一个民族的历史面貌和发展状态。

“民俗”一词，在中国古代文献中有民俗、风俗、习俗、风土和风物等说法。“风俗”一词在汉语古文献中出现得很早。《诗经·关雎·诗大序》有：“美教化，移风俗。”《荀子·疆国》载：“入境，观其风俗。”这里的风俗是指人类在长期的社会生活中形成的关于生老病死、衣食住行乃至宗教信仰和巫卜禁忌等内容广泛、形式多样的行为规范。“民俗”一词，较早的见于《礼记·缁衣》：“故君民者，章好以示民俗。”意思是说，所以统治人民的君主，应该表明自己的爱好，以此引导社会的风俗。其后《管子·正世》载有：“料事务，察民俗”。古人对风俗的解释，可见于东汉班固的《汉书·地理志》：“凡民函五常之性，故谓之风；好恶取舍，动静亡（无）常，随君上之情欲，故谓之俗。”其后，汉献帝时泰山太守应劭在《风俗通义·序》中也阐述过类似观点：“风者，天气有寒暖，地形有险易，水泉有美恶，草木有刚柔也。俗者，含血之类（这里特指人类），像之而声，故言语歌讴异声，鼓舞动作殊形，或直或邪，或善或淫也。”上述的观点为后世学者所认同，即风是由于自然条件，尤其是地理环境不同而形成的习尚；俗是由于社会环境不同而形成的习尚。

古代学者虽然对风和俗的定义作了阐述，但囿于历史条件，他们对风俗的起源仅作过一鳞半爪的探析，并没有真正说明风俗起源的原因。

恩格斯说：“历史中的决定性因素，归根结底是直接生活的生产和再生产，但是生产本身又有两种：一方面是生活资料，即食物、衣服、住房以及为此所必需的工具的生产；另一方面是人类自身的生产，即种的繁衍。”人类自从诞生以来，就离不开满足生存的需要与适应生存的需要，衣食住行就是人类生存的最基本的条件，因此可以说社会风俗是伴随着人类社会的出现而产生和不断发展的。风俗的形成是与人的社会物质生产水平及生活内容、生活方式的变化相关联，与自然条件和自然环境相适应的。人类的居住形式是人类物质文化的反映。原始人穴居野卧，随着时间的推移，原始人的居住环境进入了传说中的有巢氏阶段，事见《始学篇》：“上古皆穴处，有圣人教之巢居，号大巢氏。仿南方人巢居，北方人穴处，古之遗俗也”。不同的居住环境，势必要产生不同的居住习俗。又例如原始先民在历经了漫长岁月的茹毛饮血的生食阶段后，发明了用火的方法，生食也就变成了石烹法，发明了制陶工艺以后，生烹法又进化为陶烹法。不同的饮食方式就构成了不同的饮食风俗。考古学将人类使用石制工具进行生产的时代称为石器时代，整个原始社会时期，人类都是用石器从事生产劳动。石器时代又分为旧石器时代和新石器时代，旧石器时代主要使用自然石器和打制石器，新石器时代主要使用磨制石器。旧石器时代和新石器时代相对应的经济生活也有很大的区别，前者是以采集和渔猎为主，只能利用天然产物作为食物；后者产生了农牧业，从而使人类能够通过自己的生产活动来获取食物。生活资料的生产是原始人赖以生存的重要手段，围绕不同生产方式的生产，便产生了不同的生产民俗和工具民俗等。人类精神文化的发展历程是与整个历史交织在一起的。在极端低劣的物质生产水平的制约下，原始先民只能凭借感性的、质朴的思维方式，把握自然界的某些表象。随着人类智力的进化以及生产力的发展，大约在旧石器时代的后期，抑或更早些的时期，便产生了原始宗教。自然宗教是原始社会的最初形式，由于原始先民对周围的自然现象不理解，更无从谈上对它们的驾驭，例如血与火，生命与生殖等现象，因此他们对这些自然现象和自然力的产生，既依赖又畏惧。认为自然事物和自然力同人一样，是具有意识的。于是便产生了万物有灵论、拜物教、图腾崇拜和祖先崇拜等。万物有灵论又称“泛灵论”，是原始宗教最初的形态之一，这种宗教认为宇宙万物都具有灵性，认为这种灵性对人和动物的生命以及世界上其他一切事物都产生影响。原始先民由于对自然现象缺乏理解，以为许多事物都是有灵性的，并赋予它们神秘的、超自然的性质，相信对它们的祈祷、礼拜和祭献，即可获得嘉惠和保佑，由此便产生了拜物教，也是原始社会最早的宗教信仰之一。

知识链接：图腾

图腾崇拜产生于氏族公社时期。“图腾”系印第安语，意为“他的亲族”。当时的原始先民除了明白血缘关系外，不知道还有其他的社会关系。图腾崇拜是一定氏族认为一定种类的动物或自然物同本民族有亲属或其他特殊关系的信仰。氏族认定的图腾即是该氏族的标志，亦是该氏族的保护者。图腾崇拜曾普遍存在于世界各地。例如我国北方的大汶口—龙山文化地区，即是以鸟图腾为特征，南方则有蛇和龙的图腾崇拜。

青铜大立人1986年夏季出土于四川省成都市广汉县三星堆村祭祀坑，全高260厘米，基座高78.8厘米，雕像自身高163.5厘米，帽高17.7厘米，距今3 000多年，不仅是中国迄今所见的青铜时代的雕像之王，也是目前世界上最早的由青铜铸造的雕像，被世界考古权威人士称之为“独一无二、最具神秘感、最具代表性、有人类文化精品之称的三星堆六大国宝级文物之一。”

成都广汉三星堆大立人

祖先崇拜是起源于原始社会的一种宗教观念和仪式，产生于母系氏族时期，盛行于父权制确立和父系氏族时期。在原始图腾崇拜中，已含有祖先崇拜的因素。原始宗教的形成和发展，也促成了信仰民俗的发生和发展。原始先民在生活和生产的同时，还要完成自身的繁衍，也即是人类本身种族的延续。原始社会最初是松散的原始群，一般一群为数十人。群与群之间没有联系，群内过着杂婚的生活。杂婚是原始社会初期婚姻形态。随着原始群向氏族公社过渡，出现了血缘婚，亦称血缘家庭。即在同一群体内，同胞或非同胞的兄弟姐妹均互为夫妻，但不同辈分男女之间则禁止发生性关系。血缘婚后来又发展成族外婚，亦称外婚制。随着兄弟姐妹间通婚的排除，血缘体内的男女必须与非本血缘体的女子或男子通婚。外婚制的出现，导致了氏族的产生，亦是氏族制度存在的前提和标志。随着母系氏族的产生又出现了对偶婚，父系氏族制最终取代母系氏族制时，才真正出现了单偶婚，也即是一夫一妻制。人类婚姻制度的不断发展和变化，也就促进了婚俗的形成和发展。

（二）中国民俗的发展概况

中国汉族的文化源远流长。早在先秦时期，就有关于风俗的记载，《礼记·王制》云："天子五年一巡守。岁二日，东巡守……命太师（乐官之长）陈诗以观民风。"《周礼·春官》亦载：小史掌邦国之志，外史掌四方之志，诵训掌道方志，以诏观事。从文化社会学的角度来看，社会风俗是一种非制度性的文化，它是一定区域内历代相沿积久而形成的、人们普遍遵守的生活准则。以其规律性的活动约束人们的行为和意识，相对于法令、法规来说，这种约束是非强制性的，这种软控制的形式被人们称为是"不成文的习惯法"。但是民俗作为约定俗成的一种社会规范，对于社会又有着重要的影响，这种影响是通过耳濡目染和潜移默化而形成的。我国历代都十分重视民俗的研究和利用。统治阶层洞悉民俗对于政治稳定的作用，十分重视民俗的教化作用。许多有识之士长期致力于移风易俗的实践，上行下效，诚如《汉书》所说："上之所化为风，下之所化为俗"，既有自上而下教化的推动力量，又有下之所化，即民众的自我传习和自我教化的习俗，从而形成了绵延不断的传统。

我国在周朝就专门设置了"輶轩之使"，负责采集四方风俗善恶，以观政绩。《诗经》中的《国风》，收集了当时15个不同地区的民歌，据传《诗经》中的民间诗歌即由周王室派行人（搜集民众言论的下层官吏）搜集而得。《诗经》中记载了许多周代的民风民俗，因此有人从风俗角度观察，将《诗经》称为中国最早的风俗汇编。以战国时期作品为主的《山海经》虽为地理著作，但书中详述了远古时代汉族祖先的服饰、信仰、禁忌以及神话传说等风俗事项，故有人将其称为中国第一本风俗志。与此相先后的先秦典籍，诸如《尚书》、《易经》、《国语》、《左传》、《庄子》、《韩非子》和《吕氏春秋》等，也载录了不少古代风俗资料。汉代，朝廷设有风俗使，常以时分巡四方，览观风俗。汉武帝以为风俗和政治措施是"各有所由兴，殊路而同归"。他曾下令叫各地地方官把记载当地山川、物产和风俗等内容的"郡国地志"与计簿（有关地方户口、垦田、钱谷等统计材料）一同上报至朝廷。汉成帝时，丞相张汤曾令朱赣采访各地风土人情，汇集成《地理书》一部，为后世方志中地理风俗类的发端。东汉光武帝曾诏令他的家乡编撰乡土志，后由刘诏撰成《南阳风俗志》。此后各地编撰风俗志相沿成习。南朝梁代宗懔《荆楚岁时记》是我国现存最完整意义的第一部风俗专志。隋炀帝大业年间（605—618）"普诏天下诸郡，条其风俗、物产、地图上于尚书"，规定各地地方志中必须列有风俗的内容。自此以后，唐宋以至明清的地方志均设有风俗专项以为标准。唐德宗时，朝廷还遣黜陟史行天下，以"省风俗为首务"。古人认为，"方志乃一方之全史"，而民俗为一方最具个性特色的事象。古人对风俗的观察、采集和引导甚至成为了治国兴政的手段。"入境而问禁，入国而问俗，入门而问讳"，先秦之际，人们即意识到民俗与人际交往的密切关系。古代地方官把地方风俗作为任职期间的参考书，"入境而考俗，因俗而考政"。西汉孝文帝时，贾山在《至言》中提出："风行俗成，万世之基定。"东汉应劭说："为政之要，辨风正俗最其上也。"唐代史学家刘知几认为"九州土宇，万国山川，特产殊宜，风俗异俗，如各志其本国，足以明此一方。"宋代学者楼钥《论风俗纪纲》说：

"国家元气，全在风俗；风俗之本，实系纪纲。"明代郑晓《论风俗》说："夫世之所谓风俗者，施于朝廷，通于天下，贯于人心，关乎气运，不可一旦而无焉者。"清代统治者认为"治天下人心，风俗为本"。清雍正皇帝多次对臣属发布上谕："民风之善，则天下永称大治矣！"鉴于民俗对社会的安定和政权的巩固的重要性，直至清代，朝廷还在一些省设立风俗观察使。

世界上任何一个国家或民族的风俗，都有其积极向上、传统优良的民俗，但不可避免的也有其消极、落后，甚至丑陋、迷信的一面，习惯上称其为陋俗。我国在先秦时代就注意到移风易俗。《尚书·商书》中即提到，巫淫乱等不良风俗对社会的危害："士卿有一于身，家必亡；国君有一于身，国必亡。"对于民俗的改革可以促进社会经济的发展和政治的强大，《史记·李斯列传》即有评论："秦孝公用商鞅之法移风易俗，民以殷实，国以富强。"移风易俗作为一种改革，我国历代都极其重视。

二、中国民俗学的形成和发展

自从汉代司马迁《史记》开创记载风俗事象的先河以来，此后历代官修史书均有关于风俗资料的记载。此外，先秦以来的经、史、子、集以及门类繁多的野史笔记，均保存了大量风俗资料，再加上浩如烟海的地方志对各地风俗的记载，中国古代文献记载的风俗资料可谓是琳琅满目，数不胜数。遗憾的是，由于受历史条件的局限，我国古代的风俗研究，未能形成独立的文科学系统。

知识链接：民俗学的形成

民俗学作为一门社会科学，1846年创立于英国。民俗作为学术名称，是由英国民俗学会创始人之一、考古学家、英国议会秘书W.J.汤姆斯以莫顿的笔名首次提出的。他用撒克逊语两个词合成，含义是"民众的知识"或"民间的智慧"。1878年10月，世界上第一个研究民俗的学术机构在伦敦成立，命名为"民俗学会"，从此获得国际承认。随着英国民俗学会由汤姆斯主编的会刊《民俗学刊》的传播，欧美各国诸如美国、芬兰、德国、意大利和法国等，均在19世纪后期至20世纪初期迅速接受了民俗学这一新的名称，成为一门新兴的人文科学。

最早将民俗学一词引入中国的是英国学者德尼斯，他早在英国民俗学会成立的前4年，即1874年，就在《中国评论》上发表了民俗学论文，并于1876年在香港出版了他的《中国民俗学》一书，种种原因，他的著作没能引起中国学术界的关注。1913年，刚从日本留学回国二年的周作人在他主编的《绍兴县教育会月刊》（周时任绍兴县教育会会长兼浙江省省立第五中学学校教员）上发表《歌之研究》一文，文中已提及"民俗学"一词。周作人在此处提出"民俗学"一词，与他在日本期间认真地研究了日本民俗学创始人柳田国男的《远野物语》和佐佐木喜善的《听耳草纸》等作品有关。新文化运动的中心北京大学于1918年2

月，设立了“歌谣征集处”，并在《北大日刊》上刊登了详细的《征集全国歌谣简章》，征集来的歌谣由刘半农、沈尹默和周作人负责整理。

柳田国男《远野物语》

日本的明治维新打破了旧时闭关锁国的落后局面，西方先进的文化知识和科学技术开始传入国内。《远野物语》即是在此背景下，用西方的治学方法研究日本的民风民俗。清朝末年，中国的留日学生便是受到这本书的影响，揭开了近代中国民俗学研究的帷幕。

1920 年 12 月 19 日北大歌谣研究会成立。1921 年 12 月 17 日，北京大学建校 25 周年纪念日，《歌谣周刊》创刊号《发刊词》上明确提出“歌谣是民俗学上的一种重要的资料”，该刊以后刊登了许多歌谣等民俗素材以及有关研究文章。在此之前，北京大学新设了国学研究所，下辖“歌谣研究会”，由周作人主事。研究所又设立了“歌谣研究室”，以地区为单位，先后搜集了 22 省约 3 000 首歌谣资料。截至 1925 年 6 月，一共收集了 13 339 首民谣。尽管当时民俗学一词已经出现，但 1923 年北京大学成立的民俗调研机构仍命名为“风俗调查会”。我国现代民俗学的起始，还是以收集调查研究口头民间文学为主要内容，这一点与近代一些资本主义国家民俗学起始的研究主题是十分相似的。遗憾的是，刚刚起步的中国现代民俗学，仅把自己的研究禁锢在民间文学的领域里，难以通过有深度和力度的论述，形成自己的学术地位。现代有些民俗学者将发端于 1918 年的现代民俗学誉为中国现代民俗史上的第一次高潮。1924 年，在国民革命根据地的广东，创立了国立中山大学。1926 年开始北伐，当时北京大学思想进步的一批教授相继前往南方大学任教。1927 年 8 月，中山大学设立了以傅斯年为首的语言研究所，并申明该所以研究民俗学作为最终目的。同年开始发行由董作宾和钟敬文编辑的《民间文艺周刊》。11 月，顾颉刚等成立了民俗学会。1928 年 3 月，《民间文艺周刊》自 13 期起改称《民俗周刊》，研究内容也扩大到一般民俗信仰。其发刊词正式提出：“我们要打破以圣贤为中心的历史，建设全民众的历史！”自此，中国民俗学研究才正式步入新学科的研究道路。1929年4月，举办了我国首届“民俗学讲习班”。1930年夏秋之际，江绍原和钟敬文在杭州成立中国民俗学会，并出版了《民俗周刊》和《民间月刊》等多种风俗专辑和丛书。与此同时，福建、浙江、广东、四川和安徽等地均建立了分会或有关研究机构，进一步扩展了中国民俗学的学术活动。1927年11月中山大学“民俗学会”的成立是为第二次高潮。1979年，顾颉刚、钟敬文、白寿彝、容肇祖、杨堃、杨成志和罗致平7位著名教授联名向中国社会科学院上书并公开发表《建立民俗学及有关研究机构的倡议书》，使沉寂了30年之久的民俗学再度焕发新春。这次民俗学的振兴被视为第三次高潮。

当今我国民俗学的发展正如火如荼，越来越受到世人的重视，民俗学的深入研究也越发彰显出它的功能和作用。但是关于民俗分类问题，至今在学术界仍是百花齐放，各有所见。现将乌丙安先生《中国民俗学》一书有关民俗的分类方法援引如下。该书将民俗分为经济民俗、社会民俗、信仰民俗和游艺民俗四大类。经济民俗中分为自然生态民俗、物质生产民俗、交易和运输民俗及消费生活民俗（含服饰、饮食、居住）；社会民俗中分为家族、亲族的民俗，乡里社会的民俗，都市社会的民俗，个人生活仪礼的习俗，婚姻民俗；信仰民俗中分为原始信仰、迷信和禁忌民俗及岁时节日民俗；游艺民俗中又分为民间口头文学、民间歌舞民俗、民间游戏民俗、民间竞技民俗和民间杂艺民俗等。

主题二　民间三大岁时佳节

一、中国岁时节令风俗的形成和发展

岁时节令风俗，简称时令风俗，它是由年月日与气候相结合排定的节气时令，其本身就是一部活生生的节日风俗史，也是中华民族文化发展的标志。节日风俗的形成过程是社会发展和民族文化积淀的过程，也是人类认识自然和改造自然的过程，这是一个潜移默化且节奏缓慢的发展过程，表现出一定时代人民的心理特征、审美情趣和价值观念。节日风俗是久沿成俗，今俗袭古，古俗延今，代代承袭，最终才形成的民间传统习尚。每一特定时期都会出现一种特有的社会风尚，节日风俗的内容也会相应产生发展和变异。

原始节日的产生与天文历法和数学知识的发展有着非常密切的关系，但历日和节气仅仅是节日产生的先决条件，节日必须要有一定的风俗活动。原始崇拜、迷信和禁忌活动才是节日产生的最早渊源。此外，家事祭祀活动逐渐演变成节日，这也是原始节日形成的重要因素。

先秦时期是节日风俗起源的萌芽阶段，汉代是中国节日风俗的定型时期。中国主要的岁时节令如除夕、元旦、元宵、上巳、寒食、端午、七夕及重阳的风俗内容，基本都定型于此时。魏晋南北朝时期是中国节日风俗发展史上受冲击并出现变异的时期：一方面继承了汉代基本节日的内容，另一方面，由于民族的大融合，中外文化的大交流以及受到道教、佛教以及玄学思想的冲击，宗教仪式内容渗入节日风俗，南北节日风俗逐步融合统一。唐代是中国节日风俗划时代的裂变时期，节日从原来的禁忌、迷信和禳除的神秘气氛中解放出来，转变成娱乐型和礼仪型，成为了真正的“良辰吉日”。但是唐代的节日风俗已出现淫靡之俗，及至宋代，此风越演越烈，尤其是徽宗、钦宗之际以及南宋偏安之时，表现得尤为突出。明清

时期，上层统治阶级讲究节日的礼仪性和应酬性；另外随着资本主义萌芽的产生和发展，一些以小农经济为基础的节日风俗逐渐趋于淡化和消失；此外，随着经济的繁荣，游乐性的风俗发展得十分迅猛。

中国传统节日一般分为农事节日、祭祀节日、纪念节日、庆贺节日、社交节日和游乐节日等六大类。

二、民间三大岁时佳节

（一）春节

春节、端午节和中秋节并称为中国民间三大传统节日，也是在海外最有影响的传统节日。春节，俗称年、新年，是我国岁时节日中涉及范围最广、规模最大且最为隆重的传统节日，至今已有4 000多年历史。春节的来历，一说源于原始社会的“腊祭”，腊亦写作蜡，系古代的祭祀习俗。即一年农事已毕，岁末以自己一年的收获来祭祀祖先和众神，以祈来年丰收。一说尧舜时已有此俗，但称呼不尽相同。

正月初一，古称元旦，亦称元朔、元日、正朔或正朝等。“元”意为始，“旦”系指晨，事见《书·舜典》：“月正（即正月，按舜改建子月为正月，实为现在的农历十一月）元日，舜格（来到）于文祖”。春节原指夏历元旦，由于历法不同，历代岁首日期不尽一致，商朝在十二月初一，周朝在十一月初一，秦和汉朝初年以十月初一为岁首。汉武帝太初元年（前104）行《太初历》，改以夏历正月初一为岁首，后为历代沿用，至今已有2 000多年历史。辛亥革命后，我国开始使用公历，把公历1月1日称作元旦，把夏历正月初一日改称为春节。旧时把过小年（腊月二十三日或二十四日）到元宵节（正月十五日）都纳入春节的范围。古代春节泛指整个春季，意为春天的节序。春节的风俗是不断发展变化的。

春节主要的传统习俗是：农历十二月二十日左右，开始进入过年的准备阶段。这一天家家户户动手拭去庭户屋顶的尘秽，俗称“打尘”或“掸埃尘”并理发沐浴。掸尘后便开始外出购买过年应用之物，从鸡鸭猪羊、茶酒油酱之类基本食料、南北炒货、糖饵水果之类消闲食品直到元宝香烛、爆竹甲马杂用物等，因新年无市，故需采备充足。

1. 送灶。农历十二月二十三或二十四，谚云：“官三民四”。古代以农历十二月二十四日为小年，亦称“小节夜”或“小年夜”，古人认为小年标志旧岁新年的交易，是“交年”。这天晚上有祭送灶神（灶君）上天言事的风俗。“接灶”一般在除夕，仪式很简单。

2. 送年礼。农历三十日前，亲友互赠糕果，称为“送年礼”，表示互致祝贺。

3. 除夕。又称年夜，年三十夜。阖家团聚，欢度一年最后一天。除夕氛围历来最为欢快和隆重，主要习俗有：

（1）守岁。年夜饭后，阖家围炉团坐，酌酒、叙，终夕不眠，表现了人们对时光流逝的珍惜。

旧时有小辈守岁十年，长辈延寿一年之说。守岁至半夜，有以馄饨充饥，谓之“兜财馄饨”，以“玉米粒、花生、蚕豆入釜炒”，曰：“炒贼脚，可避一年凶恶。”

（2）辞岁。亦作辞年或别岁。除夕夜，晚辈向长辈行礼如仪，以告别逝去的一年。

（3）压岁钱。除夕夜，长辈将红纸包裹的钱赠予儿孙，寓意祝愿与祈禳。

（4）饮屠苏酒。屠苏酒系药酒，传由大黄、白术、桔梗、蜀椒、乌头和菝葜等配制而成，相传为唐代名医孙思邈所创，谓除夕夜饮用可防瘟疫。饮法为年少者先饮，年长者后饮，因“年少添岁，值得庆贺，故需先饮”。

（5）贴门神。一种驱恶避邪的除夕习俗。相传始于西汉，“夜分易门神”，古代“左神荼，右郁垒”贴于户左右。据史籍记载，神荼、郁垒两神，居东海度朔山大桃树下，他们能避百鬼，民间以桃木绘上两神像，谓之桃符，挂在门口，以驱鬼避邪。北宋王安石《元日》

贴门神

远古之际，人们有于元日在门上贴画鸡符的习俗，事见南梁宗懔《荆楚岁时记》：“正旦画鸡户上，悬苇索于其上，插桃符其旁，百鬼畏之。”为何元日要在大门上贴鸡符？学者对此有许多不同的解释，总之不外乎伏鬼除凶，迎年纳吉以及点画时节的功能，至于后世在门上立桃人或桃板、画门神神荼与郁垒之像，以致最后改为尉迟敬德、秦琼之像……这是民俗在历史长河中逐渐演变而成的结果。

诗即记此事：“爆竹一声旧岁除，家家送暖入屠苏。千门万户瞳瞳日，总把新桃换旧符”。明清以后，门神多绘唐代名将秦叔宝和尉迟敬德像。

（6）贴春联。春联又称对联或楹联，南京人称万年红。相传始于后蜀主孟昶，他嫌学士辛寅逊撰词不工，自己提笔写下“新年纳余庆，嘉节号长春”，有人认为这便是我国最早的春联，其实在此之前已经有春联的形式。春联正式命名，始于明太祖朱元璋，并由于他的提倡，才得以广泛流传。

（7）放鞭炮。除夕深夜，新年伊始，零点钟声响后，家家户户竞放爆竹，响彻云霄，标志旧年已过，新岁开始。其俗缘于古代“燎庭”，即新旧之交燃松枝和竹枝，至唐代才出现装硝爆竹，北宋出现纸卷火药爆仗，南宋出现鞭炮，焰火迟至明代晚期才出现。

4. 拜年。拜年习俗始于汉代，宋代以后相沿成习。人们互相道贺以增进感情。

大年初五以后，过年活动，暂入低潮，但并非结束。各地至正月初八又掀起灯市活动的高潮。元宵灯市多于正月十三日开始，俗谓“上灯”。灯市指从早到晚都有市，各地商贾罗列中外珍异、列朝古董，进行交易，自夕达旦，张灯奏乐，施放烟火，玩耍龙灯。上灯是灯市的主要内容之一。彩灯主要有宫灯、挂灯、壁灯、球灯、花灯、动物灯和转灯等。正月十五是元宵节，又称上元节，是灯节正日。元宵节起源众多。一说汉初周勃戡平“诸吕之乱”后，拥戴文帝继位。相传因戡乱之夜系正月十五，汉文帝继位后，每逢此夜，便出宫游玩，以示与民同乐，后遂定此夜为元宵节。又说汉武帝时，于是夜祭祀泰一神（又称太乙、太阳神），从黄昏开始，灯火祭祀，通宵达旦，以后相沿成俗。另一说始于东汉永平年间（58—75），汉明帝为了弘扬佛法，下令正月十五日在宫廷寺院“燃灯表佛”，令士族庶民家家挂灯。此俗经官方倡导，开始流行，并于此夜取消宵禁制度。唐代将上灯时间增到三夜，北宋增至五夜，南宋增至六夜。明代鼎都南京，明成祖于永乐七年（1409）下诏：“元宵节十一日为始，赐节假十日”，即放灯增至十夜，为我国历史上最长的灯市。灯节历代相沿，遂成为民间盛大节日。元宵节各地有是日吃元宵之俗，取甜蜜团圆、美满幸福之意。是夜，除张灯外，还有猜灯谜、走百病以及击太平鼓、扭秧歌、踩高跷、舞龙和滚狮等风俗。春节不仅仅是汉族的节日，其他过春节的少数民族有蒙古、壮、布依、朝鲜、满、侗、瑶、白、黎、畲、纳西、仡佬、裕固和京族等。此外，日本、朝鲜和越南等国也有过春节的习俗。

（二）端午节

端午节，又称端五、重午、端阳、天长节、女儿节或龙船节等，系汉族著名的三大传统节日之一。时在夏历五月五日。端为开始，每月均有三个五日，头一个五日，即为端五。因农历五月又称午月，故端午又专指五月五日。端午一词最早出于西晋周处《风土记》：“仲夏端午，烹鹜角黍”。角黍是指以菰叶裹黍米，以象征阴阳相包裹未分散之象。

知识链接：端午节的源起

关于端午节的起源，历来众说纷纭，至今仍有争议。端午节划龙舟、吃粽子纪念屈原乃是一种十分流行的说法，这种说法其实是后人对屈原无限感怀的一种附会。关于端午的起源目前比较倾向于闻一多先生的观点。他在《端午考》与《端午的历史教育》中指出，江南一带，古属吴越，是以龙作为图腾的民族。端午节实际上是吴越先民崇拜龙图腾的祭祖活动，他们将各种食物装在竹筒中，或裹在树叶里，用以祀图腾；在鼓声中，划着刻画龙形的独木舟，以水上竞游的形式祭神自娱。《越地传》载：“竞渡事起于越王勾践，今龙舟是也。”龙舟竞渡事涉屈原，属后起之说。梁朝宗懔《荆楚岁时记》云：“案五月五日竞渡，俗为屈原投汨罗日，伤其死，故并命舟楫以拯之。舸舟取轻利，谓之习鬼。一自以为水军，一自以为水鸟。州将及土人悉临水而观之。”南朝梁吴均《续齐谐记》亦云：“屈原五月五日投汨罗江而死，楚人哀之，每至此日，以竹筒贮米投水祭之。”秦汉以后，屈原一说由楚地逐渐传播到全国并相沿至今，这充分反映了人民对古代伟大的爱国诗人屈原的爱戴和怀念，也是端午节至今仍有强大生命力的原因。

其实当南方先民划独木舟，对龙图腾进行祭祀之时，北方中原至迟在战国时期已把五月五日视作恶月、恶日，《大戴礼》云：“五月五日蓄兰为沐浴”，是日又称浴兰节，用兰花浸水沐浴，以驱恶避邪。魏晋南北朝时期，经济文化的大交流使南北风俗习惯也互相渗透，端午节就在南北风俗融合的基础上形成了。

划龙船

端午节又称“龙舟节”，可见龙舟竞渡在端午节所有活动中所占的地位之重。龙舟竞渡活动始于何时，现已无法考证。现在广为流传的龙舟竞渡是为纪念屈原外，还有祭祀越王勾践、吴国大将伍子胥、东汉上虞孝女曹娥等说，这些传闻均属民俗文化变异重构中常见的现象。溯其始源，龙舟竞渡应该是中国农耕社会的文化产物，涉及时令、神话、巫术、原始宗教和农事风俗等复杂的文化因素。

划龙舟是端午节重要的民俗习尚。所谓龙舟，特征表现在龙与船的结合上，船除雕有龙头、龙尾外，还有许多装饰，如旗帜、神楼、大鼓、铜锣和神位等。每逢端午节，事先要修龙舟及训练水手。古代龙舟竞渡多为倾城聚观的盛会，尤其是江南水乡沅湘、汨罗江一带。每当端午龙舟竞渡之时，人们均换上节日盛装，扶老携幼，祭拜屈子庙。各色龙舟一旦下水，两岸旌旗猎猎，金鼓震响，舟行若飞，呼声若雷，观者无不为之欣喜欲狂，成为轰动一时的盛举。我国盛行划龙舟的地方很多，诸如广东、广西、湖南、湖北、福建、江苏、浙江、江西、安徽、四川、云南、贵州、海南、台湾、香港和澳门等地。

端午节主要的食品，一是粽子，二是雄黄酒。粽子原称角黍，旧时用芦苇叶子裹黏米，用醇浓灰汁煮熟，于端午节食用。最初并无特殊意义，只是时令食品，后附会为纪念爱国诗人屈原，以粽子投入水中祭祀屈原的供品。粽子除自己食用外，还作为馈赠亲友乡邻的节日礼品。端午节这天，我国大多数地区还有饮雄黄酒的习惯。雄黄是矿物，将其研末与菖蒲根和酒泡在一起，便成为雄黄酒，饮之可以驱虫解五毒，洒在墙壁间可以袪诸毒。儿童则戴老虎帽穿虎头鞋，用雄黄酒涂于头额、耳鼻和脚心。故有“酒入雄黄粽子裹，要尝滋味到端阳”之说。端午重在午刻，有些地区是日家家设午宴，亦称“赏午”，江南地区有“吃五黄”、“吃五白”之俗。“五黄”即黄鱼、黄瓜、黄鳝、咸鸭蛋黄及黄梅，“五白”即白切肉、白蒜头、白豆腐、白斩鸡和茭白。端午节民间还有悬挂艾草和菖蒲的习俗。《荆楚岁时记》云：“荆楚人以五月五日并蹋百草，采艾以为人（形），悬门户以禳毒气。”艾为菊科多年生草本植物，中医以艾入药，晒干点燃可驱蚊蝇。菖蒲为多年生草本植物，多生水边，根茎可做香料。悬挂此二物，可驱逐邪气，消去病毒。此外端午节还有悬挂钟馗像、贴天师符、佩香囊、拴五彩线、斗百草和采药等风俗活动，大多取袪邪避病、营卫健康之意。

（三）中秋节

中秋节，亦称月节、月夕、秋节、团圆节、八月节和女儿节等，是我国三大传统节日之一。节期为夏历八月十五日，是日恰逢三秋之半，仲秋之中，故名中秋节。夏历八月，秋高气爽，玉露生凉，丹桂飘香，银蟾光满，十五之夜，月色倍明于平常，“十二度圆皆好看，其中圆极是中秋”，故又称之为“月夕”。

中秋节源起于我国古代秋祀和拜月习俗。周代，每逢中秋夜都要举行迎寒和祭月活动。《礼记》即有“天子春朝日，秋夕月。朝日以朝，夕月以夕”之说。夕月即祭月。汉代已形成中秋节的雏形，其时在立秋日。赏月之俗，由来已久。《晋书·袁宏传》载：“谢尚时镇牛渚，秋夜乘月，率尔与左右微服泛江”。谢尚玩月，袁宏赋诗，历来传为文坛佳话，但当时赏月并未成俗。及至唐代，中秋赏月之俗已颇盛行。据《开元记事》载：“中秋夕，上（玄宗）与贵妃临太池、液池望月”。北宋太宗时，始定八月十五为秋节。宋代不论达官贵人，抑或庶民百姓，中秋赏月已相沿成风。南宋孟元老《东京梦华录》记：“中秋夜，贵家结饰台榭，民间争占酒楼玩月”。南宋吴自牧《梦粱录》中对此记载更为详尽：“八月十五日中秋节……王孙公子，富家巨室，莫不登危楼，临轩玩月……至如铺席之家，亦登小小月台，安排家宴，团圆子女，以酬佳节。虽陋巷贫窭之人，解衣市酒，勉强迎欢，不肯虚度。此夜天街卖买，直至五鼓，玩月游人，婆娑于市，至晓不绝”。元代蒙古人原无中秋习俗，入主中原后，始接受汉俗。据《元氏掖庭记》载：元至大二年（1309）中秋节，武宗与嫔妃大宴禁苑龙池。明清以来，沿袭旧俗，中秋节更为普及热闹。明代中秋节，宫中除设酒馔以外，还食螃蟹以佐赏月之兴。及至清代，中秋之夜，各家皆有宴会，以酬佳节，事见《清嘉录》：“中秋，俗呼八月半。是夕，人家各有宴会，以酬佳节。人又以此夜晴雨，占次年月宵阴晴。谚云：‘八月十五云遮月，来岁元宵雨打灯’”。清代各地还形成了拜月、烧斗香、走月亮、食月饼和摸秋等风俗。

中秋节所有食俗中，影响最广、最为普及的首推传统食品——月饼，流行于全国。其源起传说甚多。有说1 300多年前的唐初，高祖李渊与群臣欢度中秋节时，手持吐蕃商人馈赠的、装饰华丽的月饼，望着天上的皎月，兴高采烈地吟道："应将圆饼邀蟾蜍"，随即将圆饼分给群臣共食之，共庆欢乐；另一流传较广的说法是，元朝末年，汉人不堪元朝统治者的残酷压迫，于是便利用夏历八月十五互赠月饼之机，在月饼中暗藏"八月十五杀鞑子"的纸条，共约反元。传说毕竟是传说，有史可考的月饼，应该说是始于北宋，盛于明清。明时，民间已互相馈赠月饼，取团圆之意。中秋之夜，家家设宴，称为吃团圆饭，即便出门在外，也一定要于是日赶回。饭后除食月饼外，还喜食糖芋艿、糖炒栗子和糖藕粥等。中秋拜月，亦称"礼月"、"祭月"，系中秋之夜拜月神的活动，宋代已有此俗。男女燃香，肃拜月下，亦有地方奉行女拜男不拜之俗。旧时认为月神属太阴，代表女性，祭月时多由年长的女性主持，故民谚有"男不拜月，女不祭灶"之说。祭品北方多供梨、鲜枣、苹果、葡萄、带枝的毛豆、鸡冠花和西瓜之类；南方多为芋头、菱角、甘蔗、栗子、柿子、石榴、香蕉和藕等。

知识链接：烧斗香

江浙地区流行烧斗香的斋月活动。《清嘉录》云："香肆以线香作斗，纳香屑于中，僧俗咸买之，焚之月下，谓之烧斗香"。烧斗香即以线香制作成斗，底盘围长一尺多，高四五层或六七层不等，渐上渐锐，形似宝塔，最上一层，裁纸为斗，粘贯四周，斗旁插小旗两面。富家斗香，以纱糊成，上大下小，上缀以月宫、楼台殿阁和走马灯等景，四角挂灯，仪式十分庄重。

中秋节妇女风俗以走月亮和摸秋最有特色。走月亮亦称走月、踏月、游月或玩月。中秋之夜，月明如镜，清光似水，妇女们三五相邀，盛妆结伴而行，或漫步于街衢，或游于郊野，通宵达旦，鸡鸣而归。富贵之家，还盛行乘船"走月亮"，江南苏州山塘、扬州瘦西湖和南京秦淮河等地，均有画舫夜泛赏月之举，此俗的形成，刺激了船菜和船点的发展。摸秋之俗，盛行于我国大多数地区。事见清梁绍壬《两般秋雨盦随笔》："女伴秋夜出游，各于瓜田摘瓜归，为宜男兆，名曰摸秋"。是夜，凡婚而未育的女子，会在小姑或女伴的伴随下，凭借月光，到他人田中去偷摘瓜豆。摸到南瓜，兆生男娃（孩），因男娃（孩）与南瓜谐音，摸到扁豆，兆生女孩，因扁豆又称"蛾眉豆"，摸到白扁豆，兆夫妻举案齐眉，白头偕老。此外，中秋各地风俗还有树中秋、放天灯、观潮、曳石、舞火龙、听香和看串月等习俗。

过中秋节的其他少数民族有：蒙古、回、彝、壮、布依、朝鲜、满、白、侗、土家、哈尼、黎、傈僳、畲、拉祜、纳西、达斡尔、羌、仡佬、锡伯、鄂温克、裕固、京、鄂伦春和赫哲等族。

主题三　民间其他主要岁时节令

一、春季节令

“二月二龙抬头”

古人有以月日相重作为节庆的习俗，故农历二月二又有“春社节”之说，始于远古由渔猎、畜牧转为农耕的时代。二月二是春季到来的时节，一年一度紧张繁忙的农事活动即将开始，为了获得谷物的丰收，先人普遍开展祭祀社神、祈求丰收的活动，与之相应，也出现了劳动歌舞，集体欢庆等活动，共同迎接大地生命的复活。

二月二。亦称花朝节、踏青节、挑菜节、春龙节或青龙节，俗称“龙抬头日”，是先民龙图腾崇拜留下的遗绪，反映了春季农耕开始以后，农民迫切盼望喜雨早降的愿望。古代认为龙是“鳞虫之长”，“春风而登天，秋风而潜渊”。夏历二月二正值惊蛰、春分节气，相传龙闻雷声，便抬起头来，故民谚盛传“二月二，龙抬头”，每逢二月二这一天，人们都要到江河湖畔去焚香祭龙神，以祈求龙神按时抬头播雨，保佑风调雨顺，五谷丰登。明代是日，有撒灰引龙之举，史载：“二月二日为‘龙抬头’，乡民用灰自门外蜿蜒布入宅厨，旋绕水缸，呼为‘引龙回’”。这一除虫害民俗的形成，主要是惊蛰以后，春气发动，百草萌芽，蛰伏冬眠的蛇虫等物快要苏醒，不谙科学道理的古代人民，便假借想象中的龙来制伏有害于人类的虫豸，以期达到引龙出而慑服百虫的目的。此外，二月二还是旧时各家接出嫁女儿归宁省亲的日子，此俗流行于全国大多数地区。究其原因，主要是过去有“正月不空房”之俗，新媳妇过门以后，婆家为求吉利，在整个正月里，特忌“空房”。旧时各家接出嫁的女儿，都要顺便捎些过年的土特产馈赠给婆家。二月初距新春不久，各家还储存一些年余的肴馔糕饼，以待出嫁不久的闺女回来共享，有些归宁的出嫁女，往往也带些礼品回去敬奉母亲，事见《金陵岁时记》：“谚云：‘二月二，家家接女儿’。途中香舆，往来如织。随载原漆提盒，以贮馈赠之品。”旧时二月二日，还有祭祀土地神的风俗，相传形成于清代。此日是土地神的生日，人们都要到土地庙去祭祀。此活动十分普遍，从衙门的官吏到穷乡的农民，从士绅到商贾，这一天莫不具馔祭祀，所有衙门此日都要拜“土地公祠”，官府衙役奉香火，置三牲，吹奏乐器，礼拜致祭。不管城池街坊，穷乡僻壤，均设有规格不一的土地庙，即使最贫瘠的农村，无钱造庙的，至少也得用只破缸，敲个窟窿口，权且算作土地公公和土地婆婆的栖身之地，诚如民谚所云："土地老爷本姓张，有钱住瓦屋，无钱顶破缸"。家家户户，各备酒菜，前往祭祀。

清明节。清明时节，大地春回，天清日明，旧时因"万物生长此时，皆清洁而明净，故谓之清明。"关于清明的文字记载，最早见于《管子·幼官》篇，关于清明的时间，《淮南子·天文训》云："春分后十五日，斗指乙，则清明风至。"公历在4月5日左右。清明是我国历法中二十四节气之一，原为反映春耕播种大好时机的纯农事节气，后因融入了扫墓、插柳和寒食禁烟等习俗，遂使这一节气逐渐演变成民间节日。

知识链接：寒食节

寒食禁烟的习俗与寒食节有密切的关系。寒食节亦称"禁烟节"、"熟食节"和"冷节"等。是日，民间禁止烟火，只吃冷食。该节起源有两说。一说源于周代禁火旧制。另一说为纪念介子推。春秋时，介子推辅佐晋公子重耳流亡列国，前后达19年之久，尤其是重耳一次冻馁饥迫几至饿死时，介子推曾割股肉奉啖，救了重耳一命。后来重耳归国当上国君，成为晋文公。当遍赏随他流落国外的功臣时唯独忘了介子推，等他想起加封介子推时，介子推早已随他母亲隐居在绵山。晋文公虽多次请介子推出山，但介子推执意不出，为逼介子推出山，晋文公便下令放火焚山，子推不愿出山，竟负母抱木死于火海之中。晋文公得知消息以后，深感愧对介子推，于是便下令将介子推母子安葬于绵山，立庙祭祀，并改山名为介山，下令在子推亡日禁火寒食，以寄哀思。其实据有关民俗学家研究，寒食节源于介子推被焚绵山之说乃系后人附会，与先秦史籍《左传》与《史记》等记载并不相同。南朝梁宗懔《荆楚岁时记》最早肯定了这一附会："寒食断火，起于子推"。及至唐代，寒食节已盛行各地，并确定了生火的礼仪。"春城无处不飞花，寒食东风御柳斜。日暮汉宫传蜡烛，轻烟散入五侯家。"唐代韩翃的这首《寒食》诗可谓是唐代众多寒食诗中的代表作。鉴于寒食与清明节之间相隔较近，许多民俗活动彼此相连，因此两个节日逐渐融会成一个节日。

从古至今，人们由于受到宗法思想影响较深，尊祖、敬祖成为人们的传统习惯，于是形成了清明扫墓祭祖的社会风尚，借以表达慎终追远的孝思。上古时期没有下葬之说，即所谓"不封不树，弃之中野"。因此谈不上对先人的墓祭。商周以后，上至天子，下至庶民，无不重视上坟祭扫。据汉代应劭《汉官仪》记载，秦汉帝王，不仅清明，在其他二十四节气时均"上饭其亲"。及至唐代，清明扫墓已形成定制，民间寒食清明的墓祭也开始普及。当时墓祭时，甚至有欢饮酬劝、酣醉而归的。宋代朝廷规定，寒食至清明三日，各地均需祭扫陵墓，是日，"官员士庶，俱出郭省坟，以尽思时之敬"。明清两代，扫墓之风更甚。明代刘侗《帝京景物略》载："三月清明日，男女扫墓，担提尊榼，轿马后挂楮锭，粲粲然满道也。拜者、酹者、哭者、为墓除草添土者，焚楮锭次，以纸钱置坟头。望中无纸钱，则孤坟矣。哭罢，不归也，趋芳树，择园圃，列坐尽醉。”江南地区扫墓，一般是男女担盒提壶，步行到墓地，装置祭品，用一种特制的竹盒，其式不一，名曰“春山”。发展到后来，路远人家流行泛舟具馔前往。一般中小户人家，多乘两艘船，一路吹吹打打，而大户人家，追求华靡，上坟之日，坐船两只，厨船一只，吹鼓船一只，一路鼓吹不息。清明时，正交暮春三月，人们把扫墓和郊游结合起来，形成遍及全国南北的踏青之俗，故又称“踏青节”，唐代最为盛行。踏青时的娱乐活动有射柳、拔河、蹴鞠、扑蝶、采百草、放风筝、斗鸡和荡秋千等。

二、夏季节令

浴佛节。亦称佛诞节、浴佛会、龙华会或乌饭节等，节期为夏历四月初八日。是日相传是佛祖释迦牟尼的诞辰，是佛教传入中国后兴起的宗教节日。

每年此日，佛寺都要举办“浴佛法会”，在佛堂中或露天下净地设灌佛盘，在盘中的莲台上安置一手指天、一手指地的释迦牟尼金像，全寺僧侣以及信徒均要以“香汤浴佛”，以示对佛祖诞生的纪念。佛教浴佛的仪式本源于古印度的社会风俗，是从求福灭罪的一种宗教要求衍生而来。佛教以外，婆罗门教早有一种浴像的风俗。随着佛教的传入，“香汤浴佛”的风俗也很早就在中国民间流传。《三国志 · 吴书》载：“（笮融）乃大起浮图祠，以铜为人，黄金涂身，衣以锦彩，垂铜槃九重，下为重楼阁道，可容三千余人，悉课读佛经。……每浴佛，多设酒饭，布席于路，经数十里，民人来观及就食且万人，费以巨亿计。”魏晋南北朝时期，浴佛之俗已在各地普遍流行。据《高僧传 · 佛图澄传》记载，后赵国主石勒“诸稚子多在佛寺中养之。每至四月初八，勒躬自诣寺灌佛，为儿发愿”。香汤又称浴佛水，据《高僧传》载：“浴佛，以都梁香为青色水、郁金香为赤色水、丘隆香为白色水、附子香为黄色水、安息香为黑色水，以灌佛顶也”。五色香汤，制作不易，宋代已改为煎香药糖水来替代，事见《武林旧事》：“四月八日为佛诞日，诸寺院各有浴佛会。僧尼辈竟以小盒贮铜像，浸以糖水，覆以花棚，铙钹交迎，遍往邸第富室，以小杓浇灌，以求施利。”

浴佛时还要举行斋会，由僧家召集，邀请善男信女于是日赴会，诵经吃斋，与会者俗称“善台”，饭局多半设在饭馆里。与会善台要携200文制钱，通称会印钱。

浴佛节还时兴结缘之说，以施舍之形式来广结人缘，多以黄豆、青豆为施舍物，故又称“结缘豆”。随浴佛节的流行，古代还出现了专门的节俗食品，以乌米饭为其代表。乌米饭亦称青精饭或阿弥饭，该饭乌黑发亮清香扑鼻，别具风味。

六月六。亦称天贶节、晒衣节、曝书节或晒虫节等。天贶是天赐之意。古代岁时节日，宋代流行于全国各地，始于北宋真宗年间（998—1022）。景德元年（1004），宋真宗与辽国议和，订立“澶渊之盟”。为掩饰议和之辱，宋真宗伪托梦见神明，将降天书。后来他故伎重演，将第二次“降天书”的六月六日定为天贶节，令京师（今河南开封）断屠一天，并亲率文武百官于上清宫进香，并在泰山之麓岱庙修建了天贶殿。演变至明代，天贶节复形成曝书晒经的习俗，渐渐失去原有的含义。六月六日，正值盛夏，此时晒衣物，可防虫、防霉。民谚有：“六月六，晒衣物”。故届此日，从一般民众之家到佛寺道观，都有晒衣曝书及晒经卷的风俗。《万历野获编》记：“六月六日本非令节，但内府皇史晟曝晒列圣实录、列圣御制文集诸大函，每岁故事也。”《清嘉录》说：“六月故事，人家曝书籍图画于庭，云蠹鱼不生”。此日晒书，除防霉、防虫以外，还寓含教育后辈之意，勉励他们好好读书，务求上进。

此外，六月六又称“姑姑节”、“回娘家节”，是汉族的传统节日。民间有“六月六，请姑姑”的俗谚，每逢此日，家家户户都要把出嫁的女儿请回娘家，交叙亲情后再送回婆家。此外，该日还流行一些娱乐活动，主要有划龙舟、观荷花、吃炒面、染手指甲、游泳和垂钓等。

三、秋季节令

七夕节。亦称乞巧节、女儿节、双星节、双七节或巧节会等，是汉族传统节日，流行于全国各地，节期是夏历七月初七夜。除五代时期以七月六日为七夕节外，历代均以七月七日为七夕。

七夕节本源于神话传说，后衍化为中国古代四大民间传说故事之一的《牛郎织女》，相传是夜牛郎织女在天河相会，民间有妇女于此夜乞求智巧之事。故事的起源甚早，在《诗经》中就已肇其端，但当时并无七夕渡河的记载，仅与星名衍变有关。汉代《淮南子》始有“乌鹊填河而渡织女”之说。牛郎织女的故事也开始形成，《月令广义》载：“天河之东有织女，天帝之子也。年年机杼服役，织成云锦天衣，容貌不暇整。帝怜其独处，许嫁河西牵牛郎。嫁后遂废织纴。天帝怒，责令归河东，许一年一度相会。”

七夕节俗形成于汉代。据《西京杂记》载：“汉彩女常于七月七日穿七孔针于开襟楼”。魏晋南北朝时期，七夕成为民间普遍的节日，节俗活动也日臻丰富。旧时，七夕前一天，女人要斋戒沐浴，以示对织女的敬仰与膜拜。七夕之夜，家家户户普遍举行祀拜仪式，姑娘媳妇无论贫富，均着新衣，安排家宴，看云观星。宴毕，姑娘媳妇要在庭院中或露台上设香案，摆上香烛，陈设茶、香酒、鲜果、五子（桂圆、红枣、榛子、花生、瓜子）、鲜花及花粉之类，焚香秉烛，对天祈祷，乞巧求智。

七夕陈瓜果于庭祭拜牛女双星的习俗，是古人相信织女除了管理妇女的纺织女红以外，又是主宰瓜果生长的女神。乞巧是七夕活动中的主要内容。所谓乞巧就是妇女们在七夕向织女乞求一双灵巧的手，反映了古代妇女追求心灵手巧、美丽迷人，以便能过上美好幸福生活的愿望。七夕之时，妇女们用彩色线来回穿针，谁穿得最快，谁就“乞巧”了。诚如唐代五岁神童林杰《乞巧》所云：“七夕今宵看碧霄，牵牛织女渡河桥。家家乞巧望秋月，穿尽红丝几万条。”

中元节。亦称盂兰盆节或鬼节。节期是夏历七月十五日，是以祭奠祖先亡灵为标志的祭祀节令活动。中元节的起源，一说源于道教，道教信奉三官大帝，即天地水三官，统称三元，上元天官主赐福，中元地官主赦罪，下元水官主解厄。道家以夏历七月十五为中元，定为地官大帝诞辰日，于是夜在道观斋醮荐福，“十方大圣，齐咏灵篇。囚徒饿鬼，当时解脱。”一说源于佛教，夏历七月十五亦是佛教徒追荐亡灵的祭日，称“盂兰盆会”或“盂兰盆斋”。盂兰盆系梵语，意为“解倒悬”，即解救亡灵于倒悬之苦，传说释迦牟尼弟子目莲看见自已母亲在地狱中受苦，如处倒悬，求佛超度，佛令其备百味果食，供养十方僧众，使其母解脱，从而形成盂兰盆节。后民间演变为祭祖日，此日家家追荐祖先亡灵，并有放河灯等活动，意为超度亡魂野鬼。南朝时已在民间流行，《荆楚岁时记》载：“七月十五日，僧尼道俗悉盆供诸佛。”此节盛行于唐宋。南宋时盛行放河灯，仅杭州城一处，皇宫内侍即燃放江灯万盏。清代中元节祭扫的盛况已远远超过清明节，庵观寺院设盂兰会，街巷搭起高台和鬼王棚座，诵念经文，演出《目连救母》戏，做水陆道场，施放焰火，俗谓“济孤魂”。还用纸扎糊道场，长至七八十尺，临池焚化，并点燃河灯，俗谓“慈航普度”。旧时于是日举行祭拜祖先的活动，“人无贫富，皆祭其先”，俗称“做七月半”，各地祭祀仪式，不尽一样。此外，南北各地，均于是日奉行施粥之制，或谓施于冥冥幽魂，或谓佛门超度，普度众生。其粥大多以五味百果粥为主。有些地方还在夏历七月举办地藏胜会，于七月三十日关山门，盛况尤其空前，最盛时倾城而出，事见《儒林外史》。

目连救母的故事

明代传奇，又名《劝善记》，作者郑之珍。该剧讲述善人傅相广济孤贫，斋僧布道，后得道升天。其妻刘青提受人蛊惑，杀害生灵，触怒上苍，被打入地狱，备受折磨。其子傅罗卜素具孝心，皈依佛门，易名目连，下地狱寻母，百折不回，终于感动神明，使母子得以团圆。

知识链接：重阳节

重阳节。亦称登高节、女儿节、重九节、茱萸节、菊花节或九月九等，是汉族传统节日，流行于全国各地。《易经》载：“以阳爻为九”，九为阳数，两九相重，故称“重九”，月份和日子都是阳数，两阳相重，故称“重阳”。“九九”又与“久久”谐音，古人认为是个宜于长久的吉利日子。

作为岁时意义的重阳，始见于三国魏文帝曹丕的《与钟繇九日送菊书》：“岁往月来，忽复九月九日。九为阳数，而日月并应，俗嘉其名，以为宜于长久，故以享宴高会。”重阳节历史悠久，早在两汉时期，此节已成为固定的节日，至迟在魏晋之时，重阳节已成一个深受国人重视的节日。登高远眺、佩戴茱萸、赏菊赋诗、吃重阳糕及品尝螃蟹等活动，不仅使重阳节内容丰富多彩，也形成了重阳节约定俗成的民俗。

南朝以来，人们将登高与避灾联系起来，最有影响的是南朝萧梁时文学家吴均所撰《续齐谐记》中提及的“桓景避难”的传说：汝南人桓景跟随道士费长房游学，费长房告诉桓景，九月九日家中有灾难，宜速返回，令家人各以囊系臂，登高饮菊酒，方可消灾。桓景如其言，举家登山。夕还，见鸡犬牛羊暴死。后因袭成俗，登高便成为重阳节的主要内容。唐代登高赏菊的风俗相当盛行，著名诗人王维有《九月九日忆山东兄弟》："独在异乡为异客，每逢佳节倍思亲。遥知兄弟登高处，遍插茱萸少一人。"该诗感情真挚，思亲之情刻画得入木三分，不愧为描绘重阳佳节的杰出华章。登高时，佩茱萸，食蓬饵（糕类食物），饮菊花酒等风俗在汉代即有，事见《西京杂记》。茱萸是一种药用植物，有驱虫、除湿、逐风邪、治寒热、利五脏及延年益寿等作用，古人将茱萸作为避邪之物，名之为"辟邪翁"。菊花除具有观赏价值以外，还有"服之轻身耐老"及除疾祛病的功能。古代有常饮菊花水，一村人均高寿的记载，故菊花又有"延寿客"之称。综观重阳节形成的各种风俗，大多与辟邪祛病有关，充分反映了我国古代劳动人民保健强身方面的才智。

四、冬季节令

腊八节。亦称成道节。汉族民间传统节日，流行于全国各地，节期为夏历十二月初八日。腊祭起源于原始社会，是狩腊以祭祖先的仪典，是远古先民自然崇拜的遗绪。从先秦起，"腊日"都是当做年节来过的，腊日虽在岁终，但古时行祭之日并不确定，《玉烛宝典》说："汉以戌日为腊、魏以辰、晋以丑"。《说文解字》说："冬至后三戌为腊"。直至南北朝时，才固定在十二月初八日。其时有"腊鼓鸣，春草生"的谚语，反映人们鸣鼓起舞，驱邪避祟，喜迎新春的欢乐景象。

腊月初八吃腊八粥习俗据说传自印度。相传释迦牟尼成佛前，曾在林中苦修六年，一日饿倒在地，幸遇路过此地的牧羊女，施以乳糜，得以不死，他继续在菩提树下静坐沉思，于十二月初八日得以成道，故称此日为"成道节"，为纪念释祖，佛门信徒于此日食"腊八粥"，至迟在宋代，此俗已在我国形成。北宋时，都城开封诸大寺庙均于十二月初八举行大规模的浴佛会，并向信众赠送七宝五味粥，谓之"腊八粥"，都城普通老百姓家也以果子杂料等煮粥而食。《武林旧事》记载了腊八粥的原料是："八日，则寺院及人家用胡桃、松子、乳蕈、柿、栗之类作粥，谓之腊八粥"。当时腊八粥也称为"佛粥"。随着佛教的广为传播和佛门施粥习俗的延续，取香谷及果实熬制腊八粥渐渐流传到民间，成为重要的节令时俗。及至清代，食腊八粥之风更盛。宫廷每逢腊八日，皇帝、皇后及皇子等都要向文武大臣和侍从宫女馈赠腊八粥，并向各大寺院发放米、果，以供僧侣食用。而北京雍和宫特设大粥锅两口，各能盛粥二三十石，并配有专门熬粥的僧人，制作腊八粥以供宫廷节日之用并成为定制。而民间更是家家户户熬煮腊八粥，花样也越来越层出不穷。北方多喜用赤豆、红枣和桂圆等果料熬成甜味粥，南方则多喜用花生、芋艿、黄豆、甘蔗、荸荠、栗子、白果、蚕豆、萝卜和青菜等制成咸味粥。腊八粥也由礼佛供品和民间小吃发展成节日重要的馈赠礼品，并产生了一批诸如腌白菜、腊八蒜、腊八糕和腊八酒等节俗食品。

学习与思考

行知合一

调查你所在地区有哪些已消失了的岁时节令活动，并就其中一项写出产生原因和消失原因的分析报告。

网络世界

请上网查阅，中国古代有哪些重要的岁时节令活动？

深度思索

中国古代民俗是怎样形成和发展的？

开拓视野

你所在地区春节（端午节或中秋节）有哪些主要的民俗活动？它们有怎样的历史渊源？

单元八　中国书画艺术

学习目标

总体把握中国古代书法和绘画的产生和发展，基本了解各个朝代著名书画家的特点和成就，培养对中国传统书画艺术的热爱之情，并将这些知识运用于今后的工作实践中。

主题一　书法的起源和发展

我国传统的书法，是一种以汉字为表现对象，以毛笔为表现工具的线条造型艺术。从汉字的形体演变看，分古文字阶段和今文字阶段。

一、古文字阶段

古文字指甲骨文、金文和篆书。

1. 甲骨文

在原始社会，初民们为记事而刻画的那些线条，只是汉字的前身，不能算是真正的汉字，所以也不存在真正意义上的书法。就现在的考证看，我国最早的比较成熟的文字是殷商时期的甲骨文。甲骨文是清光绪二十五年（1899）在河南安阳小屯村商朝遗址发现的殷商人刻在龟甲和兽骨上的文字，主要记载占卜、祭祀等活动，又被称为“甲骨刻辞”。安阳小屯殷墟出土的甲骨文年代，约在3 000年前，是商王武丁到帝乙200多年间的遗物。虽然后来也发现了一些西周早期的甲骨文，但从整体上说，甲骨文可以作为商代文字的代表。

2. 金文

如果将甲骨文看做是商文字的代表，那么金文就可以被看做是西周文字的代表。金文是指商周时期青铜器上的铭文，古代的青铜器又称“吉金”，所以又把青铜器铭文称作“金文”，亦称“钟鼎文”，内容多为祀典、锡命、征伐、约契等的记录。殷代金文的字体和甲骨文相近，铭文的字数也较少。在青铜器上铸长铭文的多见于西周，最长的铭文达497字。春秋以后，铭文日趋简短，多为督造者、铸工和器名等。金文绝大多数是与器物一起被浇铸出来的，偶尔也有用刀直接镌刻的。从文字的发展来看，甲骨文的象形味较重，字形繁复，笔画随意增减，异体字很多；金文则略具象形味道，字形比较简单，异体字也大量减少。从书法的角度看，因为甲骨文是用刀契刻出来的，所以笔画很细，换向不能圆转自如，一般都是重新起笔刻成方折形。而金文大多是随着青铜器一起浇铸出来的，所以笔画较粗，圆转自如，不带棱角。战国末年，金文的字体逐渐和小篆接近。

3. 篆书

篆书是大篆和小篆的统称。大篆有广义和狭义之分。广义的大篆指甲骨文、金文、籀文和春秋战国时通行于六国的文字。狭义的大篆专指籀文即春秋战国时期通行于秦国的文字。大篆的象形意味已趋消失，字形也逐渐简易与整饬，笔锋逐渐收敛，并已重视整体美观。西周晚期，大篆日趋规范化和个性化，字体匀称，笔画有力，风格厚重雍容，却也逐渐失去早期的粗犷和质朴。现存的石鼓文就是大篆的代表作。

小篆是大篆的对称，也叫“秦篆”，是秦代通行的文字。秦始皇统一中国后，采用李斯的建议，实行“书同文”的政策，统一了全国文字，在前代文字的基础上，将正体字整理为小篆，将草体字整理为隶书。秦代以小篆为汉字的正宗。小篆除字形的简化外，形体匀圆齐整，线条粗细一致，结构严谨缜密、均衡对称，且更加抽象化，较大地减少了象形意味，进一步推动了汉字从图案化向符号化的转变。现存拓本《泰山刻石》、《琅琊台刻石》可代表其风格。

二、今文字阶段

今文字指隶书、楷书及其辅助书体草书和行书。

1. 隶书

隶书又被称为“八分”、“分书”，是由籀文大篆的草体字变化而来，作为篆书的辅助书体而盛行。隶书是篆书的快写，是为了提高工作效率而发展起来的。隶书把篆书圆转的笔画变成方折，象形意味极大地减少；隶书将图案化的线条变成符号化的线条，因而更加便于书写。早期隶书，字形构造保留篆书形迹较多，后来逐渐发展成为与小篆完全不同的字体，打破了六书的传统，奠定了楷书的基础，是古文字向今文字演变的一个转折点。西汉时期是秦篆和隶书并用，到东汉时期，篆书已较少使用，主要大量使用的是完全成熟的隶书。东汉是隶书发展的鼎盛时期，民间无名书家大量涌现，作品风格流派纷呈。但就整体艺术特征来看，其运笔藏露相间，表现了笔力含蓄蕴藉之美，给人以秀润遒劲之感。其中杰出的碑刻有《礼器碑》、《曹全碑》、《华山碑》、《乙瑛碑》、《鲜于璜碑》、《石门颂》等。

隶书的演变有主要有两个方向，一是楷化，一是草化。

2. 楷书

楷书因形体方正，笔画平直，可作楷模而得名。楷书又称正书、真书，因为“正”和“楷”都有标准的含义，所以又把它称为“正楷”。东汉之后的三国至魏晋南北朝是隶书向楷书过渡时期。楷书的点画和结体形式是从隶书草体中逐渐产生的，所以在尚未成为流行的正体之前，还是被称为隶书。在隶书向楷书转化的过程中，三国时期的钟繇起了非常重要的作用。他把流行于民间的隶书中那种突破传统隶书陈规的方正平直、简省易写的笔画集中起来进行活用，以平实的横、捺取代藏锋、翻笔隶书的蚕头磔尾，参以篆书、草书的圆转笔画，促进了楷书的定型化。到东晋王羲之、王献之父子登上书坛，楷书才真正地成熟了。唐代的楷书艺术极为繁荣，是中国书法史上楷书发展的高峰。

3. 草书

隶书的草化首先是章草，其后是今草。章草是隶书的草写，它还保留着隶书笔画的特点，字形扁平，有波磔，字字独立，但笔画连绵，结构简化。现在可以见到的最早的章草作品是西汉时史游所写的《急就章》。今草是章草的快写，也就是一般所说的草书，相传是东汉张芝所创。今草的特点是脱去了章草中保留的隶书笔画，波笔消失，字形由扁平趋于狭长，纯以锋尖线条运笔，上下字之间的笔势往往牵连相通，体势连绵起伏，笔画奔放飞舞，偏旁相互假借。唐代的张旭和怀素将今草发展到了极处，笔势连绵回绕，字形变化繁多，成为“狂草”。

4. 行书

行书相传始于汉末，是介于草书和正楷之间的一种字体，它不像草书那样潦草，也不像正楷那样端正，是一种很有实用价值的书体。楷法多于草法的叫“行楷”，草法多于楷法的叫“行草”。在行书艺术的发展过程中，王羲之功不可没。他在行书上取得的成就就像钟繇在楷书上取得的成就一样，是中国书法史上的两座并秀齐美的高峰。王羲之最有代表性的行书作品《兰亭序》，有“天下第一行书”之称。宋代的楷书不如唐代那样受重视，于是书家们把注意力都集中在艺术性更强的行书上。代表人物是苏轼、黄庭坚、米芾、蔡襄四大家。元明清三代的行书成就总的来说不如宋代。

主题二　中国古代书法名家及其作品

王羲之，字逸少，官至右军将军，人称王右军，东晋书法家。他早年从卫夫人学书，后广泛学习张芝、钟繇等名家的书法，博采众长，继往开来，对楷书、行书、草书都有创造性的贡献，尤善正、行。其笔势雄强多变，把汉魏以来质朴的书风变成妍美流便的新体，是中国书法史上一位划时代的人物，历来被奉为书家典范。他的真迹不传，传世的有楷书《黄庭经》刻本、行书《兰亭序》唐人临本、草书《十七帖》刻本等。

王献之，字子敬。王羲之第七子，东晋书法家。王献之各体皆工，尤善行草。他自幼从父学书，后又学张芝，在继承前人的基础上进一步改变了当时古拙的书风。他的字不拘成法而自成风貌，笔势雄健飞动，线条纵横奇崛，对后世影响很大。与其父王羲之齐名，并称“二王”。存世墨迹有行书《鸭头丸帖》、小楷刻本《十三经》、楷书刻本《洛神赋》。

欧阳询，字信本，官至太子率更令，与虞世南、褚遂良、薛稷并称为唐初四大书家，也是唐楷三大家“欧、颜、柳”之一。其书法学习二王，兼融北碑特长，平正中见险绝，方笔中含圆润，险劲瘦硬，笔力遒劲，法度森严，自成一家。他楷书的代表作是《九成宫醴泉铭》，行书墨迹有《张翰思莼帖》等。

褚遂良，字登善，唐代书法家，官至右仆射，封河南郡公，人称褚河南。他的字融会二王、欧、虞各家之长而别开生面，晚年正书丰艳流畅，俊逸秀美，变化多姿。对后代影响甚大。他临摹的《兰亭序》不求形似，贵在神似，是传世佳作。碑刻有《伊阙佛龛碑》、《孟法

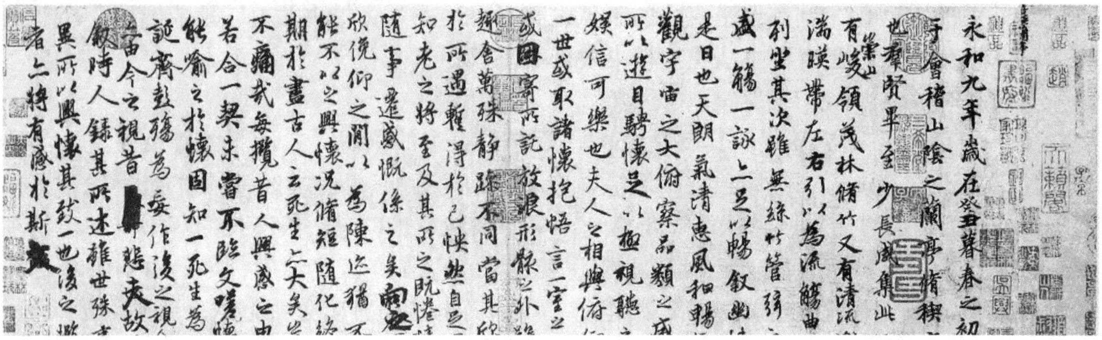

王羲之《兰亭序》神龙本

《冯摹兰亭序》卷，唐冯承素摹，纸本，行书，纵24.5厘米，横69.9厘米。北京故宫博物院藏。因卷首有唐中宗李显神龙年号小印,故称“神龙本”。此卷前13行，行距较松，后15行，行距趋紧，然前后左右映带，攲斜疏密，错落有致，通篇打成一片，优于其他摹本。具一定的“存真”优点，在传世摹本中最称精美，体现了王羲之书法遒媚多姿、神清骨秀的艺术风采，为接近原迹的唐摹本。因王羲之真迹不传，《兰亭序》真迹传随葬昭陵，因此此本更为人所重视。

师碑》、《房玄龄碑》、《雁塔圣教序》等。

怀素，字藏真，俗姓钱，唐代著名书法家。怀素自幼出家为僧，爱好书法，尤善狂草。他的草书师法王羲之，又得张旭草书真谛，形成个人独特的风格。他是继张旭之后最重要的今草代表书家。与颜真卿的楷书成就一样，他是草书的革新领袖。他的狂草功力扎实，笔法精妙，在一泻千里的笔势中保持逆锋起笔，中锋行笔，线条瘦劲凝练而富有弹性。作品气势磅礴，节奏鲜明，给人以昂扬激越的美感，洋溢着浪漫主义的精神。他的传世名作有《苦笋帖》、《食鱼帖》、《论书帖》、《自叙帖》，而以《自叙帖》最能体现怀素狂草的特色。

颜真卿，字清臣，官至太子太师，封鲁郡开国公，世称“颜鲁公”，是唐代最著名的书法家，与柳公权并称“颜柳”。他是中国书法史上继王羲之之后的又一位划时代人物。他创造的颜体书法具有丰腴端庄，气势雄浑，线条丰盈而血肉内蕴的特点。他的书法作品传世甚多，著名的楷书作品有《多宝塔碑》、《颜勤礼碑》、《大字麻姑仙坛记》、《告身帖》、《颜氏家庙碑》等。行书作品有《祭侄文稿》、《刘中使帖》等。中年书写的《多宝塔碑》结体严整饱满，保留有院体书风，也孕育了颜体的特点。60岁所写的《颜勤礼碑》结体方阔，粗细变化明显，气度雄浑博大，标志他新书风的成熟，“颜体”的诞生。63岁以后写的《大字麻姑仙坛记》、72岁写的《颜家庙碑》以及传世墨迹《告身帖》，主体方正端严，笔力雄厚，外紧内松特点非常突出，达到了颜字美的极致。

柳公权，字诚悬，唐代著名书法家，其正楷尤其知名。他的书法兼容欧、颜，变颜体的方正圆厚为清劲瘦硬，骨力遒健，结构匀称，内紧外松，自成面目。与颜真卿并称“颜柳”，时有“颜筋柳骨”之誉，对后世影响很大。代表作有《玄秘塔碑》、《神策军碑》。

苏轼，字子瞻，号东坡居士，北宋文学家、书画家。与蔡襄、黄庭坚、米芾并称“宋四家”。在书法上他擅长行、楷，曾遍阅晋、唐诸家法书，终于形成了自己的独特风格，他的行书用笔圆润丰腴，结字自然生动，笔墨浑厚而爽朗有神，有天真自在之趣。存世书迹有《前赤壁赋》、《寒食诗帖》等。

此碑系颜真卿为其父颜惟贞刊立，全称为《唐故通议大夫行薛王友柱国赠秘书少监国子祭酒太子少保颜君碑铭并序》。运笔圆劲，庄严挺秀，为颜真卿晚年书法艺术的代表作，与李阳冰篆额，世称“双璧”。

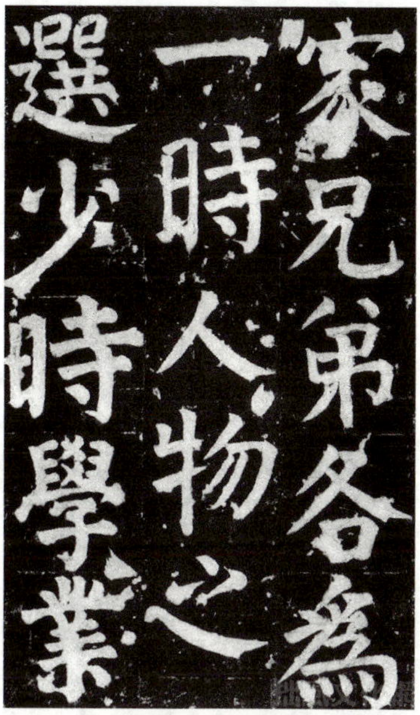

颜真卿《颜氏家庙碑》

《玄秘塔碑》由唐裴休撰文，柳公权书并篆额，全称《唐故左街僧录内供奉三教谈论引驾大德安国寺上座赐紫金鱼袋大达法师玄秘塔碑铭》。《玄秘塔碑》于唐会昌元年（841）十二月立，现存于陕西西安碑林，有楷书28行，满行54字，书法遒媚劲健，是柳公权书法艺术的代表作。

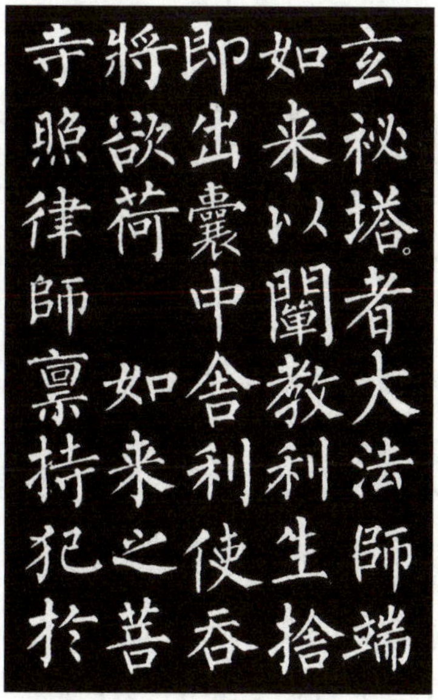

柳公权《玄秘塔碑》

黄庭坚，字鲁直，号山谷道人、涪翁，北宋诗人，书法家，擅长行书、草书。他取法颜真卿、怀素，尤其得力于《瘗鹤铭》。他的书法中宫收紧，笔墨舒展呈放射形，纵横奇崛，跌宕多姿，以侧险取势，自成一家风格，是宋四家中艺术形式美感最为强烈的一个。书迹有《华严疏》、《松风阁诗》、《寒食诗跋》等。

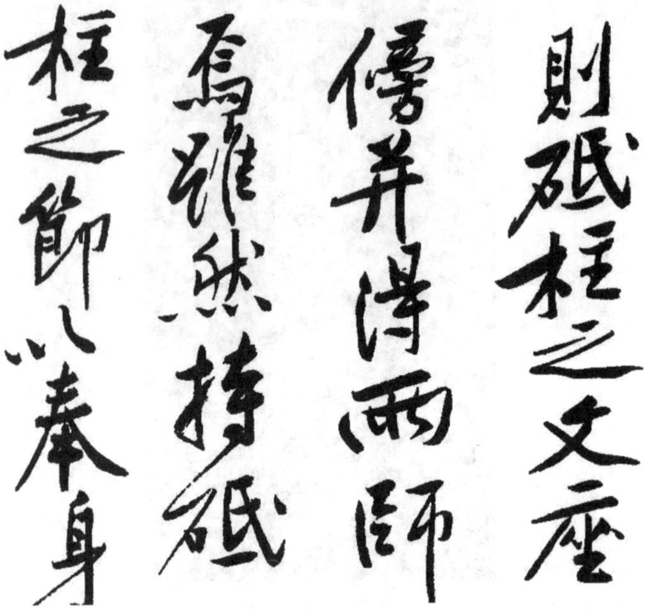

黄庭坚的《砥柱铭》（局部）

黄庭坚不仅是宋代书法四大家之一，亦是“江西诗派”的领军人物。他能广泛汲取前人书法成果，而开创自己的独特书风，以舒张豪放见长。其书结字险侧奇崛，笔法苍劲老健，对后世影响很大，受到极高的评价。宋高宗早年学书法，即以黄庭坚书法为楷模。黄庭坚的《砥柱铭》2010年6月在保利拍出3.9亿元的天价，加上12%的佣金，总成交价达到4.368亿元，创造了中国艺术品成交价的世界纪录。

米芾，初名黻，字元章，号襄阳漫士、海岳外史等。宋徽宗召为书画学博士，人称米南宫。他的书法传统功力深厚而又不拘成法。米芾极善运笔，强调八面出锋，敢以侧锋取势。结字欹侧多姿，回旋曲折，气韵高古，痛快淋漓。在宋四家中，米芾的字笔势变化最为丰富且饶有韵味。传世作品有《蜀素帖》、《虹县诗》、《苕溪诗》等。

蔡襄，字君谟，北宋书法家。他的书法有传统的深厚根底，楷书在四家中最有功力。他最擅长的行书在凝重稳健中透出清秀圆润之气。今存蔡襄的书法，以其行草简札最具代表性，运笔丰润圆健、平和畅达，结构上疏密有致，当时就被推为第一。传世作品有《诗札册》、《谢赐御书诗》等。

赵孟頫，字子昂，号雪松道人，元代著名的艺术家，他诗、书、画、篆刻皆精。他的书法荟萃众家之长而以“二王”为宗，运笔娴熟，笔调流畅秀逸，造型平稳工整，以圆转遒丽见长，创造了一种秀丽规整、端庄便捷的风格，人称“赵体”，在元代影响极大。他的书法各体皆工，尤精于楷书、行书。赵孟頫存世书迹较多，有《洛神赋》、《妙严寺记》、《胆巴碑》、《三门记》等。

祝允明，字希哲，号枝山，明代书法家。与文徵明、唐寅、徐祯卿并称“吴中四才子”。他的小楷学钟繇、王羲之，点画工丽，笔墨谨严。草书学怀素、黄庭坚，又能潇洒奔放，劲健纵逸，自成面目。到晚年更是达到了“风骨烂漫，天真纵逸”的境界。他的代表作有《叙字帖》、《赤壁赋》、《太湖诗卷》等。

董其昌，字玄宰，号思白、香光居士，明末书画家。他的书法从颜真卿入手，后师法锺繇、王羲之和李邕、柳公权、赵孟頫等人。他的书法笔墨圆熟精微，书风温雅秀娟，自谓于率易中得秀色。行书运笔丰润工稳，结构严谨规范，影响了整个清代前期。他的作品有《张旭郎官石壁记》、《跋米芾〈蜀素帖〉》等。

邓石如，名琰，初字顽伯，号完白山人，清代篆刻大师。书法各体皆工，尤工篆隶。其篆书笔力遒劲圆健，线条舒展宽绰，于秀逸多姿中见骨力通达，并掺有隶书的味道，更显高古朴茂。他的隶书遒劲质朴，结体严谨，又含有篆书的笔意。邓石如的最大贡献是在篆、隶衰弱数百年后，集篆、隶之大成，使篆、隶两种书体又重新大放异彩。

伊秉绶，字组似，号默庵。他的书法以篆隶两体成就最大。他从汉篆、汉隶碑额中取其用笔结字之妙，又从颜真卿笔法中吸取营养，从而形成了他自己的简静平实、貌拙气盛的书风。他用颜体楷书写法写隶字，又用写隶书的写法写颜字，都具有独特风格。而其隶书风格最为强烈，笔墨质朴圆润，结构缜密严谨，内蕴含蓄深沉。

主题三　中国绘画的起源和发展

一、中国原始社会的岩画和彩陶

岩画是指刻在或画在岩石上的图画。最早的岩画是新石器时期的原始人创作的。我国是最早发现记录岩画的国家，也是世界上岩画最丰富的国家之一。迄今为止，已发现的岩画不下几十万幅，其中最值得重视的是内蒙古阴山岩画和江苏连云港将军崖岩画。原始社会岩画的内容大多是狩猎、征战、舞蹈、祭祀等，造型简单，形象粗放，可以看做是中国绘画的滥觞。中国是世界上最早发明陶器的国家之一，从新石器时代遗址发现的陶器看，彩绘分图案和图画两大类，其中大多是图案。图画中植物画、动物画、人物画都有发现。构图虽稚拙，却质朴自然，饶有趣味。图案是图画的变形，其装饰性更强。青海大通县上孙家寨出土的马家窑类型彩陶盆上画有三组相同的舞蹈图案，每组五人，手拉着手，跳着欢乐的舞，人下体双腿后还有尾饰。反映的是5 000年前黄河上游原始先民的生活片断。

二、先秦绘画

先秦绘画主要见之于历史传说和文献记载。夏、商、周三代的绘画遗物很少，即使考古也只是些零星的发现。1975年在河南殷墟出土的壁画残片和在洛阳东郊第二号殷人墓葬中出土有红、黄、白、黑四色画的残迹，说明夏商时代已经有了绘画。春秋战国时期的绘画，开始脱离工艺母体而独立成长，绘画的用途扩大，绘画手段也进一步完善。1949年在长沙陈家大山1号楚墓出土的《龙凤人物图》、1973年在长沙子弹库1号墓出土的《人物御龙图》和现已流落国外的于1942年在长沙子弹库楚墓出土的《缯书》，是先秦绘画的极其珍贵的实物资料。这三幅帛画以墨线勾画人物的技法为后世传统绘画表现技法奠定了基础。

三、秦汉绘画

秦朝从统一全国到灭亡，只有短短的15年，以致秦朝除壁画以外的绘画几乎没有任何实物资料，而壁画大多也在大火中化为了灰烬。1982—1985年在秦都咸阳城发现了大批壁画，内容有人物、动物、植物、建筑、神怪等，壁画的颜料有黑、赭、黄、大红、朱红、石青、石绿等，使人可以依稀见到当年宫殿的风采。

汉代崇尚厚葬，从而使得汉代的绘画通过墓室壁画和帛画的形式保留到现在。西汉时期具有代表性的墓室壁画是洛阳卜千秋墓壁画和烧沟61号西汉空心砖墓壁画。这些画的线条流畅，色彩艳丽，形态生动。东汉时期墓室壁画最具代表性的是内蒙古和林格尔汉墓。该墓全室壁画共有彩画50多组，场面宏伟，内容丰富，造型生动，技巧娴熟。

帛画是因画在丝帛上而得名，有学者认为，帛画起源于战国中期的楚国，消失于东汉，西汉初是帛画的鼎盛期。1972年以后发现的湖南长沙马王堆一号墓、三号墓和山东金雀山九号汉墓，是主要的汉帛画发现处。有人认为这些帛画是在出殡时为死人升天引路的，然后随灵柩一起下葬。马王堆一号墓出土的帛画呈“T”字形，带旌旗性质。画面分天上、人间、地下三部分，人间部分被认为画的是墓葬女主人在人间生活的情景。全画使用了黑、白、灰、蓝、紫、黄等色，色彩绚丽，线条细劲匀净，想象丰富，形象生动。三号墓出土的帛画和一号墓的帛画内容大致相同。山东临沂金雀山西汉早期墓出土的帛画则把人间生活部分内容加大，包括宴饮、歌舞、纺织、练武等场面。其绘制方法是以墨线或朱砂勾轮廓，然后用石绿、石青、白垩等矿物质颜料平涂，从某种意义上可以算是没骨画的先驱。西汉帛画为了解汉代绘画提供了实例，填补了西汉初期绘画的空白。

四、魏晋南北朝绘画

魏晋南北朝时期，随着佛教的兴起，佛教美术在中国大行其道。这一时期出现了大量的石窟壁画，其中最有代表性的是克孜尔石窟和敦煌莫高窟的壁画。克孜尔壁画是印度芨多艺术影响我国艺术发展的典型。其内容主要是佛传故事、本生故事和供养人像等。敦煌莫高窟壁画除上述内容外，又增加了我国古代神话题材和现实生活题材。由克孜尔到敦煌自西向东几千公里，可以明显地看出外来艺术汉化的过程，而一些外来艺术也影响着本土艺术的发展。由于这一时期的战乱频仍，社会动荡，朝代更换频繁，使得许多王室士族或寄情山水，或以绘画自娱，因而出现了许多杰出的文人画家。其中最为著名的是三国东吴的曹不兴、东晋的顾恺之、南朝宋时陆探微和南朝梁时张僧繇。

五、隋唐绘画

隋朝立国虽短，但在这一段时期内南朝和北朝的美术很快地相互融合，并在绘画艺术题材的分科方面有所发展。唐代在隋代融合南北美术的基础上，进一步汲取外来文化的营养，形成了兼容并包而又富有民族特色的唐代艺术风格。唐代的美术开始逐渐和政治、宗教脱离而成为独立的艺术欣赏品。这个时期的作品中大量出现表现现实生活的题材，与之相适应的绘画题材的分科也到了非常细致的程度。唐代的人物画突破了专画圣贤、功臣、烈女、义士的内容，常以现实生活的题材入画。山水画成为了一个独立的分科，不再作为人物画的背景而出现。王维的山水画开创了文人画的先河。唐代杰出画家有展子虔、阎立本、吴道子、尉迟乙僧、李思训、王维、韩幹、韩滉、张萱、周昉等。

六、五代、两宋绘画

五代时期中原地区动荡不安，于是许多文人避乱于江南和川蜀地区，使江南和蜀地的绘画得到了长足的发展，从总体上说，吴越风行释道人物画，南唐和西蜀盛行花鸟画。而宋代花鸟画盛极一时，也肇始于此。这一时期出现了许多杰出的画家，如黄筌、刁光胤、贯休、周文矩、顾闳中、王齐翰、董源、巨然、卫贤、徐熙、荆浩、关仝等。

自五代的西蜀、南唐成立画院后，至两宋时期，画院发展到了极盛时期，画院在组织形式及艺术教育上都有了完备的体制，宋徽宗赵佶更是从政治上提高了画院的地位，使画院成为科举制的一部分。画院的繁荣，推进了绘画的发展，许多杰出的院体画名家便应运而生。这一时期的画家除西蜀、南唐加入画院者外，著名的画家有李成、范宽、董祥、郭熙、马贲、张择端等。南渡以后的画家有李唐、朱锐、李端、马远、夏珪、李嵩、梁楷等。

我国古代的诗和画向来就有着艺术的姻缘，在画中讲究融入诗情，在诗中讲究体现画意，宋代画院常以一些优美的诗句作画题就体现了这种倾向。这就使得不少文人拿起画笔来抒发自己的“诗情”。于是这种重抒情、重趣味的文人画在北宋正式崛起并逐渐成为主流，及至元代几乎成了文人画的一统天下。宋代文人画的代表作家有文同、苏轼和米芾、米友仁。

七、元代绘画

元代在异族统治之下，有些汉族文人归附了朝廷，受到重用。有些则采取了不与朝廷合作的态度，他们为了逃避现实而归隐山林，寄情于诗文书画之中。他们的作品往往表现出遁世、高逸的情调，因此作为清高傲岸品格象征的梅、兰、竹、菊“四君子画”也日益兴盛起来。在创作中，他们重视主观意趣与自然之景的结合，诗书画进一步渗透，水墨山水和花鸟竹石极为盛行，他们思想活跃，重视感情，从而将宋以来形成的文人画推向新的高峰。这也就是所谓的“宋画重理，元画重情”。元代取消了宫廷画院制度，宫廷美术急剧衰弱，也进一步促进了文人画的发展。元代著名画家有赵孟頫、黄公望、倪瓒、吴镇、王蒙等。

八、明清绘画

中国的绘画经过1 000多年发展，到了明清时期，无论从绘画技法上还是审美观念上，都已达到了一个相当的高度，这就使得明清的绘画处于难以超越前人的处境。因此，明清画坛的继承和创新的矛盾更为突出，革新和保守的斗争也更令人注目。虽然如此，明清画坛还是显现了画派林立，名家名作迭现的特点。

明初开始就召集全国著名画家进入宫廷，以绘画为宫廷服务。从宣德到成化、弘治年间，宫廷绘画曾盛极一时，但总的趋势是仿古，较为保守。嘉靖、万历之后，宫廷绘画渐趋衰弱，画风也随之变化，画坛出现了流派纷呈，多姿多彩的局面。明代的著名画家有戴进、吴伟、蓝瑛、沈周、文徵明、唐寅、仇英、陈淳、徐渭、董其昌等。

清代的画坛上存在着两种明显不同的审美观念和创作态势，一是以“四王”（王时敏、王鉴、王翚、王原祁）为代表的宫廷画派，他们主张复古，将古人笔墨奉为圭臬，亦步亦趋。他们技法精深，表现工致。艺术风格工稳典雅，精湛华美，但缺少新意。一派是以“四僧”（弘仁、髡残、朱耷、石涛）为代表的在野画派。他们笔墨奔放，不拘成法，洋溢着创新求变的精神。在花鸟画上，蒋廷锡、邹一桂的画规范典雅，具有宫廷画风格。而扬州八怪的画纵横挥洒，充满在野派画家的孤傲之气。清代著名画家有陈洪绶、“四王”、“四僧”、龚贤、恽寿平、“扬州八怪”、任熊、虚谷、任薰、任颐、赵之谦、吴昌硕等。

主题四　中国古代绘画名家及其作品

一、魏晋南北朝著名画家

顾恺之擅长人物画。他的人物画的特点一是线条均匀细腻，如春蚕吐丝，被称为“高古游丝描”，对后世绘画影响深远；二是特别注重“传神”，而这种传神体现在“点睛”上，他认为“传神写照，尽在阿堵”。顾恺之的作品流传到现在的有《女史箴图》、《洛神赋图》、《列女仁智图》。

张僧繇的绘画在一定程度上受了外来佛教壁画的影响，所画佛像融合中外技法而创造了新的技法。他在建康一乘寺所画凹凸花，远看有凹凸感，近看是平面的，就是吸收西域画法的结果，而一乘寺从此也被称为“凹凸寺”。张僧繇的“画龙点睛”的故事传得神乎其神，故事发生地的金陵安乐寺也因此天下闻名。

二、隋唐著名画家

阎立本，初唐著名画家，他的画以历史画和肖像画最为著名，流传下来的有《步辇图》和《历代帝王图》。《步辇图》现藏北京故宫博物院，画面是唐太宗坐辇接见吐蕃松赞干布派来迎娶文成公主的使者禄东赞的情景。画面对人物身份、民族特点和人物神情都有细致的刻画。《历代帝王图》现藏美国波士顿博物馆，尚存13位帝王像。根据13位帝王在历史上的政治作为不同，他们的相貌、神态也不同，褒贬意味十分明显。

吴道子，又名道玄，盛唐释道画的代表画家。他的艺术成就是多方面的，而主要成就是释道人物画。吴道子打破了粗细无变化的铁线描格式，创造了顿挫多变的兰叶描技法，所画人物的衣服给人的感觉是在随风飘动，所以被誉为“吴带当风”。遗憾的是吴道子作品的真迹几乎不传，传世的《送子天王图》也被认为是宋人的仿作，但其中还是保留了一些吴派的风格。

张萱是盛唐时期重要的人物画家，工仕女、婴儿画。他画的仕女大多是贵族妇女，反映贵妇人闲逸的生活风情，其题材大都是宫廷生活的实录。张萱的画最明显的特点是所画人物曲眉丰颊，体态肥胖，神态悠闲，开唐代仕女画的先河。今存《虢国夫人游春图》、《捣练图》都是宋徽宗时的摹本。

周昉，字景玄，是继张萱之后影响最大的人物画家。他所描绘的妇女以“秾艳丰肥”为特征，不但注重人物的外表，还善于刻画人物的心理及动作神态。他的宗教画具有明显的世俗化的倾向，他画的佛像体态丰腴，容貌端庄，同现实人物十分相像。他创作的具有民族风格的“水月观音”成为佛像画的典范。周昉的作品流传至今的有《簪花仕女图》、《调琴啜茗图》、《纨扇仕女图》，但是否是他的真迹，现在还有不同意见。

顾闳中是南唐李后主时的翰林待诏，他的人物画的代表作是《韩熙载夜宴图》。画面人物众多且神态生动，层次丰富而各有侧重，具有浓郁的现实主义气息，在神、形、笔、色各方面都体现了作者精巧的构思和深厚的功力。

李思训，字子建，一作建景。他的山水画气魄豪放，设色浓烈，技法精熟，尤其喜欢以大青大绿着色，形成了青绿山水画派。李思训的绘画真迹在宋代已不多见，现今传世的《江帆楼阁图》被认为是李思训的代表作。

王维，字摩诘，是唐代山水画由青绿为主流向以水墨为主流过渡的代表性画家。他的画用浓淡墨色相破，渗透掩映，打破了青绿重色和线条勾勒的束缚，初步奠定了水墨山水画的基础。王维的画含蓄朦胧，意境深远，画中有诗，情致优雅，被视为文人画之杰出代表。王维的真迹在唐代已不多见，至今流传的《雪溪图》、《江山雪霁图》也只能作为研究王维画作的参考。王维除山水画外，还画了不少人物画。

边鸾是中晚唐时期的花鸟画大家，被后世奉为“花鸟画之祖”。边鸾花鸟先用淡墨勾出轮廓，再施以鲜明色彩，大致就是我们现在所说的工笔花鸟画。他画的花卉不画花树，一般采用其最为精彩的折枝，折枝花虽是局部，但余味不尽。边鸾的“折枝花”精妙独到，成为后来花鸟画刻意追求的样式之一。

三、五代、两宋著名画家

荆浩，字浩然，五代时隐居太行山的洪谷，他的山水画以自然为师，作品多画北方的大山巨壑，开创了北方风格的山水流派。他创作的山水画面从平地到山峰，气势豪放，画面宏大，景色壮观，这就是宋人所称的“全景山水”格式。他的《匡庐图》就是体现了他这种风格的一幅全景式的山水力作。

关仝是荆浩的学生，也是北派山水画派的重要代表，与荆浩并称“荆关”。他的画师法其师而又有创新，其画面峻逸跌宕、气势雄浑，巨峰高耸，墨泽厚重，较荆浩山水又别是一种气象。他的作品相传有《山溪待渡图》、《关山行旅图》等。

董源，字叔达，是南唐的山水画大家。董源的山水画取材江南实景，多为远山茂林、江水行船、沙碛平坡、芦汀沙洲。他所创造的“披麻皴”线条圆浑，有江南山峦的特点，被后代画家普遍效法。今传董源的传世名作有《龙宿郊民图》、《潇湘图》等。

巨然是位和尚，是董源的学生，和董源并称“董巨”，和董源一样，是南派山水画的代表作家。巨然的画以高山大岭、重峦叠嶂为主，很少作平远景致。其画风细腻秀逸，善于通过景物来渲染气氛。他的作品有《秋山问道图》、《万壑松风图》等。

黄筌，字要叔，是西蜀画院最著名的画家，以画花鸟名世。他的画取材于宫中的奇花怪石、珍禽异兽。画法多用淡墨细勾，再用彩色层层渲染，他的画用笔细劲，刻画精致，画面艳丽辉煌，气氛热烈，有“黄家富贵”之称。他吸取唐以来的宗教壁画凹凸渲染法的营养，创造了一种不见墨线轮廓，主要以色彩染就的“没骨法”，使花鸟画具有了立体的质感。他所作的《写生珍禽图》成为后世画家的典范。

徐熙是金陵人，与黄筌不同，他的画取材多为汀花水鸟、虫鱼果蔬。他讲究生物的天趣，反对雕琢，有“徐家野逸”之称。徐熙的花鸟画，独创“落墨”法，所作花木，不精勾细描，而是重在笔墨的表现，重在作者主观情趣，讲究生动自然，被称为“落墨花”。这种画法突破了唐以来细笔填色的格式，开创了一种以水墨为主兼用色彩的新形式。

黄筌、徐熙所代表的两种花鸟画的画法，实际上就是后来中国传统花鸟画中的“工笔”与“写意”两种画法的基础。

李成，字咸熙，北宋著名山水画大家。李成的山水多画山林泽薮，在平远之境中表现季节气候的特征。他最突出的成就是创造了“寒林”的形象。他画古木寒林，树干坚韧瘦削，小枝挺劲有力，通体用淡墨渲染，衬以雪景，独得“萧疏清寒”之味，有“李寒林”之称。《读碑窠石图》是他的代表作，现藏日本大阪美术馆。

范宽的山水师法李成，又师法荆浩、关仝，他综合各家之长而独创一派。和荆浩、关仝一样，专画大山大水的全景山水。他的山水画峰峦浑厚，气势磅礴，行笔短促均匀而富有力度，画面墨色森然。范宽、李成、关仝三家山水是中国古代全景式山水画的高峰。《溪山行旅图》是他的代表作。

郭熙是北派山水画的集大成者。郭熙的山水画主要继承李成的传统，又吸收其他名家之长而形成了自己的风格。他强调山水画要富有诗意，要可望、可即、可游、可居，让人不离家门就能享受林泉之乐。他的画突破了北宋画院长期以来风行的“李、范模式”，他笔下的长松巨木，回溪断岩，林泉云烟，千姿百态，充满生气。在笔墨技法方面，他更注重水墨本身的表现力。郭熙的传世名作《早春图》和《窠石平远图》就体现了他的这种风格。

马远是南宋画院最有代表性的画家，他创造出一种能表现江浙一带迷蒙湿润山景的画风。马远善于在山水画中将人物与山水有机结合起来，赋予静穆的自然以活力，使画更具有感染力。由于他的山水喜用一角构图，留下大片空旷地带使画面显得开阔爽朗，人们因此称他为“马一角”。他的代表作有《踏歌图》、《寒江独钓图》、《水图》等。

夏圭的山水画与马远极为相似，他们共同代表了南宋山水的风格特点。在构图上，夏圭善用半边取景，人称其为“夏半边”。他的山水画多描写西湖一带景色，境界开阔，手法灵活，平易近人，富有生活气息。代表作有《西湖柳艇图》、《山水十二景》（现藏美国纳尔逊博物馆）。

李公麟是北宋白描人物画的代表。他是位多面手，其道释、人物、鞍马、宫室、山水、花鸟画无所不能。他的白描人物画扬弃了“铁线描”均匀少变化的呆板味，充分运用线条的变化，使其白描得到不施丹青而光彩照人的艺术效果。李公麟的人物画不仅追求简单的形似逼真，而且重在表现人物的性格、心理、职业、区域及种族特征。他最为人称道的是《维摩诘图》，图中线条飘逸灵动，简练畅达，较准确地刻画了维摩诘那种淡泊宁静、内向含蓄的性格。李公麟还是位公认的画马高手，传世名作《五马图》就是他的写生杰作。

南宋的水墨人物画以梁楷的减笔人物画和泼墨人物画为代表。梁楷秉性疏野，狂放不羁，时人称之为“梁疯子”。他的绘画风格与他的个性有着很大的关系，运笔恣肆萧疏，构图奇约简洁。他用高度概括集中的线条创造了别开生面的“减笔画”，与李公麟的白描形成鲜明的对比，将写意画推向一个新高峰。他的传世之作《六祖图》线条简洁奔放，而人物形象生动传神，是简笔画的代表作。梁楷的泼墨人物画是人物画艺术表现手法的一次大胆的革新，他将以线为主的造型，变为以墨为主的造型。他的《泼墨仙人图》就是一幅妙绝千古的泼墨画。这幅画形神兼备，特别是面部眉眼鼻嘴挤在一起的处理，突出地表现了一种“难得糊涂”的仙逸之气。

随着北宋城市经济的发展，产生了一批表现城市生活的画家。这些画家大多熟悉市民的生活，他们的作品突破了人物画的宗教趣味和上层生活的框架，反映了市民的生活、思想、情感和时尚，体现了时代特色，这种画通常被称为“风俗画”。张择端的《清明上河图》就是这种风俗画的杰出代表。

《清明上河图》是一幅划时代的巨作，反映了北宋京都汴梁热闹繁华的市井景象。全图画了740多位各式人物，60多头牲畜，30多间房屋，20多乘车轿和20多艘船只。作品构图宏大，结构严谨，构思巧妙，全图大体分为城郊、河道、城市三大块，三块又由浅入深，融为一体。作家还通过一些戏剧性的情节和引人入胜的细节描写使画面具有起伏跌宕的感觉。从表现技法上看，画中的人和物无不刻画得细致入微，惟妙惟肖，堪称中国绘画史上的杰作。

张择端《清明上河图》是“中国十大传世名画”之一，为北宋风俗画作品，宽24.8厘米，长528.7厘米，绢本设色；该画卷是北宋画家张择端存世仅见的一幅精品，属国宝级文物，现存于北京故宫博物院。

《清明上河图》局部

两宋是花鸟画的鼎盛时期，绘画风格多种多样，既有“徐熙野逸”，又有“黄家富贵”。尤其是黄筌父子加入宋画院以后，其秾丽的画风几乎统治了北宋画坛百年之久，直到北宋中期，才打破了黄家画风的一统天下。

宋徽宗赵佶在政治上是个昏庸的皇帝，但在艺术上却有着很高的成就。在他当朝期间，宋代的画院繁荣兴旺，特别是宫廷花鸟画创作，达到了一个新的高峰。宋徽宗的花鸟画工整细致，形象真实，色彩绚丽，与“黄家富贵”一脉相承。《芙蓉锦鸡图》是他的代表作。

四、元代著名画家

赵孟頫，于山水、人物、花鸟、竹石、鞍马无所不能，而以山水画成就最高，影响也最大，是元代山水画家中的一位领袖式人物。赵孟頫的画提倡师古，讲究“古意”，打破了南宋画院以来清一色的马、夏风格的局面。赵孟頫追求清雅朴素的画风，在画中强调以书法的笔墨效果加强山水画的审美情趣，从而形成典雅蕴藉特色。他的代表作有《鹊华秋色图》、《江村渔乐图》、《水村图》等。

黄公望，字子久，号一峰，又号大痴，与倪瓒、吴镇、王蒙合称“元四家”，他们在山水画方面都有卓著的建树。黄公望是“元四家”之首,他的山水画大体有两种风格：一是作浅绛色，山头多岩石，皴纹较繁复，笔势雄伟；一是作水墨，皴纹较少，笔意简远。多表现常熟虞山、浙江富春山一带风光。其代表作《富春山居图》，最能体现他“繁简得中”的山水特色。其他作品有《快雪时晴图》、《天池石壁图》、《九峰雪霁图》等。

知识链接：《富春山居图》

黄公望的代表作《富春山居图》是其为无用师和尚所画，全画以富春江为背景，山水布局得当，墨色干湿混用，极富变化，被称为“中国十大传世名画”之一。明末收藏家吴洪裕极爱此画，临终命烧画以殉。其侄从火中抢出时已烧为两段。前段称《剩山图》，长51.4厘米，藏于浙江省博物馆；后段称《无用师卷》，长636.9厘米，现藏于台北故宫博物院。2011年6月1日两地藏卷在台北故宫合展，这是两地艺术界的一件盛事。另外，台北故宫博物院还藏有仿画《富春山居图·子明卷》，此图曾被乾隆误认为真品而盖上玉玺。北京故宫博物院现藏有《富春山居图·沈周临摹本》。

黄公望《富春山居图》

倪瓒，字元镇，号云林。倪瓒长年生活在太湖和松江三泖附近的江南水乡，他的作品多以平远山水、古木竹石为题材，用笔极为简练，绝少画高山峻岭。他的构图大多是近景画竹树茅亭，远景是远山平坡，中间空一大片空白的湖水。画面空疏灵秀，清幽淡远。作品有《渔庄秋霁图》、《虞山林壑图》、《江峰望山图》等，《渔庄秋霁图》是他的代表作。

吴镇，字仲圭，号梅花道人、梅沙弥。吴镇山水画的画风与黄、倪、王不同，三家重笔，干笔皴擦较多，而吴镇则重墨，多以湿笔渲染，充分发挥了水墨氤氲的特性，因此画面圆浑湿润，墨气苍然。现存山水作品有《渔父图》、《清江春晓图》、《双桧图》、《嘉禾八景》等。

王蒙，字叔明，赵孟頫的外孙。王蒙的山水画风与另外三家相比，明显的区别是三家贵简，王蒙贵繁。王蒙山水画得密，画得满，但密而不塞，满而不闷，对物象描绘的精细程度超过宋画。王蒙除擅长水墨山水外，还擅长用色，为另外三家所不及。在构图上多采用全景式布局，山重水复，境界幽深。王蒙流传至今的作品有《青卞隐居图》、《夏日山居图》、《春山读书图》、《谷口春耕图》等。

元代绘画的文人情趣不仅表现在山水画中，也体现在花鸟画中。能体现文人清高、傲岸品格的水墨梅、兰、竹、菊便在画家中盛行起来，一时名家辈出。

五、明清著名画家

明代早期的山水画以浙派为代表，中期以吴派为代表，而晚期以华亭派为代表。

戴进，字文进，号静庵。浙派山水画的创始人。他师承广泛，功力深厚，不死守一派一法。他的画笔墨劲健，法度谨严，造型明快，境象恢弘。风格疏朗淡雅，善于运用水墨的浓淡变化表现山水及气候的变化。其传世作品有《风雨归舟图》、《春山积翠图》、《渔舟泊月图》等。

沈周，字启南，号石田，是吴门画派的创始人，与文徵明、唐寅、仇英并称“吴门四家”。沈周对山水、花鸟、书法都很擅长，以山水画的影响最大。他的山水画笔墨精妙洗练，风格雄浑豪放，画面充满诗意，充分体现了吴门画派的审美特征。他在40岁以前，多作盈尺小景，画风细密，主要师法王蒙；40岁以后，拓笔画大幅，主要师法吴镇，形成粗笔水墨的新风格，因此有“细沈”、“粗沈”之分。以“粗沈”的成就为高。《吴门十二景》是他粗笔风格的代表作，《庐山高图》是他细笔风格的代表作。

文徵明，字徵仲，号衡山，工诗文书画，是明代中期著名的书画家。文徵明的画师法多家，而能融会贯通，既能画青绿山水，也能画水墨山水；能工笔，也能写意。他的山水画秀逸典雅，充满“书卷气”。他画中的文人趣味，强化了吴门画派的特征。和沈周一样，他的画也有粗、细画风之分，只是他的细笔画风更有特色。他的细笔山水画的代表作有《绿荫清话图》、《真赏斋图》；粗笔山水画的代表作有《溪桥策杖图》等。

唐寅，字伯虎，号六如居士。工山水、人物、花鸟，也长于诗文，是一位才华横溢的艺术家。他的山水画主要师法北宋范宽、郭熙、李唐以及元代赵孟頫、黄公望等人而又自成一家。他的画景象优美，潇洒柔和，笔墨清润秀雅，又能在绘画中融入书法笔意，因此更具有文人情趣。由于他坎坷的人生经历，他的山水画有着较强的社会意义，在不同程度上体现了他对现实的不满和愤慨之情。他的代表作有《骑驴归思图》、《春山伴侣图》等。

仇英，字实父，号十洲，工山水、人物、花鸟。从他流传下来的作品看，以工笔设色画为多。仇英师法广泛，能融众家之长于一炉。他的青绿山水色彩浓重艳丽而又柔和淡雅，形象刻画严谨细致，一丝不苟，具有一种文人画的雅逸之气。他的代表作有《桃源仙境图》、《停琴听阮图》等。

董其昌，字玄宰，号思白，长于书法，尤以山水画成就最高。他的山水，不重写生，丘壑变化较少，追求以书法入画的笔墨表现力。他遍临北宋及元代诸名家，笔墨柔和秀润，风格明净秀媚，对后代画坛有重大影响。董其昌的画分枯笔水墨和没骨青绿。他的枯笔山水的代表作有《仿米氏水墨山水图》；没骨青绿代表作有《秋兴八景图》等。华亭派的优秀画家还有宋旭、沈士充、赵左等。

徐渭，字文长，号青藤、天池。他具有多方面的文艺才能，擅长于诗文、戏剧、书法、绘画。特别是他的水墨大写意花鸟画贡献独特。他以狂草笔法入画，纵情挥洒，笔墨豪放酣畅，墨汁淋漓，率性而成。他的水墨大写意花鸟画重在张扬个性，看似怪诞草率，实则内具法度、功力深厚。特别是晚年的作品达到了炉火纯青的境界。他的代表作有《墨葡萄图》、《杂花图卷》等。徐渭的书法纵逸飞动，笔墨奔放，具有鲜明的艺术个性。

四王是清初宫廷画派的代表人物。“四王”的画风在皇家画院和皇室贵族中名重一时，是清初画坛的“正统派”。他们的作品多为摹古，讲究承袭，构图规范，笔墨功力深厚，但缺乏创造性，画风单一，题材狭窄。

吴历，字渔山，号桃溪居士，后号墨井道人。吴历虽不乏摹古之作，但他有自己的创造。他的山水画融宋元各家之长而自成体系，画风苍劲而富有生气。他的画构图严密，设色苍郁，兼具北派的刚劲雄伟和南派的淡雅浑朴。有《枫江群雁图》、《湖天春色图》、《夕阳秋影图》等。

清代著名的四僧，由于他们特定的生活境遇和痛苦压抑的心态，使得他们不能像“四王”那样悠然仿古，精研传统。他们往往以笔墨宣泄心中的愤懑，因此形成了不拘古法，笔墨恣肆的画风。四僧之中以八大山人和石涛的成就最高。

石涛是明靖江王赞仪十世孙，俗姓朱名若极。削发为僧后，号原济，又号清湘老人、苦瓜和尚、大涤子等。石涛半生云游名山大川，晚年定居扬州，以山水画闻名于世。石涛的山水画师法造化，因为他“搜尽奇峰打草稿”，所以他的山水画作品千变万化，丰富多彩，构图或疏或密，都生动独特。在笔墨技法上不拘一格，灵活运用，风格泼辣奔放，笔墨奔放淋漓，他的泼墨山水具有一种风吹浪涌、地动山摇的气势，充溢着创新精神。他的作品有《黄山八胜图》、《山水清音图》、《泼墨山水卷》、《游华阳山图》、《维扬洁秋图》等。

八大山人，本名朱耷，明朝宁王朱权的后裔，明亡后出家为僧，号八大山人、雪个、个山、一个山等，以“八大山人”的别号最为出名。他狂傲喜酒，对明朝的覆灭怀有深深的隐痛。常把“八大山人”四个字连起来写成既像“哭之”又像“笑之”的字样。他的山水，构图以少胜多，以简胜繁，他的山水画大多笔墨简洁，画面疏旷，意境冷寂。笔墨纵逸洒脱，刚健浑朴，绝无媚态。其晚年山水脱尽早年的狂怪之气，淳朴酣畅而又明朗秀健。八大山人善大写意花鸟画，笔墨简练，形象夸张，构图奇险，画面冷气袭人。题材常是一两只鸟，或是一两朵花，都能独立成章。画鱼画鸟多是白眼向天，象征他的愤世嫉俗。有的鸟则不可一触，显示出一种警戒神色，是他性格及人生态度的写照。今存《墨笔山水》、《水禽荷石图》等。

清代花鸟画坛比较繁荣，梅兰竹菊、蔬菜草虫，各有名家高手，风格多样。主要代表有恽寿平、八大山人、“扬州八怪”。

恽寿平，初名格，字惟大，后改名寿平，改字正叔，号南田。他柔美秀雅的没骨花卉开创了一代新风，对后世影响很大。他的画糅合了黄筌、徐崇嗣两派技法，重视写生，力求形似，又强调传神。因此他或纯以色作画，其设色娟秀明丽，淡雅隽逸，造意精微；或墨色并用，点染雅淡，疏秀飘逸。他的作品有《红梅山茶图》、《瓯香馆写生册页》、《梅竹图》、《玉堂富贵图》、《桃花图》、《三友图》等。

“扬州八怪”指的是清乾隆年间活跃在扬州画坛的一群革新派画家，他们是八大山人和石涛艺术的直接继承者和发扬光大者。至于“扬州八怪”究竟指哪八位画家，历来说法不一，一般是指金农、黄慎、郑燮、李鱓、汪士慎、李方膺、高翔、罗聘八人。他们的画风不尽相同，但都不守成法，标新立异，个性鲜明，富有生气。

金农，字寿门，号冬心先生。他博学多才，工诗文，50岁后开始作画。金农的画笔墨凝重，风格高古，尤擅画梅，他和汪士慎、高翔、罗聘被称为当时扬州画梅的四大高手。他的梅淡墨画干，浓墨写枝，干笔圈花，圈花多是椭圆或半圆，率性而为，有金石笔意，形象古拙。他的隶书古朴，楷书带有浓郁的隶意，称为“漆书”。

郑燮，字克柔，号板桥，被称为诗、书、画三绝，绘画尤善兰、竹。他的用笔取法于石涛，主张对待古人的遗产，不能不学，也不能死学。他画兰竹常运用草书笔法，笔情纵逸，挥洒随意，清劲秀逸而脱尽时习。他常在竹石图上题诗明志而为人津津乐道。其代表作有《丛竹图》等。郑燮的书法别具一格，他杂用篆、隶、行、楷，自称“六分半书”，人称为“乱石铺路”，又叫“板桥体”。

清末出现了一个求新求变、走向市民的海上画派，其代表人物有赵之谦、任颐、吴昌硕等。

赵之谦，字益甫、撝叔，号无闷。他是晚清杰出的艺术家，在绘画、书法、篆刻等方面都能独树一帜。在绘画方面他擅长写意花鸟，受八大山人和扬州八怪的影响。他将篆隶的用笔融入绘画，笔力劲健，气魄雄大，笔墨潇洒。他擅长渲染，色彩极为秾丽。他的花卉题材多来自民间花草果蔬，既有文人画的雅趣，又有市民化的俗意。他的书法沉雄朴拙，骨肉丰腴。行楷书出于北碑，隶书也带有强烈的魏碑气息，笔力强劲，并能寓劲挺于流动之中，形成“流美”的风格。

任颐，字伯年。他的画以人物见长，既有民间传统题材，又有现实生活题材，人物形神兼具，深受市民喜爱。他的花鸟画取法自然，具有天然秀逸，色彩淡雅，笔墨恣肆的特点，画面使人感到新颖别致而又清新活泼。

吴昌硕，初名俊，字仓石、昌石、昌硕，号缶庐、苦铁、大聋等。吴昌硕诗、书、画、印俱精。他凭借深厚的书法、篆刻功底涉足画坛。他的画重气势，讲究神韵。笔法老健遒劲，气势磅礴，笔墨酣畅。他设色常掺入大红大绿的民间画风，却艳而不俗，达到雅俗共赏的境界。吴昌硕隶、楷、行、草皆精，他的篆书朴茂雄健，金石气息浓郁。他的隶书用笔端庄浑厚，雄劲老辣；行草古拙厚重，奔放潇洒。曾被同道推为杭州“西泠印社”社长。

学习与思考

行知合一

1. 为什么说王羲之、颜真卿、赵孟頫是中国书法史上具有开创性的人物？

2. 中国画和西洋画风格完全不同，请就自己的观察谈谈这两种画的区别。

网络世界

宋徽宗是中国历史上最失败的皇帝之一，但他却是当时艺术领域的领军人物。他创立的宋代画院，为中国画的发展起了巨大作用。请查阅相关资料，还他一个完整真实的宋徽宗。

深度思索

1. 现在大家都用计算机打字了，练字还有用吗？

2. 草书、篆书在现代社会还有存在的价值吗？请举例说明。

开拓视野

人们常说中国古典园林是“立体的诗画”，请试着就自己熟悉的园林，谈谈园林与诗、画的关系。

人们说“八大山人”画的鸟显现出一种警戒神色，似乎你一伸手它就会飞走，这反映了他冷峻、愤世的性格。请结合他的身世谈谈其中道理。

为什么齐白石认为画当在“似与不似”之间？你能否举例说明？

单元九　中国戏曲艺术

学习目标

了解我国古代戏曲文化的历史；掌握戏曲欣赏的一般知识；认识到我国戏曲文化的博大精深；学会对于戏曲进行一般的鉴赏和辨析。

主题一　中国戏曲的兴起

一、中国戏曲的起源

在我国，“戏曲”一词最早见于宋元之际刘埙（1240—1319）的《水云村稿·词人吴用章传》：“至咸淳间，永嘉戏曲出，泼少年化之。”另外，元末明初文学家陶宗仪所撰《南村辍耕录》说：“稗官废而传奇作，传奇作而戏曲继。金季国初，乐府犹宋词之流，传奇犹宋戏曲之变，世传为之杂剧”（《杂剧曲名》）；又说：“唐有传奇，宋有戏曲、唱诨、词说”（《院本名目》）。不过，陶宗仪所谓“戏曲”主要指的是杂剧。将“戏曲”一词予以强调的是近代学者王国维。他在《戏曲考源》中说：“戏曲者，谓以歌舞演故事也”。这一说法被今人称为中国民族戏曲的定义。

中国的戏曲来自民间歌舞、说唱和滑稽戏三种不同艺术形式，早在先秦时期已经开始萌芽。先秦乐舞是其产生的初期形态。氏族聚居的村落出于娱神的宗教目的产生了歌、乐、舞三者结合的原始艺术形式——巫舞。巫舞混杂在祈神和娱神的宗教仪式中，呈现出宗教仪式依附物的面貌，最典型的特征就是带有强烈节奏并模拟鸟兽状的表演。这样的表演具有拟态性和歌舞性，巫的表演不可避免地带有一定的戏曲成分，因此后人常常把巫的降神表演视作戏剧的起源。随着氏族的逐渐壮大和社会的变迁，先秦时期的乐舞逐渐远离宗教和信仰，倾向于与人们日常生活和精神需求相结合。到春秋战国时代，俳优和优舞成为人们娱乐的形式之一。楚国“优孟衣冠”的故事更是表明早在先秦时期，就已出现了表演性极强且具有一定教化目的的演出活动。

汉代，民间出现了“角抵戏”和“百戏”，具有更大表演的成分。有的角抵戏是无故事的竞技表演，有的是有故事的表演，与戏曲的距离更近了一步，其中尤以《东海黄公》为著。汉代的百戏上承周代散乐，是多种民间艺术的汇合。它包括角抵、杂技、魔术、歌舞和武术等丰富的内容。古籍《盐铁论》中称之为“倡优奇变之乐”。张衡的《西京赋》和李尤的《平乐观赋》中列举了“鱼龙曼延”、“东海黄公”、“乌获扛鼎”、“走索”、“吞刀吐火”、“画地成川”及“跳九剑”等节目。百戏中多有丝竹鼓乐伴奏，接近今天的戏曲音乐伴奏。

汉代百戏陶俑群

百戏是我国古代乐、舞、杂技艺术的总称，源起于秦代之际。山东省济南市无影山出土的汉代彩绘百戏陶俑群的发现，不仅表明我国戏曲有着最为久远的源头，也用实物证明了汉代我国戏曲水平已经达到了一定的高度。陶俑人物造型虽然古拙，但人物动静结合，十分传神。该陶俑群对研究西汉时期的百戏，具有极其重要的借鉴作用。

三国两晋南北朝时期，出现了歌舞与表演相结合的“歌舞戏”，表演成分更加突出。主要见于史载的有《钵头》、《代面》及《踏摇娘》等。《三国志》中载蜀博士许慈和胡潜曾经因辩论文义产生分歧乃至互殴。刘备让人扮演，“效其讼阋之状，酒酣乐作，以为嬉戏，初以辞义相难，终以刀杖相屈”（《三国志》卷四二《蜀志·许慈传》。钱振锽以“此事不惟为汉儒门户之终，且为后世梨园之始”）。有人认为这是中国戏剧的开端。后赵石勒以俳优演出某位参军的故事作为娱乐，这是唐代参军戏的先声。北齐《兰陵王》（唐时称为“代面”或“大面”）歌舞（演出兰陵王著假面作战的故事）和《踏摇娘》（演出醉汉殴妻，其妻怨苦悲诉的故事）的故事情节更为完整，更接近后代的戏剧。

到唐代，优戏发展到了一个新的水平，上起宫廷下至民间，经常有优戏演出活动。民间的歌舞戏进入宫廷，得到上层社会的提倡，取得更大的发展。传说唐玄宗就曾经亲自在梨园控弦抚琴，粉墨登场。故此戏曲界人士往往自称梨园弟子，而将唐玄宗视为梨园祖师。宫廷教坊有大批演员，声名远播。如《乐府杂录》中“俳优”条记载的有黄幡绰、李仙鹤、曹叔度、范传康、上官唐卿、吕敬迁、孙乾、刘璃瓶、郭外春、刘真、康迺和石宝山等名优。优戏的演出题材相对扩大，据文献记载有参军戏、弄假官（假吏）、弄孔子、弄假妇人、弄婆罗门、弄神鬼及弄三教等。其中参军戏受到普遍欢迎，唐代赵璘的《因话录》中记载公主就曾经在皇宫内观看优戏；李商隐《娇儿诗》里“忽复学参军，按声唤苍鹘”描述的就是唐代参军戏演出的情景。唐代范摅《云溪友议》卷下“艳阳词”记载浙江某民间戏班演出“陆参军”时，女优刘采春扮演参军角色，以其载歌载舞的风流秀媚竟然吸引住众多闺妇行人。可见当时参军戏演出时与歌舞戏的结合更使其艺术魅力大为增强，已经达到相当高的水平。

唐代歌舞戏中较为著名的有《代面》（即《兰陵王入阵曲》）、《钵头》、《苏中郎》和《踏摇娘》等（《乐府杂录》“鼓架部”）。另外，《秦王破阵乐》、《樊哙排君难》、《苏幕遮》和《还京乐》等歌舞，也已具备了初步的情节结构和载歌载舞的形式。尤其是《踏摇娘》，运用装扮歌舞等手段来揭示人物心理活动以达到相应的效果，表演形态已经接近后世的歌舞小戏，因此它成为唐代歌舞戏的突出代表。唐朝的民间还出现了“俗讲”和“变文”等和宗教有关的通俗说唱艺术形式，这些都有利于戏曲的最终形成。

唐代戏曲已经接近了成熟，但形态还不完善，没有完整的故事情节，音乐结构尚未达到程式化的阶段，表演的行当化刚刚起步。然而，它却是我国戏曲发展历程中的关键时期。

二、戏曲的形成

经过长达数千年的积累，到宋代，我国农业得到了全面恢复和发展。以此为基础，城市商品经济得以长足发展，北宋都城开封和南宋都城杭州都是当时商业相当发达的大都会。因此，在社会中分化出新的社会阶层——市民阶层。他们提出了较高的精神文化需求，推动了娱乐场所——“瓦舍”和“勾栏”的出现。在这些场所，民间歌舞、说唱和滑稽戏综合程度更高，各种曲艺、戏曲等艺术形式层出不穷。不断上演诸宫调、宋杂剧、南戏和说话等节目。诸宫调是宋神宗年间艺术家孔三传用说唱情节曲折的长篇故事时使用的不同宫调的曲子，对于宋杂剧、南戏、金院本和元杂剧都有相当的影响。宋杂剧是上承唐代参军戏，又吸收了“大曲”（歌舞）和诸宫调等艺术形式之长而形成的早期戏剧。宋杂剧故事情节逐渐复杂，表演手段丰富，行当已经完备，有“五花爨弄”之说。末泥（生）、引戏（导演）、副净、副末和装孤（官员）等均已出现。其中含有傀儡戏和角抵戏的成分。到南宋，所谓杂剧，专指具有滑稽讽刺特征的并以曲子演唱的短剧，角色不多（通常为四五人）。传世的无名氏作品《宋杂剧图》就描绘了演出时的生动场景。

金代，在宋杂剧基础上，在北方金统治区内出现了“金院本”。所谓“金院本”是指民间散乐戏班所用的脚本。它是宋杂剧在北方得到保留并取得发展的舞台艺术。院本的角色行当体制与宋杂剧相同，以净色为主，有末泥、引戏、副末和装孤，通常演时用五人，故又称“五花爨弄”。艺术表现上，它以滑稽调笑的科诨见长，可唱小曲，但与以旦、末演故事的元杂剧有所不同。金院本作品都已失传，仅仅从元代陶宗仪《南村辍耕录》记载的院本名目看已达700余种，可知金院本在当时的北方盛极一时。

宋杂剧和金院本的形成与发展，标志着比较完整的戏曲艺术的形成，它们是中国古典戏曲最初的完整形式。

主题二　中国戏曲的繁荣

一、南戏和元杂剧——中国古代戏曲艺术的第一个黄金时代

宋元南戏和元杂剧的出现，使中国古典戏曲最初的完整形式进一步完备，其艺术综合性

更广，互相融合的程度更高，有了比较完整的剧本，并较充分地运用多种艺术手段表现生活和塑造人物，提高了舞台艺术水平，体现了中华民族所独有的戏剧审美取向。

南戏来自民间歌舞小戏，北宋末年兴起于永嘉，南宋中叶形成，又名“永嘉杂剧”或“温州杂剧”，音乐丰富而自然。南戏最初是一些民间小调，演唱时不受宫调的限制。后来发展为曲牌体戏曲音乐，还出现了将不同曲牌的若干乐句组合成为一种新曲牌的“集曲”形式。南戏在演唱上有独唱、对唱和合唱等多种形式。传世的3种南戏剧本《张协状元》等见于《永乐大典》。南戏吸收了宋杂剧和其他民间技艺，用语通俗，在浙东、浙西和福建等地十分流行。

元杂剧是中国古代戏曲艺术发展成熟的标志。它是在13世纪上半叶以宋杂剧和金院本为基础发展而成的。由于表演艺术的日趋成熟，城市经济的繁荣，统治者的提倡，科举的废弛，知识分子社会地位下降等社会政治经济因素和戏剧自身的规律，元杂剧剧本的戏剧性、文学性和艺术综合性有所提高。

元杂剧的兴盛最初在北方，渐次向南方发展，并与南方戏曲发生交融。代表性的元杂剧作家有关汉卿、马致远、郑光祖、白朴、王实甫和乔吉甫，世称六大家（关汉卿、马致远、郑光祖、白朴又称元曲四大家）。

《西厢记·赖婚》插图

《西厢记·赖婚》历来被认为是反映了唐代世家大族“恃其望族，耻与他姓为婚”的社会现象，但从文学的角度看来，也反映了不同年龄的女性心理状况的差异。

音乐方面，从契丹、女真及蒙古等少数民族传来的歌曲，与汉族北方民间流行的曲调相结合，形成了新的音乐体系，提高了戏剧言情状物的表现能力，除出现众多的戏曲作家及演员外，还产生了不少优秀剧目，如王实甫的《西厢记》，关汉卿的《窦娥冤》、《救风尘》、《单刀会》、《望江亭》，马致远的《汉宫秋》，白朴的《梧桐雨》、《墙头马上》，纪君祥的《赵氏孤儿》，康进之的《李逵负荆》，李潜夫的《灰阑记》，尚仲贤的《柳毅传书》，郑光祖的《倩女离魂》等，这些剧目700年来被改编为各种新的戏曲形式，延续不断地演出。

元杂剧有严格的结构，即每部作品由四折（幕）一楔子（序幕或者过场）构成。一折内限用同一宫调，一韵到底，常由一个角色（末或旦）主唱。这些规则有时也有突破，如王实甫的《西厢记》达五本二十折。

山西自古就是戏曲的摇篮。中国现存最早的戏楼模型即出土于运城汉墓。山西现存元代古戏台就有8座之多，其中5座都在临汾市。临汾翼城武池古戏台是现存最大的元代古戏台。

山西元代古戏台

元杂剧对南方戏曲也产生了积极的影响，促使南戏进一步成熟。元初南戏的发展处于低潮，到元末渐趋兴盛，并以杭州为中心，与从北方引进的杂剧创作共同形成南方戏剧圈，出现了高明和施惠等优秀南戏作家，创作了《琵琶记》和“荆刘拜杀”（柯丹邱的《荆钗记》、无名氏的《白兔记》、施惠的《拜月亭》、传为萧德祥的《杀狗记》）“四大传奇”，为明清传奇的发展奠定了很好的基础。到元代中后期，南北曲的风格已经初步确立——以七声音阶为主的北曲沉雄；以五声音阶为主的南曲柔婉。

元代戏曲艺术的发展也推动了戏曲理论的发展。迄今最早的总结戏曲演唱理论的专著是燕南芝庵的《唱论》。周德清的《中原音韵》是北曲最早的韵书，对后世音韵学的研究以及戏曲说唱音乐的发展影响很大。

综上所述，从12世纪到14世纪是戏曲舞台的繁荣时期。但是后来作家作品数量减少，作品严重脱离社会现实，统治者加强了文化统治，北曲不谐南耳以及杂剧本身的体制问题使元杂剧走向衰落。

二、明清传奇——中国戏曲繁荣的新阶段

明、清两代，杂剧与传奇并存，也互相影响。明清杂剧在流传中，既保持了元杂剧某些主要的艺术特点，也受到传奇的影响和渗透，在演唱曲词和语言方面，具有了与前代不同的特点。

明初，朱权、朱有燉、贾仲明等作品不少，但题材日趋狭窄，多宣扬神仙鬼怪、封建道德或歌舞升平，没有什么艺术造诣，在中国戏曲艺术史上地位不高。明代以来，杂剧不断衰落，乃至被新兴的昆弋诸腔传奇所取代。但明清杂剧以委婉细腻、流丽悠远、载歌载舞的特色成为中国戏曲发展史上最绚丽的一页。明刊本120回《水浒全传》第82回杂剧插图上厅堂中间有两人表演明杂剧常见的吉祥戏《太平年万国来朝》、《雍熙世八仙庆寿》的场面，台阶下左方有4人伴奏乐队，右方是等待上场的角色。全图从一定角度反映了明代杂剧的风貌。

明代昆弋诸腔名声最著者当数四大声腔（南曲系统的浙江海盐腔、浙江余姚腔、江西弋

阳腔和江苏昆山腔的合称）。明代戏曲音乐出现明显的地方化趋势，地方声腔不断崛起。弋阳腔发展为全国影响广泛的高腔系统，昆山腔发展成典雅细腻的昆曲，是对后世戏曲影响最大的声腔系统。

知识链接：海盐腔

海盐腔形成于浙江海盐。明嘉靖、隆庆年间（1522—1572）就已盛行一时。明代海盐腔演唱的特点是摒弃丝竹乐器，只用打击乐器伴奏，声腔委婉，为贵族豪富人家所喜好。明刊《金瓶梅词话》多次记述海盐腔艺人演出的情景。书中有一幅海盐腔演出《玉环记》中的“玉箫寄真”的插图，图中厅堂里，两旁是饮酒看戏的宾客，左上方有垂帘看戏的女眷，中间两人表演，右下方有演奏鼓、板的乐队。构图合理而不失真实，既具有绘画本身的美感，又真切地反映了戏曲演出的场景。另外清初人所绘《金瓶梅词话》第六十三回插图，伴奏乐队所用乐器有提琴、三弦、笙、笛、云锣等丝竹乐器，较为引人注目，表现了明清海盐腔的异化。明清以来常见提琴用于昆山腔伴奏。诚如清代戏曲理论家李渔《闲情偶寄》所说：“提琴较之弦索，形愈小而声愈清，度清曲者必不可少。”

源于宋元南戏的弋阳腔保持着民间戏曲的本色。弋阳腔演唱时有徒歌、众人帮腔，并运用滚调，显得风格豪放粗犷。其适应性和生命力很强，每传至一地，即与当地方言和民乐相融形成新声腔。因此，清中叶后，弋阳诸腔不断演化，最终形成高腔声系，对于“花部”的勃兴功不可没。甚至在近代川剧、湘剧、祁剧、婺剧、赣剧、柳子戏等剧种中，都有弋阳腔的流韵。

明代南戏声腔另一大流派昆山腔，元末明初之际已在江苏昆山流行。嘉靖、隆庆年间，魏良辅等人发挥该腔“流丽悠远”、“听之最足荡人”（明徐渭《南词叙录》）的特色，使之“转音若丝”（清张大复《梅花草堂笔谈》），成为新声。当时又称“水磨调”、“冷板曲”。这一革新是昆山腔发展中具有划时代意义的一件大事。自梁辰鱼创作《浣纱记》之后，昆山腔便跃居诸声腔之首，迅速流传开来。

明清时期，专业戏曲作家和大量经典剧目的涌现是戏曲繁荣的突出表现。明代汤显祖、沈璟，清代孔尚任和洪昇都是当时著名的戏曲作家，他们创作的不朽作品是我国珍贵的非物质文化遗产。

汤显祖（1550—1616），江西临川人。汤显祖一生佳作颇多，如《紫箫记》、《紫钗记》、《牡丹亭》、《南柯梦》、《邯郸梦》等。其中《紫钗记》系据《紫箫记》改编，后四种统称“临川四梦”，或“玉茗堂四梦”。其代表作《牡丹亭》，又名《还魂记》，取材于明代话本《杜丽娘慕色还魂》，但经汤显祖之手赋予其新的生活内容，成为传世佳作。后世继承和仿效汤显祖创作者，号称临川派或玉茗堂派。汤显祖主张“凡文以意趣神色为主”（《答吕姜山》），反对模拟，提倡“灵气”；并以现实主义和浪漫主义相结合的经典剧作自成一家，流

明代著名徽州版画大家黄一楷（1580—1622）的这幅版画作品，风格清雅、人物清晰，具有较高的艺术造诣。

明代黄一楷刻《牡丹亭还魂记》插图

传后世，对我国戏曲发展做出了很大贡献，产生了重大影响。

与汤显祖同时代的剧作家沈璟（1553—1610），字伯英，号宁庵，江苏吴江人。万历二年（1574）考中进士，后来做了15年京官，37岁以后辞官专心创作戏曲。他的作品前期有《埋剑记》、《十孝记》、《分钱记》等，后期有《义侠记》、《桃符记》、《坠钗记》等。著传奇约合17种（今只保存7种），统称《属玉堂传奇》。他编定的《南九宫谱》，后增补为《南九宫十三调曲谱》23卷。和汤显祖浪漫主义和现实主义结合的创作倾向不同，沈璟反对雕琢辞藻，提倡忠于生活，使用本色语言；还主张“合律依腔”，严格规定板式和用字的四声阴阳，沈璟因之成为当时戏曲创作格律派的领袖。沈璟戏曲创作和理论的局限在于过分讲究声律，对创作起了束缚的作用。沈璟在明代剧坛具有一定地位和影响。当时就受到如王骥德、冯梦龙、沈自晋、臧晋叔等作家的推崇，形成所谓“吴江派”。

明末清初，《乾坤啸》、《艳云亭》、《十五贯》、《翡翠园》、《渔家乐》、《精忠谱》、《一捧雪》、《占花魁》、《如是观》、《秣陵春》、《桃花扇》、《长生殿》等作品的涌现，形成了传奇创作的又一高峰。

清代剧作家孔尚任（1648—1718），字聘之，又字季重，号东塘，别号岸堂，自称云亭山人，山东曲阜人。孔尚任的剧作现实感较强。其代表作品《桃花扇》以复社文人侯朝宗与秦淮名妓李香君的爱情故事为线索，反映南明弘光小朝廷覆亡的过程，“借离合之情，写兴亡之感”。他的作品塑造了复杂的社会背景中的众生相，艺术成就高，社会思想意义较强，发人深省。因此该剧创作完毕，受到相当多人的欢迎，在北京频繁演出，竟“岁无虚日”，甚至如“万山中，阻绝入境”的楚地容美（今湖北鹤峰县）那样偏远的地方也有演出（见《桃花扇本末》）。

洪昇（1645—1704），字昉思，号稗畦，浙江钱塘（今杭州）人。出身于已趋中落的世宦之家，却未获一官半职。洪昇的剧作有传奇九种，今仅存《长生殿》和杂剧《四婵娟》一种。《四婵娟》体式略近于徐渭的《四声猿》，由四个单折的短剧合成，分别写谢道韫、卫夫人、李清照、管夫人这四个历史上才女的故事。洪昇友徐材说，他“自谓一生精力在《长生殿》”（《天籁集·跋》）。《长生殿》成为其代表性作品，“盖经十余年，三易稿而始成”（《长生殿·例言》），最后一稿写定于康熙二十七年（1688）。该剧描述了唐明皇（李隆基）和杨贵妃（杨玉环）的爱情故事，反映了唐代天宝年间复杂的社会矛盾和政治斗争，寓意深远。洪昇与孔尚任在当时剧坛上均负有盛名，当时剧坛上有“南洪北孔”之称。

在《桃花扇》和《长生殿》之后，昆山腔日益贵族化、宫廷化，内容由俗而雅（被称作“雅部”），脱离生活倾向较突出，剧本愈加缺乏活力，演出体制亦有诸多局限，因此渐趋衰落。清康熙、乾隆年间，许多新兴地方戏曲普遍滋生。除昆、弋诸腔继续流行外，又有若干新兴的地方戏曲出现，诸腔杂陈，分属于不同的声腔体系。后来统称为五大声腔，即昆腔、高腔（弋腔、京腔）、弦索腔（柳子）、梆子腔以及皮黄腔。乾隆年间，戏曲剧种出现了“雅部”与“花部”的区分。雅部专指昆曲，花部泛指各种地方戏曲，又称“乱弹”或“花部乱弹腔”。

昆曲的衰落与“花部”（地方戏）的勃兴相对照，面临严峻挑战。从而出现从乾隆末年至道光年间，花部诸腔与雅部昆曲争胜局面，这就是我国戏曲史上有名的“花雅之争”。“花雅之争”具有相当重要的意义——它带来了一个地方戏长足发展的新时代，使中国戏曲获得再度振兴的契机。此后，出现包括昆曲在内的各种地方戏曲剧种取代传奇的潮流。见于历史文献记载的声腔剧种有梆子、秦腔、西秦、襄阳腔、楚腔、吹腔、二黄、罗罗、弦索等“乱弹”。

在北京，高腔（弋腔）、秦腔、徽调相继称盛，催生了以皮黄为主腔的京戏。花部乱弹戏（称“杂剧”、“时剧”）的剧本或曲谱在清代钱德仓所编《缀白裘》和叶堂所编《纳书楹曲谱》“外集”、“补遗”中有收录。在焦循《剧说》、《花部农谭》，吴太初《燕兰小谱》，小铁篴道人《日下看花记》，留春阁小史《听春新咏》中记录了当时流行的花部剧目。这些剧目中很多根据前代作品改编，也有重新创作的历史剧和根据民间传说创作的戏，或反映民间生活。其中大量优秀剧目，至今仍常演不衰。

另外，明清时期的绘画如明人所绘《南都繁会图》、清人所绘《康熙庆寿图》、王翚等绘的《南巡图》、乾隆元年（1736）绘清院本《清明上河图》等，都留下了戏曲表演的生动场面和人物形象。

此外，清代年画中有许多取材于戏曲剧目的题材，使戏曲在群众中产生了更为广泛的影响。清光绪年间杨柳青年画作品如《李逵大闹忠义堂》、《张辽威镇逍遥津》、《镇潭州》均十分珍贵，故事分别采自《水浒传》、《三国演义》、《说岳全传》，这些年画色彩鲜艳、笔法细腻，形象鲜明，和红纸背景相映衬，产生了强烈的艺术效果。

清代地方戏曲诸剧种，是元杂剧、明传奇的继承与发展，尤其是梆子腔和皮黄腔，替代了曲牌体制，创造出新的板腔体制，形成以板式变化为其特征的声腔形式，把中国戏曲艺术推入一个新的更加自由更广阔瑰丽的艺术新境界。

三、中国戏曲的顶峰——地方戏曲的勃兴和京剧的形成

（一）地方戏曲的勃兴

经过汉代百戏、唐代参军戏、宋元杂剧和南戏、明清杂剧及传奇等漫长的发展阶段，到

了清代中后期，我国戏曲达到了顶峰，其标志是数量众多、面貌各异的地方戏曲的蓬勃发展和全国最大剧种——京剧的形成。

明末清初的作品多是写人民群众心目中的英雄，如穆桂英、陶三春和赵匡胤等。这时的地方戏主要有北方梆子和南方的皮黄。清中叶以后，地方戏兴盛起来。地方戏包含了昆曲之外多种剧种。其中，占主导地位的就是乾隆年间（1736—1795）被称为“花部”或“乱弹”的梆子、皮黄和弦索等新兴剧种。当时以昆曲为正声，所谓“花部”，就是说地方戏的声腔博杂不纯，大多属于俗曲野调，无法与昆曲相提并论。但是，花部乱弹作品摆脱了文人的影响，题材和腔调都来自民间，在舞台演出与戏剧性上的优势十分突出。不论是戏剧冲突，还是舞台形象的塑造，都毫不逊于前代的杂剧、传奇。尽管由于剧作家的匮乏，清代地方戏未能出现像关汉卿和汤显祖那样的大师，但是中国戏曲却从此开始了从案牍文学向舞台艺术的转移过程。清代的地方戏作品主要通过梨园抄本或艺人口传心授得以流传，刊刻付梓者微乎其微。至今尚可看到早期面貌仅存的乾隆年间刊刻的选本《缀白裘》。

作为我国地方戏比较发达的地区之一，山西汾阳市的这座清代戏台对于研究我国戏曲史、地方戏史、戏曲建筑史，都具有重要的史料价值。

山西汾阳市清代戏台

艺术形式方面，花部戏中的梆子和皮黄等剧种，为了达到通俗易懂，完全脱离了曲牌联套的结构，而改以七言、十言为主的排偶唱词，替代了传统的长短句。唱腔音乐则以一对上下乐句为基础，突出了节奏和节拍；表现手段上更通过唱腔板式（如慢板、愉板、流水板、散板等）的变化，表现人物情绪和故事情节的变化及趋势。这样，板腔体的出现就引发了中国戏曲结构形式的变化，这有利于中国戏曲向综合唱念做打、整剧一体和更为自由灵活的方向发展。

明清时期，我国少数民族戏曲也表现出良好的发展势头。比如贵州侗族的侗戏、布依族的布依戏、云南白族的吹吹腔剧（白剧之前身）、傣族的傣剧，以及分布在云南、广西两省（区）壮族的壮剧等都是在花部戏蓬勃发展的时代初露峥嵘的。

（二）京剧的形成

京剧是清代在地方戏高度繁荣的基础上产生的。在中国戏曲史上，人们通常将“徽班进京”视为京剧形成的标志。清乾隆五十五年（1790），为了庆祝乾隆皇帝八十寿诞，浙江盐务大臣携皖南艺人组成的戏班“三庆班”入京演出。至嘉庆、道光（1796—1850）年间，京城舞台出现了“四大徽班”（三庆、四喜、春台、和春）称盛的局面。此期即以徽班为基础，拉开了京剧形成的大幕。

为适应京城观众的审美需求，徽班艺人不得不在艺术上精益求精，融会贯通各派艺术特长。同期，又有一批湖北艺人接踵而来（1828年以后），徽汉艺人间互相合作，使以唱二黄调为主的徽班兼容了湖北的汉调和皮黄腔，自此以后以皮黄戏为主的戏班长期称雄京城舞台。

在此期间，涌现了一批杰出的京剧艺人，如余三胜（1802—1866）、张二奎（1814—1864）和程长庚（1811—1880）等。他们是徽汉合流，并萃取昆腔、京腔（高腔）及梆子等诸腔杂调之长，促使京剧（即京调皮黄戏）形成的代表人物。当时人们将他们称为“三鼎甲”，这是对于他们在京剧艺术上作出的重大贡献的高度认可和评价。同期还有“小三鼎甲”（即京剧新三杰：谭鑫培、汪桂芬、孙菊仙）、“四大须生”等多种说法。同治光绪年间，“同光十三绝”（第一代京剧表演艺术家及不同流派的宗师群体）的出现标志着京剧艺术的成熟与兴盛。此后不久，京剧即向全国发展，特别是在上海和天津，京剧成为具有广泛影响的剧种，将中国的戏曲艺术推进到一个新的高度。

（三）中国戏曲的主要种类

可以说，中国的戏曲门类繁多且众彩纷呈。根据1962年的调查统计，共有460多个剧种。其中偶戏近百种，由人扮演的戏曲有360余种。1982年谭伟等人统计，认为中国戏曲约有317种再据1982年《中国戏剧年鉴》的记载，修订、补充辑录中国戏曲凡373种。

按照不同的标准可以将我国戏曲分成不同的类别。从影响范围来看，可以分为全国性戏曲和地方性剧种两大类。其中，影响最大的全国性剧种无疑非京剧莫属。京剧以其艺术水平之高、综合性之强、影响范围之广、层出不穷的名家名角和韵味深长的京味儿，成为当之无愧的“国粹”，至今仍被海内外人士视为是中国文化精粹和杰出代表之一。清代以来其代表性剧目已有“三千八百出”之多，传统剧如《贵妃醉酒》、《苏武牧羊》、《打渔杀家》、《铡美案》、《孔雀东南飞》和《霸王别姬》等，现代剧目如《红灯记》和《智取威虎山》等均驰誉全国。著名表演艺术家除上文提到的早期京剧的代表人物“三鼎甲”、“小三鼎甲”、“同光十三绝”等，还有活跃在近代舞台上的四大名旦（梅兰芳、尚小云、程砚秋、荀慧生）、四小名旦（李世芳、张君秋、毛世来、宋德珠）、南麒、北马、关东唐（即南方的麒麟童周信芳，北方的马连良，东北三省的唐韵笙，都是以做工老生闻名）及20世纪40与50年代之交马（连良）、谭（富英）、杨（宝森）、奚（啸伯）等四大须生。

在我国各地的舞台上，活跃着大量具有浓郁地方和民族特色的地方剧种，以其通俗易懂的念白、贴近群众生活的情节，乃至具有一定现实意义的说教、五彩斑斓的舞台服饰、超群的唱功和特技表演而为广大群众所喜闻乐见，甚至融入群众生活，成为其不可或缺的生活娱乐的组成部分。代表性的剧种如河南的豫剧、越调、曲剧，鄂豫皖一带的黄梅戏，江浙地区的越剧，广东省和港澳地区的粤剧，湖南湖北和安徽地区长盛不衰的花鼓戏，体现西北豪爽风格的秦腔，具有燕赵慷慨余韵的评剧等等。代表剧目如《诸葛亮吊孝》（越调），《花木兰》、《穆桂英挂帅》（豫剧），《卷席筒》（曲剧）、《天仙配》（黄梅戏），《红楼梦》、《梁山伯与祝英台》（越剧），《一捧雪》（粤剧），《刘海砍樵》（花鼓戏），《钟馗嫁妹》（秦腔），《杨三姐告状》(评剧)等。杰出演员有申凤梅、马金凤、常香玉、海连池、严凤英、马兰、陆锦花、邝新华、红线女、何冬保、魏长生、陈雨农、韩少云和新凤霞等。随着建国戏曲艺术新时代的到来，有许多地方戏曲已经走出了原有的地域限制，走向全国，扩大了影响。

傩戏，又称傩堂戏、端公戏，源于原始巫祭，是在民间祭祀仪式舞蹈基础上吸取民间戏曲而形成的一种戏曲形式，舞者头戴假面，手持干戚等兵器，表现驱鬼捉鬼内容，该戏广泛流行于安徽、江西、湖北、湖南、四川、贵州、陕西、河北等省。

贵州思州傩戏

从声腔来看，大约分为高腔腔系、昆腔腔系、梆子腔系、皮黄腔系、民间歌舞类诸腔系、民间说唱诸腔系和少数民族戏曲等。其中高腔腔系包括由明代弋阳腔及后来的青阳腔衍变派生的诸如赣剧、湖北的清戏、川剧及京腔等。绝大多数高腔剧种仍沿弋阳腔的不被管弦、锣鼓助节、一人启齿而众人帮腔的特点。清中叶之后，随着花部的勃兴，昆腔渐趋衰落，今尚存者，唯有杭州、上海、南京的南昆，北京的北昆，温州的永（嘉）昆和湖南的湘昆。南昆唱法讲究吐字、过腔和收音，声腔柔婉缠绵；北昆激越豪壮；湘昆曲调高亢质朴，较少装饰。永昆唱腔则古朴明快。昆腔近百年来对京剧、川剧、婺剧、赣剧、柳子戏、上党梆子和正字戏等剧种有过重大影响。其他如皮黄腔系主要有：徽剧、汉剧、京剧、粤剧、湘剧和川剧等，高腔以秦腔、豫剧、晋剧、河北梆子、滇剧的丝弦腔和川剧弹戏等为代表。

按照戏曲的表现手段还可以分为文戏和武戏；按题材可分为社会戏（如越剧《祥林嫂》)、家庭戏、历史戏和爱情戏；按照故事情节还可以分为神怪戏和鬼戏（含傩戏)。若按照西方分类标准，还可将中国戏曲分为喜剧和悲剧、正剧和闹剧等。

主题三　中国戏曲的欣赏

一、中国戏曲文化独特的魅力

戏曲是中华文化不可分割的有机组成部分，也是我国人民对世界文明做出的杰出贡献。我国戏曲的独特魅力表现在以下诸方面：

(一）唱腔美

我国戏曲的唱腔来自古乐歌，种类繁多，是各地方言的音乐化和韵律化，含有浓郁的地方风味。一个剧种并非只唱一个声腔，由于剧种间的相互影响，各剧种形成发展的历程不同，演唱的曲调也有多样性的变化。无论哪种唱腔，都务求尽善尽美。京剧中要求演唱者

“因字设腔，字正腔圆”，即在演唱中依据字音和字义来处理腔调，字音要正，不可有方言杂音，唱腔要圆润高亢，不可偷工减料。例如《赵氏孤儿》一剧《搜孤救孤》一场中程婴唱“白虎大堂领了命”句，就设计为腔调高亢的二黄导板，“白”字的音调起始就高，先用一个小腔，紧接着用拔高的立音唱“虎”，却未大用腔，在“大堂”的“堂”字上使用了低缓的长腔，“领了命”三字“领了”唱得从容，一带而过，在“命”字上又用了一个上扬的唱腔。这一设计既注意了语言规律和二黄唱腔规律，又注重了人物悲愤交加的感情表达，令人回味悠长。

（二）音乐美

戏曲的音乐分为“文场”和“武场”，职责分明，极为讲究。乐队中管弦乐部分称为“文场”，打击乐部分称为“武场”，合称为“文武场”，或叫“场面”。“文场”主要是使用各种胡琴、月琴、琵琶和阮等为演唱者进行伴奏，并演奏场景音乐；“武场”则是配合演员的身段动作、念白、演唱、舞蹈和开打而使用不同类型的鼓、板、锣、铙及钹等，使其起止明确、节奏鲜明。此外，“武场”还承担场次的转换和舞台情绪渲染等方面的任务。乐曲本身也来自千百年我国民族音乐的积淀，荟萃了我国民族音乐的精华，魅力无穷。在京剧中，有“文三场”、“武三场”共六场的说法。即文武场乐器各有三大件，文场三大件系京胡、月琴和弦子，武场三大件为单皮鼓、大锣和小锣，好的乐手则六场通透，如梅兰芳先生的琴师徐兰沅先生就是如此。

（三）服饰美

我国戏曲为追求舞台的真实性，在服饰方面讲究五彩斑斓，显得华美异常。戏曲的服饰分为头饰、衣饰和足饰（即狭义的“行头”）。戏曲的行头，来自我国传统民族服饰，又根据舞台艺术的需要、适应封建时代的等级秩序而进行改造，既使它与生活服饰区别开来，又具有一定的艺术夸张性、表现力和感染力。从某种意义上说，我国戏曲服饰正是对于现实生活的模仿和拔高。比如京剧传统戏衣按不同形制分属于“大衣箱”和“二衣箱”。

京剧“大衣箱”主要是内衣、彩裤和靴鞋。包括：富贵衣、加官蟒、男女蟒、开氅、官衣、宫装、男女帔、花素褶子、腰裙、袄裤、太监衣、罪衣和孝衣等50余种。又有“副大衣箱”，包括箭衣，斗篷和采莲衣等10余种。

“二衣箱”主要有：男女靠、豹衣（又名英雄衣）、快衣、龙套、大铠、上下手衣、茶坊衣、皂隶衣、兵卒坎及猴衣（又称智多衣）等40余种。

戏衣的色彩主要有：黄、红、绿、白、黑等“上五色”（或称“正五色”）及紫、蓝、粉红、湖色、香色等“下五色”（或称“副色”）。实际上副色已远多于5种。这些颜色都十分鲜艳明快，根据人物的不同身份、地位和年龄而选用，对表现人物的性格特征起到了很好的烘托作用。传统戏衣的质料以绸、缎和绉为主，并绣有镶金错银的精美图案，如龙、凤、兽、鱼、虫、花卉、水，以及水旱八宝、暗八仙和各种民间吉祥纹样。图案不仅有装饰和美化作用，也是表现人物性格特征的主要因素，一部分图案还有表现人物身份地位的作用，属于舞台人物形象塑造的一部分。

（四）表演美

在戏曲舞台上，演员的舞台表演是相当重要的环节，戏曲要求演员“装龙像龙，装虎我国戏曲服饰用具统称为行头，有些场合单指服装，有时候乐器也称为行头。一般不分朝代，地域和季节，只按不同的剧目、角色行当和人物特点分为各种基本固定的式样和规格。

戏曲行头

像虎”。

第一，演员的扮相（即角色造型）要与角色应有的外在形象相符合。金少山饰演的霸王项羽高大魁梧，与角色的外在形象极其相像，乃享有“金霸王”的美誉。

第二，演员透过外形与声音所表现的气质状态要与角色相符合。如杨小楼之所以有“活赵云”的美誉，就是因为他在《长坂坡》一剧中扮演的赵云表演极为传神，达到了戏曲要求的艺术真实。

为增强戏曲的艺术感染力，对戏曲演员有相当高的基本功（唱、念、做、打）要求，其中“做”和“打”都属于表演的范畴。“做”是舞蹈化的形体动作，手、眼、身和步各有多种程式，髯口、翎子、甩发及水袖有很多技巧，演员还要揣摩戏情戏理、人物特征，才能把戏演活；打是武术或翻跌的技艺，是我国传统武术的舞蹈化，一般分为“把子功”（用兵器对打或独舞）和“毯子功”（在毯子上翻滚跌扑）两大类。因其根据舞台表演的要求进行了改造加工，被某些人蔑称为“花拳绣腿”。

另外，有些出类拔萃的演员身怀绝技（即“绝活儿”），如甩发、水袖、宝剑出鞘入鞘、变脸、开眼、喷火、变须、飞帽上头、僵尸、打出手、耍手绢、舞扇子及转茶盘等是需经过相当时期练习的高难度技巧性动作。精彩的打出手表演，高潮时如彩练缤纷，如天女散花，如万箭齐发，如蛟龙飞舞，变化多端，奇异壮观，构成一幅幅美丽的图画。

由于舞台上空间有限，演员的表演也就带有一定的写意和夸张成分，如人们常说的“三两人，千军万马；一抬腿，万水千山”。如《金山寺》中用水旗、云片表现波涛汹涌；《游园惊梦》中花灯把杜丽娘“因情成梦”的梦境形象化、浪漫化并庄严化；《三岔口》中用来代表床的桌子是抽象化了等，给观众留下了充分的联想空间。

（五）脸谱美

中国戏曲有别于西洋戏剧的还有中国戏曲特有的脸谱艺术。

脸谱来自远古面具，是以唐宋涂面化妆为基础发展起来的。在戏曲舞台上与人物角色的行当分类（生旦净丑）有密切关系。行当最初用于表现人物的社会地位、身份和职业，后来逐渐深化扩展到也表现人物的品德、性格和气质等方面，从而使角色行当具有了类型化特征，包含有明显的善恶、褒贬的道德评价。如公正忠孝者为端庄的正貌，奸邪可恶者刻画成丑形。

戏剧脸谱也受到古典小说演义和说唱艺术的影响，如关羽的丹凤眼、卧蚕眉，张飞的豹头环眼，赵匡胤、徐达和马芳的面如重枣等文学描写，被戏剧艺人吸收来，形成戏剧人物脸谱的各种样式。脸谱传达的对人物的善恶、褒贬评价是直接的、一目了然的。如伯鸿先生在《戏》一文上说脸谱“比如白表‘奸诈’，红表‘忠勇’，黑表‘威猛’，蓝表‘妖异’，金表‘神灵’之类，实与西洋的白表‘纯洁清净’，黑表‘悲哀’，红表‘热烈’，黄金色表‘光荣’和‘努力’”等异曲同工。

京剧脸谱——关羽

我国戏曲脸谱有着固定的模式，图中关羽就以标准化的脸谱表明了人物的形象是忠义和刚烈。

京剧脸谱谱式多样，图案复杂。不仅各剧种的脸谱有差异，就在一个剧种里，也有不同流派，如京剧脸谱中就有徐宝成、何桂山、穆凤山、钱金福、金少山、郝寿臣和侯喜瑞等名伶的不同风格流派。

（六）环境美

戏曲舞台一般没有实物布景，只能通过演员的歌舞表演来表现，观众通过演员的表演加以想象、体会，这就引起了舞台处理的高度灵活性。而根据剧情的要求，为营造出接近真实的场景和亦真亦幻的时空感，戏曲舞台上需要各种道具、布景等（在现代戏曲舞台上还有灯光、音响等设施）来配合。

京剧使用的大、小道具和简单的景物设置，统称为“砌末”或“砌末装置”，包括烛台、灯笼、圣旨、书信、文房四宝、茶具、酒具、车旗、船桨、马鞭、令箭、刑具和脸子、罗汉头（套头）、虎头牌、肃静回避牌及彩人头等。舞台上使用的兵器称作“把（靶）子”，有刀、剑、枪、大枪、斧、锤和叉等百余种，根据演出需要而设置。各种旗帜仪仗有：门枪旗、大纛旗、水旗、火旗、月华旗、黄罗伞、开门刀、押虎枪、符节、掌扇、提炉、金瓜、金镫和全副銮驾执仗等，统归“杂把箱”（或称旗把箱）设置管理。管理“杂把箱”的艺人，称作“检场”、“走场”或“值台”。他们的职责是打上下场门帘，摆桌椅，递砌末，撤火彩，临场更换戏装，当演员做某些高难度动作时进行安全保护等。“检场”师傅必须懂戏多并非常熟悉演员的表演，故内行又把他们称为“剧通科”。清末的闾定（名玉川，1856—1899）、闾福（名寿春，1876—?）父子皆为“剧通科”大家，入升平署为内廷供奉，所传弟子很多。

（七）戏词美

尽管在清中叶以后，戏曲由民间蓬勃兴起，文人戏剧的成分减弱，但这并不能妨碍戏曲作为语言艺术的发展。戏曲的语言虽来自民间，却是民间语言的精粹，经过艺人和观众多年的积累和锤炼，尤其是其中有一部分文化水准较高的社会名流的参与，使戏词吸取了古诗、古词、民间口语、民谚和民歌的所长，并使用了前人的诗词曲赋，从而显示了中华文化的意蕴。如元曲《西厢记》“长亭送别”一节的唱词就有丰富的历史文化内涵：

【正宫】【端正好】碧云天，黄花地，西风紧。北雁南飞。晓来谁染霜林醉？总是离人泪。

【滚绣球】恨相见得迟，怨归去得疾。柳丝长玉骢难系，恨不倩疏林挂住斜晖。马儿屯屯的行，车儿快快的随，却告了相思回避，破题儿又早别离。听得道一声去也，松了金钏；遥望见十里长亭，减了玉肌：此恨谁知？

其中，“碧云天，黄花地，西风紧。北雁南飞。晓来谁染霜林醉？总是离人泪。”很容易令人联想起范仲淹的《苏幕遮》和江淹的《别赋》，用心精巧，文采飞扬。更显出久负盛誉的王实甫《西厢记》戏词的考究。

二、我国戏曲文化的基本特征

欣赏中国戏曲必须注意我国戏曲文化的基本特征。

（一）综合性

戏曲的综合性指它把唱做念打等多种表演手段有机地融为一体，还综合了不同的艺术门类。

（二）虚拟性

我国戏曲“略形传神，以神制形”，通过演员在狭小的舞台上进行夸张的艺术形象的创造过程，充分调动观众的想象力，实现艺术形象的再创造，实现戏曲的艺术功用。

（三）程式性

我国传统戏曲对演员表演有严格的规范化制约：

1. 唱，应严格服从曲牌或板式的规范；做，有确定的尺度程式；念，有具体的要求；打，必须按一定的套路。

2. 不同的角色和行当，表演同一动作时程式上有区别。

3. 程式化并非公式化、凝固化的模式。在戏曲发展史上，许多有成就的演员，在塑造人物的过程中，都会对原有的表演程式有所突破和创新。如豫剧著名表演艺术家常香玉就勇敢地汲取了豫剧诸流派之长，形成风格独具的常派。

（四）流派不同，风格有别

三、戏曲艺术的欣赏方法

（一）注意把握戏曲独特的表现方法

我国戏曲大都以唱文为主，同时又配合以人物的上下出入来表演故事。故事情节有开头，发展，高潮，结尾等几个部分，与电影、话剧有重大差异。

（二）要认清戏曲表演形式的独立性

我国戏曲以演员表演为中心，以塑造人物形象为手段，充分调动台前幕后一切因素，使用较为夸张和写意的方法突破舞台的限制，创造了广阔的思维空间，形成了我国特有的舞台表演艺术。在戏曲欣赏中，理解了这些才能抓住戏曲的中心，得到美的感受。

（三）学会分辨戏曲剧目的思想内容

由于我国戏曲历史久远，经历了漫长的封建时代以及半殖民地半封建社会，在思想上虽不乏积极、健康、鼓励人们奋发进取的佳作，也不可避免地包含一些封建的、落后的、愚昧迷信的成分，在欣赏时不能不加以批判。

学习与思考

行知合一

请在课余时间调查你所在地区独特的或有影响的戏曲类型，提交一份相关调查报告。

网络世界

你知道什么是“票友”吗？票友的存在对戏曲有什么影响？请到网上查找资料找出答案。

深度思索

戏曲凝结了我国数千年的历史文化精华，但其现状并不乐观，试分析其原因并提出你的解决方案。

开拓视野

中国的戏曲与西洋的歌剧有何不同？

单元十　中国古代建筑

学习目标

掌握我国古代建筑的一般知识；增强对我国传统文化的热爱；树立更为坚定的爱国意识；提高艺术素养，能够对中西建筑进行一般的辨析。

主题一　古代建筑的成型与成熟

我国古代建筑起源很早，独具特色，集实用和艺术欣赏于一体，是人类文明史上不可多得的宝贵财富。

一、我国古建筑的起源

我国古建筑起源于原始社会中后期的新石器时代。

大河村遗址跨越仰韶文化、龙山文化和夏商文化三个时期，是早期中原文化的杰出代表之一。图中房屋基址反映了从仰韶文化向龙山文化过渡时期人们的居住环境。

河南郑州大河村遗址房屋基址

在整个旧石器时代，由于生产水平所限，人们往往借居于山洞或地穴中。我国远古神话中说有巢氏构木为巢，就反映了人们为了逃避野兽侵袭而选择的一种居住形式。进入新石器时代，人们生产技术和工具有所改进，随后居住条件也得以改善。在我国大量的新石器时代考古遗址中，发现了为数不少的建筑遗址。从中原地区的半地穴房屋基址到江南的干栏式建筑，既表现出我国因地形地貌不同而导致的房屋地区差异，又反映出我国古建筑萌芽时代的建筑技术和水平的不断演进过程。如中原新石器时代早期的裴李岗文化遗址（前5550—前4900）、磁山遗址（前5400—前5100）和甘肃秦安的大地湾遗址（前5200—前4800）等，都有了小规模的聚落，已有半地穴房屋。与当时母系氏族公社的社会组织形式相适应，这些房屋都具有向心型的结构。

新石器时代中期，以黄河流域的仰韶文化和江南的河姆渡文化为典型，人们定居的聚落不仅有了一定的规模，而且还出现了像河南郑州大河村那样的多室型房屋结构，即成套成排的房屋。

龙山文化（前2900—前1600）时代，房屋的面积有所缩小，但某些聚落已扩大成为城市。半地穴建筑仍然存在，但已有地面房屋的出现，室内地面与墙面均涂以白粉，甚至个别建筑还使用了夯土台基。这种夯土技术的扩大使用，表现在城子崖的古城垣。

几乎与此同时，我国长江中游屈家岭文化和石家河文化建筑已经多是平面方形或长方形地面房屋或套间及多达30间的连屋了，房屋用草泥垛墙并以木柱为梁。还有占地面积达一平方公里的古城，其中许多古城具有了夯土城墙、护城河及水门。

在长江下游，河姆渡文化（前5000—前4000）及同时的嘉兴马家浜文化（前4400—前3300）和余杭良渚文化（前3300—前2200），下部架空的干栏式建筑具有明显的水乡特色。余杭瑶山遗址的夯土祭坛表明江南地区在很早的时候也曾使用夯筑技术。

与此有着重大差异的红山文化（前3500年前后）的建筑遗址，房屋的外墙均用石砌，牛河梁遗址竟还有泥塑痕迹。在居住方面，我国境内的先民们经历了相当漫长的艰苦岁月才来到了文明的边缘。

在新石器时代，我国先民创造的聚落、居住建筑、陶窑和祭坛等多种建筑形式，为后代建筑的发展奠定了基础。建筑结构上，窑洞、木梁架和干栏式三种类型，基本确立了以后几千年中国传统建筑的土木结构形式，尤其是木梁架式样更成为后来中国建筑结构中的主流。各建筑构件之间也从较为原始的绑扎发展到较为精致的咬合的榫卯结构。聚落选址时考虑了近水、向阳、不受旱涝和易于防御等因素，还把生活聚落按照功能分为居住区、生产区和墓地，这是人们通过长期实践取得的知识和经验，是了不起的成就，对后世也有着积极的启发和指导作用。至于具体的技术，如夯土技术、土坯砖、木骨泥墙、烧烤地面、白灰面及室外散水等不但大大改善了当时建筑的使用及人们的生活条件，而且还为后世长期沿袭，在很大意义上具有开创的价值。这种环绕向心、中轴对称和主次分明等建筑布局原则，已经被人们用于建筑实践中。因此，这一时期又可以称为我国建筑文化的奠基时期。

二、我国古建筑体系的完备

从原始社会后期到春秋战国时期，我国建筑逐渐成形。

传说禹的父亲鲧曾筑城保护自己的财产，表明随着生产的发展和私有财产的出现，社会产生了分化。这也影响到人们的居住状况——城池出现且规模已超过了前代的人类聚落。尽管夏代建筑遗址发现少之又少，仅偃师二里头发现夏代宫殿遗址、1975年发现的河南登封告成镇王城岗（有学者认为此遗址即夏代始帝禹的都邑——阳城）、1979年发现的河南淮阳平粮台及最近在河南新密市发现的新寨遗址可以认为是夏代早期都城遗址。但是我们依然可以从这些遗址看到夯筑技术、房基的高台化、土坯砖普遍用于屋墙及草泥涂抹墙壁等现象，甚至于在平粮台遗址还发现陶轮制作的水管，水管接头处竟然有榫卯形状。至于商代都城，则有湖北黄陂盘龙城、郑州二里岗商城和安阳殷墟为证，周代丰镐二京及成周虽已踪迹难寻，却有《周礼·考工记》等大量文献作为旁证。另外近年来对于周族发祥地岐山凤雏和扶风召陈进行了考古发掘。其中，岐山宫殿是中国已知最早最完整的四合院，已有相当成熟的布局水平。各空间和体量有较成熟的大小、虚实、开敞、封闭及方位的对比关系。这种四合院式的建筑形式，规整对称，中轴线上的主体建筑具有统率全局的作用，使全体具有明显的有机整体性，体现出一种庄重严谨的风格。院落本身给人安定平和的感受。这种把不大的木结构建筑单体组合成大小不同的群体布局，是中国古代建筑最重要的群体构图方式，得到长久的继承。

春秋战国时期，出现一个城市建筑的高潮，我国东部地区的县城已基本出现，也出现一些规模较大、布局较为严整的大城市，如齐临淄、楚郢、赵邯郸和魏大梁等，同时也是一方物流集散地。各诸侯国也修建了大量的宫室台榭，建筑工艺争奇斗妍，成为一时风尚。战国建筑值得称道的是位于今河北平山县的中山王陵。该陵虽未完工，但从墓中出土的一方金银错《兆域图》铜版（该陵平面设计图）可以看出其意图——墓室上有封土，封土之上建享堂。享堂都是有3层夯土台基的高台建筑，其中最大者从地面算起，总高可达20余米。封土后侧有4座小院。整组建筑以中轴线上最高的王堂为构图中心，后堂及夫人堂依次降低。规模宏伟，均齐对称，中心突出，主次分明。该图也是已知我国最早的一幅用正投影法绘制的工程图，距今2 300年。

兆域意指墓域，即坟墓的界址。这幅1974年出土于河北省平山县战国中山王墓的铜制建筑设计平面图，是世界上现存最早的一份墓域建筑设计蓝图。

《兆域图》

由以上可知，这一时期的建筑技术与建筑艺术成就很高，影响深远。

在建筑设计上，已有事先的勘踏地形和规划布置，如周武王建雒邑时，派周公“相土尝水”。在商代藁城台西民居墙内发现的白云母及石英划出的直线，以及战国中山国王墓内出土的铜版《兆域图》，都是不可多得的珍贵资料。宫殿、坛庙、陵墓、官署、监狱、作坊和民居等功能不同的建筑均已出现且特点明显。

土木结构进一步发展，木架柱梁结构已成为建筑的（特别是统治阶级的）主流结构形式，还出现了斗拱这一独具中国特色畅行数千年的重要建筑构件。如西周初期青铜器令殷和战国中山国王陵出土的文物铜架，木构件也更加精确多样。高台建筑的出现与夯土技术的提高息息相关。

这一时期，出现了陶制地砖、屋瓦、水管和井圈及铰叶等小件建筑素材，这是建筑技术上一个重大进步。在三代陵墓发现的白膏泥和积沙说明人们已知道用这种方法可以防止墓室渗水，甚至防盗，在我国建筑史上也是空前的。建筑外观总的比较平，但后来出现了高台建筑，当时建筑的屋盖已有四坡（即“四阿”）、攒尖和两坡等多种形制。色彩上，墙面刷白地面涂黑，柱则严格按等级着色，“天子丹，诸侯黝，大夫苍”。应该提到的是空心砖和瓦当的出现，对于我国传统的建筑具有极大的意义，完全改变了以土坯为墙、泥草混合覆顶的习惯，还提高了建筑的档次，增强了遮风挡雨的使用功能。瓦当等构件上面的各种装饰如燕下都出土“山”字形栏杆砖和虎头形出水管等上面的同心圆、卷叶、饕餮、龙凤、云山和重环等纹样，更是人们在建筑方面对于美的追求和创造能力及水平的显现。

三、我国古建筑的第一次高潮期

秦汉时期，我国古建筑体系基本形成。

秦灭六国，实现了国家统一，在建筑方面也显示出其磅礴的大气，秦朝遗留下来的建筑遗址遗迹，无不以气势恢弘著称。如秦长城，秦始皇陵，沟通湘江和珠江两大水系的灵渠，以咸阳为中心、四通八达的驰道和阿房宫遗址等，它们均给后代建筑以深远影响。其中秦始皇陵被称为世界建筑史上的奇迹之一。进入汉代，建筑活动十分活跃。首都长安与洛阳两城的建设，大量宫室、离宫、苑囿如未央宫、建章宫、上林苑和诸多的礼制建筑，长城防御体系的进一步延伸与完善，规模宏大的陵墓和坛庙等，面广量大，辉煌壮丽，创前世所未有，形成了中国建筑发展史上的第一次高潮。这个时期铁器普遍使用于建筑上，对建材的利用更加有利，甚至出现了铁制的建筑构件。

以抬梁式为主流的木框架建筑结构形式，到秦汉时期已经更加成熟并产生了重大的突破，已达到了极高的水平。出现大跨度梁架，如秦咸阳离宫一号宫殿主厅的斜梁水平跨度长达10米（千年后另一宏大建筑——唐长安大明宫含元殿的主梁，尚且未超过这一限度）。在汉代画像砖及陶楼建筑明器中可见到抬梁式木构高层建筑的形象，其柱、梁、枋、斗拱的结构与组合形式已很清晰。它们的产生和运用，使中国建筑又有了新的突破，至迟在东汉中期，“高台建筑”逐渐退出历史舞台。

陶制砖、瓦及管道，在秦汉有新发展。陶砖除用于铺砌室内地面外，还用作室外的踏道，在秦始皇陵兵马俑坑中，还发现被用于贴砌墙的内表面，砖瓦的表面还模印出纹样。西汉长安城的下水道，以及许多空心砖墓和砖券墓等地下建筑大量用砖。从少量陶楼明器中可看到砖砌半圆拱券。某些画像砖和画像石中的建筑台基，也以条砖包砌外表，若干建筑的正脊，亦有砖砌现象。

河南新密打虎亭汉墓是全国重点文物保护单位。墓中的壁画数量众多，构图严谨，线条健劲有力，人物动作夸张有神，用色考究，有极高的文化和文物价值。中室北壁《宴饮百戏图》为主体图。右图为中室南壁的《车骑出行图》，声势煊赫。

河南新密打虎亭汉墓壁画

从西汉初开始，已使用正规的拱券结构，以筒拱为主要结构形式，大量用于下水道及墓葬。建筑设计中，汉代建筑人员为了加强拱券的承载力，使用刀形或楔形砖加“楸”，叠用多层拱券，及在券上浇注石灰浆等技术。到东汉才出现“穹窿”。在墓葬建筑方面，大量使用画像砖和画像石，以代替容易朽坏的传统壁画与木雕。这些砖石画像，内容极为丰富。雕刻手法有线刻，也有或浅或深的浮雕，甚至还有圆体的透刻。为造成似壁画的效果，某些画像砖和画像石上还涂上了红、绿、黑、黄和紫等各种颜色。画像砖及画像石除了表现出自身独特的艺术风格和魅力外，还和墓中其他建筑构件如柱、梁和斗拱相配合，达到了和谐的统一，如山东沂南和安丘石墓及洛阳空心砖墓中所示。汉墓中，壁画依然存在，如内蒙古和林格尔东汉墓和河北安平县逯家庄汉墓壁画，使我们看到当时城市、官署、道桥及地主庄园等生产生活场景。综合来说，汉代建筑风格开阔而奔放，自然拙朴、圆润，气魄恢弘。

主题二　古代建筑的高峰期和衰落

一、我国古建筑的又一高潮期

魏晋南北朝是我国古代建筑史上的过渡时期。房屋陵墓建筑的技艺和风格不仅在原有基础上有所进步和发展，而且吸收了不少内迁各少数民族所带来的特色。尤其是佛教的流行，使以佛教为中心的各种艺术蓬勃发展，在建筑方面就是大量佛教建筑如寺、塔和石窟的出现，由此造成了魏晋南北朝在我国古建筑史上的特有地位和作用。三国时期的曹魏对于洛阳的营造，如将原来的南北两宫改为仅北宫一宫，加大宫前主街的纵深长度，并将主殿太极殿改成与东堂西堂并列的布局，对后世颇有影响。曹魏邺都形成全城中轴线的布局，开中国古代都城的新模式，同样影响深远。北魏迁都洛阳后，对洛阳城进行重新扩建，发展出方格网街道的外郭，创造出中国城市布局的新形象，成为隋唐长安城的前奏。南朝都城建康在萧梁统治时期是全国的最大的城市和商业中心，城市建设传统意蕴浓厚又有江南特色。南北朝政权都很重视的佛教建筑对建筑技艺的发展起了积极作用，其中南朝寺塔建造对木结构发展作用最大，是其摆脱汉以来宫室建筑中土木混合结构残余，向全木构架发展的关键阶段。石窟建造的艺术风格也属于向完全中国本土化的方向迈进的重要阶段。

隋唐五代是我国古代建筑体系完全形成和成熟期，中国古代的宫殿、寺院、第宅等的布局和形式至此已基本定型。由于国家的统一，南北经济文化的交流、与外来文化的交融以及前代的积累，隋唐各类建筑呈现出盛世景象，建筑艺术发展到高峰。佛教的继续发展，使寺塔石窟等成为我国古建筑中仅次于宫殿的重要类型，这一时期也就成为我国古建筑史上的又一高潮期。

仿唐大明宫玄武门

复建的唐大明宫玄武门气势雄浑、大气磅礴，在一定程度上重现了唐代宫廷建筑的艺术成就。

这一时期最为突出的建筑成就表现在以都城、宫殿、佛教建筑、陵墓和园林为主。都城方面，长安和洛阳作为隋唐两代最大的城市，建筑规划完全规整，气势恢弘，格局精严；宫殿组群组织性强、体量大、舒展飘逸而大度非凡；佛寺建筑庄重又不失华丽堂皇；陵墓依山营造（以山为陵），气势磅礴；已出现皇家园林与私家园林的区分，皇家园林追求身份地位的高高在上，而私家园林具有更高艺术境界，超凡脱俗。隋唐单体建筑强调与整体的和谐一体，造型浑厚，形式上较多采用凹曲屋面与屋角起翘，线条柔和，适度的内部空间组合变化更增强了隋唐建筑的适用性。

唐自高宗起至玄宗前期（650—740），国势极盛，进行了较大规模的建筑活动。662年，唐高宗在长安东北高地上兴建大明宫，这是唐代所建最大的皇宫，比现存的北京明清紫禁城大44倍。武则天力排众议，在洛阳宫拆除正殿建立明堂。明堂方88米，高86米，是唐代所建体量最大的建筑物。另外，唐代为控制建筑规模，还订立了《营缮令》法规，规定了建筑的规模和装饰须严格遵循上下尊卑秩序，不许僭越。此时中国的建筑体系已发展至成熟阶段，并与国家礼制和民间习俗密切结合，完全可以满足使用需要，成为稳定的建筑体系，外来的建筑体系已不能动摇它。但外来的装饰图案、雕刻手法和色彩组合诸方面也进一步丰富了中国建筑。很多当时盛行的卷草纹、连珠纹和八瓣宝相花等外来装饰纹样已经完全中国化。

唐代木架构建筑现仅存4座，为山西五台佛光寺大殿、五台南禅寺大殿、平顺天台庵大殿和芮城五龙庙大殿。殿堂、厅堂、斗尖亭榭和余屋四种构架在唐代已完全具备，宋代《营造法式》中记载的各种殿堂柱网布置在唐也已出现，木构架结构基本定型。隋唐砖石结构主要是地上的佛塔、桥梁和地下的墓室。佛塔以材料而言，有石塔和砖塔；以形式而言，有单层多层之别，多层中又分楼阁型和密檐型。隋唐石塔造型比例协调，装饰精美。

隋唐建筑艺术风格雄浑壮丽，许多方面具有明显的时代特征，重本色美，综合的基础上又富于独创精神，堪称为中国建筑艺术的发展高峰。

二、我国古建筑继续发展和变革

宋辽金是我国建筑史上的继续发展和大变革时期。辽承唐风，金随宋制，西夏别具一格，多民族、多风格的建筑共存是这一历史时期建筑风格的特点。建筑艺术方面，从群体组合到单体建筑，造型都有许多新变化：群体建筑纵深加大，且注意前导空间的处理和建筑与环境的结合；单体建筑形式多样，屋顶组合穿插错落，丰富多彩。这一时期建筑都配以彩画和多种手法的雕饰及多种造型的门窗装修，共同形成了柔和、工巧且秀丽的建筑风格。

这一时期，我国木构建筑、砖石建筑和木装修等都获得了长足进步，桥梁、寺院等建筑风格突出。当时建筑匠师对木结构受力状况已有一定的科学认识，还注意到技术与艺术的统一，对构件作精细的艺术加工。故此，宋辽金时期遗留下来的建筑遗物都成为不可多得的建筑艺术品。如建于宋仁宗天圣年间（1023—1032）的山西太原晋祠圣母殿，外观秀丽精巧，堪称该时期殿堂的代表作品。大同华严寺大雄宝殿规模宏大，使用减柱法，殿内柱子不多，空间感极强。该殿采用斜拱，建于辽道宗清宁年间（1055—1064），是我国现存最大的木结构建筑之一。桥梁数量极大，就结构类型来看，有梁桥和拱桥两大类。梁桥中有竹、木梁桥与石梁桥之分，拱桥中有竹木石多种材料所造的拱桥。拱的形状有圆形拱、折边拱和敞肩拱等多种，但能长久留存的当然要数石梁桥和石拱桥了。此外还有浮桥和索桥等少量特殊类型的桥。桥梁作品有中外闻名的洛阳桥（福建省泉州市东北）、我国古代最长的桥安平桥（福建泉州安海镇）、梁桥与浮桥相结合的组合型桥湘子桥（广东省潮州市城东）、汴梁虹桥和绍兴八字桥等。此外，结构坚实，并以栏板、望柱雕刻精美、数量众多的石狮而著称，建于金代的卢沟桥也可与这些宋桥相媲美。宋代桥梁建造中采用的蛎房固基和浮运法等是领先于世界的技术。

宋代建筑体量较小而富于变化，风格细致柔美，出现了各种形式复杂的殿台楼阁。建筑结构在宋代也有了很大的变化（以应县木塔为代表的木构高层筒体结构，成为现代筒体结构的先驱），突出表现为斗拱的承重作用大大减弱，且拱高与柱高之比越来越小。原来在结构上起重要作用的昂，有些已被斜袱代替，补间铺作的朵数增多。此时期建筑构件、建筑方法和工料估算在唐代的基础上进一步标准化、规范化，产生了建筑学专著——李诫的《营造法式》，并两度由官方颁布。这是一部建筑法规性质的专著，它总结了宋代以前的建筑工程技术，全面准确地反映了11世纪末到12世纪初我国建筑行业的技术水平和管理经验，还反映出当时社会生产关系、建筑业劳动组合及生产力水平等多方面的状况，这也是一部世界上最早最完整的建筑学专著。房屋建筑方面，还有一部早于《营造法式》一百年的木结构建筑手

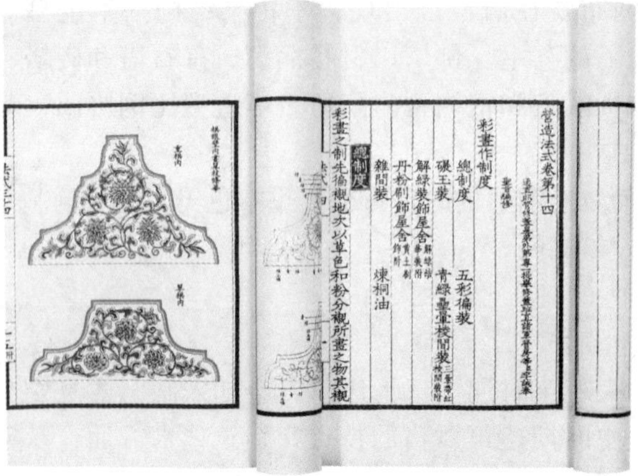

李诫《营造法式》

北宋李诫重编的《营造法式》，共34卷，较为系统、完整地反映了当时中原地区建筑设计、施工、形式结构和装饰样式等方面的技术成就和艺术水平，是世界上最早最完整的一部建筑学专著。

册《木经》。作者喻皓，出身普通建筑工匠，书中凝结了房屋建筑的大量实际经验，对建筑物各部分的规格和各构件之间比例关系作了详细具体的规定。《木经》不仅促进了当时建筑技术的进步，也对后来建筑产生了重要的影响。

宋代建筑彩画蓬勃发展。与唐代以赤白装为主调不同，宋代彩画有五彩遍装（主色为青绿红的五彩）、碾玉装（青绿）、青绿叠晕棱间装（退晕式）、介绿结花装和杂间装等多种风格形式，按照建筑等级的差别而有五彩遍装、青绿彩画和土朱刷饰三类。在《营造法式》中记载了当时的彩画技法和经验，如画面的深浅轻重任其自然，提倡写生花卉，根据不同要求变换风格。但目前宋代彩画遗物极罕见，仅仅有山西大同华严寺薄迦教藏殿，料敌塔地宫宋代彩画和白沙宋墓彩画等。因资料太少，所以无法看到宋代彩画发展的全貌，只能从《营造法式》的相关记载来研究。

宋辽金的城市建筑也不同以往，由于商业经济的发展，城市格局摆脱了里坊制的束缚，出现了繁华的商业街道，文化娱乐建筑“瓦子”随之产生，都市生活一派繁荣。佛教禅宗的兴盛和赵宋皇室对于道教的尊崇使得宗教建筑朝着世俗化的方向发展。宋代统治阶级追求享乐之风极盛，使得园林建筑兴盛起来。这一时期皇家园林和私家园林数量超过前代，艺术风格细致、清新，诗情画意浓郁，体现了高超的艺术创造能力。

元代实现了国家的统一，蒙古贵族搜罗了不同地域的各种工匠，加上对外交流的扩大，使得建筑风格呈现出一种多样化融合统一的新态势。此时期减柱法被大量使用，但正式建筑仍采用满堂柱网结构。喇嘛教建筑有了新的发展。汉族传统建筑继续发展，官式建筑中斗拱的作用进一步减弱，比例渐小，补间铺作进一步增多。元朝的皇宫中还出现了若干盝顶殿、棕毛殿和畏兀尔殿等少数民族色彩浓郁的建筑类型，为前代所未曾有过。宫室建筑多沿袭唐宋以来的传统，部分地方的建筑上承金代，在结构上做了新的尝试，使用大内额构架，大胆运用减柱、移柱法和圆木、弯料，具有任意、自由奔放的特点。

三、我国古建筑的最后一次高潮期

明至清前期是我国古建筑史上最后一个高潮期，也是中国建筑艺术充实与总结阶段。

太和殿是我国古代皇家建筑的顶尖代表，反映了我国古代宫廷建筑的最高水平。

故宫太和殿

明初，经过约半个世纪的整顿吏治、发展农业和兴修水利等一系列措施，使经济走向繁荣，也促进了建筑的发展。

这一时期，建筑程序化倾向明显，官式建筑已完全定型化、标准化，呈现出形体简练、细节繁缛的特点。城市规划和宫殿以规模宏大、气象雄伟为主要特点，为后世所沿用。都城北京和中国现存规模最大的古砖城南京均得益于明代的规划和经营，清代帝王的宫殿也是在明宫殿的基础上不断扩展完善的。装饰纹样倾向平实和写实的路线，宫殿建筑的色彩和图案研究精密，风格秀丽绚烂。这一时期的都城北京是在原有基础上改建的，建后分为外城、内城和皇城三部分，是我国古代都城宫殿建筑的集大成者。

明代修筑宏伟的防御建筑——东起鸭绿江边西至甘肃嘉峪关，长达5 660公里的长城，许多重要段落的墙体和城关堡寨都用特制的城砖砌就，建筑水平臻于完美。其中如山海关和嘉峪关等著名关城，是中国建筑艺术中独具风格的杰作；北京八达岭段长城和司马台段长城等还有较高的艺术价值。

这一时期，进一步发展了木构架艺术和技术，官式建筑形象较为严谨稳重，其装修、彩画和装饰日趋定型化；国家级祭祀建筑布局严整细致；在建筑的装修陈设上留下许多砖石、琉璃和硬木等不同材质的作品；制砖技术大为提高，砖已普遍用于民居砌墙。建筑群的布置更为成熟。比如南京明孝陵和北京十三陵就是善于利用地形和环境形成陵墓肃穆气氛的典型代表。私家园林非常发达，日趋成熟，基本上形成了北京、江南和珠江三角洲三个中心，尤以苏州拙政园等江南私家园林最为著名。

值得一提的是风水术在明代达到极盛，成为中国乃至世界建筑史上特有的文化现象，一直影响到近代，甚至波及朝鲜、日本等国家。

明清最值得称道的是民间建筑和少数民族建筑取得了显著成就，像北京的四合院，南方的“一颗印”和吊脚楼等都为我国传统建筑文化充实了内容，最终形成了各地区、各民族的多种风格。

在民居建筑上，引用工艺技法装饰内外檐，形成清代建筑艺术上的装饰主义倾向。对民居装饰艺术影响最大的是雕刻技艺，墀头、影壁、门楼、垂花门、撑拱、廊内轩顶、门窗棂格、室内装修、花罩和梁架构件等部位都广泛使用。其中砖雕盛行于徽州、苏州、佛山、潮汕及北京等地，木雕则在东阳、苏州、徽州及剑川等地流行。有些隔扇、门窗以木雕式的花板装饰心板也是清代建筑的特色，浙江东阳和云南大理两地最有代表性。石雕常见于河北曲阳、浙江青田和绍兴、福建惠安和晋江及广东潮汕等地，又以绍兴的石漏窗和潮州的阴刻石板画为精巧。在云南大理多用大理石作壁面装饰，四川等地用瓷片装饰屋顶屋脊，闽南大型民居油饰喜用贴金工艺，极具地方特色。

拙政园一角

我国园林建筑中，私家园林以苏州拙政园为突出代表，其造景和建筑技艺都达到了相当高的水平。

清代平定三藩以后，经过几十年的积累，出现了所谓“康乾盛世”，可以有相当财力进行更大规模的建设，出现了许多宏伟的离宫、园林及宗教建筑，至今仍为人们广为称道。清代在园林建筑、藏传佛教建筑和民居建筑三方面有着巨大的成就。建筑艺术上更注意总体布局及艺术意境的发挥，尤其在建筑装饰艺术方面更具有划时代表现。宫苑建造方面，集历代造园经验之大成，规模之大是历史上罕见的。如北京的著名皇家园林圆明园和颐和园，承德的避暑山庄及外八庙，西藏的罗布林卡等。在民间，中产阶级也将园林引入宅内，形成私家园林建造的高潮。藏传佛教建筑神秘的艺术色彩、空间布局、艺术造型和装饰风格等方面的创造与发展，独树一帜，令人叹为观止。

总的来说，明清建筑艺术可以“精细富缛”四字大致概括。

四、我国古建筑的衰落

清中叶以后，尤其鸦片战争后，我国古建筑渐趋没落。主要原因如下：

经济上，封建经济日渐衰退。乾隆以后，封建经济日薄西山，逐渐凋敝。尽管乾隆嘉庆年间仍有续建，但整体看来，大型建筑再也难以破土动工。鸦片战争以后，清政府又背上了沉重的战争赔款，官方也无力组织起大型工程的开工建设了。

政治上，清朝统治日趋腐败，鸦片战争以后，清政府对外卑躬屈膝，疲于应付列强的侵略，无心进行大型工程的建设。

文化上，外来文化不断输入。尽管康熙年间开始，清政府实行严厉的海禁政策，拒绝西洋文明，但鸦片战争却使西洋文明在西方坚船利炮的保护下长驱直入，沿海各口岸租界里洋房满目。

中国的落后和受欺凌的命运，使一部分人在心理上产生了对于西洋文明包括建筑技艺的崇拜，西洋建筑风格和技艺就成为一时风尚。社会上流人士在进行房屋建造时纷纷追求西式结构，鄙视传统风格，使得大批传统建筑工匠失业、技艺失传。这对于传统建筑是一个沉重打击。

在上述因素作用下，我国传统建筑续建不多而损毁严重。除被以旧城改造为理由滥加毁坏以外，更多的古建筑在列强侵略和军阀混战的兵火中化为乌有。不论已走入沉沉暮年的清政府还是资产阶级民国政府，对于寺观衙署无力也无心保护，只好任其自生自灭。另外，我国境内林木的减少也是我国传统的木结构建筑难以复兴的原因之一。

主题三　古代建筑的基本特色和成就

一、我国古建筑的基本特色

我国古建筑在世界建筑史上，久享盛誉，风格独具，经历了几千年的风雨，具有鲜明的东方特色。

（一）框架式木结构体系完备发达

这是中国古代建筑在建筑结构上最重要的一个特征。木材因具有既坚韧又易于采伐和加工的特点，而成为我国古建筑的主要用材。框架式木结构即采用木柱、木梁构成房屋的框架，屋顶与房檐的重量通过梁架传递到立柱上，墙壁只起隔断的作用，而不是承担房屋重量的结构部分。“墙倒屋不塌”这句古老的谚语概括地指出了这种结构设计的科学性。这种巧妙的结构，使我国传统建筑可以适应不同的自然环境，充分实现其实用功能。另一方面，房屋的墙壁不承重，给门窗设置提供了极大的发挥空间。

穿斗式结构的特点是柱子较细、较密，柱与柱之间，用木串穿接，连成一个整体，每根柱子上顶着一根檩条，其优点是能用小料建大屋，而且由于形成网状，结构牢固，抗震力强。此种建筑形式多见于我国南方。

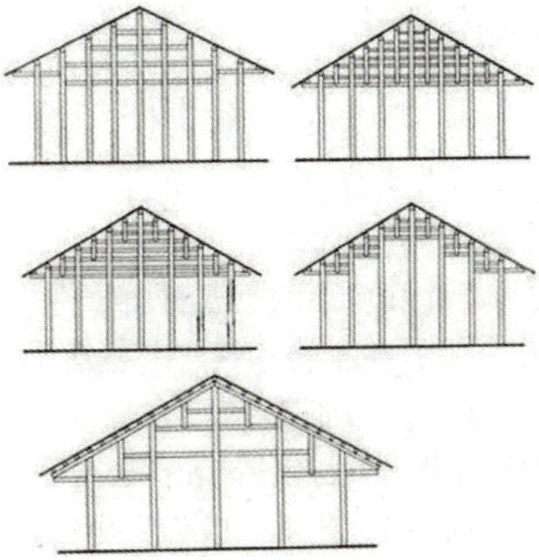

各种穿斗式结构

还有，中国古代建筑特有的构件由斗形木块和弓形的横木组成，纵横交错、逐层外挑的“斗拱”兼具承重和装饰双重职能（明清以后才完全丧失结构作用）。根据自然环境和生活习惯的不同，以抬梁式为主，形成了抬梁式、穿斗式和干栏式三种体系。

抬梁式结构早在春秋时期已经出现，以立柱和横梁组成构架，梁架数层堆叠，逐层收缩，不断加高，最上层的梁上立以脊瓜柱。各建筑构件以榫卯相连，后来又有了斗拱以承载屋顶，斗拱便成为抬梁式结构的主要特征之一。五台山佛光寺大殿（唐）和北京故宫太和殿（清）就是这种结构的典型代表。

穿斗式又称立贴式，是由排列紧密的细立柱和短柱支撑房檩，柱间用穿枋而非梁相联系，并用挑枋承托伸出的屋檐的结构形式，普遍见于我国南方地区。

干栏式建筑则是以成排竖立的木桩作为底架，使房屋高出地面并形成水平的结构式样。这一类型最早在距今数千年前的河姆渡遗址中已有发现，今天尚可在傣家竹楼，苗族、侗族、布依族等少数民族的吊楼及海南黎族的船形屋看到其风采。

（二）以间为单位，强调轴对称，构成内部灵活而向外封闭的建筑组群

我国古建筑在平面布局上以间为基本单位，构成或大或小的建筑群体。间的布局方式不同而形成不同风格的群体。一般来说，我国古建筑都采取左右均衡中轴对称的布局格式。宫殿、坛庙、陵寝和寺观等建筑物为追求雄伟庄严、肃穆崇高、令人感觉深不可测而望而生畏的效果，在布局上往往以纵轴为主、横轴为辅，对称整齐却又不失灵活。在建造时，一般是先在纵轴线上配置主体建筑，然后于两侧和对面排设次要和辅助建筑物，加上围廊、围墙之类的附件，组成一个个封闭的庭院。多数庭院前后串联，从前到后，越深则越隐秘，最私人化的地域就在建筑群最里层的核心部位，充分显示了中国社会长期形成的“长幼有序，内外有别”的思想意识和中国传统文化中“内向以自强”的精神和内敛的性格特征。一般而言，女眷都居住在这样的深宅大院里，之所以如此，也因为认为妇女不宜抛头露面，男权社会中女子是男子的个人财产的社会观念以及出于对未成年少女的保护等需求。在唐代，白居易就曾写过“杨家有女初长成，养在深闺人未识”的诗句。至于少数民居和多数私家园林则不重轴线，房屋建设自由，或者依山就势、因地制宜，配以回廊、亭、榭和园，种植以花草树木，加上围墙、假山，使用各种造园技法，实现其所追求的艺术效果。但我国古建筑无论是北京紫禁城、江南园林、平遥古城、乔家大院还是西递村，几乎无一例外地表现出封闭的态势，正反映出我国封建社会后期以来传统的封闭内敛的思维模式和文化心理。

（三）砖瓦的使用由少到多

砖瓦在我国古建筑史上出现很早，最迟是在西周时期，到秦汉已经普遍发现。到明清，砖瓦烧制技术提高，产量增加，更使砖瓦的使用获得了一个飞跃。砖瓦在古建筑中的使用日趋增多，成为墙体和屋顶的重要材料。

（四）稳重、齐整和气势等艺术感觉的塑造和追求

无论是出于实用功能还是等级尊严的序列，中国古代建筑都吸收了中国其他传统艺术包括绘画雕刻等艺术门类，创造出既美观又大方且实用的新艺术，故而可以说，我国古建筑是颇具特色的又一门综合艺术。较为突出的表现有：

1. 富有装饰性的屋顶

《诗经》里“作庙翼翼”的诗句，说明至少3 000余年前我国工匠就已注意到屋顶的审美效果。到汉朝，传统的五种基本屋顶——四面坡的“庑殿顶”，四面、六面、八面坡或圆形的“攒尖顶”，两面坡但两山墙与屋面齐的“硬山顶”，两面坡而屋面挑出到山墙之外的“悬山顶”，以及上半是悬山而下半是四面坡的“歇山顶”已经出现。古代匠师充分结合木结构的特点，使屋顶举折起翘、出翘，檐角舒展如鸟翼，富于平滑流畅的线条美。屋脊配以适当的走兽雕饰，檐口的瓦也被进行艺术化处理。宋代以后琉璃瓦的大量使用，使我国古建筑屋顶更加绚丽多彩，而且琉璃瓦的成分既使我国古建筑弥补了木结构建筑不能躲避雷击之祸的缺憾，又有利于突出社会主流建筑高贵的社会地位和尊严气势。

2. 衬托性建筑的应用

衬托性建筑是相对于主体建筑而言起辅助作用且一般较为低矮小巧的建筑物。早在春秋时期，宫殿正门前边就有“阙”来陪衬。汉代，阙得以普遍发展。时至今日我们仍可见到许多汉代门阙。如四川雅安高颐墓阙等。汉以后雕刻、壁画中也较为常见，到明清，阙演变为宫的午门。

另外，宫殿正门前的华表、官方和民间建筑均有的牌坊、照壁和石狮等都属陪衬性建筑，其装饰功用以及辅助主体建筑造势的作用都很突出。

3. 色彩的运用

我国建筑的木结构体系具有较明显的不能持久的缺陷，所以，从很早时候起人们就给木材涂上漆或桐油，既保护木质、加固木构件间榫卯契合点，又增强了审美效果。后来发展出多种彩画，与门窗、藻井的装饰浑然一体、落落大方。在北方的宫殿和官衙建筑遗存中，人们非常注意色彩的明暗协调。如房屋的主体部分经常可以照到阳光的部位，用暖色，尤其朱红色颇受青睐；屋檐下阴影部分，用蓝绿相配的冷色。这样，见阳光处的温暖和难得见光处的荫凉，就有了令人赏心悦目的对比。朱红门窗和蓝绿檐饰辅以金线、金点，甚至蓝绿之间也间杂以红点，使建筑物在稳重庄严外显得生动活泼，富于艺术感染力。当然，我国建筑在色彩运用上也有明显的地域差别。比如北京的故宫、天坛等建筑覆以黄绿或蓝色的琉璃瓦，配上一层乃至多层的汉白玉台基和栏杆；而我国南方，建筑使用的色彩相对淡雅，多用白墙灰瓦等浅色和栗黑墨绿等色调的梁柱，格调秀丽淡雅，又不失凝重安详。

（五）反映森严的等级秩序

台基是我国古建筑的重要组成部分，这在河南偃师二里头遗址中已经发现。最初的台基

蹴鞠是现代足球运动的鼻祖，汉代启母阙上的蹴鞠图无可辩驳地证明了足球运动起源于我国汉代以前。

河南登封汉代启母阙上的蹴鞠图

以土堆成，后来用砖石砌成。按照等级不同，房屋台基也有区别。一般而论，主人等级越高，台基越高大，以凸显其尊严和高贵，同时还具有安全防卫的实用功能。

屋顶既是我国古代建筑不可缺少的重要部分，也是最具特色和表现力并富于艺术感的部分之一。可以分为庑殿、歇山、硬山、悬山、攒尖和卷棚等多种形式，而以庑殿顶为最高档次。

二、我国古建筑的突出成就

我国古建筑名目繁多，有宫殿建筑、民居建筑、园林建筑、桥梁、水利、城防建筑、坛庙祠堂等宗法建筑、陵墓及寺观佛塔石窟等宗教建筑等。其中，最有影响的建筑已成为世界建筑遗产中的杰作。

（一）北京故宫

故宫规模宏大，蔚为壮观。故宫以紫禁城为核心，东西宽760米，南北长960米，占地72万多平方米。紫禁城以乾清门为界，分皇帝处理政务的外朝和皇帝起居的内廷两大部分，即格局上的“前朝后寝”。外朝以太和殿、中和殿和保和殿等“三大殿”为主体，前有太和门，两侧有文华殿和武英殿两组宫殿。内廷以乾清宫、交泰殿和坤宁宫“后三宫”为主体，两侧是供嫔妃居住的东六宫和西六宫，也就是人们常说的“三宫六院”。整个故宫的设计思想突出了封建帝王的权力和森严的封建等级制度。而主要建筑除严格对称地布置在中轴线上外，特别突出强调“三大殿”，在“三大殿”中重点突出举行朝会大典的太和殿（俗称金銮殿）。在总体布局上，“三大殿”占据了故宫中最主要的空间，前面的广场面积达2500平方米，有力地衬托出太和殿在整个宫城中的重要地位。太和殿建于高8米共三层的汉白玉石殿基上，每层台基都有汉白玉栏杆环绕，且有三层石雕“御路”，使太和殿显得威严无比，远望如琼宫仙阙，气度非凡，辉煌壮丽。内廷及其他部分，因它们从属于外朝，故布局比较紧凑。

不过，由于故宫建筑服务于帝王的政治权力，不可避免地有严正而刻板的缺点。但从建筑艺术上说，它体现了我国古代宫殿建筑艺术的特殊风格和杰出成就，是世界上优秀的建筑群之一。而这一建筑群，从明代永乐后，500余年中不断重建、改建，是我国古代劳动人民智慧和血汗的结晶。

（二）古典园林

由于历史原因，我国古典园林按地域风格分为北方园林和江南园林。按其服务对象分为皇家园林和私家园林。皇家园林相对集中于北京一带，北京的颐和园和北海，以及河北承德的避暑山庄是其杰出代表。私家园林相对集中于江南的苏州。前人说，“江南园林甲天下，苏州园林甲江南”。刘敦桢《苏州古典园林》一书中提及的苏州古典园林就有15处之多。其中，最为著名的有拙政园、留园、狮子林、沧浪亭和网师园。

我国园林突出的特色在于园林布置和造景的艺术手法。

第一，模仿自然，用人力布景，追求“虽有人作，宛自天开”的境界。在园林中除有大量的休闲建筑物外，还堆山造湖，养花植草，种树培竹，或仿照自然山水，或以山水画为蓝本，加入诗词的情调，使其如诗如画。所以，中国古典园林成为建筑、山池、园艺、绘画、雕刻和诗赋等多种艺术的载体之一。

第二，园林四周都建围墙，景物藏于园内。

除皇家宫苑外，面积一般较小。我国古典园林建设中都着力突破狭小的空间限制，并取得了相当可观的艺术成就。如江南私家园林用划分景区和空间以及“借景”的手法，迥别于西方幽深曲折而又自由的布局，来实现这一效果（如沧浪亭）。苏州各园林的入口处，多用假山、小院和漏窗为屏障，适当阻隔视线，几经曲折才能渐入佳境，确实是步移景换，曲径通幽。园内，也以借景、隔景、透景、漏景和框景等手段，巧妙地借用似乎是不经意之间却是费尽心机设置的附属小品建筑，将自然意境、诗情画意以及我国传统文化中潜藏不露的浪漫情怀抒发得淋漓尽致，神采飞扬。如苏州最大的园林拙政园，全园分中西东三个部分，以中部为全园的精华。拙政园中，水面约占五分之三，亭榭楼阁，大半临水，造型轻盈活泼，并尽量四面透空，尽收江南水乡的自然美景。空间处理上，利用山、池、树木和亭榭，少用围墙是其过人之处，使园内空间处处连通，互相穿插，面积虽小却不见其小，层次鲜明。大型园林如北京的颐和园（约3.4平方公里），分成许多景区，有些景区还园中有园，别有洞天（如谐趣园），其中，昆明湖与万寿山则是它的经典之处。在《园冶》一书中，将我国古典园林借景手法，总结为“远借、邻借、仰借、俯借和应时而借”五种。这是我国传统造园手法中最常用也是成就最高的。

第三，将具有浓厚的民族风格的各种建筑物，如亭、台、楼、阁、廊、榭、轩、舫、馆和桥等，与本属自然的水、石、花及木等协同组成情趣盎然、独具匠心的园景。如亭，造型多姿，在园林中起“点景”与“引景”的作用。代表作有苏州西园的湖心亭、拙政园别有洞天半亭和北京北海公园五龙亭。廊，既引导游览，又可用以分割空间、组合景物。如北京颐和园的长廊、苏州拙政园的水廊和苏州怡园的复廊使园中小景区的界限似是而非，景景相套，以小见大，变化玄妙。还有在江南古典园林中运用极广的漏窗，是古代匠师们的一个杰出创造。苏州的西园和狮子林的漏窗是代表建筑。再如桥，北京颐和园的十七孔桥、玉带桥，扬州瘦西湖的五亭桥和苏州拙政园的廊桥都各具风采，成为这些园林建筑不可分割的有机组成部分。

（三）赵州桥和卢沟桥

我国古建筑中，桥梁建造工艺也以很高的水准屹立于世界建筑之林。从我国现存的桥梁来看，建造工艺和水平较高的有河北的赵州桥、北京的卢沟桥和泉州的洛阳桥等。

1. 赵州桥

赵州桥正名安济桥，俗称大石桥，全长64.4米，拱顶宽9米，拱脚宽9.6米，跨径37.02米，拱矢7.23米。赵州桥科学水平很高，建筑结构独特，“奇巧固护，甲于天下”，被誉为“天下第一桥”，在建筑史上占有十分重要的地位，对世界后代的桥梁建筑有着十分深远的影响。尤其是拱肩加拱的敞肩拱的运用，为世界桥梁史上首创，早于欧洲1 100年（欧洲最早的敞肩拱桥为18世纪法国在亚哥河上修造的安顿尼特铁路石拱桥和在卢森堡修造的大石桥）。从整体看，它是一座单孔弧形石桥，由28道石拱券纵向并列砌筑而成。

赵州桥不仅有高度的科学性，而且造型特别美观，具有我国独特的传统风格，是我国古代建筑的伟大作品。它建于595—605年的隋代，由著名匠师李春设计建造。是世界上年代最久、跨度最大的单孔坦弧敞肩石拱桥。赵州桥造型优美：弧形的平拱和敞肩小拱，使桥体显得线条柔和轻盈，飘逸又不失稳重。桥的主拱顶上雕有龙头形龙门石一块，桥侧点缀着八瓣莲花的仰天石，桥体有造型逼真的石雕群像。桥两边栏板和望柱上雕刻有各种蛟龙、兽面、竹节和花饰等，艺术风格豪放新颖，精雕细刻，意境深远，体现了隋唐浑厚、严整、矫健且俊逸的石雕艺术风格。宋代赵州刺史杜德源的“驾石飞梁尽一虹，苍龙惊蛰背磨空”，元代刘百熙“水从碧玉环中过，人在苍龙背上行”等诗句都赞美了赵州桥建筑的巧夺天工。赵州桥的确是我国乃至世界桥梁史上的杰作，是珍贵的历史文化遗产。1991年，赵州桥被美国土木工程师学会认定为世界第十二处“国际土木工程历史古迹”，已与埃及金字塔、巴拿马运河和巴黎埃菲尔铁塔等世界著名历史古迹齐名。

2. 卢沟桥

卢沟桥位于北京西南郊的永定河上，始建于金大定二十九年（1189），成于明昌三年（1192），初名广利桥，距今已有800多年的历史。清康熙三十七年（1698）重新修缮。卢沟桥是北京地区现存最古老的一座联拱石桥。该桥工程浩大，建筑宏伟，结构精良，工艺高超，是我国古桥中的佼佼者。桥全长266.5米，桥面宽阔，桥身全用花岗石建成，分11个券孔，中间的券孔高大，两边的券孔较小。10座桥墩以9米多厚的鹅卵石与黄沙的堆积层为基础，坚不可摧。桥墩平面为船形，迎水的一面砌出分水尖。分水尖安装边长约26厘米的锐角朝外的三角铁柱，以保护桥墩，抵御洪水和冰块对桥身的撞击，被称为“斩龙剑”。在桥墩、拱券等关键部位，甚至石与石之间，都用银锭锁连接，以互相拉连固牢，堪称桥梁建筑绝技。另外，卢沟桥还以精美的石刻艺术驰名中外。桥的两侧共281根望柱，柱头刻莲花座，座下荷叶墩，望柱中间嵌有279块栏板，栏板内侧与桥面外侧均雕有宝瓶和云纹等图案。每根望柱上有金元明清等历代数目不等的石雕狮子，多为明清遗物。石狮蹲伏起卧，姿态生动逼真，富于变化，是我国石刻艺术的精品。桥的两端各设高约4.65米的华表4根，无论近看或远观，都与桥非常协调，珠联璧合，既壮观又优美。桥畔两头还各筑有一座正方形的汉白玉碑亭，每根亭柱上雕刻着极为精细的盘龙纹饰。其中一座碑亭内竖着清康熙帝重修

燕京八景之一——“卢沟晓月”

卢沟桥是最早走向世界的中国古桥，《马可·波罗游记》中对其造型之美，赞叹不已。“卢沟晓月”的传说，更让此桥披上神奇的光环：相传五更夜他处不见月，唯卢沟桥可见。唐人名句“鸡声茅店月，人迹板桥霜”，虽描绘的是异时异地的商山之景，但这种意境之美，当古人于晓月下，踏上此桥，怕也有似曾相识的意味吧！

卢沟桥碑，另一座碑亭内立有清乾隆帝御书“卢沟晓月”碑。“卢沟晓月”成为著名的燕京八景之一。1937年7月7日在这里爆发了“卢沟桥事变”，卢沟桥也成了重要的爱国主义教育基地。

（四）天坛

天坛位于北京天安门的东南，始建于明成祖永乐十八年（1420），原名“天地坛”，是明清两代皇帝祭祀天地之神的地方，明嘉靖九年（1530）在北京北郊另建祭祀地神的地坛，此处就专为祭祀上天和祈求丰收的场所，并改名为“天坛”。

我国自夏朝开始，帝王们就非常重视对于天地的奉祀，因此天坛的建筑设计十分考究。“圜丘”、“祈谷”两坛同建在一个园子内。圜丘坛在南，祭祀天神，祈谷坛在北，祈求丰收。天坛围墙平面南部为方形，象征地象，北部为圆形，象征天象，此墙俗称天地墙，反映了古人“天圆地方”的观念。天坛的主体建筑包括“圜丘”和“祈谷”两坛，均集中在南北向的纵轴线上，各单体建筑之间以墙相隔，并由一座长360米宽30米的石桥相连。天坛的主体建筑祈年殿，是皇帝举行祭天仪式，祈祷风调雨顺、五谷丰登的地方。祈年殿呈圆形，直径32米，高38米，三重檐亭式圆殿，宝顶鎏金，碧蓝琉璃瓦盖顶；殿内九龙藻井极其精致，富丽堂皇，光彩夺目。大殿结构十分独特，不用大梁和长檩，檐顶以柱和枋桷承重，中央的四根立柱高19.2米，代表一年中的四季，外围两排各有12根柱子，分别代表12月和12时辰。大殿建于高6米的三层汉白玉石台之上，使大殿更为巍峨壮观。天坛共占地270万平方米，规模宏伟、富丽堂皇，是中国现存最大的古代祭祀性建筑群。它以严谨的规划布局，奇特的建筑结构，瑰丽的建筑装饰著称于世，不仅在中国建筑史上占有重要位置，也是世界建筑艺术的珍贵遗产。

中国帝王一旦登基之后，祈年祭地即成为每年的例行公事。祈天以求风调雨顺，祭地以求五谷丰登，这些看似肃穆隆重的祭典，不过是变着花样、愚弄人民的手法，无非是再次昭示天下臣民，君权神授，唯我独尊，如是而已。所幸的是，这座奇独瑰丽的皇家建筑，栉风沐雨，却保存至今，并成为世界文化遗产，享誉五洲四海。

北京天坛祈年殿

（五）明定陵

明定陵位于北京大峪山东麓，是明朝神宗朱翊钧及其两位皇后的合葬陵。其陵寝始建于万历十二年（1584），十八年（1590）竣工，历时六年，耗银800万两。其主要的建筑有陵门、明楼、宝城、宝顶和地下宫殿。除明楼外，其余的建筑历代屡遭破坏。明楼为黄色琉璃瓦重檐歇山顶，檐下右边刻有“定陵”两字。四角及台阶都用巨石拼成，枋、椽和斗拱也以石头雕成，并装饰彩画，既坚固又美观。明楼内的石碑碑额，篆书“大明”两字，碑身雕刻“神宗显皇帝之陵”。明楼所在的圆形宝城为砖砌成，长约750米。地宫位于定陵明楼的正后部分，是陵墓的主体，是新中国于1956年发掘的第一座皇帝陵墓，中国20世纪百项考古发现之一。地宫距墓顶27米，面积1 195平方米，石头结构，坚固而森严，十分奢侈豪华。展览室里陈列着地宫出土的皇冠、凤冠和龙袍等珍贵文物2 600多件，为明史和古代葬制研究提供了重要的实物资料。

（六）嵩岳寺塔

嵩岳寺塔是中国现存最古老的多角形密檐式砖塔，位于河南省登封市西北约7公里的太室山南麓的嵩岳寺内，建于北魏孝明帝正光年间（520—524），距今已有近1 500年的历史。该塔上下全用砖砌成，层层叠叠，塔外涂以白灰，塔内为楼阁式，外为密檐式。塔身总高41米左右，周长33.72米。嵩岳寺塔平面型制独特，塔身平面为等边十二角形（我国现存砖塔中绝无仅有），中央塔室为正八角形。塔室宽7.6米，底层砖砌塔壁厚2.45米。嵩岳寺塔的密檐形式在南北朝期间也很罕见。嵩岳寺塔体型高大，姿态秀美，轻快秀丽，建筑工艺极为精巧，塔室上下贯通，呈圆筒状。建筑材料是砖和黄泥，塔砖小且薄，历经千余年风霜雨露侵蚀而依然坚固不坏，至今保存完好，充分证明我国古代建筑工艺之高妙。嵩岳寺塔成为我国古代佛教建筑的精品当之无愧。

河南登封嵩岳寺塔

嵩岳寺的前身原为北魏皇帝离宫，后舍宫为寺，当年规模极其宏大，“落落堂宇，逾一千间……”此塔不仅是我国现存最古老的砖砌佛塔，而且它还是现代最为流行的钢筋混凝土高层筒体结构的雏形，是中国现存最早的砖塔。当年轰动一时的《少林寺》电影很多镜头就是以此为背景拍摄的。

（七）龙门石窟

龙门石窟位于河南省洛阳市南13公里处的龙门山上，与甘肃敦煌石窟、麦积山石窟和山西大同云冈石窟并称中国四大石窟。龙门石窟开凿于北魏孝文帝迁都洛阳以后，直至北宋，大规模修建才告结束。龙门石窟以北魏和唐代洞窟为主，现存佛像10万余尊，窟龛

2 100多个。1961年被国务院列为国家重点文物保护单位。

北魏窟：495年，北魏宗室丘慧成在龙门山开凿古阳洞，是龙门石窟建造的开始。500—523年，魏宣武帝和孝明帝连续开凿宾阳洞的北中南3个大石窟，还开凿了药方洞，东魏时又开凿了莲花洞等石窟，仅古阳洞和宾阳洞的修建就花费人工80万以上。龙门石窟表现出明显的中国艺术风格，其造像姿态已与云冈石窟的雄健可畏完全不同，面含微笑，显得温和慈善，亲和力大为增强。

唐窟：唐朝是龙门石窟建造的黄金时代，所开凿洞窟占龙门石窟总数的60%以上。因武则天久居洛阳且为政治目的崇佛抑道，所以唐窟又以武则天执政时期开凿得为多。奉先寺是唐窟中最具有代表性的洞窟，造像雄伟，规模之大，在龙门石窟中堪称第一，如卢舍那大佛通高17.14米，迦叶、阿难、金刚和神王像各高12米左右，神态安详，面貌服饰与汉人无异。

在龙门石窟中还有我国著名的书法作品“龙门二十品”。“龙门二十品”是北魏时期的魏碑体的杰出代表，其字形稳重大方，笔势刚健有力，在书法史上是隶书向楷体过渡中的一种字体，其中有十九品在古阳洞内。

（八）恒山悬空寺

悬空寺，位于山西浑源县城南5公里处的金龙峡内西岩峭壁上，距大同市65公里，全国重点文物保护单位，是国内佛道儒三教合一的独特寺庙之一。悬空寺始建于1 400多年前的北魏王朝后期，历代都对悬空寺作过修缮，是古代工匠按照道家“不闻鸡鸣犬吠之声”的修行需求设计建造的。其现存建筑是明清两代的遗物。

悬空寺背西面东，寺门朝南，建筑物与地面距离约50米。自古以来，这里一直被列为北岳恒山的第一奇观。它发展了我国的建筑传统和建筑风格。悬空寺由力柱支撑，紧靠悬崖峭壁，有危楼之貌，但坚实非凡。寺内有楼阁殿宇40余处。南北各有一座三檐歇山顶房屋，危楼耸起，遥相呼应，楼宇自低向高，层层递进，步步高升。6座殿阁之间以栈道相通，曲折迂回，参差错落。整个寺庙布局，依山临水，错综而不乱，看似随意，实则严谨。悬空寺内有各种铜铸、铁铸、泥塑、石雕像78尊。而且寺内三圣殿里释迦、韦驮、天女等塑像是

“飞阁丹崖上，白云几度封”，这是古人吟咏该寺的名句，但却不乏写实的神韵。悬空寺上承危崖，下临深谷，由恒山峡谷仰望该寺，无不为之触目惊心。这座令人叹为观止的古建筑，不愧是我国古代工匠留下的惊世绝作。历经1 400多年的风霜雨雪，仍安若磐石，传承至今。

恒山悬空寺

悬空寺内彩塑中的佼佼者。尤其悬空寺最高层的三教殿内，释迦牟尼、老子、孔子的塑像共居一室，蕴涵了三教合一的深刻思想。

悬空寺是我国古建筑将人文景观与自然形势密切结合的杰出范例，充分表现出我国古代劳动人民的智慧和高超的建筑技巧。

学习与思考

行知合一

你所在地区有哪些留存的古建筑？挑选其中一个调查其兴衰过程，并思考其背后的深层原因。

网络世界

1. 请利用网络查找宋辽金元时期的建筑图片资料并分析该阶段我国建筑的外部特点和精神内涵。
2. 请到网上查找中国古代不同屋顶的资料图片，比较它们的不同，分析其各自的特点。

深度思索

我国古典建筑与西洋建筑各有哪些优缺点？

开拓视野

调查访问你所在地区还有哪些体现三教合一思想的古建筑，三教合一经历了怎样的过程才体现在这些建筑上。

单元十一　中国古典园林

学习目标

了解古典园林的发展沿革，认识古典园林的基本类型和主要特色，感受“中国自然审美模式”丰富的文化内涵，增强对古典园林的保护意识。

所谓园林，是指以山水植物等自然因素与建筑道路等人为因素相结合而创造出的具有自然美的人类生活环境空间，具有游憩、文化娱乐和起居等功能。营造园林需要一定的地域空间和雄厚的物力财力，游赏园林更是以精神文化享受为特色的审美活动。古代园林是拥有者身份和地位的标志，长期以来一直被视为上层社会的时尚。

古典园林分为皇家园林、文人园林和寺庙园林等类型，而其中皇家园林和文人园林最具代表性，影响着整个中国古代园林的发展。前者以北方的封建帝王宫苑为主，秦始皇的阿房宫和汉武帝的上林苑等就属于此类，尤以北京颐和园和承德避暑山庄为代表。后者以南方的民间私宅园林为主，也有称这类园林为私家园林的。以苏州扬州为代表，其中以苏州的园林最为国内外所赞誉。

古典园林萌芽于殷周，发展于唐宋，至明清臻至巅峰，具有非常悠久的历史。无论是大型的皇帝苑囿、宫苑，还是小型的文人宅第园林，都以自然式园林为主，具有极高的历史文化价值。在世界文明史上，真正具有自然山水审美意义的园林出现在中国魏晋南北朝时期，中国人最早发现了大自然的美并运用于园林设计之中。

主题一　中国古典园林的形成与发展

一、园林的最初形式

在中国古老的神话中，有关于远古时代昆仑山瑶池悬圃和东海神山仙岛的故事。但古典园林的建造却是始于殷周时期出现的“囿”。

原始社会时期，人类生产能力低下，改造自然征服自然的能力有限，根本没有能力从事造园活动。据《礼记·礼运》载："昔者先王未有宫室，冬则居营窟，夏则居橧巢。未有火化，食草木之实，鸟兽之肉，饮其血，茹其毛；未有麻丝，衣其羽皮"。

旧石器到新石器时期，出现了典型的村落，如西安半坡村，锄耕农业和家畜饲养均已出现，手制的形态和花纹都很精致的彩陶表现出当时人类的工艺水平。但即使这样，人类也没有表现出对造园活动的追求。

夏朝，原始社会已转变为奴隶社会，生产力快速增长和扩大，奴隶经济开始发展，奴隶主财富不断增加，奴隶主的地位发生变化，他们的思想和趣味也随之起了变化。这时，既有剩余生活资料可供奴隶主使用，又有可供他们驱使的劳动力，这就为园林的建造活动提供了条件。由于农业和手工业的发展，夏朝已出现了锛、凿、刀、锥和戈等工具，这些都为营造活动提供了技术上的条件。因此，在夏朝已经出现了宫殿建筑。

商代，历法、天文、雕刻艺术的发展，以及经济文化等的进步为造园活动奠定了基础，出现了主要是放牧百兽以供狩猎游乐的"囿"。《说文》中对囿的记载是"囿，养禽兽也"。《周礼·地官》的记述"囿人……掌囿游之兽禁，牧百兽"，说明商代已经有了初始的造园活动。到了周代就有周文王的"灵囿"，据《孟子》记载："文王之囿，方七十里"。其中养有兽、鱼和鸟等，不仅供游猎，同时也是周文王欣赏自然之美，满足他的审美享受的场所。所以说，我国古典园林的最初形式是"囿"。

帝王之"囿"，以土筑的高台建筑为中心。此类高台，初为祭祀天神，间或用于收藏珍贵物品与囚禁重要人物，最后演变成了以游乐为主的所在。园林是绝对属于帝王个人的私有财物。商纣王将其园囿中的沙丘苑台扩建为"大最乐戏……为长夜之饮"的游乐场所，并"多取野兽蜚鸟置其中。慢于鬼神"（《史记·殷本纪》），这也许是这类苑台在本质上发生变化的较早事例。

《诗经·大雅·灵台》描写了周文王始建的灵台。灵台下有灵囿，囿中有养鱼的灵沼，还豢养了许多麋鹿鸟兽。这种在中心筑台挖池，占地广阔而放养禽兽的苑囿形式，在很长的历史时期中因袭未改。如楚灵王筑有章华台，吴王夫差筑有姑苏台，赵武灵王筑有丛台，都属此类。

二、园林的发展

如前所述，囿是上层阶级放养禽兽，供游猎娱乐之用的。虽然夏、商、周以及春秋战国时期即已出现宫殿城池，但均以城墙包围的建筑楼台为主，对山石花草等自然景物应用得不多，所以，统治者追求园林性质的宫殿建造要从秦代开始。秦始皇在陕西渭南建的信宫和阿房宫不仅按天象来布局，而且"弥山跨谷，复道相属"。建于上林苑中的阿房宫，规模十分宏伟，并且在终南山顶上建阙，这种可供远眺近览的阙，在当时来说，已算是一种高大的建筑物了。山本静，水流则动。当时人们已经懂得了这其中的道理，把樊川的水引来作池，苑中还有涌泉、瀑布以及种类繁多的动植物，规模相当壮观。

汉高祖刘邦在未央宫开凿沧池，池中筑十丈高的渐台，仍是高台池沼为主体的旧形式；但到国力鼎盛的汉武帝时期，皇家苑囿不仅在建造规模上达到巅峰，并且开创了"一池三山"的布局。

阿房宫是秦朝的宫殿，始建于公元前212年，是中国历史上最著名的宫殿建筑群。遗址在今陕西省西安市西郊15千米的阿房村一带，为全国重点文物保护单位。1994年联合国教科文组织实地考察，确认秦阿房宫遗址建筑规模和保存完整程度在世界古建筑中名列第一，属世界奇迹和著名遗址之一，被誉为“天下第一宫”。

当代拟建的阿房宫

当时，在秦代旧址上重建而成的上林苑，周围达数百里，苑中有宫，宫中有苑，在苑中分区养动物，栽培各地的名果奇树，多达3 000余种。建离宫别馆36所，开凿了昆明池、镐池和太液池等大型池沼。其中太液池周围10顷，池中除有高20余丈的渐台外，还筑有象征海外蓬莱、方丈、瀛洲三神山的三山等，高台在苑囿中的地位逐渐被假山取代，这种在平地凿池，以挖出的土筑成假山的布局，对后世文人园林的构建具有深远的影响。

三国至隋朝，历时360多年，从混战再度统一。这期间，人们深受没落、无为、遁世和追求享乐思想的影响，宫苑建筑之风盛行；而且，当时的建筑技术和材料加工已经相当发达，建筑装饰色彩丰富，优美的纹样图案等都为造园活动提供了技术与艺术的条件。这一时期有影响的苑室，如三国时代曹操所建的铜雀台。

三国魏晋时期，产生了许多擅长山水画的名手。他们善于画山峰、泉瀑、丘壑、巉岩等，如当时有名的山水画家萧贲，是扇面上画山水画的能手。为此，在山水画的出现和发展的基础上，由画家所提供的构图、色彩、层次和美好的意境往往成为造园艺术的借鉴。文人士大夫更是以玄谈隐世，寄情山水为高尚。因此，该时期的造园活动，将所谓“诗情画意”也运用到园林艺术之中来了，为隋唐的山水园林艺术的发展打下了基础。在以园林优美闻名于世的苏州，据记载，在春秋、秦汉和三国时代，统治者已开始利用这里名山秀水的自然条件，兴建苑囿，寻欢作乐了。东晋平北参军顾辟疆在苏州所建辟疆园，应当是这个时期江南最早的文人园林了。

文人园林很可能与皇家园林起源于同一时代，从《史记》等历史文献中，已知在汉代有梁孝王的兔园和大富豪袁广汉的私园。这类园林均是仿皇家园林而建，只是规模较小而内容朴实。

真正在性质上与皇家苑囿异趣的文人园林是从别业开始的。这种在城中住宅外另建于郊外的别业，不同于包山含水的苑囿，而是在郊野风景优美处截取一方土地加以增饰，建造房屋而成。

开创山水诗派的南朝诗人谢灵运建于会稽始宁（今浙江上虞）的别墅，依山傍水而又穿池运石。这种集天然与人工于一体的别业园林，对后世文士的别业园林起了示范作用。

南朝梁武帝的“芳林苑”，“植嘉树珍果，穷极雕丽，每与宾客游其中”（《梁书》）。北朝在盛乐（今内蒙古和林格尔县）建“鹿苑”，广九十里，“凿渠引武川水，注之苑中，疏为三沟，分流宫城内外。又穿鸿雁池”（《北史》），成为历史上结合内蒙古自然条件所建的重要园林。

位于南京城东北钟山南麓的玄武湖，不仅是金陵明珠，亦是历史名湖。碧波万顷的湖面，湖山相映，城林环绕。一千多年前，这里还是一片巨泽，湖水连通着浩浩长江。南朝几代帝王，曾在湖中检阅过威武雄壮的水师，并由这里直接驰入长江。及至宋代，王安石奏请泄湖造田，湖面消逝长达200年之久。元朝两次疏浚，湖面才有所恢复，但规模已大为缩小。沧桑巨变，由一名胜地亦可窥其一斑。

江南三大名湖之一——玄武湖

魏晋南北朝时期，皇家园林的发展处于转折时期，虽然在规模上不如秦汉山水宫苑，但在内容上则有所继承与发展。例如，北齐高纬在所建的仙都苑中堆土山象征五岳，建“贫儿村”和“买卖街”体验民间生活。这一时期，南京出现了“山水园林”，当时南京城内外共有30多个园林，最具有时代意义的是玄武湖与紫金山一带的南朝皇家园林。秦汉时代的皇家园林，包括著名的“阿房宫”和“上林苑”，其中所有景观都是建设在深墙大院内，而南朝皇家园林却面向大自然，宽阔的玄武湖和秀丽的紫金山就是其园林最美的景观，现存玄武湖内的“梁洲”、“翠洲”等几个岛屿是当年南朝帝王建设的，这在园林历史上是一个了不起的飞跃。

南京的鸡鸣寺至太平门一带，也是著名的南朝皇家园林遗址地，这一带的皇家园林建设历经吴、东晋、宋、齐、梁、陈总共六朝30多位皇帝，有300多年的历史，最著名的是“华林园”和“乐游苑”，比北京的颐和园和圆明园历史都悠久。

南北朝时期是中国历史上承前启后的转折点，这个时期首次出现了纯粹的自然风景审美，这在世界文化艺术历史上是最早的。以此为起点而发展起来的“中国自然审美模式”在世界上独树一帜，这可以在中国的山水画、山水诗、文人园林中体现出来。南京市的紫金山与玄武湖交接处，古称“覆舟山”，就是体现这种山水审美意识的主要代表场地。这里是中国园林文化转折点发生地。曾建有白水苑、甘露亭、藏冰井和瑶台等名胜建筑，在中国历史上留下了辉煌的一页。

知识链接：游园、赏景类诗文中人类对自然环境的审美心态

1.“缘溪行，忘路之远近。忽逢桃花林，夹岸数百步，中无杂树，芳草鲜美，落英缤纷。……林尽水源，便得一山，山有小口，仿佛若有光。”（晋·陶渊明《桃花源记》）；2.“此地有崇山峻岭，茂林修竹，又有清流激湍，映带左右，引以为流觞曲水，列坐其次。虽无丝竹管弦之盛，一觞一咏，亦足以畅叙幽情。”（晋·王羲之《兰亭集序》）

隋炀帝时更是大建宫苑，所建离宫别馆40余所。杨广所建的宫苑以洛阳最宏伟的西苑著称，苑内有周长10余里的人工海，海中还有百余尺高的3座海上神山造景，还有众多的殿堂楼馆和动植物等。这种极尽豪华的园林艺术，在开池筑山、模仿自然、聚石引水和植林开涧等方面有若自然的造园手法，为以后的自然式造园活动打下了厚实的基础。

主题二　唐宋至明清的古典园林

一、古典园林的成熟

唐代是继秦汉以后我国历史上的极盛时期。此时期的造园活动和所建宫苑的壮丽，比以前更有过之而无不及。如在长安建有宫苑结合的“南内苑”、“东内苑”、“芙蓉苑”及建在骊山的“华清宫”等。著名的“华清宫”至今仍保留有唐代园林艺术的风格，是极为珍贵的园林遗产。

盛唐时期，山水田园诗的创作蔚为大观，在诗人纷纷以自然景象为载体来寄托个人性灵，借徜徉于山水来标榜独来独往的精神自由之际，效仿东晋谢灵运式的依傍山水的别业园林也大行其道。王维的辋川别业、储光羲的终南幽居、崔兴宗的东山草堂和祖咏的汝坟山庄等都因被咏入篇章而名垂后世。别业依托于名山胜水，带来了营建上的极大方便，但与此同时，也给许多并非隐士的士人造成了经常要“忍别青山去，其如绿水何”（王维《别辋川别业》）的遗憾。

中唐之后，筑有微型山林的住宅园林在洛阳等城市中蓬勃涌现。北宋李格非《洛阳名园记》中著录的洛阳一地的名园就有19座。南宋周密《癸辛杂识·吴兴园圃》中记述的吴兴城内外的园林有32处。

五代十国时，吴越的广陵王钱元璙在苏州旧府学旁建南园，“酾流为池，积土为山，岛屿峰峦，出于巧思；求致异木，积岁皆合抱”。上行下效，一时其僚属纷纷效尤，在苏州掀起第一个建园高潮，其影响一直延续到北宋时期，如沧浪亭就是在吴越节度使孙承祐废园的故址上建成，筑于嘉祐二年（1057）的乐圃也本是广陵王旧圃。

沧浪亭位于苏州市城南三元坊内，宋代诗人苏舜钦所筑。园因亭而得名，景色自然，建筑朴实简雅，是苏州目前历史最久的园林。园内以山为主，山上古木参天，著名的沧浪亭即隐藏于山项。沧浪亭花窗分布在园内各条走廊上，其图案花纹变化多端，构作精巧，是苏州园林花窗的典型。

沧浪亭园景一角

到宋朝，由于经济的发展，造园更加普遍。从都城到地方，从帝王、贵族到平民，造园的地区和规模都得到扩大。在都城汴梁（今开封），仅帝王园林就有9处，其中最著名的就是北宋末年时营造的“寿山艮岳”，其占地面积10余平方里，规模大，景点多，造园手法也比过去大有提高。宋徽宗任命苏州人朱冲、朱勔父子采办花石纲，将江南的奇石异卉用船运往京都，对苏州的园林建筑与太湖石在园林建筑中地位的提升影响很大。太湖石是太湖的特产，产于太湖中洞庭西山等地。其石色以青白为多，质坚而润，多嵌空穿眼、婉转险怪之姿。白居易《太湖石记》推其为观赏用石之冠。宋徽宗更将所得太湖奇石命名刻字，其中一高五丈者，还被赐金带，封“盘固侯”。还将太湖石叠作峰峦，最高一峰约为90步。此举开创了在园林中叠石为山的筑山方法，并使太湖石一举登上园林用石首选的地位。

知识链接：瘦皱漏透秀

古代士人对峰石的审美标准，由北宋书画家米芾首先概括出而获得普遍认同。瘦指立石修长玲珑，皱指石表面多天然凹凸与皴纹，漏指石上有上下左右曲折穿通的孔道，透指可以对面望穿的透空洞穴，秀指石的气韵不俗。

除皇家园林外，宋朝京都大臣贵族的园林也不下一二百处。连一些酒楼茶肆，为了招揽买卖，也在店内设置园林，建亭榭、开池沼并设画舫，让宾客在船上饮酒作乐。

植物栽培技术也得到发展，在河南洛阳，采用驯化、嫁接技术所栽种的花木多达千种，光牡丹、芍药花的品种就有百余种之多，甚至如茉莉、山茶、紫兰等南方名花也能在这里落户生长，使洛阳成了当时有名的花都。

二、古典园林的极盛时期

明清时代造园活动发展到了顶峰并遍及全国，大致可分为以北京为中心的北方园林，以苏州、扬州为中心的江南园林，以广州为中心的岭南园林，呈现出三足鼎立之势，带动了全国其他地区造园活动的发展并形成了特色迥然的园林风格。如今我们见到的皇家与文人园林绝大部分都是这一时期建造的。

明朝在北京建有“西苑”。清代自康熙朝开始，进行了大规模的皇家园林建设。在北京紫禁城内，除原有的御花园外，又陆续建造了建福宫花园和慈宁宫花园，在紫禁城之西，将原有的北海、中海和南海进一步充实成了皇城内的重要宫苑。但大规模的建设则集中在北京城的西北郊和河北的承德两地。承德位于北京的东北，是皇族习武与狩猎之地。康熙四十二年（1703），开始在这里利用起伏的山丘和当地热河泉水汇集之地兴建皇家园林，占地共8 000余亩，这就是清代最大的承德避暑山庄。北京的西北郊，地多丘陵，水源充足，远自金朝开始，这里就有许多园林，到清朝，经康熙、雍正和乾隆历代皇帝大肆改建、扩建和新建，建成了著名的“三山五园”，它们是香山的静宜园、玉泉山的静明园、万寿山的清漪园、畅春园和圆明园。此外还加上附近的蔚秀园、朗润园、勺园（以上三园在今北京大学内）、熙春园和近春园（两园在今清华大学内）等小型园林，在方圆几十里内，几乎是园园相连，楼阁相望，成为中国历史上空前的、举世无双的庞大宫廷园林区。这时期的皇家园林不仅数量多、规模大，集天下园林之美，且具有居住、读书、游乐、办公和政治活动等多种功用。

承德避暑山庄曾是清朝皇帝的夏宫，又名承德离宫或热河行宫，由皇帝宫室、皇家园林和宏伟壮观的寺庙群组成。它的最大特色是山中有园，园中有山，以朴素淡雅的山村野趣为格调，取自然山水之本色，吸收江南塞北之风光，成为中国现存占地最大的古代帝王宫苑。

承德避暑山庄

明代中叶以后，江南一带的文人园林盛极一时。据文献记载，文人园林或处城郭，或在村郊，或据崖壑江湖胜地。如明代松江熙园、濯锦园、佘峰别业和横云山庄等，均远离城市，利用河网丘陵地带，布置成园。但这类园林每遇人事变故，往往在不几年间就已犁为农田。现存江南园林，基本属于城市类型。郊野园林仅存于清代袁江的《东南胜概图》，此图用长卷工笔形式绘成，使后人对郊野园林的胜概有所了解。

明清时代，随着江南经济与文化的高度发达，苏州在住宅园林的建筑上跃居全国之冠，获得了“江南园林甲天下，苏州园林甲江南”的美称。自元代后期直至明清时代，苏州的城市经济高度繁荣，丰富的物产与迷人的风貌使富商巨贾、退休官僚和文人墨客纷纷云集于此。明代中叶的吴中才子唐寅《阊门即事》诗首联云：“世间乐土是吴中，中有阊门更擅雄。”曹雪芹在《红楼梦》正文开头就表述：“这东南有个姑苏城，城中阊门，最是红尘中一二等富贵风流之地。”而住在阊门外的乡宦甄士隐也“每日只以观花种竹、酌酒吟诗为乐，倒是神仙一流人物”。居住在这“乐土”上的“神仙一流人物”，乐于在这繁华之地营造一片属于自己的世外桃源，使苏州住宅园林的建筑臻于巅峰。在其全盛时期，住宅园林遍布苏州，见于记载的达二三百处。清人沈朝初有《忆江南·春游名胜》词赞美苏州风物道：“苏州好，城里半园亭。几片太湖堆崒嵂，一篙新涨接沙汀，山水自清灵。”

这种半为红尘闹市、半为出世园亭，彼此反衬、相得益彰的城市布局，将传统士人基于二分合一思维模式的生活理想渲染得淋漓尽致。曲径通幽，所通往的不仅是景物幽深处，也通向士人心灵的幽微处。要真切而直观地探明中国传统士人的幽微心曲，最直接的途径也许就是进入苏州园林，进入城市山林。

主题三　古典园林的特色

一、天人合一，崇尚自然

古典园林以山水景观为特色，与山水画、山水诗和山水游记一样，体现着中华民族的天人合一、崇尚自然的传统，是华夏大地名山胜景的缩影。古典园林通过各种要素的艺术布局，再现了一个源于自然又高于自然、源于生活又高于生活，且又赋予了情感理想的自然，呈现出一种阴阳明暗、高下起伏又气韵生动的自然美。

苏州园林景致

中国园林综合运用借、聚、障、引、对、虚、实等多种手段，在有限的空间集中了众多各有特色的景观，令人目不暇接。“中国人十分成功地用艺术使自然完善。……在中国花园里，眼光决不会疲劳。因为它几乎总是被限制在同视力范围相称的空间里。你看到了一个景，它的美丽打动你，使你迷醉；而走过几百步之后，又有新的景在你眼前呈现，又引起你新的赞赏。”（法国神甫蒋友仁《传教士书简》）

园中的山或如蜿蜒群山苍翠欲滴，或如丛林峭壁神秘险怪；园中的水或如大江大湖波澜壮阔，或如瀑布溪流奔腾欢跳；园中的一切景观诸如树木花草虫鱼生物等等是自然界中山林野趣、河塘秀色、鸟语花香和春夏秋冬四季景观的提炼和写照。这一切自然景观正如明代造园家计成在《园冶》中所说：“虽由人作，宛自天开。”

园林中的厅、堂、轩、榭、亭和廊等建筑是地方民居的升华，它们的形象通透轻盈且变化多端，特别是亭子的形式有四角、六角、八角，圆形、扇面形、双环形，单檐、重檐，歇山顶、卷棚顶等以其大小相同或参差错落的活泼形象溶化在自然山水林泉之中，自然景色通过空灵的门窗隔扇和形式多变的洞门、空窗及漏窗等的借景渗入建筑，建筑与自然、人与自然达到了充分和谐。

园林中的路是联系景点的纽带。乡村小道、盘山磴道艺术化为自然碎石、块石铺地的登山路，石刹、石幢（刻着佛号或经咒的石柱子）等小品为园林增添古朴气氛，而石凳、石桌、石榻、石鼓、瓷鼓和琉璃墩等则尽显自然情趣。

园林中匾联、石刻上的书法诗文常在其中起点睛的作用。匾联的内容以极简练的语句或作为该景点的命名、或提示景观特色、或抒发个人感受，其中不少撷取历史上的名人佳句，如“苏堤春晓”提示早春出游最佳，“虎啸奔雷”点明听觉感受特色。颐和园的“知春亭”出自宋代苏轼“竹外桃花三两枝，春江水暖鸭先知”诗句，点出春的意境。苏州拙政园中的“四面荷风”亭的匾题，既寄寓了主人的清高脱俗，又使人身入其中，感觉无风亦有风，回味无穷。园中的“与谁同坐轩”，取诗人苏轼《点绛唇·杭州》词中“与谁同坐，明月清风我”一句，点染这座临水扇面小亭，每自夜深人静，清风徐来，明月当空，水天上下相映，物我相融的清净幽寂景致。

知识链接：《园冶》

明代吴江人计成所著，是中国古代关于造园的重要著作。全书三卷。卷一总叙园林审美的基本法则并专论园林选址，卷二全讲栏杆式样，卷三分门窗、墙垣、铺地、掇山、选石、借景六节，第六节也是全书的总结，把借景提到造园手法中最主要的地位。全书绝大部分用骈文写成，全面总结了中国古典园林的艺术法则。

古典园林是古人品味大自然而创造的杰作，它的风格是永远和大自然和睦相处。不仅人工美贴近自然，不露斧饰之痕，还善于因地势环境、树木建筑等现状特点，做到随机设景，因地制宜。如《园冶》指出：“巧于因借，精在体宜”。这表现在两方面：

一是充分利用园中原有景观，化不利为有利。例如叠山理水，面对有高有低的地形，古代造园匠师探索出人工创造山林的经验，采取低处挖土成湖、高处培土成丘及叠石栽树的办法，造出崖壑幽深、林木葱郁之势，宛如真山。

古代无论城市、陵墓、皇家宫殿或者文人第宅建筑群，都是中轴对称的布局。然而其花园部分，即民间称之为“后花园”的部分，则完全没有中轴对称的形式，是树无行次、石无定位的自然布局。山有宾主朝揖之势，水有迂回萦绕之情，是一派峰回路转、水流花开的自然风光，全因地势环境灵活布置，宜亭造亭宜榭造榭。甚至建筑物本身在园林中，也是按山水总体风骨的走势，高低曲折，参差错落，量体裁衣，点染着自然山水的艺术情趣。如颐和园的前山“画中游”，为了表现皇家园林的气度，在平面上采取了规整对称的布局，但在竖向上，亭、廊的柱子是参差不齐的，其目的是使建筑迁就地形取得人工与自然的和谐。

二是体现在借景和障景手法的运用上。园林外部的景观，凡能激起人们视觉、听觉、嗅觉之美的景象，皆采取借来我用的态度，引入园内；而与园林格格不入的俗景或败景，则采取屏而障之的手法拒之园外，这就是所谓“俗则屏之，嘉则收之”（计成《园冶》）。

颐和园为借西山和玉泉山玉峰塔的群峰岚影的天然图画，在坦荡辽阔的昆明湖西侧，不筑任何高大密集的建筑，只筑桃柳相间的西堤，疏落点缀几座石桥，远望犹如一抹轻烟，既障掉了颐和园的西墙，又把数十里之外的西山群峰引入了园内，使开阔的昆明湖更显开阔，层次无限深远。

借景也可以使咫尺山林小中见大。苏州拙政园从东部绣绮亭和梧竹幽居亭一带可西借远处的北寺塔；在留园的西部山顶亭子上，可远借虎丘、西园和远山。无锡的寄畅园西依惠山，东接锡山，西侧叠假山于惠山东麓，园内假山有若园外真山的余脉。举目东望，园外锡山龙光塔如园中之景，达到了园外有园，景外有景，使有限园林增添了无限美景。

苏州沧浪亭是一个以山林野趣为主景的园子，北部园界以河为邻，巧妙地运用了借景手法，从东北至入口大门，沿界筑了一道中间隔以漏窗墙的复廊和一个“面水轩”，园外临河置山石，植佳木。无论从园内还是在园外，沿廊轩漫游静赏，透过漏窗和敞轩，可借景园外碧波荡漾之秀色，又可鉴赏园内的山林丘壑之野趣，既为沧浪亭弥补了缺水的不足，又为城市平添了几分景致，起到了一箭双雕、事半功倍的造景效果。

二、小中见大，含蓄内秀

含蓄内秀是中国艺术的特点，体现在古典园林中，首先是高筑围墙摒去园外的人间世俗凡景，使园林成为与世隔绝、闹中取静的人间天堂。文人园林的围墙是白色或清灰色的，与阴雨天气的天空浑然一体，因此无形中扩大了园林的界限，化有限为无限。文人园林用地不广，皇家园林范围虽大也是有限的，在有限的空间环境中创造无限景色达到小中见大，是明清园林造园匠师所追求的重要境界，其手法是利用假山、植物和建筑等分割空间、组织景象并划分景区，从而形成园中有园、景中有景的空间格局。例如，进入苏州留园穿行在山水区的湖畔、“涵碧山房”、曲折游廊和“闻木樨香”亭一带，继而又穿曲溪楼，在“五峰仙馆”和“揖峰轩”等建筑庭院中悠闲细品，一系列不同情趣的园林空间给人以庭院深深深几许的含蓄感。而圆明园、颐和园和北海宫苑更是运用园中园的手法，创造出一个“移天缩地于君怀”的皇家园林的恢弘气度。

造园构景犹如作曲写文章，有前奏、高潮及收尾之章法。开始，称为“起景”；结束，称为“结景”；中间高潮部位，称为“主景”。如拙政园中部，可以分为四个景区，这四个景区好像是由四个乐章组成的一部交响乐。由进门至远香堂平台，为第一个景区；进枇杷园月洞门至海棠春坞为第二景区；由梧竹幽居经雪香云蔚亭转到见山楼至别有洞天为第三景区；由香洲、小沧浪最后达倚玉轩为第四景区。远香堂前的平台，为全园的“起景”、“结景”和“主景”三者结合的序列布局中心，既是第一景区的结束，又是这一景区的高潮和主景，也是全园的高潮和主景。园中之园与景中之景，通过起结开合明暗对比的空间和灵活多变的游览路线，串成有机的整体，形成动态空间序列，游园赏景如看画册。

在这动态的立体画卷中，全园景观最美寓意最深刻的主景，放在园中的深部，“千呼万唤始出来，犹抱琵琶半遮面”，从而达到“景越藏，景界越大”的效果，反映了中国传统文化含蓄内敛的审美观念。一个园林中有若干空间，将若干空间景观连续起来就是动态序列布局，犹如宋陆游诗：“山重水复疑无路，柳暗花明又一村”。在长长的游览途中，观赏层层叠叠的山水，景观变化无穷，这就是动态序列布局的写照。

颐和园从开敞的广场进东宫门、仁寿殿，穿行于仁寿殿牌坊及殿堂庭院这一系列有收有放的空间，再走出一带看不透但走得通的岗阜小丘，在不经意之间豁然开朗，浩渺的昆明湖和金碧辉煌的万寿山突然奔来眼底，空间在此一起，这一起起得浩浩荡荡，大有“如奔马绝尘之势”。当你来到佛香阁平台，放眼纵目那园内园外的湖光山色和田园村廓时，大有锦绣壮丽河山皆备于我足下的气概，这一结结得“气象万千、如众流归海”。

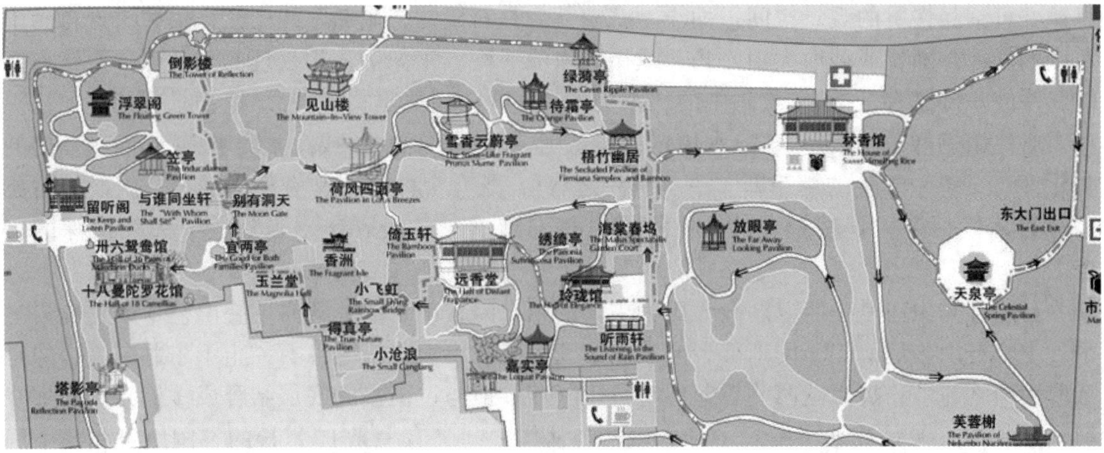

拙政园景区示意图

岭南四大名园之一的余荫山房，精巧玲珑的庭园深藏在咫尺天地之中，有一条徐徐展开渐入佳境的前引空间。进门厅入小天井穿月洞门，折而北，再过两门，首先展现的是方形水池，池北为古朴的“深柳堂”，堂前月台左右各植一株炮仗花，枝干缠绕着石柱，树冠复满屋顶，花开时宛若红雨一片，步游廓过桥亭，继而展现玲珑别馆，周围水道环绕，假山罗列，亭桥点缀，花木繁荫，其内秀含蓄的效果正像对联所道：“余地三弓红雨足，荫天一角绿云深”。

苏州和扬州文人园林的动态序列布局，也是独具风格的。苏州留园，在入门与主景区之间的一道50来米的狭道，造园匠师把它处理成了饶有兴趣的前引空间。穿过这一段夹道到达“古木交柯”时，面向中部的山水空间开了一排漏窗，这是全园的“起景”。这种“起景”，采用“漏景”的方式，主张欲露先藏。在主景展开前，用了“藏、漏、露”三个阶段分别处理的手法。从大门到“古木交柯”为“藏”；到了“古木交柯”，从一排漏窗中，隐约看到窗外湖光山色和参差楼台为“漏”，游人继续向正面走廊前进，其左侧依然还是一排漏窗，不能一下畅观。游人只有到达曲溪楼下左侧六角形园门，才能见到园外风光，豁然开朗，耳目为之一惊。然后进园在三面临水的“濠濮亭”坐下来，饱览湖光山色，波光云影，这是“露”。这种手法与白居易在《琵琶行》中描写的“千呼万唤始出来，犹抱琵琶半遮面”的情景相仿佛。

三、凝固的诗，立体的画

人们赞美中国古典园林是凝固的诗、立体的画，这是古代文人画家普遍参与造园活动的结果，园林景观的山水格局深受传统画的画面构图的影响，园中风景洋溢着山水画的诗情画意。

堆山讲究远观大势近看其质的效果，“主峰最宜高耸，客山须是奔趋”，山的形态要有“每远每异、山形步步移”，“横看成岭侧成峰，远近高低各不同”以及“高远、平实、深远”的层次感，还要有洞窟、谷涧和山泉的动静结合虚实相生，使人可以身临其境，具有可游、可憩并可细品慢赏的观景空间。而小型庭院就像是石涛的“截断”构图法，模拟再现自然山水中的局部片断，或截取大山一角，或摄取水池一湾。正像书法中表现的“一点一画皆有三转，一波一拂又有三折”，绘画中的“山头不得一样，树头不得一般”。植物景观是“二株一丛，必一俯一仰、一欹一直”、水边树的姿态则“临岸而探水，或浸水而半露”。而这一切的变化性，又统一于美的规律即“一气贯注之势”，既有个体的美又有整体的美。因而，古典园林提炼概括了大自然景观的丰富性及其生命节奏感，表现出对自然美景一往情深的追求。

苏州环秀山庄是一座以湖石假山为主体的山水园，出于清乾隆时期叠山艺术家戈良裕之手。主峰石山拔地而起于中南部，向东北演变为土坡小坂，错之以石，止于东北园墙，像是截取大山之麓坡，折而向西北耸起一小石山（巧妙地与过街楼的底层结合成楼梯）作为主峰石山之从体，像是裁来小山之半峰，主峰与从体之间又有一条15米长的谷涧山泉和两个洞窟（一规整、一自然，形成对比），使这仅有200来平方米的主峰石山实中生虚，扩展了60来米长的可游空间。置身在南月台、西月洞门、北侧的问泉亭、补秋山房和半潭秋水一房山等观景点上静赏，可以领略到东北缓坡山麓的野致、西北半边石山的奇特和主峰石山的雄伟等不同画面。特别是在主要观景点南月台上观主峰，由于观赏视距很近，面对只7米高，加上山上树木最多只不过10来米高的主峰，却让人抬头仰望望不到头，产生了近在咫尺而绝壁插天的高远之感。而当你盘旋曲折在谷涧和洞窟之中，大有享尽探奇览胜之奇趣。

而当你在颐和园乐寿堂南侧与昆明湖粉墙相隔的半廊与长廊中悠然慢赏昆明湖的景色时，那些由形状不同的什锦窗和由柱檐挂落栏杆裁剪出来的框景知春亭、十七孔桥、南湖岛和玉带桥，苑若一幅幅连续横向展开的浓墨山水画卷。

颐和园的“画中游”，扬州瘦西湖的“吹台”，苏州拙政园的“香洲”、“宜两亭”、“枇杷园”、“扇面亭”和“倒影楼”，留园的“明瑟楼”、“可亭”和耦园的“山水间”等经过造园艺术匠师精心裁剪制作出一幅幅妙趣横生各有其趣的画面，置身其间，简直有镜中游的感受了。

只有一席之地的小天井，用几块奇石、数竿修竹，略施点缀即成竹影移墙、秀峰当窗，“粉墙为纸、山石为绘”，活泼玲珑楚楚动人的文人墨戏山石小品了（如留园的华步小筑等小院、曲折游廊与白墙之间的山石小景）。这类模拟自然山水局部景象的“截然”构图法，成熟于明代，在清代得到广泛运用，而山石小品的布置手法也在这时期随着建筑洞门和空窗的大量出现应运而生，从而大大推动了明清时期住宅环境的园林化。

四、抽象写意，以少胜多

明清园林景观的塑造注重于抽象写意，模山范水地创造客观景物，不求形似，而在似与不似之间以其神似达到传其神韵的效果，因此运用以少胜多抽象概括的手法来表现象外之象、景外之景就是常用的造园手法。叠山仅数米高，却有“一峰则太华千寻”的联想；理水仅数十或几百平方米，但有“一勺则江湖万里”的感受。峭壁石山旁的一湾清水，犹如山涧深潭；水池边的一片石板坡或是数块石头，像是山溪中的石滩、矶石；山坡上的数棵古树、几块石头，则有山林野趣的韵味；在湖面的小小港汊上，架一道石板小桥给人以流水不尽的源头或出水口的联想；而在山林中的一道白色云墙，则具有“白云生处有人家”的意象了。

岭南庭园占地小，写意手法更加重要，如广州仙湖药洲遗迹“九曜石”之九品怪石，错落有致地再现了海滩石景的神韵，两块在岸上，其余七块俱在水中，其形神若禽若兽，欲行欲止，寸石生情。

扬州个园的四季假山，巧妙地利用石材的色泽纹理，用写意的手法在一块不大的用地内，创造出了千岩万壑、深溪池沼且形神兼备的春山、夏山、秋山及冬山。春山在园子的入口，在圆洞门两侧的白墙前面，数尊尖峰石笋散置在一片竹林之中，那石笋露出峰头藏其石根石身，大有破土而出之势，与竹林交相辉映，勾勒出了一幅春回大地的画面，在白墙另一侧，千杆修竹之中的“十二生肖石”，象征着万物苏醒、蠢蠢欲动的生命节奏；夏山是利用多洞浑柔、八面玲珑、灰白色的湖石，以国画中的披麻皴法叠堆纹理，远观宛若夏季雨后初晴的千姿百态的堆云，那山峰谷涧、洞穴与水池以及山顶的柏树如盖、秀木繁荫勾勒出一片清凉天地；秋山是利用色调微黄有棱有角刚健雄浑的黄石，以国画中的斧劈皴法堆叠纹理，气势雄伟磅礴，远观其势主峰突兀、次峰烘托、前呼后应而又参差有致。主峰中有一道深壑，远看如瀑布飞流直下，当你置身其中，山谷石洞有若神仙洞府，攀崖至峰顶飞阁凉台，如入九天云霄，秋山位于园子东侧，夕阳西照之时，晚风徐徐吹来，着意给人以秋意的联想；冬山在春山的附近，背阳布置在墙北，选用了色白体圆的宣石堆置，高下大小罗列有致，当阳光从石山的后面照射过来，宣石中的石英成分便会闪出晶莹的光辉，宛如冬天积雪的反光，山后墙上24个圆洞窗常年不断地引来瑟瑟风声，渲染出一派北国严冬景象，西墙上两个漏窗还透进一墙之外春山的数枝修竹和一根石笋，送来了春天即将来临的信息。

无锡寄畅园的“八音涧”，叠山结合理水，从园外“天下第二泉”用暗道引来一股清泉，在一条只有40来米长的谷涧中流淌，或左或右、或宽或窄、或断或续，形成悬空直泻的瀑布、清澈碧静的深潭和迂回轻泻的曲涧，各种流水声在谷涧中回荡交响成曲，犹如“八音齐奏”，人行其中，茂林在上，巨石在下，清泉之声洗耳，使人感受到了无穷的山水之乐。

中国园林往往在高处置阁建亭，反映了文人喜欢登高远望的传统，其作用是引发人的人生感、历史感和宇宙感，例如避暑山庄的南峰积雪和垂峰落照等4个至高点上的亭子，收尽了园内的山峦、平原、湖泊、园外八大庙、棒槌峰及起伏群山，最后融化在茫茫宇宙之中。文人园林如拙政园、留园和沧浪亭等，以象征性手法，在高处建楼阁也达到了同样的目的。

五、强调意境，各异其趣

意境是中国古代艺术追求的一种艺术境界，也是古典园林追求的一种最高境界。园林中由山水植物和各种建筑所组成的空间，不仅是一种物质环境，而且还应该是一种精神环境，一种能给予人们思想感悟的环境。所以园林中的意境可以说即是一个具有意念的环境。而不同类型不同园主的园林的意境是大异其趣的。

皇家园林所要体现的是唯我独尊、皇权至上、移天缩地于君怀的统治意识以及长生不死的神仙境界。例如避暑山庄西部山峦起伏的山区、东部的秀丽湖区、北部的广袤草原以及随地势而蜿蜒的宫墙，甚至于包括山庄以外的外八庙组成的景观结构，是华夏辽阔疆域、壮丽河山、万里长城和多民族统一版图的缩影，是康乾盛世大清帝国一统天下宏伟业绩的象征。圆明园以后湖为中心环拱布置的九个岛屿寓意为“禹贡九州”和“普天之下，莫非王土”的气度。颐和园昆明湖西堤六桥与万寿山的格局，很有杭州西湖苏堤、白堤与孤山的神韵，谐趣园是以无锡寄畅园为范本仿建的，后湖买卖街是乾隆出于对江南水街市肆的猎奇而造，须弥灵境喇嘛寺是藏族寺庙建筑在园中的移植，象征着多民族的统一。

颐和园昆明湖

颐和园是我国现存规模宏大而又最瑰丽的古典园林，主要由昆明湖和万寿山组成。昆明湖是一个半天然、半人工湖，最初是西山山麓的一块沼泽低地，自1153年始，经过历代贮水、凿深、扩充，乾隆时始名昆明湖并沿用至今。昆明湖著名的十七孔桥横跨在南湖岛和东岸之间，桥长150米，像一条长虹架在粼粼碧波之上。

长生不死的神仙境界是每一个帝王的奢望。秦始皇派徐福远渡东海赴神山仙岛寻取仙果不得，只好在咸阳引渭水作长池，在池中用人工堆筑蓬莱神山以求神仙赐福，这种象征神山仙岛的做法自秦汉、经唐宋一直沿传到明清。如汉武帝在建章宫太液池中建蓬莱、方丈和瀛洲三神山，清代北京大内的西苑（包括现北海、中海、南海）琼华岛、圆明园福海的“蓬岛瑶台”及颐和园昆明湖中由南湖岛、治镜阁和藻鉴堂三岛屿点缀的风景画卷都属此类。皇家风范追求的是豪华富丽，建筑是红墙与金黄琉璃瓦，观赏花卉是绚丽的牡丹花。颐和园的万寿山前山以成片的常绿松柏来寓意江山永固、长生不老。乐寿堂、宜芸馆以牡丹、海棠和玉兰象征荣华富贵。景观名称如万寿山、琼华岛、桂离宫等也体现了皇家园林的雍容华贵。

文人园林的景观意境则完全是另一番格调，园林归属者多是官场失意或不满现实的文人隐士，因此园林景观渗透了对封建集权制度的不满、对自我独立人格的追求和对人生哲理的感悟，园林成为他们安顿灵魂的绿洲，超越尘世返璞归真的安乐窝。园林景观从整体主题的立意构思到局部景象的设计，都围绕着这样的格调来展开。

苏州耦园的主人沈秉成，是清末安徽的巡抚，后来弃官，夫妇双双一起到苏州落户隐居。“耦”字本义是两个人并肩耕作，后又引申为夫妻、配偶。耦园以“耦”为园名，表示夫妇耦耕的意思。“耦”字还与《论语》中提到的两位“避世茫茫之士”有关，暗示在时局混乱之际夫妻双双避世隐居的意思。体现在结构布局上，耦园的住宅区居于全园中部，而在其东西两侧各置一园，以表示“双隐”之意。两园中西园较小，东园较大，两园各有侧重而又彼此呼应、互相映衬，并与中部住宅区合为一体，如彩蝶之双翼。园林群山环抱的自然环境、点缀其中的朴素无华的“藏书楼”、“织帘老屋”和“城曲草堂”，表达了主人读书明志、对富贵生活的唾弃及甘愿在这里过淡泊宁静的生活理想；其中“双照楼”和“枕波双隐”让人感受到他们夫妻形影相爱的真挚情感；依护城河建的“听橹阁”，是说护城河上的划桨摇橹声通宵达旦不绝于耳；水池中的“山水间”水榭道出了欧阳修的警句“醉翁之意不在酒，在乎山水之间也”；东山上的“吾爱亭”告诉人们夫妻在这里的自由、自在、自得和自足，正如陶渊明诗中的理想境界：“众鸟欣有托，吾亦爱吾庐。”

苏州有园名沧浪亭，网师园有“濯缨水阁”，拙政园则有“小沧浪”和“志清意远”，怡园也有“小沧浪亭”，这些起名皆与《楚辞·渔父》讲屈原被放逐的故事有关。当时有位渔父问屈原为什么被楚王放逐？屈原回答说：“举世皆浊我独清，举世皆醉我独醒，是以见放。”于是渔父就笑着唱了一首歌：“沧浪之水清兮，可以濯吾缨，沧浪之水浊兮，可以濯吾足！”渔父劝告屈原，如果楚王英明，就可以把帽缨洗干净去管理朝政；如果楚王昏庸，就退隐，糊涂过日子算了。后人因为谁都不敢公开骂君王，怕招杀头之灾，故隐其心意，网师园由渔隐改名为网师（网师即为渔父之意），由濯足伪称为濯缨；拙政园中不称“沧浪”，不称“我独清”，而遮遮掩掩地称为“小沧浪”和“志清意远”，都在一定程度上表明了主人违世抗世的情怀。

柳宗元因触怒唐宪宗而被贬为永州司马，他在永州建造了一个写意山水园林，名为“愚溪”。他在愚溪园中，名其溪为愚溪、谷为愚谷、丘为愚丘、岛为愚岛、泉为愚泉而池为愚池。揽物抒怀，一愚到底，同样也是融情于景。狮子林的问梅园、拙政园的雪香云蔚亭都有满山梅花，是园主用颂扬梅花的高尚品格来比拟自己。留园和网师园等都有成片竹林或辟有竹石小景，反映了园主人对竹子“未曾出土先有节，纵凌云处也虚心”的崇敬心意。拙政园的“远香堂”和怡园的“藕香榭”则是歌颂荷花“出淤泥而不染，濯清涟而不妖”的高尚品格。

苏州怡园里有个“锄月轩”，出自陶渊明《归园田居》的诗句：“晨兴理荒秽，带月荷锄归……衣沾不足惜，但使愿无违。”诗人的抱负，是要锄掉野草，助长良苗，只要达到这个愿望，即使雨露沾潮了衣裳，也在所不惜。以此为名显示了园主人浑朴的志趣。

南京煦园有个“不系舟”，苏州怡园和拙政园均有个画舫斋，扬州瘦西湖有个画舫，寄啸山庄有船厅，都是用以寄托园主的情思。陶渊明在《归去来兮辞》中写道：“实迷途其未远，觉今是而昨非。舟遥遥以轻飏，风飘飘而吹衣。”也就是园林中选登舟船的意境。李白诗云：“人生在世不得志，明朝散发弄扁舟。”欧阳修在《画舫斋记》中说：“凡人予室者如入乎舟中……盖舟之为物，所以济险难而非要居之用也”；“予闻古之人，有逃世远去江湖之上，终身而不肯反者，其必有所乐也。”这都是文人视官场为险途，而以“不戚戚于贫贱，不汲汲于富贵”的遁世之想来抗拒险恶风波，体现着造园者的抱负和意境。

南方的文人园林中还有一大特点，就是几乎无园不种竹。诗人白居易曾说：“水能性淡为吾友，竹解心虚即我师。”（《池上竹下作》）他在自己的宅园池边不但种了成片的竹，而且还“持刀剁密竹”（《池畔》）。他之所以用刀使密竹变稀，为的是求“风乍起，吹皱一池春水”，从而寄情于景。宋代苏轼爱竹更甚。他在《於潜僧绿筠轩》诗中说：“可使食无肉，不可居无竹。无肉令人瘦，无竹令人俗。人瘦尚可肥，士俗不可医。”文人园林崇尚的是素雅、自然，建筑是粉墙灰瓦，喜爱的植物是松、竹、梅、青草和苔藓，“苔痕上阶绿，草色入帘青”。文人园林的景观名称则是沧浪亭、知鱼榭、醉翁亭、草堂，甚至是退思园和愚园等。

学习与思考

行知合一

就近选择你所熟悉的某处园林，体悟其古典园林特色，相互交流各自的感受。

网络世界

上网搜索关于“皇家园林”、“文人园林”的相关文字和图片，丰富园林方面的知识。

深度思索

试举例说明古典园林的造园特色。你对古典园林特色的理解还有哪些？请举例说明。

开拓视野

利用寒暑假，实地走访各地古典园林。

单元十二　中国饮食文化

学习目标

初步了解中国饮食文化的起源和发展，熟悉中国的名菜名茶名酒知识，在扩大知识面的同时，进一步激发学生的爱国主义热情。

主题一　中国饮食的起源

一、火烹时期

中国烹饪源远流长，是中国传统文化中一束绚丽的奇葩。“民以食为天”，饮食是人类赖以生存和改造身体素质的首要物质基础，也是社会发展的前提。饮食文化，又称烹饪文化，它是随着人类社会的出现而产生，又随着人类物质文化和精神文化的发展而不断丰富自己的内涵。它是人类在烹调与饮食的历史实践中创造和积累的物质财富与精神财富的总和。从物质文化角度讲，饮食文化是指人们从事烹饪原料的生产、加工和进食的方式。从精神文化角度讲，饮食文化是指人们在烹饪原料的生产、加工和进食过程中的社会分工及其组织形式、价值观念、分配制度、道德风貌、风俗习惯和艺术形式等。

人类究竟何时诞生的？尽管世界上的学者对此颇多争议，但目前比较通行的说法是300万年前。我国是人类发祥的重要地区之一。古猿进化到现代人的过程经历了漫长的地质年代。那时，我们的祖先就已劳动、生息并繁衍在祖国辽阔广袤的大地上。人类从诞生之日起，就必须面对饮食，只有不断地吃，才能继续生存和繁衍，因此可以说人类的历史就是从饮食开始的。

人类步入蒙昧时代以来，基本以生食为主。寻找食物是动物的本能，人类正是在寻找食物的漫长岁月中，逐渐脱离动物界而成为人类的。在生食阶段，古人的食物来源主要依靠采集和捕捞，他们以采集天然的浆果、壳果、幼芽、嫩叶、块茎、块根和菌类为主，有时也以捕捉昆虫、雏鸟和掏鸟蛋作为补充。必要时，还追捕蜥蜴、龟鳖、鲶和蛙等行动较慢的动物，甚至捕捉鼠、兔和小羚羊之类的小型哺乳动物以充饥。对于原始社会先民茹毛饮血、食肉寝皮的生存状况，我国古籍《礼记·礼运》是这样记载的："昔者未有火化，食草木之食，鸟兽之肉，饮其血，茹其毛。"那时的先民还未学会用火熟食的技能，这种状况维持了100多万年。现今赫哲族爱吃生鱼，云南大理白族喜"吃生皮"，贵州有些苗族和侗族有吃生鱼生肉的习俗，甘肃、青海和西藏地区的藏民将牛羊肉风干后生食等，应该说是古老生食习俗留下的痕迹。

火的发现与运用，使人类的进化发生了划时代的变化。诚如恩格斯所说，火的使用"第一次使人支配了一种自然力，从而最终把人同动物界分开"。人类以火为食，并非出自自觉。火山爆发，雷鸣电闪，往往会引起森林大火，人类最初还是畏惧大火的。随着大火的经常出现，先民出于饥饿，食用被火烧过的动物肉，发觉其味远远美于生吞活剥，经过无数次惊险的尝试和失败，原始人群终于懂得了利用自然火，并逐渐学会了保存火种，控制火种，走上了熟食的道路。

1959年在山西晋南芮城县西侯度村发现的旧石器时代文化遗址（经古地磁测定，年代距今180万年）发掘出土了大批古脊椎动物化石、32件石制品和带有切割和刮削痕迹的鹿角以及被火烧过的骨、角和牙等，这是目前国内发现猿人最早用火的遗存；1956年在云南省元谋县那蚌村古文化遗址发现了2枚上中门齿以及少量石器和用火遗迹。以上两处遗址，考古学界仅作出可能用火的推断，从目前所掌握的材料看还不能确证猿人那时已能自己取火并熟食。能够确凿证明猿人已能广泛利用和有效控制火的古文化遗址是北京房山区龙骨山，1927年首次在这里的石灰岩洞里挖掘出4个较大的灰烬层，最厚处达到6米，并在灰烬层中发现了木炭、灰烬、烧石、烧骨和朴树籽，说明"北京人"已经完全掌握了用火熟食和加热制熟的技能。

史前熟食是先民以烧烤为主的熟食阶段。那时没有炊具，也不懂得其他的烹饪方法，只知将猎取和采集来的食物直接放在火上烧烤，这种"炰生为熟"的生活至少持续了100多万年之久。《礼记·礼运》将远古的烹饪方法总结为4种："后圣有作，然后修火之利……以炮、以燔、以亨、以炙。"东汉郑玄解释如下："燔，加于火上；炙，贯于火上；炮，裹烧之也；亨，煮之以镬也，"当时并没出现镬，这是注者强加于古人的。火的使用也使人类创造了原始的食物烘干贮存的方法。

火的掌握和使用是人类发展史上的一个里程碑，也是人类第一次能源革命的开端，使人类进化发生了划时代的变化。恩格斯认为："可以把这种发现看作是历史的开端。"用火熟食使人类自身的体质和智力得到了迅速的发展，从而孕育了原始的烹饪，奠定了中国饮食史飞跃发展的物质基础。

二、石烹时期

人类掌握用火技术以后，熟食的比重逐渐增加，火熟的方式也由简单向复杂演进，烹饪技艺逐渐发展和完善起来。先民在烧烤食物过程中，难免不发生食物焦煳的现象。于是他们便发明了炮制术，亦即用黏土包裹食物后隔火烤熟，但这种方法费时费工，很不方便。通过实践，先民又创造了石烹法。我国各民族的先民或长或短都经历过石烹时代。先秦古籍对此也有记载，事见《礼记·礼运》：“夫礼之初，始诸饮食，其燔黍捭豚，汙尊而抔饮，蒉桴而土鼓，犹若可以致其敬于鬼神。”意思是说，礼的初期始于饮食。上古时期，人们在石块上放着谷物和撕开的猪肉，用火烘烤，在地上挖个坑去蓄水，用手捧着喝，用土抟成鼓槌，筑起土堆充作鼓，用这样的方式来祭祀鬼神。东汉学者郑玄在注释上述古文时说：“中古未有釜甑，释米捭肉加于烧石之上而食之耳，今北狄犹然。”可见东汉时期的“北狄”民族尚保持着古老的石烹方式。石烹法即是以石料作为传热介质从而把食物焙熟的烹饪法。石烹法除上述的“石上燔谷”外，还有多种形式，一种是石焗式，就是将小石子烧热，将食物埋于石子中将其制熟；另一种是在地上挖坑，垫以兽皮再加水，放入原料，再用烧热的石块不断投入水坑里，使水沸热而令原料成熟。石烹法的发展与原始农业的发展关系很大。由于人口的繁衍、肉食的来源和数量的不足，迫使先人通过种植农作物来解决食物的来源。由于谷物体积小，不能直接在火上烧烤，于是先民便发明了“石上燔谷”，亦即把谷物放在石板上加热使之成熟，谷物多有壳，食之不便，于是先民们又发明了杵臼，使谷物去皮后再燔熟食用。石烹法的遗风，我们现在在一些少数民族地区，还可以觅得它们的身影：云南西双版纳傣族杀牛后，将牛皮垫在土坑里，舀满水，放入牛肉，再加入烧沸的石块，将肉烧熟分食；同一地区的布朗人，他们在沙滩上挖坑，铺满芭蕉叶，加入水，然后放入从河里捕来的鲜鱼，再投入烧热的鹅卵石，烧沸后，喝汤食鱼；云南部分独龙族和怒族在石板上烙粑粑吃，不放油，粑粑也不黏在石板上；西藏门巴族也喜欢在烧红的薄石板上烙荞麦饼或烙肉。石子馍更是石烹法留下的有活化石之称的美味食品，西北甘肃和陕西一些地区的人们，把小鹅卵石置于平锅中，放在火上加热，再把制成的饼胚放在石子上，上面再放上烧热的石子，焙烤至熟。

三、陶烹时期

烹饪学把以陶器为主要烹饪工具的历史时期统称为“陶烹时期”。一般认为，陶器诞生于旧石器时代末期和新石器时代初期，距今约1.1万年。陶器的出现是人类向自然界斗争中一项划时代的创举。

人类在长期的生产和用火实践中，逐渐掌握了黏土可塑性的特点，发觉经捏制或定型后的黏土胚具，经高温烧制后，十分坚硬，不漏水且能耐火，而且这种原始的陶器传热力远远优于石材。陶器究竟是如何发明的呢？我国古史记载中，有4 000多年前的夏伯“昆吾作陶”说；有“黄帝斩蚩尤，因作杵臼，断木为杵，掘地为臼，以火坚之”的“黄帝始作陶”之说，距今约5 000年；还有“神农作陶，冶斤斧鉏耨，以垦神莽”之说。关于陶器是如何制成的，恩格斯在《家庭、私有制和国家的起源》一书中是这样论断的：“可以证明，在许多地方，也许是在一切地方，陶器的制造都是由于在编制的或木制的容器上涂上黏土，使之能够耐火而产生的。在这样做时，人们不久便发现，成型的黏土不要内部的容器，也可以用于这个目的。”原始陶器在发展过程中，又形成了泥质陶和夹砂陶两种。泥质陶多作为盛贮器，夹砂陶制陶工艺水平较高，是在陶土中渗进耐火的砂粒，夹砂陶多用作炊具。

原始陶器最初是造型简单的敞口的罐和盆，它们的制作和造型虽然简单，但却是当时万能的 饮食器具。历史上专门用来煮熟食物最早的炊器是釜，多为敞口圆底，腹部和底部普遍制有绳纹，用以扩大受火面积，增强吸热效果；稍后出现的陶制炊具是鼎，鼎的上部保留着釜的型制，下置三足以作支撑，鼎主要用于煮肉，相同于后世烹制菜肴的锅，较小的鼎有时也兼做食具。在已出土的陶器中，鼎的数量较多。继鼎之后，出现的陶器有斝、鬲和鬶等，它们是在鼎的基础上加以改进的炊具，特点是椭圆形腹部连着三只中空的支撑足，系袋状的圆锥形或偏舌形，不仅增加了器皿的容量，也便于更快地把水煮沸和把食物煮熟。这些炊具也有了一定的分工，鬲和鬶主要是用以炊煮粮食。陶甑的出现是烹饪史上又一大的飞跃，其形有的像罐，有的像盆，两侧有的有耳，均可加盖，特点是底部有若干小孔，相当于现在的笼屉。使用时将甑套在釜或罐口上，下煮上蒸，蒸汽自下上达，常可收两用之功。后来先民又将陶鬲和陶甑连为一体，从而便形成了陶甗，成为了我国最早的"蒸锅"。陶甑和陶甗的出现，证明了我国至少在6 000年前，已利用蒸汽为生活服务，从此蒸法成为东方烹饪术所特有的技法。

6 000年前的蒸锅——陶甑

《古诗考》云"黄帝时有釜甑，饮食之首始备"，我国陶甑的发明，远远超越黄帝的时代。先人发明了陶罐、陶釜、陶鼎、陶鬲之后，解决了炊煮稻米、粟、黍的大难题，但却不适宜煮干饭。甑因底部有气孔，故可将其置于炊具上，盛水加盖，即可解决蒸食。

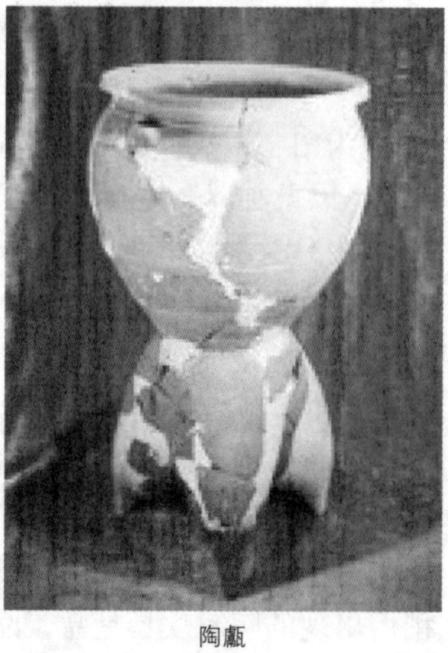

陶甗

《说解文字》载："甗，大釜也，一曰鼎，大上小下，若甑。"事实上，甗既非鼎也不是釜，而是甑和鬲的结合体，上部是陶甑，下部是三足鼎立的陶鬲，鬲足中空，可蓄水。上有盖，侧身有双耳，器式有两种，一是甑和鬲合做在一起；一是甑和鬲分体，这便是最早的蒸锅。

陶器是原始农耕部落的创举，是随着谷物的生产和烹饪而发明的。新石器的中期，距今六七千年前，我国先民陶器的使用就很普及，仅西安半坡文化遗址就出土了50万件陶器，除少数生产工具外，绝大部分都是以炊食具为主的生活用具。其中仅陶罐一类就有23型45式。陶器的发明促进了灶具的发明和发展。此外，通过蒸煮，促使烹饪多样化，出现了菜羹和肉羹等混合食品。陶器的出现还促进了调味品的发明和丰富，使“煮海为盐”变为现实，也促进了酒品的酿制。总之，陶器的出现使“火食之道始备”，具有完备意义的中国烹饪正式形成了。

主题二　中国饮食的发展

一、夏商至春秋战国时期

夏王朝是中国进入的第一个阶级社会的王朝，社会生产力较原始社会有了很大的进步，已形成了以农业为主的复合型经济形态。恩格斯曾说：“农业是整个古代世界的决定性的生产部门。”农业的发展必然有力地促进手工业的发展，从而使生产力不断地改进和提高。夏代的农业生产工具，虽然主要还是木、石器和骨及蚌器，但夏代已经开始冶铜，古代文献便记载有“禹铸九鼎，夏启铸鼎”的传说，而且还记载有：“贡金九牧，铸鼎像物”，许多部落向夏王朝进贡铜，当然是冶炼之用。河南偃师二里头和山西夏县东下冯文化遗址中均发现了夏代的铜器，特别是青铜爵的出现说明我国4 000多年前即已进入了青铜器时代。青铜是铜和锡的合金，比铜硬度大且耐抗锈。由于夏代的文字还未出现，所以我们对夏代的了解除了古遗址出土文物外，大多是由古文献追叙的。夏朝的国家组织中，已出现了专管宫廷膳食的“庖正”，可见当时非常重视饮食并具有一定的规模。

夏代文字目前还未发现，夏代历史多由考古发掘和后人追述的文献中得知。该酒器出土于1975年夏季，在河南偃师著名的“二里头”墓葬中出土。亦称“乳丁纹爵”，因爵把手另侧饰有5颗乳丁而得名。其口部有长“流”，后部有尖“尾”，该长爵为我国目前最早的青铜酒器。因专家观点不一致，有人认为该酒器是夏代制作的，亦有人认为制于商代早期。

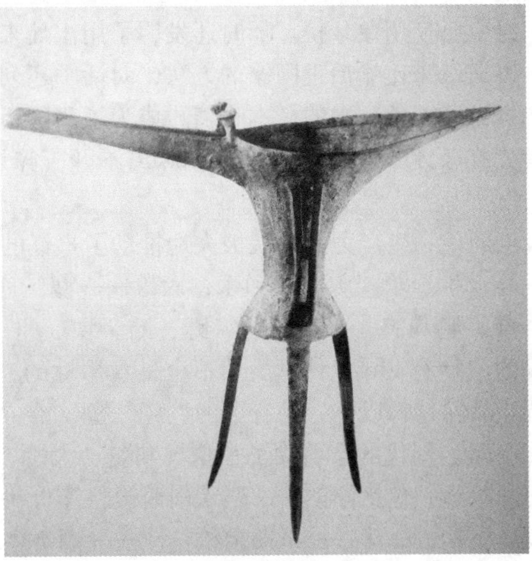

夏代铜长流爵酒器

知识链接：帝王厨师——夏少康

夏朝第五代君主相被东夷族伯明氏首领寒浞杀害后，相的儿子少康曾避难有虞氏，在那里担任“庖正”之职，主管和监督奴隶们从事庖厨劳动，有人推断那时的“庖正”是要与厨师们一起劳动的，倘若这样，那后来成为夏代中兴之君的少康便是中国历史上第一个有年代可查考的厨师。

根据《夏小正》一书的推断，夏代的烹饪原料较前有了很大的发展，蔬菜中有了韭、油菜、蒜和瓜等，水果类有了梅、杏、枣、桃、橘和柚等，粮食作物有了黍、大豆、粟、水稻和麻等。

甲骨文的出现，为我们研究商代的历史和烹饪文化提供了可靠的文字资料。商代的天文历法在夏代的基础上，有了进一步的发展，已经出现了阴阳历，平年12个月，闰年13个月，并懂得用干支记日。这些证明当时社会已进入较成熟的农耕时代，人们已会掌握农时，懂得灌溉，会施用粪肥等，已能使用牛拉犁耕田，见于文字的菜园和果园已经出现，少量粗糙简单的金属工具已用于农作。商代不仅六畜俱全，而且牛、羊、马、猪和狗已经有了各自的畜圈，王室已有了专门的马厩。仓廪的出现，不仅反映商代粮食作物的生产发达，也说明商人已懂得粮食的储存和保管。

商代青铜工艺制造已达到高峰和极盛时期。1976年，在河南安阳殷墟出土的商王武丁后妃妇好的墓中，一次就出土了400多件青铜器，其中出土的大多为礼器，礼器中又以酒器为主。说明高档的青铜器皿已在上层贵族中流行，文献所说贵族嗜酒成风是可信的。商代出土青铜器数量多，质量好。其中青铜炊器主要有釜、鼎、鬲和鬶等，食器主要有簋、豆及匕等。青铜锅、俎、铲以及青铜刀的出现，说明商代后期已懂得炒菜。殷墟还出土了铜筷，传说商末纣王已使用象牙筷。那时还发明了用土灶来从事烹饪。在商代名臣伊尹与商汤的一次对话中以烹饪来比喻治理国家的方法，对话中还列举了一份范围十分广泛的菜单。后世据此辑录的《吕氏春秋》中的《本味篇》成为了我国历史上最早的烹饪理论著作。该书强调美味来源首先在于水，火候是关键，调味离不开五味调和，调味先放后放，放多放少，差别很大。

及至周代，生产力的发展极大地推动了烹饪的发展。烹饪原料明显地丰富起来，荤有六畜——马、牛、羊、鸡、犬和豕，六兽——麋、鹿、麇、熊、兔和野豕，六禽——雁、鹑、晏鸟、雉、鸠和鸽，水产有鲂、鲤、鲔、块、岨、鲇、鳢、鳖、蚌和螺等十多种。《诗经》里提到的植物有130多种，虽然不全是食用性的，但当时瓜果蔬菜的品种还是十分丰富的。周代调味品除盐梅以外，已有了油、酱、蜜、饴、姜、桂和椒等，酒也被用于烹饪，另外还发明了制醋。周代的菜肴除了三羹（和羹、大羹、铏羹）、五齑、七菹外，还出现了当时的名菜——八珍，包括淳熬——稻米肉酱饭，淳母——黍米肉酱饭，炮豚——烧烤乳猪，炮牂——烧烤小羊，捣珍——早期肉松，渍——酒香牛羊肉，肝膋——烤网油包狗肝，八珍作为雏形的菜谱，在烹饪文化发展史上的意义颇大。《周礼 · 天官》中提及“馐笾之食，糗饵粉餈”，《楚辞·招魂》中有“粔籹蜜饵，有㛂𩜵些”，说明周代面食糕点已经有了雏形。周代贵族的膳食，主要分为四大类：食、膳、羞和饮。食是饭食，膳是牛羊猪狗等肉类菜肴，羞是膳以外的菜点，饮是水、浆、酒和汤。周代宫廷饮膳机构大，制度完备，分工明确，设有膳夫、庖人、食医和酒正等22个部门，职官208名，奴隶及杂役2 332人。宫廷用膳，周王“鼎十有二，物皆有俎”，筵席菜中已有“吴羹”、“楚酪”，说明当时已开始有地方风味菜。城市里也出现了饮食市场。当时有关烹饪理论的论述已经出现，春秋末期，齐国大夫晏婴提出“五味调和”的论述，孔子在《论语》中提出：“食不厌精，脍不厌细。色恶不食，臭恶不食，失饪不食，不时不食。”饮食卫生也受到重视，提倡饮食要有节制，变质的食品不能食，食物配伍合理，吃下去才能对身体有益等。

二、秦汉至隋唐时期

秦朝是中国第一个中央集权的封建制国家。封建制取代了奴隶制，佃耕制取代了井田制，牛耕和铁器大面积推广，生产力得到解放，农业生产直线上升，盐铁业、种植业和养殖业都有了很大的发展，从而也促进了烹饪事业的发展。这一时期的烹饪原料极大地丰富，西汉张骞出使西域，引进了苜蓿、胡瓜、胡萝卜、安石榴、葡萄和菠菜等多种蔬菜、水果、油料及调料作物的种子。西汉初期，大豆与粟同为主粮，其后大豆渐渐由主食转化为蔬菜。相传汉淮南王刘安创制了豆腐，但一直未有定论，豆腐见于文字，最早约在五代时期。但1960年在河南密县东汉打虎亭汉墓发现的“庖厨图”上却清楚地勾画了制豆腐的场面，因

打虎亭汉墓画像石“庖厨图”

豆腐堪称国宝，但长期以来，仅仅是相传由西汉淮南王刘安创制，但不见于史料。现有文字可考的豆腐记载，最早仅可溯源于五代时期。打虎亭汉墓画像石的出土，对主张豆腐创制于汉代是个很有力的佐证，因为该画像石刻绘的豆腐生产过程，与当代民间作坊生产豆腐的流程十分相似，但考古学毕竟是一门十分严谨的科学，豆腐创制的断代还期待更有折服力的史料出土。

此汉代即发明了豆腐应该是可信的。先秦时期食用油主要是动物油，汉代已将植物油用于烹饪，三国时已掌握麻油的制作技术，唐代已大量运用植物油，主要品种有豆油、苏油和麻油等。西汉末年佛教传入中土以后，素食得到了发展。南朝梁武帝是素食的积极推广者，他著有《断酒肉文》，竭力宣扬推广素食，使素食得到普及，制作水平也迅速提升。梁代首都南京素菜的制作水平由于精妙，被人们誉为是天厨。汉代水稻、小麦种植面积扩展很多，南方依旧是“饭稻羹鱼”，而北方小麦已与粟并列为主粮。小麦大面积的种植，促进了面食业的发展。源自于春秋时传为公输般发明的石磨，汉代已逐步推广使用。发酵面点技术的提高，

使面点品种迅速增加并在民间普及。汉代统称面食为饼：用甑锅蒸熟的馒首或包子称“蒸饼”，用水煮熟的馄饨和水饺叫“汤饼”，放在平锅上加油煎熟的叫“烙饼”，烧饼当时叫胡饼，据说是由西域传至中原地区的。魏晋南北朝时期还发明了蒸屉，极大地提高了面食的制作量。汉代城市里即有吹箫卖糖的，这种糖当时称“饧”或“馓”，即今麦芽糖或糖食一类。唐代麦芽糖和蔗糖的提炼技术大幅度提高，蔗糖开始广泛运用到烹饪上。

源起于春秋战国时期的铁器，至汉代已有了很大的发展，逐步取代了青铜器。铁制炊具更利于烹饪操作，铁釜、铁刀、铁叉和铁勺等炊具已普遍使用，使中国历史上的铜烹时代开始步入铁烹时代，铁制炊具与青铜炊具相比，轻便了许多。“鼎鬲文化”成为了中国古代文明的代称，铁锅、菜刀和笼屉也成了中国烹饪文化三件传家宝和象征物而流传至今。汉代阳燧取火，即用铜镜经阳光照射聚焦取火，但因不普及以及使用不便，便改为用铁片敲击燧石撞击出火花再点燃艾绒取火，此法民间广为使用，有些地区一直运用至火柴进口。煤在汉代已逐渐用于炼铁，南北朝时期开始用于烹饪。汉代是炉灶改革的时代，战国以前，多用无烟囱的地灶和单火眼的陶灶，汉代出现了曲突多眼灶，即一炉多火头，既可烧饭，又可烧菜，还可烧水，既节省了能源，又方便了烹饪。战国以前的直烟囱（突）常因漏火引起火灾，汉代也改为穿出墙外的曲突和高出屋顶的高突，提高了拔风旺火的能力。铁制炊具在使用中不断得到改进，三国时期，魏国出现“五熟釜”，一锅可分开制作五种口味，蜀国出现了可夹层蓄热的“诸葛行锅”，南方少数民族地区还发明了既薄且轻又易于熟食的“铜火锅”。

汉唐时期，我国的饮食市场十分繁荣，汉代的大都市里，“熟食遍列，肴旅成市”。汉代丝绸之路开通以后，胡饼即在中原流行，唐代开元（713—741）以后，“贵人御馔，尽供胡食”，大都市里胡肆、胡姬和胡食十分风行，品尝胡食成为贵族的饮食时尚。汉代以来，厨膳分工，日趋精细。汉代已出现了厨师红案与白案及炉与案的两大分工。汉至南北朝，烹饪技艺发展很快，当时已有包括炒、炸、烩、煮、糟、渍、酱、煎和炙等在内的20多种烹制方法。唐代已出现以风景为主题的大型花色冷盘。女尼梵正根据唐代王维画作“辋川图”制作的大型花色冷盘，可分成20个小样，不论分合，均不影响造型的美观，至今仍传为烹坛佳话。这一时期的烹饪理论著作也逐渐增多。汉代《淮南王食经》和曹操《四时食制》均已失传，北魏高阳太守贾思勰的《齐民要术》中保留了不少古代食经的部分内容，记录了200多款菜点以及大量食品的制作和烹饪技法。

三、宋元明清时期

北宋至清代中期，中国传统饮食文化日臻完善，逐步进入成熟阶段。宋元时期，农业生产和技术得到进一步的提高。地狭人稠的地区，千方百计扩大耕地面积，形成了与水争田、变山为田的格局。宋代十分重视水利工程建设，仅北宋就兴修水利设施 1 万多处，可灌溉农田 3 600 多万亩，圩田、湖田和梯田大量出现。农业的发展促进了粮食的增长，元代水稻已成为跃居全国首位的粮食作物。及至明代中叶，闽浙出现了双季稻，岭南出现了三季稻。隋代大运河的兴建加强了南北经济的交流，也促进了中外经济文化的交流，这一切都极大地丰富了烹饪原料。北宋时期引进了越南占城稻和朝鲜黄粒稻等优良品种，元代引进了胡萝卜，明代万历年间（1573—1620）由菲律宾引进了白薯，明清时期引进了美洲玉米，与此同时，从东南亚引进了倭瓜和四季豆，从巴西引进了丝瓜、苕瓜，从拉丁美洲引进了辣椒、番茄，从墨西哥引进了土豆等，这些烹饪原料的引进，或促进了粮食的增长，或丰富了菜点的品种。

北宋以来，炉灶设备也不断改进。宋代出现镣炉，外镶木架，可以自由移动，炉门拔风，燃烧充分，火力很旺，清洁无烟；宋人林洪《山家清供》中记载武夷山一带人们冬季使用与风炉相配套的“铫”，即今之火锅，可见火锅在南方一带已很流行；开封市场出现“入炉羊”一菜，可见那时已有了烤炉，发展到清代，烤炉已有明炉和焖炉之分。金代出现了双耳铁锅，宋代已会使用多层蒸屉。元代尚食局磨制面粉，石磨在楼上，楼下有机械装置传动。宋代煤已推广，首都开封附近煤已进入普通居民家，鼓风器也已由皮囊改进为木制风箱。烹饪技法方面，宋代出现专门供人观赏的“看盘”菜肴，元代出现挂糊方法，明清时期厨师已开始用多种植物淀粉进行勾芡，清代厨师已会用蛋清和淀粉挂糊上浆。明代厨师已普遍掌握吊汤技术，能否吊出好汤已成为鉴别厨艺高低的试金石。明代弘治年间（1488—1505），食谱上记录的食物就有1 300余种，仅香料就有28种。万历年间（1537—1620），厨界流行的烹饪术语就有100多种。可以说，自宋元以来，烹饪工艺的各大环节已基本定型，复经明清几百年的完善，整个烹饪工艺体系已完全建立。

宋代社会生产力的恢复，促进了饮食业的兴旺发达，当时的饮食市场十分繁荣。唐代坊（住宅区）市分离，各有门禁，坊门晨启夜闭。宋代坊市相连，城市管理从封闭转向开放。北宋首都开封市，正店（大型酒楼）就有72家，“脚店”（小型饭馆酒家）不能遍数，多从事特色餐饮，食品品种不多，但均为绝活。与酒楼相对应的还有专供应食品的，称之为食店，大者称为“分茶”，供应面食，此外还有川饭店、南食店（以供应水鲜菜肴为主）和瓠羹店等，还有“素分茶”供应如同寺院斋食，食店不供应酒水。此外还有沿街叫卖的熟食摊贩。大相国寺定期集市，一次可容纳万人。几家大烧饼店，每家各有炉子50多只。开封不禁夜市，大小酒楼从早到晚，营业不断。州桥灯火通宵达旦，诗人有“夜深灯火上樊楼（酒楼）”之咏。当时开封已有“筵会假赁”，即指凡欲举办筵席的人家，只管出钱就会有专门的机构代为操办。南宋建都杭州，最多时人口达124万，其繁华程度十倍于开封。当时杭州设有“四司六局”，四司为帐设司、厨司、茶酒司和台盘司，六局为果子局、蜜煎局、菜蔬局、油烛局、香药局和排办局，均为官府贵家所置，分工精细，各有所掌，富有人家如若操办宴席，只要向“四司六局”交纳一定费用，即可代为操办，400 ~ 500人的宴席当天即可办好。此外，宋代开封和杭州还有受雇于缙绅贵胄之家的专门流动卖艺的高级厨师——厨娘，她们自小学艺，色艺双全，且会书算，故身价极高。元代的商业城市供应的菜肴种类繁多，除蒙古大菜以外，还兼容汉、女真、西域、印度、阿拉伯、土耳其以及欧洲的民族菜。清真菜此时已渐露头角，清代已有清真菜馆。明初太祖朱元璋鼎都南京，曾建有16座大型酒楼，宫廷出钱用以招待文武大臣和域外进贡使臣。明成祖晚年迁都北京后，北方饮食市场逐渐繁荣。清代北京不仅有汉食，而且还有回回饮食、女直食馔、畏兀儿（维吾尔）茶饭和“高丽糕点”，可谓是琳琅满目。唐代大开筵席之风，在此基础上，宋代的宫廷宴名目繁多，诸如“圣节”（皇帝寿辰）宴、春宴、秋宴、朝宴、庆功宴和喜庆宴等，其特点是宴会酒食常常取之于社会上的酒楼饭店。元代宫廷宴饮食以蒙古和西域食风为主，融入汉族饮食，食品以牛羊奶酪为主。明代宫廷宴承袭宋代，但兼有蒙古风味。清代宫廷宴是我国筵席史上登峰造极的时代，尤以参宴人数高达数千人的千叟宴而驰名。满汉全席是由满席、汉席和满汉席发展而来，受清代御宴影响很深，是清代中期兴起的程序复杂、规模宏大的宴席，可谓中国古代筵席集大成者。

知识链接：千叟宴

清代专为各地老臣和贤达老人举办的宫廷盛宴，因赴宴者多在千人之上，故名。

此宴举行过4次。康熙五十二年（1713），皇上花甲大寿，各地耆老进京朝贺，朝廷宴请65岁以上的耆老两千余人，这是千叟宴的起始。康熙六十一年（1722），再召地方耆老一千余人来京，用满席和汉席分别接待。乾隆四十九年（1784），《四库全书》编成，乾隆喜添五世玄孙，乾隆五十年（1785）又在乾清宫举办了三千余人参加的千叟宴。嘉庆元年（1796），乾隆举行归政大典，再次举办了五千余人参加的千叟宴。

千叟宴也分为等级。像乾隆五十年的大宴，一等席面用以接待王公、一二品大臣和外国使节，设在大殿内和廊下两旁；二等席面安置三至九品官员和其他人等，摆在丹墀、甬路和丹墀以下。

宋元明清，烹饪理论书籍大量出现，形成较为完善的理论体系。清代袁枚所著《随园食单》被誉为古代烹饪理论的经典之作。该书的须知单和戒单系统地总结了中国古代烹饪技术的宝贵经验。该书还用大量篇幅记载了中国元代至清代中叶流行的342款菜肴、饭点、茶酒的用料和制作方法，其中大多数为江浙两地的传统风味，也涉及京、鲁、粤、皖等地方菜以及宫廷菜和官府菜。

主题三　中国主要的菜系

一、菜系的界定

中国菜是由众多地域、各具特色的菜肴汇聚而成的。人们在长期的饮食生活中，运用当地的物产，形成了风格各异、自成体系的烹饪技艺。

我国地大物博，各地的物质条件、地理环境、气候因素、民俗习惯以及相对的历史背景，构成了我国各地饮食品种和口味嗜好的千差万别，从而形成了相对固定、各有所好并各具特色的地域菜肴。由于都市是不同地域的政治、经济和文化中心，各地菜肴的传播、交流和发展都是以都市作为依托的。四面八方的人流，怀着各自不同的目的涌向城市，由于他们饮食习惯的差异，市场必然会形成风味各异的餐馆，这些餐馆之间相互交流、学习和竞争，在漫长而悠久的岁月中，在同化和异化的作用力下，终于形成了相对比较稳定的流派。

菜系的提法出现较晚，大约是在20世纪70年代初期。晚清以来，厨界习惯上将各自的流派称作“帮”或“帮口”，当时社会餐馆饭店还是以字号命名，基本上不用帮口来命名店名。

菜系是指具有明显地域特色的菜肴体系。它有着不同于其他菜系的烹调方法、调味手段、风味菜式、辐射地区和众多菜品，并且被国内外所公认。由于菜系划分的标准不一，说法也不尽相同，所以其分类形式很多。但就地域风味流派来说，历史最久、最具特色并且影响最大的还是四大菜系：鲁菜、淮扬菜、川菜和粤菜。四大菜系加上浙菜、徽菜、湘菜和闽菜即为八大菜系，若再加上北京菜及上海菜即为十大菜系。

二、四大菜系简介

（一） 山东菜系

山东，古为齐鲁之邦，地处中国东部沿海，黄河下游。山东半岛三面环海，东与朝鲜半岛和日本列岛隔海相望；北与辽东半岛相对，是首都北京的海上门户。

山东是中国古代文明发祥地之一。境内山川纵横，河湖交错。黄河横跨其境，形成大片冲积平原，沃野千里；中部山地突起，峰岭耸峙，胶东丘陵，林深谷幽。气候温暖，四季分明。农业历史悠久，五业兴旺。蔬菜种类繁多，品质优良，享有“世界三大菜园”之美誉，名闻遐迩的蔬菜有：胶州大白菜、章丘大葱、苍山大蒜、莱芜生姜、潍县萝卜及鲁西北瓜类等。山东是全国温带水果最大产区，向有“水果之乡”之誉。胶东半岛北临渤海，东临黄海，海岸线长达3 000多公里，其海产品产量居全国第三位，海产资源之丰有口皆碑。名贵的海产品有鲍鱼、海参、加吉鱼、比目鱼、对虾、鹰爪糙对虾、西施舌、扇贝、海蟹和红螺等。山东湖泊水库较多而且水质优良，所产名贵淡水鱼有鳜鱼、黄河鲤鱼和微山湖四孔鲤鱼、泰山赤鳞鱼等。

知识链接：微山湖四孔鲤鱼

微山湖最著名的水产要数四孔鲤鱼，相传清代乾隆皇帝沿着大运河南巡，途经微山湖时，突然发现湖中游出数尾金色鲤鱼，头上长着四个鼻孔，甚为奇特，于是便命人捕捞。成菜以后，肉质细软，味道鲜美，深受乾隆皇帝的赞赏，于是便成为了贡品，从此微山湖四孔鲤鱼也就身价倍增，闻名遐迩。由于微山湖里的浮游生物多，饵料丰富，四孔鲤鱼生长迅速，个体很大，最大的可达20多公斤。四孔鲤鱼的背鳍呈鲜红色，体侧鳞片为金黄色，中间有一条暗褐色的斑点，似一条银线，十分炫目。该鱼因嘴的上部比他地鲤鱼多两根胡须，酷似鼻孔，故而得名。四孔鲤鱼不仅是微山湖一带酒筵上的必备佳肴，还曾作为国宴名菜，招待过从事国事访问的美国总统尼克松先生。1952年10月29日，毛泽东主席到徐州视察，谈及徐州地方风物时，毛泽东曾说：“徐州四孔鲤鱼天下驰名。”后来毛主席品尝了四孔鲤鱼后，曾称赞说：“果然名不虚传”！据说四孔鲤鱼原来是生长在黄河故道入海处，后来黄河改道，这种鱼就留在了微山湖，成为当地罕见的名鱼。当地居民往往通过这种名贵的鱼，来表达他们的理想和追求，他们认为四孔鲤鱼分别代表吉祥、如意、平安、富贵。

鲁菜历史悠久，早在4 000年前，当地人民主食就以粟为主，肉食以猪肉和鱼蚌为主。《黄帝内经》云："东方之域，天地之所始生也。鱼盐之地，海滨傍水，其民食盐而嗜咸。皆安其处，美其食。"鲁菜起源于春秋齐鲁两国，形成于秦汉之际，汉至隋代已形成独特的烹调方法和风格，处于全国领先地位。历经唐宋，鲁菜已初具规模，明清以来，鲁菜已形成体系，除大量涌入宫廷成为御膳佳肴外，还远播华北、京津乃至东北等地，成为黄河流域北方菜的典型代表。

鲁菜选料考究，刀工精细，调味得当，工于火候，技法多样，尤其擅长爆、炒、烧、炸、熘、𤆵、焖和扒。鲁菜的爆、𤆵技法，有其独到之法，𤆵法为鲁菜所特有的技法。鲁菜以擅长制汤并长于用汤久享盛名，鲁菜有用鲜汤、奶汤提鲜而不用味精的技术要求。鲁菜烹制海鲜有独到之处，尤其长于海鲜珍品和小海味的烹制。此外鲁菜还善于用葱香调味。宴席装盘丰满，造型大方，重规格和礼仪，敦厚庄重。鲁菜烹调技法全面，风味上讲究鲜咸适口、清爽脆嫩和汤醇味正，保持原汁原味。鲁菜在长期的发展过程中，形成了济南、济宁和胶东为主的三大地方风味。此外，起源于曲阜的孔府菜，也以名馔丰盛、规格严谨、风味独特、延续时间最长（指官府菜）而备受烹饪界之青睐。

鲁菜的特色菜肴有：油爆双脆、锅𤆵豆腐、德州扒鸡、九转大肠、糖醋黄河鲤鱼、清氽赤鳞鱼、炸蛎黄、烩乌鱼蛋、奶汤鸡脯、汤爆双脆、锅烧肘子、清汤燕菜、干蒸加吉鱼、双色鱿鱼卷、扒原壳鲍鱼和奶汤蒲菜等。

又名"德州五香脱骨扒鸡"，是山东德州著名的传统风味菜肴，由"宝兰斋"首创，距今已有100多年历史，该菜后经"德顺斋"名厨予以改进方正式定型。该菜入席，色泽红润，肉质肥嫩，香味透骨，香而不腻，唯美适口，鸡肉特别软烂，一抖即可骨肉分离。

德州扒鸡

（二） 淮扬菜系

江苏地处长江下游，气候温和，土地肥沃，河渠纵横，物产富饶，资源丰富，水产禽蔬联翩上市，海味山珍不绝于时。"春有刀鲚夏有鲥，秋有肥鸭冬有蔬"，素有鱼米之乡之誉，得天独厚的自然条件为淮扬菜的发展提供了坚实的基础。淮扬菜历史悠久，源远流长。先秦典籍首位留名的厨师彭铿封地即在今江苏徐州，后世将其奉为厨行祖师，故里至今还有彭祖祠、井和碑等遗迹可考。《尚书 · 禹贡》载有"淮夷贡鱼"，反映了江苏水乡河鲜之闻名；《吕氏春秋》云："菜之美者，具区（太湖古称）之菁"，这证明至迟在战国时期，太湖蔬菜已名扬天下；至于专诸鱼炙、淮南瓶罂、金陵天厨和建康七妙等均是脍炙人口的烹坛掌故，由此亦可想见淮扬菜历史之久远及厨艺之精湛。

淮扬菜是中国长江下游地区的著名菜系，始于春秋，兴于隋唐，盛于明清，向有“东南第一佳味”、“天下之至美”誉称，名声远播海内外。1949年，中华人民共和国开国大典，周恩来总理招待中外来宾的第一次国宴，选用的即是淮扬菜。

知识链接：开国大典宴会菜单

冷菜：

香麻海蜇、虾子冬笋、泡黄瓜条、芥末鹅掌、酥烤鲫鱼、罗汉香肚、水晶肴蹄、桂花盐水鸭

热菜：

全家福、东坡肉、扬州蟹肉狮子头、清炒翡翠虾、鲍鱼浓汁四宝、口蘑罐装鸡、鸡汤煮干丝

点心：

炸年糕、黄桥烧饼、艾窝窝、淮扬汤包

主食：

菠萝八宝饭

水果：

时果拼盘

注：“开国第一宴”是1949年10月1日下午在北京饭店举行，党和国家领导人及各界代表600余人出席。周恩来总理亲自决定，宴会菜式以咸甜适中、南北皆宜的淮扬菜为主。该宴是由淮扬烹饪大师魏殿荣、王松坤、孙文富、李魁南等人制作。

淮扬菜的共同特点是：选料严谨，制作精细，因材施艺，四季有别。淮扬菜在选料上特别讲究鲜活、鲜嫩，有“醉蟹不看灯，风鸡不过灯。刀（鱼）不过清明，鲥不过端午”之说。

南京向有“鸭都”之誉，所制盐水鸭闻名遐迩。盐水鸭一年四季均可制作，尤以夏历八月至九月底，稻谷飘香、桂花盛开时所制最为上乘，习呼为桂花鸭，以其“肉内有桂花香也”。该菜宜现做现吃。成菜入席，皮白油润，肉嫩微红，淡而有旨，香、鲜、嫩三者毕具，令人久食不厌。

金陵盐水鸭

淮扬菜十分讲究刀工，刀法精细、富于变化，务使菜品形态精致、滋味醇和，达到赏心悦目的目的；江苏菜善用火候，讲究火工，擅长炖、焖、煨、焐、蒸、烧和炒，尤精于泥煨和叉烤，要求菜肴制作酥烂脱骨而不失其形，滑嫩爽脆而不失其味。此外淮扬菜还重视调汤，讲究原汁原味，风味清新，适应面广，浓而不腻，淡而不薄。向有“一物各献一性，一碗各成一味”之说。

淮扬菜按照自身的风味体系，又可分为四大地方风味：淮扬（淮安、扬州）风味、金陵（南京）风味、苏锡（苏州、无锡）风味和徐海（徐州、连云港）风味。

淮扬菜的特色名馔有：松鼠鳜鱼、清炖蟹粉狮子头、三套鸭、宫灯虾仁、醋熘鳜鱼、拆烩鲢鱼头、水晶肴蹄、金陵盐水鸭、炖生敲、炖菜核、雪花蟹斗、碧螺虾仁、梁溪脆鳝、叫花鸡、虾仁珊瑚、文峰双竹、海底松炖银肺、霸王别姬、羊方藏鱼、砂锅鱼头、红烧沙光鱼、爆炒乌花、清蒸大闸蟹、金陵叉烤鸭和大煮干丝等。

（三） 四川菜系

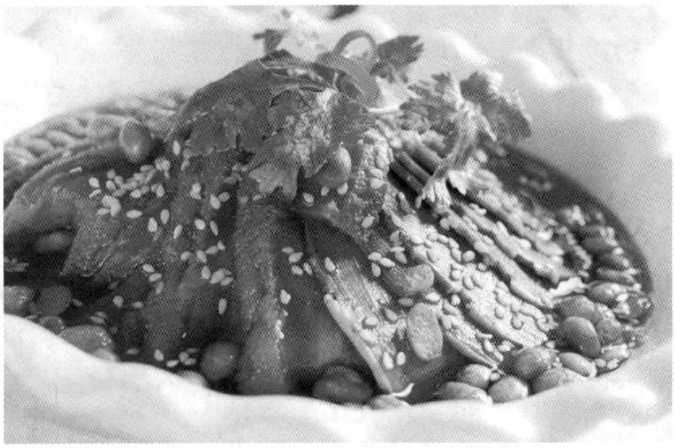

夫妻肺片

20世纪30年代，成都少城地区郭朝华夫妻以制售凉拌牛肺片为业，他们走街串巷，提篮叫卖。由于他俩所制肺片制作精细，口味独特，深受食客欢迎，于是人们便将他们所制肺片呼为夫妻肺片。后来他们用牛肉、牛杂替代肺片，但人们还习惯以原名称之。该菜（亦可称为小吃）色泽美观，质嫩味鲜，麻辣浓香，十分可口。

四川自古即有“天府之国”之誉，沃野千里，江河纵横，气候温湿，物产富饶，得天独厚的自然条件和丰富的物产资源，对川菜的形成和发展提供了极为有利的条件。四川除了平原盛产粮、油、蔬、果、畜、禽、笋和菌以外，山区有熊、鹿、麂、獐和虫草、银耳、竹荪和川贝母等，江河峡谷有江团、岩鲤和雅鱼（丙穴鱼），还有新繁的泡菜、简阳的二金条辣椒、汉源清溪的花椒、德阳的酱油、保宁的醋、顺庆的冬尖、叙府的芽菜及潼川的豆豉等重要的调辅料。历代名士对四川的饮食物产颇多赞誉。宋代著名文学家苏东坡曾赋《春菜》以赞：“北方苦寒今未已，雪底波棱如铁甲。岂如吾蜀富冬蔬，霜叶露芽寒更茁”；南宋大诗人陆游在《蔬食戏书》中写道：“新津韭黄天下无，色如鹅黄三尺余。东门猪肉更奇绝，肥美不减胡羊酥。”

川菜系中国长江上游地区的著名菜系，发源于巴国和蜀国，是巴蜀文化的衍生物。川菜历史悠久，其孕育于春秋，成长于两汉魏晋，发展于隋唐五代，盛于清代，晚清时逐步形成为地方风味极其浓郁的菜系。

川菜发展至今，具有用料广博、味道多样和适应面广三大特征，其中尤以味型多种、变化巧妙而著称，人们爱用“一菜一格，百菜百味”来形容川菜的特色，故国际烹饪界素有

"食在中国，味在四川"之誉。川菜味型众多，常用的味型有20多种，其中大多与麻辣沾边，诸如口感咸鲜微辣的家常味型、咸甜辣香辛兼有的鱼香味型、甜咸酸香鲜各味十分和谐的怪味型，以及表现不同层次麻辣的红油味型、麻辣味型、芥末味型、蒜泥味型和姜汁味型等，其中家常、鱼香、怪味、椒麻及麻辣诸味是川菜独有的风味。川菜虽以麻辣见长，但其辣而不燥，辣得适口，轻重有别，正因为辣得有风韵，才使其享誉世界。

川菜的地方风味，主要是由成都菜、重庆菜、自贡菜以及具有悠久历史的素食佛斋菜组成。以成都、重庆两地的菜肴为代表，皆嗜麻辣，但成都菜偏麻，重庆菜偏辣。素食佛斋菜是以历代僧厨为主创造出来的"似荤非荤、形荤实素"的川味素菜。

川菜的特色名馔有：樟茶鸭子、家常海参、开水白菜、锅巴肉片、鸡豆花、麻婆豆腐、夫妻肺片、官燕孔雀、干烧岩鲤、鱼香肉丝、水煮鱼片、灯影牛肉、枸杞牛鞭汤、毛肚火锅、清蒸江团、东坡墨鱼、砂锅雅鱼、虫草鸭子、怪味鸡、宫保鸡丁、回锅肉、水煮牛肉和小煎鸡等。

（四）广东菜系

郭沫若先生曾赋诗盛赞广东菜："齐国易牙当稽颡，随园食谱待耙疏"。广东菜亦称粤菜，是中国珠江流域的著名菜系。

广东北依五岭，南临南海，北部多丘陵山地，盛产山珍海味；中部珠江平原和东部潮汕平原，土地肥沃，盛产稻谷鱼虾，水果油料；曲折绵延的海岸线，多港湾渔场，海鲜丰富，旧称"天下之食货，粤东几尽有之，粤东所有之食货，天下未必尽有也"。得天独厚的物质基础促进了粤菜的发展。

粤菜历史悠久，其源起于岭南，最早可上溯至秦始皇南定百越之际，历经发展，随着明清时际的海运大开，口岸开放，广州商市日趋繁盛，饮食业愈加兴隆，市内酒肆栉比，筵宴不绝，粤菜终于形成集南北风味于一炉，融中西烹饪于一体的独特风格，并在各大菜系中脱颖而出，饮誉四海。

鲍鱼亦称鳆鱼，其实它不是鱼，而是一种贝类。我国鲍鱼入馔历史悠久，《汉书·王莽传》对此即有记载，明清时期，鲍鱼已被列为水八珍，成为珍贵的烹饪原料。蚝油网鲍片是粤菜的传统名馔，系由干鲍鱼经涨发后，以蚝油等多种调味料烹制而成。该菜入席，肉质滑爽，胶质滋润，香醇味美。

蚝油网鲍片

粤菜主要由广州菜、潮州菜和东江菜三方风味组成。广州地处亚热带，气候炎热，南面临海，江河纵横，动植物种类繁多，瓜果菜蔬四时不断。广州菜集南海、番禺、东莞、顺德及香山（今中山）地方风味之特色，兼收京苏川浙等外省菜之长，融会成一家。用料广、选料细、配料奇、技艺精、善变化而且品种多；讲究清而不淡、鲜而不俗、嫩而不生和肥而不腻；夏秋力求清淡，冬季偏重浓醇。潮州菜系汇闽菜和粤菜之长，自成一格。讲究刀功，善治海鲜，口味偏重香浓鲜甜，汤菜和甜菜最富特色，爱用鱼露、沙茶酱、梅膏酱和红醋等调料。东江菜亦称客家菜，东江人的饮食习惯保留了古代中原地区风貌，菜多用肉类，极少水产，主料突出。讲究浓香，下油重，味偏咸，擅长鸡鸭，以砂锅菜见长，有独特的乡土风味。

粤菜博采众长，选料广博，穷水陆之珍，有“脊背朝天人可食”之说；调料选用和烹调方法具有浓厚的地方色彩，调味多用蚝油、虾酱、梅膏、沙茶、红醋、鱼露等，烹调常用焗、焗、烤、烩等技法；注重装潢，富于想象力，菜名瑰丽，讲究食法，尤其注重营养滋补；口味多样，历有“五滋（香、松、脆、肥、浓）六味（酸、甜、咸、苦、辣、鲜）”之说，且吃法多变，有生、鲜、嫩、脆、爽、滑之分。

粤菜特色风味名馔有：红烧大裙翅、龙虎斗、烤乳猪、太爷鸡、东江盐焗鸡、明炉烧螺、东江瓤豆腐、大良炒鲜奶、白云猪手、佛山柱侯鸡、爽口牛丸、糖醋咕噜肉、蚝油网鲍片、炖禾虫和鼎湖上素等。

主题四　中国的名茶名酒

一、茶史略述

（一）茶的发现及初期的生产及饮用

茶与咖啡和可可并称为世界三大非酒精类饮料。中国是茶的故乡，不仅因为中国存有最原始的野生大茶树种，更重要的是，中国系世界上最早发现茶树、利用茶叶和栽培茶叶的国家，这也是中华民族对世界文明作出的特殊贡献。

茶的发现并作为药用，传说是发生在距今5 000年左右的神农时代，事见《神农本草经》：“神农尝百草，日遇七十二毒，得荼而解之”。《诗经》也有关于“荼”的多处记载：“谁谓荼苦，其甘如饴”、“予所捋荼”等。中国最古的词典《尔雅》也有关于“荼”的记载：“槚，苦荼”，意即茶树就是苦荼。这些文献中的“荼”通“茶”，是迄今为止世界上关于茶树最早的文字记载。

东晋常璩汇集史籍所著的《华阳国志·巴志》一书中记载了参与周武王伐纣的巴蜀等南方小国部落，就曾向武王进贡过茶叶，并且写明这些贡茶不是野生的，而是园圃中的栽培茶：“园有芳蒻（嫩香蒲）、香茗”，这段记载说明远在3 000多年前，我国西南地区即有人工栽培的茶树了。

目前发现关于买茶和烹茶最早的文字记载，见于西汉宣帝神爵三年（前59）王褒所撰《僮约》一文，该文虽为合同，但却提及了“烹茶尽具”、“武阳（四川彭山双江镇）买茶”，证明当时茶叶已正式成为了商品，并且出现了茶叶市场，而且茶叶已成为贵族家庭款待客人和自家备用的饮品，与之配套的茶具也已出现，这也是世界上开始饮茶的最早文字记载。

秦朝以前，茶叶的生产和利用仅限于巴蜀。秦统一中国以后，茶叶开始从四川传入陕西南部、甘肃和河南南部地区。茶叶贸易初具规模是在汉代，当时成都一带已成为中国最大的茶叶消费和集散中心。西汉时，茶叶已由巴蜀传到湖南湖北。从东汉至三国，茶叶又进一步从荆楚传播到长江下游的安徽、江苏和浙江等地。西汉时，我国即开辟了海上“茶叶之路”，史载汉武帝使者曾由海上出使东南亚及南亚各地，所携带的礼品中即有茶叶。东汉时已有“阳羡（江苏宜兴）买茶”，汉王到茗岭“课童茶艺”的记载。

（二）中国茶叶的生产发展时期

魏晋南北朝时期，是中国茶叶生产的发展时期，茶文化已初见端倪。魏晋之时，茶与酒和酪已同为席上佳品。三国东吴君主孙皓嗜茶，每次召集大臣聚宴，规定每人必需饮七升。大臣韦曜不善酒，孙皓每次或减少他的饮酒量，或悄悄地赐给他茶水，这就是历史上所谓的“以茶代酒”。

三国至南北朝时期，佛教道教兴盛，提倡坐禅戒酒，讲经诵法；文人学士则崇尚品茗清谈，成为人品清高超脱的象征。饮茶可以驱睡、提神、解渴并充饥，于是在僧侣道士和士大夫阶层饮茶之风盛行起来，从而推动了饮茶的普及。东晋初年，扬州市面即开始有人提壶卖茶，南朝时，城镇开始出现茶寮，可供人喝茶、住宿，茶也成了“比屋皆饮”的普通饮品，“客来敬茶”已成为江南一带的普通礼仪。当时已出现制茶作坊，原始的生煮羹饮已发展成制作饼茶。佛门讲究“茶佛一味”，坐禅时普遍饮茶。齐武帝永明年间（483—493）开拓了陆上“茶叶之路”，当时的土耳其商人将中国的茶叶、丝织品和瓷器沿陆路输送到土耳其，再传入波斯和阿拉伯等地。茶叶当时虽已传入北朝，但北朝上层统治集团仍以饮用奶酪为主，视饮茶为不屑。此风延续至隋文帝时方彻底改观。由于隋文帝爱好饮茶，上行下效，“由是竞采，天下始知饮茶”。据《隋书》记载，隋文帝患头痛病，久治不愈，后来经人指点，饮茶治好此病。皇帝提倡饮茶，以至于当时流行一首《茶赞》：“穷《春秋》，演《河图》，不如载茗一车。”

（三）中国茶文化的形成及兴盛

唐代是中国茶文化的形成期，也是中国茶文化史上划时代的时期，史籍云：“茶兴于唐而盛于宋”。唐朝是茶的生产与消费兴盛期，尤其是唐代中叶，饮茶之风遍及南北，出现了大规模的手工制茶作坊，全国已有八大产茶区，还出现了官办的产茶“山场”，茶叶生产也出现了蒸青绿茶。大历五年（770），朝廷开始在顾渚山（浙江长兴）建立贡茶院，每年清明前后向朝廷进贡“顾渚紫笋”饼茶，并一直延续至元朝。另据《封氏见闻录》所载，回鹘民族是最早与唐王朝进行“茶马交易”的，即唐朝用名茶与西北少数民族交换好马。建中元年（780），德宗采纳户部侍郎赵赞建议“税天下茶漆竹木，十取一”，太和九年（835），文宗以宰相王涯兼榷茶使，推行茶叶专营专卖的榷茶制度，其间虽时征时停，但从此茶业生产由自在的地方经济认定和提高为一种全国性的社会生产和社会经济。

古代民间斗茶风俗

斗茶活动始于唐代，时称“斗茗”或“茗战”。宋代专称斗茶，活动始于唐代福建建州（今建瓯）茶乡。斗茶起始是为了品味茶叶质量高低，后成为筛选贡茶的一种方式。斗茶的要诀是：“视其为面色鲜白，著盏无水痕为绝佳。”由于斗茶是以建州白茶为主，故冲出的茶汤以纯白为最佳，其次用极细的茶末冲出的汤花匀细，咬紧茶聚不散则为好茶，有无茶水痕及出现的早晚是决定胜负的关键，先出现水痕者判负。

知识链接：茶圣与茶经

8世纪后期，世界第一部茶学专著《茶经》问世，作者陆羽，唐代复州竟陵（今湖北天门）人。《茶经》系统地介绍了茶的起源、历史、生产经验和烹饮过程，并创造性地总结出完整的中国饮茶艺术，从此开辟了一个新的文化领域，奠定了中国茶文化的基础，后世将他尊为“茶圣”，奉为“茶神”。

宋代开国皇帝太祖赵匡胤有饮茶癖好，其后几代皇帝均好嗜茶，宋徽宗还专门撰写了《大观茶论》，从而形成了宫廷茶文化。在帝王的倡导下，宋代茶产量大幅度攀升，是唐代的2至3倍，茶叶的生产重心，由江南转移到福建武夷山建州，北苑茶成为朝廷主要贡茶，建茶中的龙凤团茶成为贵中之贵，“龙凤团饼，名冠天下”。宋代在五代的基础上，斗茶之风大盛。斗茶，亦称茗战，即通过烹制品茗来鉴别茶叶的质量和烹制技艺。斗茶的风行促进了制茶技艺的提高和品茶技艺的发展。宋代制茶已由蒸青团茶演变为蒸青散茶，宋末再由蒸青散茶发展为炒青散茶。宋代茶业的发展，使茶得以普及至社会各界。《梦粱录》载：“人家每日不可阙（缺）者，柴米油盐酱醋茶”，就是俗语所谓的“开门七件事”。作为朝廷大政，宋代设立了茶马司，专门从事榷茶和茶马交易的管理，“以茶治边”已成为宋代的国策。

明清以来，饮茶之风经久不衰。明朝茶叶专著多达50多部，远超唐宋，明朝后期，茶叶开始传入欧洲。清代饮茶盛况空前，在继明朝创制炒青绿茶、黄茶和黑茶的基础上，又发明了白茶、红茶和青茶。黄茶、黑茶、白茶和青茶为中国所特有，再度显示了中国制茶工艺的精妙无比。

二、茶叶品种的分类

“高山出名茶，名茶在中华”。我国茶区辽阔，产茶历史悠久，茶叶种类繁多，是世界上茶叶种类最丰富的国家。精湛的制茶工艺，制法之巧、质量之优及风味之佳，都为他国所不及。茶叶行家常说“茶叶喝到老，茶名记不了”，足见中国茶类丰富多彩的程度。

目前中国的茶叶分类还没有规范化的分类方法。有的按照采摘季节来分，分为春茶、夏茶和秋茶；有的根据加工的精细程度，分为初制茶和精制茶；有的根据茶叶的销路来分，分为销往国内的“内销茶”，销往边疆地区的“边销茶”，销往大陆以外地区的“外销茶”和“出口茶”；按加工生产的方法不同，把红、绿和黑茶以外的各种茶统称为特种茶类，把熏制的香花统称为花茶类等。

中国茶叶目前比较通行的分类方法是将茶叶分为基本茶类和再加工茶两大类。

基本茶类主要包括绿茶、红茶、乌龙茶（青茶）、白茶、黄茶和黑茶六大类。绿茶是最古老的茶叶品种，花色品种最多，属不发酵茶。根据杀青、揉捻及干燥等工艺流程，分为炒青、烘青、晒青和蒸青四大类。绿叶绿汤、色泽光润、清香芬芳而且味爽鲜澄。代表名茶有西湖龙井、太湖碧螺春、黄山毛峰、庐山云雾茶、雅安蒙顶、屯绿、六安瓜片和信阳毛尖等。红茶出现于清代，属全发酵茶。分为小种红茶、功夫红茶和红碎茶三大类。红叶红汤，香味浓醇。小种红茶多产于福建，有松烟香，味似桂圆；功夫红茶以祁门红茶和滇茶最负盛名。祁门红茶兼有果香和兰花香味，与印度大吉岭茶和斯里兰卡乌伐茶并称为世界三大高香名茶。红碎茶系将叶片切碎再发酵干燥，是目前世界上消费量最大的茶类。乌龙茶亦称青茶，有“绿叶红镶边”之美誉，属半发酵茶。汤色黄红，有天然花香，滋味浓醇，韵味独特。乌龙茶主要产于闽、粤、台三省，分为闽北乌龙、闽南乌龙、广东乌龙和台湾乌龙四大

在宋朝，苏轼堪称是多才多艺的拔尖人物。他不仅擅长诗词文赋，一生文采风流，而且享有“韩潮苏海”之誉，在文学创作方面，代表着北宋的最高成就。此外，他的书法、绘画艺术成就也很高。他是宋代四大书法家之一，绘画有“诗中有画，画中有诗”之誉。《啜茶帖》不仅展现了苏轼精妙的书法技艺，而且也反映了饮茶习俗已深入士大夫家庭，邀请品茗亦属于一种高雅的人际交往。

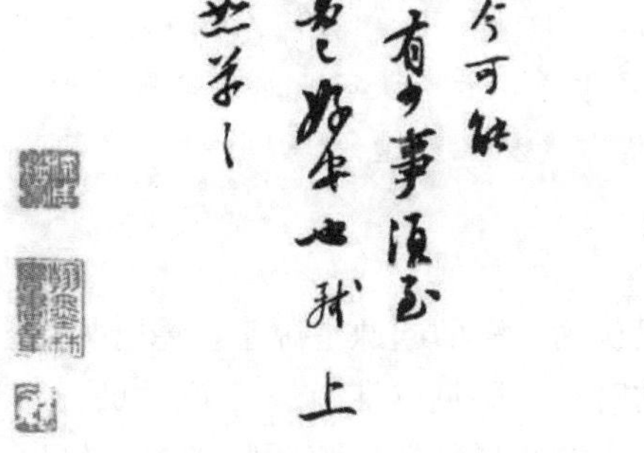

苏轼《啜茶帖》

类。代表名茶主要有武夷岩茶、闽北水仙、闽北乌龙、安溪铁观音、黄金桂、凤凰单枞、凤凰水仙和冻顶乌龙等。白茶为不炒不揉的片状茶，以形态自然，白毫满身而得名，属轻微发酵茶。汤色素雅清淡，味美鲜醇。因品质特佳，价值昂贵。又因采用原料不同，分为芽茶和叶茶两大类。主要产于福建福鼎、政和、松溪和建阳等地，台湾亦有少量生产。代表名茶有白毫银针、白牡丹、贡眉和寿眉等，色白如银且外形似针的白毫银针系白茶中的极品。黄茶系绿茶制作过程中，增加了焖黄的工序而产生的新品种。黄叶黄汤，清平醇和。按茶叶嫩度，分为黄芽茶、黄小茶和黄大茶。代表名茶有君山银针、蒙顶黄芽、北港毛尖、沩山毛尖和霍山黄大茶等。黑茶主要是由于绿茶远销边远地区时，交通不便，将其蒸压为团块茶，由于时间久，颜色变黑而得名。黑茶以边销为主，多供少数民族饮用。汤色橙黄或棕红色，香味浓醇。因产区和工艺差别分为湖南黑茶、湖北老青茶、四川边茶和滇桂黑茶四大类，代表名茶有安化黑茶、蒲圻老青茶、南路边茶、西路边茶、普洱茶和六堡茶。普洱茶和六堡茶属特种黑茶，品质独特，香味以陈为贵。

再加工茶类主要包括花茶、紧压茶、萃取茶、果味茶、药用保健茶和含茶饮料。

三、酒史略述

（一）酒的源起

中国酒源起于何时，众说纷纭，至今尚无定论。但中国是世界上最早酿酒的国家之一，对世界酿酒技术的发展，做出了巨大杰出的贡献，这是举世公认的。尤其是用酒曲酿造谷物酒，其方法之独特、影响之深远及波及面之广阔，应该说是独辟蹊径、别树一帜的。国外有学者认为，古代中国这种酿酒法，应该与中国对人类作出伟大贡献的指南针、造纸、印刷术和火药“四大发明”齐名，称之为“第五大发明”。

知识链接：猿猴造酒

我国许多地区都有“猿猴造酒”的传闻，古书对此记载也颇多。《清稗类钞·粤西偶记》载：“粤西平乐等府，山中多猿，善采百花酿酒。樵子入山，得其巢穴者，其酒多至数石。饮之，香美异常，名曰猿酒”；《紫桃轩杂缀·篷栊夜话》也有类似记载：“黄山多猿猱，春夏采杂花果于石洼中，酝酿成酒，香气溢发，闻数百步”。1954年，江苏泗洪县下草湾开挖淮洪新河发掘出距今5万年前的猿人化石，经中科院古人类研究所考古专家认定，这些猿人是饮“酒”过量而醉倒的，不过现在还不能认定这种“酒”是猿人酿造的。

一般认为，酒的起源是源于含糖野果的自然发酵而形成的。古人认为制酒产生于农耕文化出现的时代，事见《淮南子·说林训》：“清醠之美，始于耒耜”。这一颇有见地的推论已被当代出土文物所证实：陕西临潼白家村出土了距今8 000年前新石器时代的酿酒工具“滤缸”，陕西眉县杨家村也曾出土过泥质红陶酒器，距今约6 000年前。中国许多著名的新石器文化，诸如裴李岗文化、磁山文化、河姆渡文化、大汶口文化、龙山文化、仰韶文化和三星堆文化等遗址中，均曾发现陶质酒器以及与酒事有关的器物。可见中国酒的发明，最迟不晚于8 000年前，大约在新石器时代晚期就已经比较普遍了。

如果醉倒下草湾猿人的是天然果酒的话，那就是说，猿人在无意之中，采集了许多含糖的野果，时间长了，空气中附在果皮上的酵母菌就会主动分解水果中的糖分，使其酒化而生成酒精。先人们在长期实践中，发现不仅野果可以酒化，谷物受潮发霉发芽后也可以变成天然谷物酒。随着原始社会农业生产的发展，谷物的生产量逐渐多起来，以前偶然出现的谷物酒化现象也变得多起来，虽然先人当时并不懂得谷物不能与酵母菌直接发生作用成酒，谷物的淀粉必须经过水解变成糖后，才能酒化的科学道理，但他们通过长期实践，并不断总结，逐步就将“天然谷物酒”的造酒原理运用到生活中去，总结出造酒的技术，可以说临潼白家村的先民8000年前或更早的时候，造出的已是用原始酒曲酿造的谷物酒了。

中国文字的出现远远迟于酒的发明，中国古代文献记载的酒的发明者主要有上皇造酒、仪狄造酒和杜康造酒之说。事见西晋文学家江统《酒诰》一文：“酒之所兴，肇自上皇；或云仪狄，一曰杜康”。上皇是泛指，指的是上古时的三皇五帝。周秦之际，诸子百家为了追溯华夏民族文明之源，把许多先民的重大发明均依附于神农和黄帝两位人文始祖。所以古文献里便有神农氏论酒之性味，《黄帝内经 · 素问》记载黄帝与医家岐伯探讨“汤液酒醪”、乳汁所酿之醴酪以及《抱朴子》所载黄帝发明过“酒泉法”，即用曲米加上药丹酿成的药酒；《孔丛子》所载“酒作于尧”，“尧酒千钟”等，这些记载不少都是传闻，但至少说明四五千年前，酒在中华大地已十分普及了。《吕氏春秋》载有：“仪狄作酒”，《战国策》载有：“昔者，帝女令仪狄作酒而美，进之禹，禹饮而甘之，遂疏仪狄而绝旨酒，曰：‘后必有以酒亡其国者’”。关于仪狄，一般认为是夏朝开国之君禹的臣属。关于杜康作酒的记载见于《说文解字》：“古者少康作箕帚，秫酒。少康，杜康也”；《世本》亦有记载：“仪狄始作酒醪，变五味；少康作秫酒”，少康是夏朝第六世君主，号称中兴之主。根据现有文献资料，并不能说明仪狄和少康是酒的发明者，只能说明夏时酒已十分流行，仪狄和少康拥有较高的酿酒工艺。少康很可能是最初用高粱酿酒的集大成者。

中国传统酒的发展史，大致可以分成四个阶段：新石器时期至夏初为启蒙期，夏初至秦为成长期，秦至五代为成熟期，宋至清代鸦片战争前为提高期。

（二）制酒业的成长、成熟期

夏代酒业生产已相当发达，大量出土的精美的陶制酒器便是明证。从文字记载的历史来看，殷商时期的造酒业是十分发达的。殷人嗜酒之烈，也是历史上十分罕见的。河南安阳殷墟就曾发掘出用于酿酒的大缸以及青铜和陶制的大量酒器，这一时期，在甲骨文和钟鼎文里便出现了不少与酒有关的文字。商代对酿酒做出的最大贡献是发明了“复式发酵法”，即让过去的蘖糖化发展到边糖化边发酵的复式双边发酵，这种发酵法一直是我国具有独特民族风格的谷物酿酒的技艺源泉，直到现在，我国许多驰誉世界的黄酒和白酒仍是用此法酿造的。《尚书》载有商王武丁与大臣傅说的对话：“若作酒醴，尔惟曲蘖”，注文中说：“酒非曲蘖不成…… 曲蘖得中，然后成酒”。这种利用固体培养和保存微生物技术的发明，极大地推动了当时酿酒业的发展。从而也造成了社会上饮酒之风日盛，酗酒豪饮成为时尚。商朝末代纣王竟因为好酒，淫乐腐败透顶，终于导致亡国。周代，酿酒已发展成独立的手工业部门，朝廷设立了专门的“酒正”，即酒官之长，职掌制酒的政令。并且还总结出了一套完整的酿酒工艺法，即“五齐六法”。六法指酿酒时一定要掌握好原料、酒曲、水质、浸渍、发酵器具、酿酒时间和温度等。五齐是指要掌握发酵的五个阶段：发酵初始，物料起酵为泛齐；物料冒泡为醴齐；冒泡出声为盎齐；发酵液由黄转红为缇齐；料液分层为沉齐。当时已能生产三种不同的酒：新酿出祭祀或待客的酒，名事酒；经过较长时间酿出的酒，名昔酒；酿造时间最长味道最醇的美酒，名清酒。

两汉时期，曲的品种迅速增多，尤其是饼块曲的出现，更是酒曲发展史上的重大进步。块状曲的表面利于曲霉的发展，其内部则更利于根霉菌和酵母菌的繁殖。块曲的糖化力和发酵力均比散曲强，酿造时用量也较少。西汉时，国家首次实行酒法，将酒类生产正式纳入国家财政计划。汉武帝天汉三年（前98），实行榷酒制度，这是我国酒曲专卖制度的发端。汉昭帝始元六年（前81），废止榷酒法，改行税酒法，并限定酒价为每升4文钱。西汉时，张骞出使西域，从大宛国带回葡萄，在西北和中原地区种植后，至东汉时期，民间开始出现葡萄酒。西晋嵇含所著《南方草木状》中，记载了在制曲原料中加入中草药，以促进霉菌和酵母菌繁殖的新方法，标志着我国古代制曲发展到有大曲和小曲之分的新阶段。北魏贾思勰所著《齐民要术》中已总结出39种酿酒法和9种酒曲的制作方法，堪称世界上最早的酿酒工艺学。

唐代国力强盛，亦是我国制酒业十分发达的朝代。唐太宗十分爱饮马奶葡萄酒，贞观十四年（640），唐军攻破新疆高昌城，得到马乳葡萄种子，种在御苑中，唐太宗仿高昌酿造法，亲自督造葡萄酒，并“颁赐群臣”，所酿之酒“凡有八色，芳辛酷烈，味兼缇盎”。受此风影响，唐玄宗贮三辰酒，唐宪宗酿李花酒并称葡萄酒为“太平君子”。唐朝前期承袭隋代酒法制度，保护酒业生产，对酒类产销不加任何限制。唐代酿酒分官酿和私酿两种。官酿规模大、技术高而且品种好，据考证，名酒五粮液即是在古酒重碧酒的基础上发展而成的。唐代私家酿酒盛于一时，仅唐西京凤翔就百家立灶，千村飘香。唐人饮酒成风，上自皇帝大臣，下至贩夫走卒，莫不纵酒狂饮。此风之下，不仅名酒迭出，而且也催生了一大批在中国文学史上产生巨大影响的咏酒诗文。源起于西晋初年的酒令在唐代得到了很大的演绎，唐人饮酒必行令，以酒令来助饮酒的欢快气氛。至迟在唐末，酿酒工艺发明了红曲，其制作工艺难度很高，虽耐高温且糖化酒化能力很强，但极易被破坏，但红曲所制之酒，颜色特别鲜艳。由红曲酿成的福建黄酒“五月红”曾被誉为中国第一黄酒。无怪乎红曲被国外专家誉为是中国人巧夺天工的一项发明。

（三）制酒业的提高期

酒的制作主要是酿造酒和蒸馏酒两大类。蒸馏法没发明之前，制酒全部使用的是酿酒法，所酿之酒全为15°～ 20° 的低度酒，这些酒通常是指至今仍很流行的黄酒。我国制酒的蒸馏法源起于何时至今尚无定论。明代李时珍《本草纲目》载：“烧酒非古法也，自元时始创其法”。但有的学者提出始于汉代，因为上海博物馆藏有东汉时青铜蒸馏器，另外四川新都县和彭县曾先后出土两方东汉晚期绘有用蒸馏法酿酒的画像石。画中所示蒸馏制酒法与四川农村现今的酿酒作坊所用的天锅蒸馏法十分相似；亦有学者认为始于唐代，因为唐诗中大量出现“烧酒”，如白居易“荔枝新熟鸡冠色，烧酒初开琥珀香”、雍陶“自到成都烧酒熟，不思身更入长安”，还有杜甫的“闻道云安麴米春，才倾一盏便醺人”。白酒的制作最迟不晚于南宋初年，1975 年，河北青龙县出土了一套铜制蒸酒锅，其年代不晚于金大定年间（1161—1189）。南宋宋慈《洗冤录》中也记载了口含醋和烧酒，吮吸蛇咬之伤以拔其毒的故事。白酒的发明是酒业制作的一次飞跃，它成功地完成了我国酿酒史上自然发酵、人工酿造和蒸馏取液的三部曲。白酒的香、味和风格在世界上独树一帜，饮过令人不易忘却。宋代酒法最为繁琐和苛重，北宋初年除推行榷酒法外还按田亩征收姮税，借以盘剥民财，朝廷酒利收入远远超过唐代。北宋出现了论酒专著《北山酒经》，该书分三卷，上卷论酒，中卷论曲，下卷论酿酒之法。作者朱翼中，既懂医学，又在杭州开过酒坊，有丰富的制曲酿酒经验。该书是古代酿酒史上学术水平最高、最能体现黄酒酿造技术水平的专著，对后世的酿酒业很有指导价值。元初曾实行过禁酒政策，但中期以后便废弛了。元代是白酒大推广的朝代，烧锅作坊遍设大江南北。明代中期，城市经济发展迅速，饮酒场合空前广泛，白酒在北方发展很快，并取代了黄酒占主导地位。酿酒业规模很大，酿造工艺极为讲究，选水要求极高，配料要求极严。明代实行税酒法，按酒的税额折收金银钱钞。清代是中国古代饮食业发展的顶峰时期，酒业也随之兴盛，各地酒厂层出不穷，许多产品至今仍享有盛誉，诸如茅台酒、双沟大曲酒、洋河大曲酒、花雕酒、松江三白酒和广东冬酒等。

学习与思考

行知合一

结合社会调查，对你所在地区的茶场或酒厂进行考察，并结合本章的学习，写出一篇考察报告。

网络世界

请到网络上查找资料，了解我国作为三大烹饪王国之一，有什么独特性？

深度思索

我国各地烹饪技艺上各有什么特点？为什么会形成这样的差异？

开拓视野

中国的茶和酒对世界文化有什么贡献？

单元十三　中国服饰文化

学习目标	了解历代服饰的沿革，知晓中国服装的两种基本形制及其演变，通过对帝王服饰、官吏服饰和妇女服饰的介绍，了解服饰文化与生活习俗、审美情趣、色彩爱好以及种种文化心态和宗教观念的牵连，掌握服饰文化的物质文明和精神文明的双重内涵，增强学生的民族意识。

古代服饰文化璀璨华美，丰富多彩。服饰是人类特有的劳动成果，它既是物质文明的结晶，又具有精神文明的含义。我们的祖先在与猿猴揖别以后，披着兽皮与树叶，艰难地跨进了文明时代的门槛，懂得了遮身暖体，从而创造了最早的服饰文化。然而，追求美是人的天性，衣冠于人，其作用不仅在遮身暖体，同时也具有美化的功能。

主题一　历代服饰的演变

一、先秦两汉时期的服饰

中国服饰文化可上溯到原始社会旧石器时代晚期。服饰的产生，可能出于捕猎和应付战争的需要，是为了避免利爪与矢石的伤害；或是为了表明一种对神力的追求，一种对异性的取悦；或出于伪装与威吓，人们向某些有鳞甲与甲壳的动物学习，即所谓“孚甲自御”的办法。上古传说把衣服的发明归功于黄帝。《易经·系辞下》说：“黄帝、尧、舜垂衣裳而天下治。”实际上，衣服的出现要早得多。考古发现，1.8万年前生活在今天北京周口店一带的山顶洞人已经懂得使用骨针和佩饰，由此可知，那时的人类已经发明了用针缝制兽皮的技术。

中国新石器时期（距今11 000—4 000年）的遗址迄今已发现六七千余处，几乎遍布全国。当时社会生产的主流已由原始的渔猎和采集转变为较固定的农业耕作，并出现了纺织和制陶等手工业并出现一定的劳动分工。在青海省，人们发现了5 000多年前的彩陶盆。这些陶盆上的图案上有模拟狩猎的舞蹈，舞蹈人头上带着辫饰，腰间垂着尾饰，有的盆上的舞蹈人穿着圆鼓鼓的裙子。在甘肃省出土有相近年代的彩陶罐，人物的着装式样具有代表性：在一块相当于两个衣身长度的布幅中间挖洞或豁个长口，穿着时，将头从孔洞中伸出，然后用绳子将前后身的布料拦腰一系，款式很像束腰连衣裙。能够说明原始社会时期中国人服饰状况的还有岩画，岩画上面留有原始人戴耳饰的图像。在四川巫山大溪新石器文化遗址中，还发现了大量的实物，仅清理出的各种耳饰就有64件，质料有白玉、象牙和绿松石等，形状则有圆形、梯形及长方形，有的还做成了玦形。

随着等级制的形成，各种区分尊卑的礼仪应运而生，这也促使了有关服饰规约和制度的形成。

夏商时代是奴隶制社会的确立与发展时期。等级制度已经基本形成，这在服饰穿戴上也有一定的表现。奴隶主服饰质地优良，色彩艳丽；而平民和奴隶的服饰粗糙低劣，色调单一。从文献记载结合商代晚期都城殷墟遗址发现的大量玉人、石人、陶人和铜人等文物，可以看出，代表等级观念的服饰制度也已初步形成。商代遗址中出土过许多骨质的发笄，发髻要用笄别住，说明当时中原一带有束发的习俗。

西周（前1046—前771）时期是衣冠制度逐步完善的时期。上自君主下至庶民，都有相应的服饰规定，并记录在治国典章中。周代贵族常服形式为上衣下裳（裳即裙子），佩饰韍带，另外，持笏佩玉也是当时贵族服饰的一种风尚。周代的服饰种类已有了祭礼服、朝会服、戎服、吊丧服和婚礼服等的区分，不同场合要穿戴不同的服饰。

春秋（前770—前476）战国（前475—前221）时期，服饰风格趋向多元，显示出地方风格和文化风采。上层社会人士的着装追求奢靡之风。如春申君的3000食客中的上客皆着珠履；平原君后宫百数，婢妾均披绮披纱；护卫王宫的卫士穿黑色戎衣；鲁国的儒者着孺服长裙、褒袖方履等。

中原人服饰的特点是上衣下裳、宽衣博带，衣服是右衽窄袖而且长度在膝盖上下。领、袖、襟、裾都用花边装饰，没有纽扣，以带束腰。而胡人的服饰是短衣窄袖，左衽长裤，革带皮靴。赵武灵王教百姓胡服骑射，把胡服引进中原，对汉人服装的变化产生了积极的影响。这一时期，出现了一种新式服装叫做深衣。服装因此呈现出两种基本的形制，即上衣下裳和长衣样式。孔颖达对《礼记·深衣》作注说："深衣，衣裳相连，被体深邃，故谓深衣。"战国秦汉之人不论贵贱、男女及文武都穿深衣，贵族以冕服为礼服，以深衣为常服，平民以深衣为吉服，以短褐为常服。深衣连衽钩边，穿时要束腰带。贵族用丝织的绅带，故称绅士或缙绅。皮带已经流行，皮带的两端分别用带钩和环相连接，叫做钩络带或蹀躞带。皮带上可以悬挂或佩带刀剑、弓箭、印玺和荷包等各种物件。秦以前没有棉花，所谓"布衣"是指用麻布裁制的衣服。夏天穿的细麻布叫葛，冬装有袍和裘。袍是穿在里面的夹衣，内实丝绵。穷人填不起丝绵，只能填些碎麻，叫做缊袍。袍因是内衣，所以只能居家穿着，不能作为礼服，外出时须衬在正服里面。短袍叫襦，也就是后来所说的袄。质地粗劣的襦叫褐。裘是皮衣，也是当时主要的冬衣。

知识链接：衽

衽即衣襟，与领相应。古代上衣最重要的部位是衣领、衣襟和衣袖。古代的衣领有交领和直领两种。最常见的是交领，即衣领直连左右衣襟，衣襟在胸前相交。交领的衣襟向右掩或向左掩，腋下用两根细带相系。向右掩叫右衽，是汉民族的传统，向左掩叫左衽，是当时少数民族的衣着习惯。

秦代是中国历史上第一个中央集权国家，相继制订了各项制度包括衣冠服制。秦始皇崇信“五德始终”，常服通天冠。百官戴高山冠、法冠和武冠，穿袍服佩绶带。

汉朝（前206—公元220）的统治者以周礼为蓝本，颁布了明确的服饰制度。汉初服饰与民无禁。服色习惯于与四季节气的特点相呼应，有春青、夏赤、秋白和冬皂之分，服饰风格古朴庄重；妇女上衣下裙的日常服装成为后世汉族妇女着装样式的模本。东汉明帝时，“博雅好古”，以三代古制重新制定了祭祀服制和朝服制度，冠冕、衣裳、鞋履和佩绶等都有严格的等级差异。服饰穿戴越显丰富考究。东汉时，袍服具有一定形制。男子的外衣统称为袍。袍有长短两种式样。袍身长大的下摆叫袂，袖子一般较肥阔，紧窄的袖口叫祛。袍的衣襟有曲裾和直裾两种，曲裾就是深衣。深衣穿着时包裹身体行动不便，在袍服成为最主要的服装之后，深衣在女服中得以延续，但慢慢地被直裾的襜褕（直襟长袍）所取代，而袍服一直穿用到近代。汉代女装的式样与男装差别不大，女子穿连体的深衣或者分体的襦裙。

刚有直襟袍时，不准将其作为礼服，不准穿着出门或在家中接待客人。之所以有这样的禁忌，是因为汉代以前中原人的裤子是无裆的，只有两只裤脚管，上端连在一起，用带系在腰间，所以叫做袴，样子像是现在婴儿穿的开裆裤。由于裤子没有裆部，外衣裹得不严时极易露丑，袴的外面一定还要穿裙或深衣。平民劳作时穿短衣，则袴内要系一兜裆布。儒家经典中说到着装规矩时，一再强调虽暑热不得掀起外衣，不趟水不得提起外衣。中原人坐着的标准姿势是先跪后坐，名为“跽坐”，明文规定不许“箕坐”（即不能将两腿伸向前方，像个收物用的簸箕），实际上与当时裤子的样式有关。随后，由于中原人与西北骑马民族的密切交往，合裆裤渐渐为中原人所接受，并逐渐推广开来。

二、魏晋南北朝至隋唐时期的服饰

魏晋南北朝（220—589）以来，虽然政权频繁更迭，战乱不止，但也是思想活跃、文化繁荣而且科学上有重大进步的时期。由于北方各族入主中原，服饰文化出现了一种各民族之间相互吸收、互相融合的局面。这一时期，服饰出现了两个变化，一个是汉装的定式被突破了，另一个是胡服被大量地吸收融合进汉人的服饰之中。魏晋南北朝衣冠一方面仍尊秦汉旧制，这主要表现在官服上面；另一方面也由当时文化和风气的影响，如魏晋名士的高冠博带、大袖款衫成为贵族服饰的一种风尚。北朝各族，纷纷推行汉化运动，仰慕汉族衣冠服饰，形成了“群臣皆服汉魏衣”的状况。这是一个追求时髦、款式多样而且奇装异服盛行的时代。

妇女的日常衣服仍以上身着襦、衫，下身穿裙子为主。襦、裙也可作礼服之内的衬衣衫。男子的服饰以衫代替了袍。《释名》曰：“衫，衣无袖端也。”因此衫袖比袍袖更加宽大，大到“一袖之大，足断为两；一裙之长，可分为二”的地步，这样走起路来甩手的时候就显得更加潇洒了。六朝一反秦汉常态，服色尚白。由于经学的独尊地位受到冲击，儒家的冠服制度也动摇了，不仅服装的式样和颜色都突破了汉代的规矩，而且穿法、打扮也常常标新立异，突破了旧时的礼仪。胡人的裤褶和皮靴已经被汉人普遍接受。胡服的裤是作为外衣穿的长裤，裤腿宽松，膝盖处用带束缚，叫做缚裤。褶是与裤相配的紧身齐膝短衣，裤褶和皮靴都适合于骑射。

隋朝（581—618）统一全国，重新推行汉族的服饰制度。隋文帝时，帝王穿黄袍，官吏和百姓也可以穿，所不同的只是佩饰差异，所谓“百官常服，同于匹庶，皆著黄袍，出入殿省。高祖朝服亦如之，唯带加十三环，以为差异”（《隋书》）。到隋炀帝时制定了隋代官服制度，帝王将相各服其服。下令不准百姓穿黄色衣裳，从此黄色成了皇帝专用的服色。“自天子逮于胥皁，服章皆有等差”（《隋书》）。

唐朝（618—907）国力强盛，社会开放，衣冠服饰承上启下，博采众长，是中国古代服饰发展史上的重要时期。开元以前女装以窄袖为时尚，胡服尤其盛行，初唐妇女多喜欢戴胡帽，穿翻领窄袖袍和条纹小口裤，着软靴系蹀躞带。中唐以后衣衫又趋于宽大。唐代社会思想比较开放，常有妇女穿着男装，还流行袒胸的低领衣服，喜欢在襦衫外面罩一件对襟短袖衣，叫做半臂或半袖，肩部搭一条披帛。唐代女裙的式样繁多、色彩艳丽，尤其流行像石榴花那样的红裙，诗人称之为石榴裙。男装以圆领窄袖袍衫为主要的服饰，靴已成为士庶通用的鞋了。

沈从文《中国古代服饰研究》：“半臂又称半袖，是从魏晋以来上襦发展而出的一种无领(或翻领)、对襟(或套头)短外衣，它的特征是袖长及肘，身长及腰。”半臂的兴盛时期是在唐代前期，中期以后便显著减少。

半臂

三、宋元明时期的服饰

宋朝（960—1279）崇尚文治，冠服制度渐趋繁缛，也曾经多次修改。款式缺乏创新，色调趋于单一，有向质朴、洁净和自然方向倾斜的趋势。夹衣和绵衣叫襦和袄，襦袄是平民的常服。男子上身以圆领长袍为主，以季节不同而服凉衫、紫衫、毛衫、葛衫和鹤氅等。女装大多上身穿袄、襦、衫、背子和半臂，下身束裙子或裤。上衣趋向短窄贴身，下裳流行褶裥裙。裙子质地多为罗纱，有6幅、8幅和12幅不等。颜色中以石榴花的红色最注目。汉族妇女开始有束胸的习惯。无分男女老少、尊卑贵贱都喜欢穿素净儒雅的“背子”。背子有长有短，有长袖有短袖，其特点是两边的衩一直开到腋下。南宋时期，“服饰乱常”，也尚北服。

元朝（1206—1368）是蒙古族统治中国建立的政权，国家的服饰制度既承袭汉制，如皇帝及高官的服饰仿照先秦时代的古制而成；又糅合了本族的传统，如一般百姓服饰则仍是披发椎髻，夏戴笠，冬服帽。蒙古族的男子头戴帽笠，戴耳环，以窄袖长袍和套裤为主要服饰，袍服受汉人影响，多改为右衽。汉人保持原来的服饰。

朱元璋推翻元朝，建立明朝（1368—1644）后，颁布了针对前朝的禁胡服、胡语和胡姓的法令，继而又以明太祖的名义下诏，衣冠悉如唐代形制。明朝上自帝王下至文武百官的服饰，有祭服、朝服、公服和常服等名目，其形制、等级及穿着礼仪相当繁缛，刻意追求高雅堂皇之感。一般男子服饰，以袍衫为主，形制多样。职官的服色和花纹按品级高低而异。前胸和后背各织一块方形的纹饰，叫做补子。文绣飞禽，武绣走兽，纹样按品级各不相同。儒生文士则以衫和直裰为常衣。儒生都穿镶黑边的蓝色直身，戴有黑色垂带的软巾，又称儒巾。朝廷命妇的礼服为凤冠、霞帔和大袖衫，常服为袄衫和裙，很少穿裤。背子穿得更加广泛，合领大袖的背子可以作为礼服，直领小袖的背子则为便装。还有一种无领、无袖、长至膝盖对襟的马甲，叫做比甲，深受青年妇女喜爱。

知识链接：“衣冠禽兽”一词的来源

明代服制规定，文官官服绣禽，武将官服绘兽，因此，人们称文武官员为“衣冠禽兽”。当时，这是一个令人羡慕的褒义词，到了明朝中晚期，官场腐败，“衣冠禽兽”才演变成如同牲畜的贬义词，比喻道德败坏、行为卑劣的人。

四、清朝服饰

满族建立的清朝（1644—1911）历时260多年，是中国服饰变化最大的一个时期。清代官服以顶戴花翎显示其不同的身份和地位。官服中的礼冠名目繁多。职官朝服的胸背正中也各缝一块补子，称为补服。沿用明制文禽武兽，但是花纹与式样有别。男子的服饰以长袍马褂最为流行，长袍马褂成了后人论及清代服饰首先想到的典型式样。还有马甲，北方称为坎肩或背心，是无袖短衣，男女都能穿。男子下身穿裤，穿裙的已不多见。妇女服饰在清代可谓满汉服饰并存。

满族妇女以长袍为主，头饰以高如牌楼的“大拉翅”最具特色，汉族妇女则仍以上衣下裙为时尚，头饰有簪、钗、冠子和勒子等。清代中期始，满汉各有仿效，至后期，满族效仿汉族的风气颇盛，史书中有“大半旗装改汉装，宫袍截作短衣裳”的记载。而汉族仿效满族服饰的风气也于此时在达官贵妇中流行。女装特别讲究用花边来装饰衣缘，于是花边越滚越多，形成宽宽的衣缘。妇女服饰的样式及品种也越来越多样，如背心、一裹圆、裙子、大衣、云肩、围巾、手笼、抹胸、腰带和眼镜，层出不穷。

主题二　帝 王 服 饰

一、冕服

帝王或王公贵族在重要场合穿的礼服叫冕服。冕服制度是自有等级规定以来统治者借服饰制度来达到“礼制”、维系“伦纲”目的的一种手段。冕服包括冕冠与服饰。

冕冠是古代帝王、诸侯及卿大夫祭祀时所戴的礼冠，即礼帽。据说在夏代已经出现，当时称“收”。商代沿袭其制。周代以后则称“冕冠”，省称为“冕”。其冠顶部盖一长板，即“冕板”。冕板形状为长形，前圆后方，象征天圆地方；戴在头上时后面略高一寸，表示帝王向臣民俯伏，尊重臣民的意思。冕板的表面则裱以细布，上面漆成玄色，下面漆成　色（一种绛红色）。两端分别垂挂数串玉珠，名“旒”。旒的多少视戴冠者身份而定，有3旒、5旒、7旒、9旒及12旒之别，以12旒为贵，专用于帝王。一串玉珠即为1 旒。珠子的穿法有一定规矩，一般以五彩丝线编为细带，用以穿珠，名谓“藻”。穿结时先在丝藻上缚一小结，贯以一颗玉珠；以后每缚一结，就贯以一珠，以免珠子互相并拢。玉珠越多，垂挂得就越长，天子一旒长可及肩。冕冠上垂挂玉珠的用意，除可表明戴冠者身份外，更主要的是遮挡住戴冠者的视线，提醒戴冠者不要去看那些不该看的，成语“视而不见”就是由此演绎而来。

冕板下部即为冠身，古称“冠卷”，因为以铁丝、漆纱和细藤等编织为圈，故名。冠卷两旁各有一个对穿的小孔，用于贯穿玉笄。戴时将冠圈扣覆于顶，以玉笄绾之，使冠身和发髻固结，以免坠落。在玉笄的顶端，结有一道冠缨，使用时绕颌而上，固结在玉笄的另端。在两耳附近，还各垂一段丝绳，下悬一颗丸状玉石，名谓“充耳”，也有用黄色丝绵做成小球以代玉石的，佩挂这种玉石或丝绵小球的目的是为了“止听”，提醒戴冠者不要轻易听信谗言，这就是今天“充耳不闻”一语的由来。

可以想象，这种冕冠前后各有垂旒，两旁又有垂珠，笨重的冠体仅靠一支玉笄和一根丝带固结，戴冠者自然不能左顾右盼而只能正襟端立了。所以，人们用“冠冕堂皇”来形容一个人外表的端庄和严肃。周代以前的冕冠形制在汉代已经失传。汉初祭祀，采用的是刘邦创制的长冠（长冠，也叫斋冠，汉制高7寸，广3寸，是刘邦做亭长时所戴的以竹皮为里的一种首服）。到了东汉明帝时代，特令一批儒学者参稽古籍，重新制定了冕冠制度。从此，历代相袭经久不衰。只是在形制上稍有一些变易。

帝王的衣服多为玄衣纁裳。玄为黑色，纁为绛红色。冕服采用了两种颜色，上以象征未明之天，下以象征黄昏之地。帝王穿的衣服上绣有日、月、星辰、山、龙、黼和黻等12种花纹，称之为“十二服章”。这些花纹具有象征意义，是帝王服饰上最具有代表性的图案。

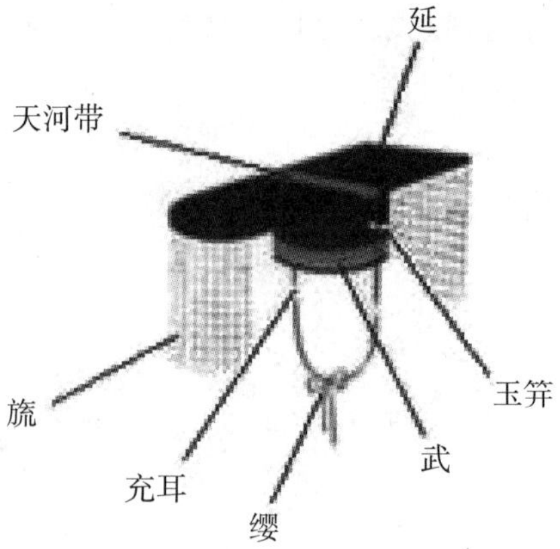

冕冠

古代帝王最高等级的首服——冕冠。保存较好的冕冠实物有北京明定陵的两顶十二旒冕冠、山东鲁荒王墓等墓出土的明朝皇太子或亲王等级的九旒冕冠。

上衣下裳的冕服腰间束带，带下垂一块装饰，名叫“蔽膝”——它源于人们缠裹兽皮的时代，那时主要为了遮挡前腹和生殖部位，后来有了规整的服装，人们仍以它垂挂腹前，成为礼服中重要的组成部分。金文中常见有周天子赏赐给臣下“赤芾”的记录。“赤芾”是一块红色的布，即后世所指蔽膝，是贵族的服饰和身份的标志。蔽膝一般与“裳”同色，帝王的蔽膝多用纯朱色，上绣龙、火、山等图案。

与冕服相配的鞋，一种是丝绸作面，木作底，底为双层；还有一种是单层底，夏用葛麻，冬用兽皮。对应礼仪的高低规格，皇帝穿赤、白和黑不同颜色的鞋子。

二、龙袍

中国帝王服饰最突出的特征是绣龙。帝王穿的衣服上常绣卷龙，故绣有龙的袍服称龙袍。

冕服与龙袍都是中国古代皇帝的典型服饰。龙袍因为主要颜色为明黄色，再加上绣金的九条龙更显尊贵，所以也称“黄袍”。959年，宋高祖赵匡胤被手下将士披上黄袍，做了皇帝。为什么“黄袍”加身就意味着当了皇帝呢？这与中国的阴阳五行学说相关。古人认为：金、木、水、火、土代表五行，“五行之德始终相次也”，故相生相克。白色代表金，青色代表木，黑色代表水，赤色代表火，黄色代表土。周代以赤色（红色）为高级服色，秦朝以黑色为最高级的服装颜色，帝王百官都穿黑色衣服。秦亡，逐渐以黄色为最高级的服装颜色。隋炀帝制定官服制度以后，明确官员百姓一律不准穿黄色衣裳，从此黄色成了帝王“唯我独尊”的专用服色。所以“黄袍”也就代表了皇帝。这种规定历朝延续一直到清末。如唐朝，宫廷下令，除皇帝以外，官员一律不许穿黄衣服。

明代也曾明令“官吏衣服、帐幔，不许用玄、黄、紫三色，并织绣龙凤文，违者罪及染造之人”（《明史·舆服三》）。

明清时有袍绣九龙的定制——在龙袍前后两肩和两袖等处绣成对称的八龙，然后再绣一龙在大襟的里面，以象征君权神授九鼎之尊的皇家威仪。

清代帝王特种袍服，还有用孔雀尾毛撚线作满地，平铺，另用细丝线横界（宋代名为“刻色作”，明代名为“灑线”），上面再用米粒大珍珠串缀绣成龙凤或团花图案，费工之大及用料之奢侈，都为前代所少见。清代帝王的袍服制造，一般是由第一流工艺师精密设计出图样，经过皇帝亲自审定认可后，派专人急送南京或杭州织造部门。经过一年或数年制成后，严密装箱，由专门官员按时护送到京。

三、祭服

祭服也是冕服。在中国历代服饰中，祭服最为贵重，它和人们对祭祀的重视有关。古代祭祀名目繁多，被祭祀的对象有天、地和人三类。由于祭祀本身有轻重之分公私之别，所以服饰也有繁简差异，地位越高服饰也越完备。

据《周礼》记载，周代行祭祀礼时，天子的祭服有大裘冕、衮冕、希冕和玄冕等形制。秦始皇时，废除六冕制度，仅留玄冕一种用于祭祀。

汉代为了表示对开国皇帝刘邦的敬意，帝王与将相一样，一律戴刘邦做亭长时所戴的长冠做祭服，这也就是《后汉书》所谓“此冠高祖所造，故以为祭服，尊敬之至也。”

北周时，皇帝冕服进行了一次较大的改制，从6种增为10种，分别为苍冕、青冕、朱冕、黄冕、素冕、玄冕、象冕、山冕和衮冕等。北周末年，宣帝传位给太子，自己成了天元皇帝，为了和儿皇帝的祭服有所区别，特将冕冠上的垂旒增加至24道，前前后后共48旒。这是中国服饰史上仅有的一个孤例。

隋唐两朝恢复了汉魏制度，隋还增加了大裘冕之制。唐时则废而不用，认为大裘冕只适用于冬季，夏天穿毛皮制的厚服装无异于让皇帝受罪。后来又觉得其他五种冕服之制也过于繁琐，干脆只用衮冕一种，不分大小祭一律用它。“显庆初，长孙无忌献议废大裘。自是郊庙之祭，一用衮冕”。另外几种冕服也不废除，仍具令文，让它虚设，以表示对传统礼仪的尊重。

宋代崇尚礼制，曾经对服制进行过多次修订，尤以祭服变动最多，曾经颁有《祭服制度》16卷。宋初祭祀，仍有大裘冕和衮冕。大裘服在祭服中虽然最为至尊，但在穿着时必须外罩衮服，所谓“裘冕必服衮，衮冕不必服裘”，仍觉不适用，后哲宗朝“遂以衮袭冕”。

辽、金、元政权多以汉族祭祀服饰为自己的服制。

明代皇帝在祭天地和宗庙等特大典礼中只使用衮服，且衮服只限皇帝、太子、亲王、郡王及世子等宗室人员可备，其他人一律不得穿着。清朝统治者虽然出身于游牧民族，但对祭祀非常重视。皇帝本人参加重要的祭祀，如在圜丘、祈谷和雩祀等场合都穿衮服。这种衮服以石青缎为之，制为对襟，平袖（不像其他服装那样用马蹄袖），前胸、后背及两肩各绣一团正龙，使用时加罩在朝服之外。清朝皇帝用于祭祀的朝服共有 4 种不同的颜色：在太庙祭祖用黄色，在天坛祭天用蓝色，在日坛祭日用红色，在月坛祭月用月白色。而普通官员所穿朝服就只有蓝色和石青色两种颜色。

历代祭服虽有变化，有的祭祀场合还有另外的形制，如通天冠绛纱袍服，汉、晋、隋各代为帝王常服，唐、宋、元、明诸朝则为祭服，但着衮服祭祀仍是自周以来一种基本的形制。

四、常服

冕服等礼服是帝王在重大社交场合所用的服装，常服则是帝王百官及士庶百姓平常所穿的衣服，也称便服。

战国秦汉之际，不论贵贱、男女和文武都穿深衣，帝王贵族以冕服为礼服、深衣为常服。东汉时，皇帝以袍为常服。所谓“乘舆（皇帝）所常服。服衣，深衣制，有袍，随五时色”（《后汉书·舆服下》）。

听琴图（部分）

中国人物画《听琴图》现藏于北京故宫博物院，是一幅“神笔之妙、无以复加”的上乘作品。画中人物神态惟妙惟肖，栩栩如生，背景和道具处理得十分简练。至于是否是宋徽宗赵佶的自画像，历来存有争议。

魏晋南北朝以后，戴帽者多。有一种“纱帽”，上自天子，下及黎庶，皆喜头戴。南齐皇帝萧道成更是戴着纱帽登基。据说，南朝梁时，曾经自立为帝的侯景，平时纱帽不肯离首。在初唐画家阎立本所绘的《步辇图》中，也可看到唐太宗李世民戴幞头，着圆领服，坐在“腰舆”上会见使者的场面。

宋代皇帝平时爱穿直腰身款式的背子，这种上自官吏士人，下至商贾仪卫都能穿的背子，不系襻纽，可宽可窄可长可短，作为非正式的服饰，多是居家休息时穿，适于休闲。在一幅据传是宋徽宗赵佶的自画像（即《听琴图》）中，这位一国之君也穿着一件深色衣料的背子。背子的廓形直直的，把人的身体裹成一个圆筒，没有曲线，与宋代简朴洁净的服饰风尚有关，也与含蓄、内敛的文化氛围密切相关。

网巾

网巾是明代男子首服中不可或缺的一项。网巾的定制相传由明太祖微服至神乐观时由道士处得之。“加网巾”是明人行冠礼时不可少的仪节，与“束发”兼有形式(戴巾)与意义(成年)的联结。明亡以后，戴网巾象征成年的礼制与文化意象，仍然在遗民中绵延不绝。

明代皇帝常服有两种：一是“网巾”，这是一种男子用于束发的网罩，不分尊卑贵贱，均可使用。通常以黑色丝绳、马尾或棕丝等编成。根据《明史》记载这种网巾出现在明初，是经明太祖朱元璋“钦定”而颁示全国的：“洪武二十四年，帝微行至神乐观，见有结网巾者。翼日，命取网巾，颁示十三布政使司，人无贵贱，皆裹网巾，于是天子亦常服网巾”。另一种称“燕弁服”，是皇帝退朝闲居（即“燕居”）时所穿的制服，也和明太祖有关，“寓深宫独处、以燕安为戒之意”，是参照《礼记·王藻》“朝玄端，夕深衣”的样式而改制的一款专用服饰。清代帝王常服主要有褂和袍，褂的颜色主要为石青色，裾左右开，袍裾四开。

主题三　官员服饰

封建社会的衣冠服饰常常能透露一个人的社会身份，等级制度在服饰上表现得尤为明显。着装规范不仅是民间习俗，更是国家礼制的一部分。历朝历代都有各种条文律令，对服装的材质、色彩、花纹和款式作出详尽的规定，将皇族、文武官员和普通百姓的服饰严格区分开来，违者重罚。这种规范和限定客观上增加了中国服饰的多样性。

一、皮弁服和玄端服——早期的朝服

从文献记载来看，周代已有朝服之制。《周礼》记载：“视朝，则皮弁服。”皮弁服就是最早的朝服。这种服装多采用细白布制成，衣裳分制，下裳也用白色细布。和这种衣服相配套，头上所戴之冠则以白色鹿皮为之，冠顶被制成尖形，如两掌相合，因形得名，被称之为弁，或称皮弁。由于皮弁上下均用白色，素而无纹，不能辨别穿着者的身份，故在弁饰上加以区分。具体做法是在弁上镶饰珠玉，以玉的色泽和珠子的数量辨别等级：如规定天子用12琪、5采玉，诸侯用7琪、3采玉，子和男用5琪、3采玉，士一级不用玉饰等。

卿士退朝后回到府邸，如果自己听朝，即会见比自己身份低的人，则不能再着皮弁之服，而要换上一种“缁衣”，即以黑布制成的朝服。春秋战国时的朝会之服，也用黑色布帛制作，衣服的款式端庄方正，故有“玄端”之称。和玄端配套的首服叫“委貌”，这是和皮弁造型相似的一种冠饰，只是不用鹿皮，而代之以黑色缯绢。西汉时期的朝会之服也用黑色，只是在领袖部位缘以绛边。曾因替妻子画眉而名噪天下的汉京兆尹张敞说自己“备皂衣二十余年”，意思说他在朝廷当了20多年的官。这里的“皂衣”就是指朝服。可见西汉时，尽管祭服制度不甚完备，但朝会之服仍有章可循。及至东汉，上自帝王下及百官，凡有重大朝会，特别是君臣之会，文武百官都应穿着朝服赴会。三国时，魏明帝为图方便，戴着一顶绣帽，穿着一件短袖便服朝见臣下杨阜，结果被杨阜责备了一通：“此礼何法服邪?”说得明帝哑口无言，从此，他不穿朝服不见杨阜。

二、宽衫大袍——有闲阶级的标志

以袍为朝服，始于东汉（25—220）。《后汉书·舆服下》记：“乘舆（皇帝）所常服。服衣，深衣制，有袍，随五时色。袍者，或曰周公抱成王宴居，故施袍。《礼记》‘孔子衣逢掖之衣’。缝掖其袖，合而缝大之，近今袍者也。今下至贱更小吏，皆通制袍，单衣，皂缘

领袖中衣，为朝服云。”说的正是这种情况。一般文官和长者袍身及地，袍下只露出两个鞋头，而武官多为直裾袍，袍身略短，齐膝袍下露有长裤。汉代以后，历经魏晋南北朝、隋、唐、五代乃至宋明，百官一直采用质料以绛纱为主的“绛纱袍”为朝服，头上戴进贤冠、法冠和貂蝉冠等，帝王则以为常服或祭服，头上戴通天冠。

官员品级的高低一般以服色区分。如明代官员朝服袍色分三种，一品至四品穿绯袍（绛红色袍），五品至七品穿青袍，八品、九品穿绿袍；未入流杂职官与八品以下相同。官员着袍式样历代都有变化，但基本样式都是宽身长袍，久而久之，宽衫大袍成了有闲阶级的典型服饰，并沿用到清王朝退出历史舞台。

三、冠服——平民与官吏的分水岭

《礼记·冠义》称“冠者礼之始也”。“冠”就是“贯”，表示一以贯之、始终如一的意思。周代，只有贵族子弟成年以后才能“冠”，庶民子弟则只能用“帻”，即只能用头巾把头包起来，而不能戴冠。秦汉时的男人，不分贵贱都戴帻，只不过官员的帻衬在冠下，平民无冠。官服必有冠。“冠”意味着特殊的权力。依周礼，贵族子弟要加三次冠，一加缁冠，可以参加各种政治活动；二加皮弁，即猎装和军帽，准备服兵役；三加爵弁，也叫“雀弁”，可以参加祭祀。《春秋左传》所谓“国之大事，在祀与戎”，因此贵族的“冠”，便有非同小可的意义，被视作生命的一部分。汉代的文官多戴进贤冠，冠下衬有介帻；武官戴武弁大冠，配平巾帻。除衣服冠巾有严格区别外，腰间的垂绶由色彩、长短和绪头粗细区别官品地位，制度区别严格。绶是一种织有丙丁纹的丝绦，用不同颜色和绪头多少分别等级，和官印一同由朝廷颁发，通称“印绶”（或称“玺绶”）。印分玉金银铜，绶有长短及不同颜色。官员退职或死亡应一同缴还。

汉代文官穿着朝服参加朝会，例应在冠下安插一支毛笔，俗为“珥笔”。这种毛笔本来是实用品，插在冠下是为了听朝时记录的方便，后来渐衍变为一种冠饰。唐代仍有此制，专用于七品以上官吏。宋代则稍作改制：削竹为杆，裹以绯罗，并用丝绒代替笔毫，使之立于冠前，名谓“立笔”。这种冠饰在传世的宋人画像中有不少反映。

魏晋南北朝时，官员戴漆纱笼冠。它的制作方法是在冠上用黑色丝纱编织丝笼，笼上涂漆水，使之高高立起，而里面的冠顶还隐约可见。汉代的冠式，都前高后低。到了魏晋时期，改“高山”冠使之卑下，此后冠式就逐渐改为平式或前俯后仰式，到了明代已基本看不到汉代冠式的痕迹。官服中的礼冠名目繁多，有朝冠、吉服冠、常服冠、行冠和雨冠等。

四、幞头和乌纱帽——从百姓用品到官吏专制品的衍变

唐代官员和士庶都戴幞头。“幞头”是古代男子用的一种头巾，一名折上巾。是从汉魏时流行的方形巾帕中演变而来的一种首服。初期是以一幅罗帕裹在头上，较为低矮。后在幞头之下另加头巾，以桐木、丝葛、藤草或皮革等制成，犹如一个假发髻，以保证裹出固定的幞头外形。中唐以后，逐渐形成定型的帽子，名字仍叫幞头。幞头之脚，或圆或阔，犹如硬翅而且微微上翘，中间好似有丝弦，因其有弹性，这一类叫做“硬脚”。唐时流行的幞头样式先后有“平头小样”、“武家诸王样”、“英王踣样”和“官样”等。直脚幞头是宋代官员首

服的独有式样，幞头两侧的直脚各向左右长长地展开，为什么要那么长，有一种说法是为防止官员上朝站班时交头接耳谈私事，所以加长展翅，使彼此有一定的距离。

乌纱帽原来只是民间常戴的一种便帽，隋唐至宋，乌纱帽作为正式“官服”的一个组成部分。定为“官帽”并作为官员的代称，则始于明朝洪武年间。乌纱帽按照官阶在材质和式样上是有区别的。

乌纱帽

明代官员的首服由唐宋幞头演变为乌纱帽，其间的样式并无多大差别，只是原为临时缠裹，后定型为帽子。这种帽子以铁丝编成框架，外蒙乌纱，造型为圆顶式，也分上下两阶，左右各插一个帽翅。这种帽子称“圆帽”，民间则称其为“乌纱帽”。因为这种帽子为官吏专用，在汉语里也成了官职的代名词。取得了官位，叫“戴上了乌纱帽”；革职罢官，则叫“丢了乌纱帽”。

明朝文人雅士大多戴儒巾或四方平定巾，穿大襟长衫，有的还手拿拂尘。扬州西部明代墓穴出土过一套士人服饰，其中有拖着长长垂角的儒巾，有镶着深色缘边的圆领宽袖斜襟大袖衫，还有高筒毡靴。类似的配套服饰形象被保留在京剧的剧装中，以致我们一看就知道是中国的文人。

到了清代，明朝的乌纱帽换成了花翎，用孔雀毛上的“目晕”花样的多少区分级别，以顶戴花翎显示官员不同的身份和地位。

五、补子——体现服饰与权力关系的巅峰

唐代时女皇武则天曾赐百官绣袍，以文官绣禽，武官绣兽。明朝对此加以仿效。明代官员朝服为盘领右衽袍，袖宽三尺，系革带，带上镶有玉片，这就是所谓的玉带。职官的服色和花纹按品级高低而异。前胸和后背各织一块方形的纹饰，叫做补子。文官的补子绣飞禽，武官的补子绣走兽，纹样按品级各不相同。如文官系列，一品仙鹤，二品锦鸡，三品孔雀，四品云雁，五品白鹇，六品鹭鸶，七品鸂鶒，八品黄鹂，九品鹌鹑，杂职练鹊；武官系列，一品狮子，二品狮子，三品虎，四品豹，五品熊罴，六品彪，七品彪，八品犀牛，九品海马。

对于格外重视宫廷朝仪的清朝初期的统治者来说，能够彰显身份阶层的朝服官服相当重要。他们制定了中国历史上最为繁杂的衣冠制度，无论色彩、纹饰和款式均出章入典，规定严谨，并以图示说明，要求后世子孙也能“永守勿愆”。朝廷甚至设立督造官服的织造局，

文官补子

文官儒雅娴静，官服以禽鸟为补子图案纹样，以彰显其贤德。武官勇武剽悍，威风凛凛，以猛兽为官服补子图案，以彰显其威仪。明清时期的“补子”是随着官职而存在的，因而受到朝廷的限制，不能大量制作。因此它有着极高的工艺价值和历史价值。

慎选织工绣手专事官服制作，清官服饰也格外讲究织工的细致、刺绣的华美和饰件的齐备。

马蹄袖和马褂是清代官服的主要元素。清代的长袍以衩来区分贵贱，皇族宗室开四衩，官吏士人开两衩，一般市民不开衩。袍的袖口装有箭袖，平时翻起，行礼时放下，因其形似马蹄，又称马蹄袖。有一种长不及腰袖仅掩肘的短褂，叫做行褂，又叫马褂。马褂以黄色为贵，非皇帝特赐不能穿。职官朝服的胸背正中也各缝一块补子，称为补服。补子也沿用明制文禽武兽，并依品级的高低绣制不同的飞禽走兽，以此显示不同级别的职位和权力。禽兽的花样与明朝略有差异，常常配以精致的花边，突出了装饰效果。样式上，清朝的补子绣在袍服外面的对襟大褂上，前襟补子也随之分为两块。官员的朝服和常服，里三层外三层，行袍、行裳、马褂、坎肩和补服，重重叠叠。还要佩戴各种朝珠、朝带、玉佩、彩绦、花金圆版和荷包香囊等，朝珠又有翡翠、玛瑙、珊瑚、玉石及檀木的等级限定，连丝绦都有明黄、宝蓝和石青之分，服饰的等级之别到了高度细密的程度。

纵观中国古代官服，尽管有许多讲究，但是最能体现服饰与权力关系的还是补子。补子的图案很有意思，在文官补子中有的是现实世界的动物，如仙鹤、锦鸡、孔雀、云雁、白鹇、鹭鸶、黄鹂和鹌鹑等，有的却非实有之物，如练雀，它的形状有点像鹭鸶，又有点像孔雀。武官的补子，也各式各样，有狮、虎、豹等实在之物，也有想象出的动物。不同的动物代表不同的官阶。

主题四 妇女服饰

一、合乎儒家礼教的“深衣”

“深衣”大约出现于春秋战国时期，属于上下相连的长衣样式。它的出现，带来中国服装史上的一个重大变化，与“上衣下裳”一起，成为中国服装的两种基本形制。深衣也是最早为礼教服务的一种服饰。《礼记·深衣》记载：“古者深衣，盖有制度，以应规矩绳权衡。短毋见肤，长毋被土。”大致意思是：“深衣要有制度，各个部位的裁剪都有一定的要求。长短要合适，长不能拖地，短不能露肤。”在制作上，一般交领宽袖，前襟加长，左下部横向接出成一个大三角形的曲裾（曲裾是一条长长的三角形布），向右缠绕在人的身体上，尖端掩到背后或者掖入腰带以下。战国时期北方各国可能由于“胡服骑射”的影响，也有衣袖窄长，腰身细窄，下裾宽大的式样。这种服制最显著的特点就是把身体深深地遮蔽起来。由于儒家强调男女有别，尤其女子要笑不露齿，衣不露肤，平时足不出户，出门必须遮蔽得很严等。因而深衣的这种制式很受儒家推崇。认为它“安志而平心”，平直无私，符合儒家礼教。

此为汉代妇女所穿宽袖紧身的绕襟深衣。衣服几经转折，绕至臀部，然后用绸带系束，衣上绘有华美的纹样。这种服装通身紧窄，长可曳地，下摆一般呈喇叭状，行不露足。衣领通常是交领，领口很低。衣袖有宽窄两式，袖口大多镶边。

汉代女子曲裾深衣

最初，深衣属于男女通用的一种礼服。在袍服成为最主要的服装之后，深衣在女服中得以延续。汉代女服大襟的长度越来越长，以致形成绕襟深衣。如湖南长沙马王堆一号汉墓出土帛画中，有墓主人着绕襟、三重领深衣的形象。此后，女子的长衣越变越复杂越华丽。东晋大画家顾恺之（约345—409）在《列女传仁智图卷》中描绘的女子，著杂裾垂髾服，衣襟下缘裁制成好多个三角形，三角形上宽下窄，形似旌旗，沿着三角形缘边，绣布图案。当衣襟裹起来后，这些下垂的三角形层层叠叠错落有致，新颖、典雅，透着装饰美。肥大的袖子和宽长的下摆，加之腰际围裳之间系有飘带，使着装者看上去飘逸而充满浪漫情调。深衣和袍服有同有异，都是上下连属的长衣，但深衣没有延续下来，袍服却一直穿用到近代。

二、引领时尚的盛唐女装

唐代是人类文明发展史上的一个繁荣昌盛时期，富足的物质基础和宽松的社会环境使得服装样式更加不拘形式，受人推崇。唐朝妇女不必恪守传统规范，她们可以穿袒露胸臂的宽领服装或吸收其他国家服饰风格穿出异国情调，还可以穿胡服男装骑射，并享有选择配偶和离婚的自由。唐朝妇女着装讲求配套，女装和发髻、佩饰及面妆的每一种搭配都独具特色，个性鲜明。一般可归结为三种：传统的襦裙装、打破儒家“男女不通衣裳”礼制而勇敢穿起的整套男装和受西域文化影响而引进的胡服。

传统的襦裙装上为短襦和长衫，下为裙。唐代的短襦或长衫，在圆领、方领、斜领、直领和鸡心领的交替流行中，竟索性将其开成袒领，领子低到能见到双乳上侧露出乳沟，在礼法森严的中国古代社会这是空前绝后的创新之举。这种样式最初为宫廷嫔妃和歌舞伎等穿用，但很快便引起了仕宦贵妇的垂青。唐代崇尚丰满浓艳之美，赏花喜欢赏牡丹，人则讲究男无肩女无颈，马也要头小颈粗臀部大。妇女们特意将裙子做成6幅、8幅或12幅，有的还将裙腰提高，直到腋下，这样就看不见腰身，只见一个圆滚滚的外形，以此显示丰满。唐裙除了款式之外，裙色也相当丰富。由于官方的束缚少，因而可以尽人所好。仅色彩就有深红、杏黄、深紫、月青、草绿和郁金等，其中以石榴红裙流行时间最长。李白、杜甫和白居易的诗中都有关于石榴裙的描述。《燕京五月歌》中记述石榴裙流行盛况，说石榴花开的时候满是浓重艳丽的石榴红，千家万户买石榴花给家中的女子染红裙。唐中叶时一位公主的百鸟裙，更是中国织绣史上的名作，其裙以百鸟羽毛织成，白天看是一色，灯光下看是一色，正看一色，倒看一色，而且裙上呈现出百鸟的形态，可谓巧夺天工。

女子襦裙装并不只是上衣下裳，还有其他款式用以补充或装饰，如半臂，就是一种短袖衫。穿时，常套在长袖襦衫的外面，其功能与坎肩有些相似。只因袖的长度在坎肩和长袖的中间，所以称半臂。穿起来娉娉婷婷，体态美妙动人。

唐朝妇女爱披一件帔子，或是两只胳膊上搭着披帛。帔子阔而且短，一般披在一肩。披帛长长的，一般较窄，从身后向前，搭在小臂上，两端自然下垂，就是通常所说的“飘带”，后人画仙女和古装仕女，往往由此取材。与襦裙装相配合的足服，有凤头高翘式锦履，也有麻线编织的鞋或蒲草鞋，软软的，但很精致轻巧。唐初女子著襦裙装时，头上一般不戴帽子，出门时则戴一圈垂纱的帷帽。至盛唐时，妇女中流行露髻骑马出行。当年发式可谓多变，体现着唐女的奢华之风。仅高髻，就有云髻、螺髻、半翻髻、反绾髻、三角髻、双环望仙髻、惊鹄髻、回鹘髻、乌蛮髻及峨髻等，另外还有较低的双垂髻、垂练式丫髻以及抛家、半翻和盘桓等30多种样式。这些发髻大多因形取名，也有的是以少数民族的族称取名。唐朝妇女面妆奇特华贵，变幻无穷。唐女在脸上广施妆艺，不只是涂上妆粉，还以黛描眉，以胭脂涂两颊，以唇膏点唇，还要在额头上涂黄色月牙状“额黄”（亦称“鸦黄”）　饰面。据说是模仿西北民族的黄画佛妆。眉式也花样翻新，名称有“鸳鸯”、“小山”、“三峰”、“垂珠”、“月棱”、“分梢”、“涵烟”、“拂云”、“倒晕”和“五岳”等，再加上民间的柳叶眉、却月眉、阔眉（桂叶眉）和八字眉等，美不胜收。双眉中间要有花钿，可以用鸟羽、黑光纸及螺钿壳，也可以用金箔、鱼鳃骨、云母片或者直接用颜料画。眉梢处则要描上一道“斜红”。嘴唇以唇膏点出各种时兴的唇形，在唇角外一厘米处再点上两个黄豆般的红圆点，美其名曰“靥”。

盛唐以后，靥的范围越来越大，扩展到鼻翼两旁，还变化出钱形、杏桃形、小鸟形和花卉形等。欧阳炯《女冠子》词：“薄妆桃脸，满面纵横花靥”指的就是这种妆饰。唐代中期以后，女性一度流行不施脂粉，而且以黑色的膏脂涂唇。诗人白居易也在《时世妆》诗中写道：“时世妆，时世妆，出自城中传四方。时世流行无远近，腮不施朱面无粉。乌膏注唇唇似泥，双眉画作八字低。妍媸黑白失本态，妆成近似含悲啼。”这种被称为“啼妆”或“泪妆”的妆容，配以堕马髻、弓身步和龋齿笑，格外惹人怜爱，因而风行一时。

与花枝招展的襦裙装相比，女着男装则别有一番情致。女子着男装，主要是穿男子通常穿的圆领袍衫，像男子那样头戴幞头，有时则露出发髻，腰间系带，脚着丝织浅鞋或蹬乌皮六合靴，穿胡服者多穿皮靴或绣花小靴。她们不论身份尊卑，甚至不管在家还是出门，都爱这样扮靓自己。这身装束使女子别有一种洗尽铅华添帅气，追慕儒雅尽俏皮的风度。盛唐女装就是这样散发着耀眼的光芒。

三、优雅贤淑的明代女服

明朝女服优雅贤淑，最能体现古装仕女雅致的情态。明代女装最有特色的是长长的直至膝下或裙边的坎肩，也称“比甲”。宋元两代，妇女即有穿比甲的，但并不流行，明清之际才特别流行，常用于秋冬季节，夏天也穿。材料有天鹅绒、漳绒、漳缎、玻璃纱和刻丝等，织花面料上再施刺绣，领处有镶上的领抹，对襟处缀以玉佩，成为一时风尚。明朝女性以身材修长为美，而比甲恰恰能在视觉上给人苗条挺拔的印象，也因此常常成为明代通俗小说中描写的人物服饰。明朝女子的襦裙装考究但不奢华，很雅致。她们穿着窄袖或宽袖襦衫和肥瘦适中的带有织花图案的长裙，腰间常有打成蝴蝶结的腰带，腰带的两端长长地垂至膝下。一般在腰带的右侧垂下一串绦带，中间打成八宝结或蝴蝶结。结与结之间穿着玉佩，也有人佩着披帛，成年女性的头上也戴着簪钗，在留传下来的明仕女画中，她们给人恬静端庄的印象。明朝襦裙的款式与整套搭配后的形象比较接近宋代襦裙装，只是在侍女丫环等年轻女性穿着时，常爱加一条短小的腰裙，以便干活或活动。此外，由于有个腰裙，等于多了个层次。我们从明朝绘画中看到，年轻姑娘们的腰裙不会平展地垂在腹臀部，它会因质地柔软而出现自然的褶皱，于摇曳的动感中更添几分俏皮，如果再配上头部的环髻或丫髻，更显得活泼秀丽。明朝平民女子多以紫花粗布为衣，不许用金绣，袍衫只能用紫色、绿色和桃红，不许用大红、鸦青与正黄色，以免混同于皇家服色。

四、内外有别的命妇朝服

《周礼·天官冢宰》中记有六种命妇礼服，袆衣、揄狄和阙狄3种专用于祭祀，鞠衣、展衣和缘衣三种则兼用于朝会。如鞠衣，王后服之以躬亲蚕事，九嫔和卿妻着之则用于朝会。王后在朝见天子及礼见宾客时则穿“展衣”。“鞠衣”衣式采用袍制，外表用黄色，夹里用白色，并搭配“蔽膝”、“大带”和“袜”等穿戴。“展衣”也为袍制，表里皆为白色。鞠衣和展衣就是古代命妇的朝服。但女子着朝服仅限于内外命妇。

明朝朝廷命妇的礼服为凤冠、霞帔和大袖衫。清代后妃和命妇所穿的朝服和历代有所不同，通常由朝袍、朝褂和朝裙所组成。如皇太后、皇后、皇贵妃、妃和嫔等内命妇朝袍，分别有五种款式，冬季所用者有三式，夏季所用者有二式，全部以丝织物为之。妃以上用明黄色，嫔用香色，上绣金龙、祥云、八宝及海水纹样。外命妇朝袍则用蓝色或石青色。同清代官吏的朝服一样，命妇的朝袍也用圆领，两袖窄小，袖端装饰有马蹄袖。朝褂是清代特有的一种服装，其款式似背心，但比背心要长，上自后妃下及命妇都可穿着。所绣花纹有万福万寿和八宝平水等，使用时加罩在朝袍之外。朝裙则穿在朝褂之内，其制也有冬夏之别，冬季所用者以缎为之，缘以毛皮。夏季所用者以缎、纱为之，缘以织锦。制作时分为两截，上用红色或绿色，下用石青色，周身密布细裥，所绣纹样略有差异，内命妇可用龙纹，外命妇只能用蟒纹。

五、金镶玉饰的凤冠与朝冠

古代戴冠者不限于男性，女子也可戴之。据《周礼》等书记载，周代妇女跟随丈夫参加祭祀，虽然也用首服，但这种首服不是冠饰，而是假髻。在假髻之上，再安插一些首饰。秦汉时期沿袭这一遗俗。秦始皇时，令三妃九嫔在夏天戴用碧色纱罗制成的芙蓉冠子，冠上还插有用五色通草编成的饰物。这种冠子一般是不登大雅之堂的，更不能戴着它行礼。汉代以后，以凤凰饰首的风气在贵族妇女中日益多见。在妇女首饰中，不仅有凤凰形簪和凤凰形钗，而且还有凤凰形冠。晋代王嘉《拾遗记》中就记有石季伦“使翔凤调玉以付工人，为倒龙之佩，为凤冠之钗”的情况。这是现存史料中关于“凤冠”的较早记载。另外，在甘肃榆林窟壁画上还绘有凤冠的形象。如画中五代回鹘公主曹夫人所戴的冠饰就雕琢有凤凰之形。但这个时期的凤冠，还不属于真正的礼服。正式将凤冠定为礼服并将它收入“冠服制度”，是从宋朝才开始的。《宋史・舆服志》记北宋后妃在受册和朝谒景灵宫等隆重场合，头上都带着凤冠等妆饰。宋朝政府从汴京（今开封）南迁到临安（今杭州）以后，又对凤冠作了改制，除原来的凤晕花饰外，还增添了龙的形象，名谓“龙凤花钗冠”。戴这种凤冠的贵妇形象在传世绘画《历代帝后像》中可以看到。元代后妃及命妇行礼，通常不戴凤冠，而戴一种颇有时代特色的顾姑冠。在这个时期的史书中，常常可看到“罟罟”、“箍箍”、“姑姑”或“固姑”等名称，所指的都是这种冠饰，因为从蒙语音译而来，所以有各种不同的写法。顾姑冠造型非常奇特，一般用铁丝、桦木条或柳枝编成框架，裱以红色或青色的皮、纸、绒和绢等物，另饰以金箔珠花。冠体窄而耸高，通常高度在66厘米以上，有的高达160厘米。冠顶饰有翠花、绒球、彩帛、珠串及翎子等物。这种冠饰的出现，据传最初与蒙古族的游牧习性有关。冠体越高，骑马行走在荒芜的野外，就越容易辨认。但冠体太高，居家则很不方便。元亡时这种冠饰也就随之消退。明朝凤冠形制比宋代复杂。永乐三年（1405）形成的定制是：皇后凤冠，用涂过漆的竹丝为圆框，圆框之外饰以翡翠，上饰9翠龙4金凤，中间一龙口衔一颗大珠，其余口衔珠滴；冠上另加翠云40片，大珠花12枝，每枝上饰牡丹花两朵；小花也用12枝。冠的两旁缀三扇云形片饰，称“三博鬓”。明代妃嫔跟随皇帝参加祭祀或朝会，和皇后一样，也戴凤冠。不过凤冠上的金龙以鸟取代，以示区别等级。明代制度规定，除皇后、嫔妃可以戴凤冠外，其他人一般不准私戴。内外命妇礼冠形状与凤冠相似，但冠上不得用凤凰，只能用金翟。但实际情况并非如此，一些达官贵戚为了炫耀富有，常常为自己的母亲和妻妾置办各种各样的凤冠。嘉靖朝权臣严嵩，家中就有十多顶凤冠。故后世也有人便将命妇的礼冠混称为凤冠。清代妇女首服沿袭明朝凤冠装饰的做法。为了区别，清代称之为“朝冠”。清代后妃参加庆典，都戴一种折檐软帽，帽上覆有红色丝纬，在丝纬的四周，缀有7只金凤，另在帽子正中，还叠压着3只金凤，每只金凤的顶部，各饰一颗珍珠。

六、渐行渐远的各式鬓发

鬓发即面颊两旁的头发，它的部位很小。现代妇女在梳妆时，对这缕头发往往不太注意，一般任其自然下垂，而古代妇女对此却颇为重视，往往将它修剪成各种形状。秦代妇女的鬓发已出现人为加工的痕迹，大多被修剪成直角状，鬓角下部的头发全部被剃去，给人以庄重朴实的感觉。东汉末年至魏晋期间，妇女的鬓发样式有了一些变化，许多地区的妇女，把鬓发整理成弯曲的钩状。六朝时期的妇女，大多将鬓发蓄长，下垂部分不仅过耳，而且长至颈部，有的甚至披搭在两肩。还有的将鬓发的发梢修剪成分叉式，一长一短，左右各一，远远望去，犹如扎着两根飘带。除这些发饰以外，还有一种“缓鬓”，也是当时贵妇所作的一种鬓式。作缓鬓时，一般还必须配上用假发制成的“倾髻”，才能产生那种雍容华贵的特殊效果，总称则为“缓鬓倾髻”。所谓“缓鬓”，其实就是一种蓬松的鬓发，也就是后世所谓的“松鬓”。直到唐朝仍有人效仿这种妆饰。缓鬓的样式一般都做得很大，常常把两耳遮住，然后与脑后发相连。另有一种鸦鬓，发髻梳成鸦首，宛如雏鸦展翅的鬓式，也很有特色。杜牧《闺情》诗“娟娟却月媚，新鬓学鸦飞”就是对这种发式的描写。唐末流行过一种不设鬓饰的发式，对五代及宋初妇女的妆式曾带来很大影响。这种发式鬓发和周围的头发连成一片，双鬓部位则显得更加宽阔，北宋时称之为“大鬓”，曾流行于崇宁年间（1102—1106）。宋代宫廷妇女中，还流行过一种鬓饰，名谓“拢鬓”，或称“晕拢鬓”，其特点是将鬓发修理成虚实不同的形状，从而产生出深浅不同的色调。北京故宫南薰殿旧藏《历代帝后像》中的宫女，就饰有这种鬓饰。明代出现了描画水鬓的习俗，就是利用黑色颜料，把鬓角画长，借此来改变面轮廓形象。年轻妇女一般多爱着此妆。

在历代妇女鬓饰中，最引人注目的是一种薄鬓。所谓“薄鬓”，就是将鬓发梳理成薄薄的一片，这是魏晋南北朝时期妇女妆式中最有特点的一种妆饰，直到唐宋时期，仍盛行不衰。因其薄如蝉翼，故又被称为“蝉鬓”。唐代妇女的蝉鬓样式有比较明显的变化。首先是鬓发的地位有显著的提高，鬓发被处置在耳际，很少有垂到耳间的现象；其次，鬓发朝脸部靠拢，俗谓“两鬓抱面”，这种鬓发式样在唐人画塑中有大量反映。

到晚清时期，一般年轻妇女，都喜欢留一绺头发覆于额际，因这种下垂的额发与民间画中的刘海（神话传说“刘海戏蟾”中的人物）的发式相似，所以被称为“前刘海”，也有叫“刘海头”的。光绪以后，前刘海上也翻出许多新鲜花样，被修剪加工成各种样式。最初流行“一字式”，长达二寸，覆盖在眉间，甚至遮住双眼；以后又崇尚“垂丝式”，将额发剪成圆角形，梳理时由上而下，呈垂丝状；继而又流行一种“燕尾式”，将额发分成两绺，并修剪成尖角，形如燕尾；还有将额发卷裹，使之弯曲，名谓“卷帘式”。

学习与思考

行知合一

中原人坐着的标准姿势是先跪后坐，明文规定不许“箕坐”，试体验一下，并说一说这和“礼”有何关系。

网络时间

上网搜查相扑运动员有关资料，看看“平民劳作时穿短衣，则袴内要系一兜裆布”之“兜裆布”与相扑运动员的“兜裆布”着装是否有关联？

深度思索

试通过上网或查阅图书及参观博物馆等方式，了解并表述你对服饰文化的看法。

开拓视野

乌纱帽是古代帽子的一种。请收集与“乌纱帽”不同样式的古代帽子的图案。

参考文献

[1] 丁守和.中华文化辞典.广州:广东人民出版社,1989.
[2] 张岱年,方克立.中国文化概论.北京:北京师范大学出版社,1994.
[3] 季芳桐,陈橹,周建平.中国文化史纲要.北京:兵器工业出版社,1997.
[4] 魏向东,曹炳生,杨光,陈情.中国古代文化史.苏州:苏州大学出版社,1998.
[5] 陈江风.中国文化概论.南京:南京大学出版社,2002.
[6] 陈书禄.中国文化通论.南京:南京师范大学出版社,2000.
[7] 张岱年.中国古代哲学思想精粹·中华的智慧.上海:上海人民出版社,1999.
[8] 冯友兰.中国哲学简史.北京:新世界出版社,2004.
[9] 侯外庐.中国思想通史.北京:人民出版社,1956.
[10] 任继愈.中国哲学发展史.北京:人民出版社,1983.
[11] 侯外庐,邱汉生,张岂之.宋明理学史.北京:人民出版社,1984.
[12] 梁启超.清代学术概论.上海:上海古籍出版社,1998.
[13] 黄爱萍.18世纪的中国与世界·思想文化卷.沈阳:辽海出版社,1999.
[14] 谢国桢.明末清初的学风.北京:人民出版社,1982.
[15] 冯天瑜.明清文化史散论.武汉:华中理工大学出版社,1998.
[16] 邹昌林.中国礼文化.北京:社会科学文献出版社,2000.
[17] 杨宽.古史新探.北京:中华书局,1965.
[18] 杨堃.民族学概论.北京:中国社会科学出版社,1984.
[19] 杨向奎.宗周社会与礼乐文明.北京:人民出版社,1992.
[20] 马敏.中国文化教程.武汉:华中师范大学出版社,2002.
[21] 王启发.礼学思想体系探源.郑州:中州古籍出版社,2005.
[22] 徐旭生.中国古史的传说时代.北京:文物出版社,1985.
[23] 勾承益.先秦礼学.成都:巴蜀书社,2002.
[24] 彭林.中国古代礼仪文明.北京:中华书局,2004.
[25] 吴汝康,吴新智,张森水.远古中国人类.北京:科学出版社,1989.
[26] 白寿彝.中国通史·上古时代·先秦时期.上海:上海人民出版社,1991.
[27] 中国社科院考古所.新中国的考古发现与研究.北京:文物出版社,1984.
[28] 安金槐.中国考古.上海:上海古籍出版社,1992.
[29] 冯恩学.田野考古学.长春:吉林大学出版社,2003.
[30] 郭沫若.中国古代社会研究.上海:新文艺出版社,1951.
[31] 杨鸿年,欧阳鑫.中国政制史.合肥:安徽教育出版社,1989.

[32] 臧云浦,朱崇业,王云度.历代官制、兵制、科举制表释.南京:江苏古籍出版社,1997.
[33] 孔令纪.中国历代官制.济南:齐鲁书社,2002.
[34] 王力.古代汉语.北京:中华书局,1978.
[35] 王炳照,郭齐家,刘德华,何晓夏,高齐.简明中国教育史.北京:北京师范大学出版社,1985.
[36] 雷克啸.中国教育史话.南京:江苏人民出版社,1982.
[37] 程舜英.两汉教育制度史资料.北京:北京师范大学出版社,1983.
[38] 程舜英.魏晋南北朝教育史资料.北京:北京师范大学出版社,1988.
[39] 姚亦锋.风景名胜与园林规划.北京:中国农业出版社,1999.
[40] 卿希泰,王志忠,唐大潮.道教常识答问.南京:江苏古籍出版社,1996.
[41] 李养正.道教概说.北京:中华书局,1980.
[42] 曾召南,石衍丰.道教基础知识.成都:四川大学出版社,1988.
[43] 赵朴初.佛教常识答问.南京:江苏古籍出版社,1991.
[44] 方立天.佛教哲学.北京:中国人民大学出版社,1988.
[45] 宽忍.佛教手册.北京:中国文史出版社,1991.
[46] 志远,业露华.佛教历史百问.北京:中国建设出版社,1989.
[47] 王志远,丁明夷,邢军.佛教艺术百问.北京:中国建设出版社,1989.
[48] 马书田.华夏诸神.北京:北京燕山出版社,1999.
[49] 王仲奋.中国名窟名洞辞典.北京:中国旅游出版社,2001.
[50] 叶大兵,乌丙安.中国风俗辞典.上海:上海辞书出版社,1990.
[51] 乔继堂,朱瑞平.中国岁时节令辞典.北京:中国社会科学出版社,1998.
[52] 乌丙安.中国民俗学.沈阳:辽宁大学出版社,1985.
[53] 宋北麟,李露露.中国古代节日文化.北京:文物出版社,1991.
[54] 胡申生.社会风俗三百题.上海:上海古籍出版社,1992.
[55] 胡朴安.中华全国风俗志(上、下编).石家庄:河北人民出版社,1996.
[56] 王国维.宋元戏曲考.天津:百花文艺出版社,2002.
[57] 刘彦君.图说中国戏曲史.杭州:浙江教育出版社,2001.
[58] 唐文标.中国古代戏曲史.北京:中国戏剧出版社,1985.
[59] 王国维,马美信.宋元戏曲史疏证.上海:复旦大学出版社,2004.
[60] 余从,周有德,金水.中国戏曲史略.北京:人民音乐出版社,1993.
[61] 阮容春.中国美术史.沈阳:辽宁出版社,2001.
[62] 复旦大学分校中文系编写组.大学书法.上海:复旦大学出版社,1985.
[63] 王琪森.中国艺术通史.南京:江苏文艺出版社,1999.
[64] 沃兴华.中国书法史.上海:上海古籍出版社,2004.
[65] 李富顺.新编中国美术史史纲.重庆:西南师范大学出版社,2003.

[66] 郭英,胡迟.中国美术.合肥:安徽教育出版社,2003.
[67] 辞海编辑委员会.辞海——艺术分册.上海:上海辞书出版社,1980.
[68] 中国建筑史编写组.中国建筑史.北京:中国建筑工业出版社,1986.
[69] 刘敦桢.中国古代建筑史.北京:中国建筑工业出版社,1980.
[70] 王振复.建筑美学.昆明:云南人民出版社,1987.
[71] 侯幼彬.中国建筑美学.哈尔滨:黑龙江科技出版社,1997.
[72] 姚亦锋.风景名胜与园林规划.北京:中国农业出版社,1999.
[73] 郭俊纶.清代园林图录.上海:上海人民美术出版社,1993.
[74] 袁行霈.中华文明之光(第三辑).北京:北京大学出版社,1999.
[75] 楼庆西.中国古建筑二十讲.上海:生活·读书·新知三联书店,2004.
[76] 李宗为.游访苏州园林.上海:上海古籍出版社,2004.
[77] 中国烹饪百科全书编辑委员会.中国烹饪百科全书.北京:中国大百科全书出版社,1992.
[78] 曾纵野.中国饮馔史(第一卷).北京:中国商业出版社,1988.
[79] 林乃燊.中国饮食文化.上海:上海人民出版社,1989.
[80] 王仁湘.饮食与中国文化.北京:人民出版社,1994.
[81] 陶文台.中国烹饪史略.南京:江苏科学技术出版社,1983.
[82] 向春阶.食文化.北京:中国经济出版社,1995.
[83] 朱世英.中国茶文化辞典.合肥:安徽文艺出版社,1992.
[84] 陈宗懋.中国茶经.上海:上海文化出版社,1992.
[85] 余世谦.茶烟酒.上海:上海科技教育出版社,1991.
[86] 沈道初,荣翠琴.中国酒文化应用辞典.南京:南京大学出版社,1994.
[87] 华梅.中国服饰.北京:五洲传播出版社,2004.
[88] 华梅.古代服饰.北京:文物出版社,2004.
[89] 鸿宇.服饰.北京:宗教文化出版社,2004.
[90] 沈从文.中国古代服饰研究.上海:上海书店出版社,2002.
[91] 阴法鲁.中国古代文化史.北京:北京大学出版社,1991.
[92] 姚瀛艇.宋代文化史.开封:河南大学出版社,1992.
[93] 甄尽忠.中国旅游文化.郑州:郑州大学出版社,2004.
[94] 刘青,邓代玉.中国礼仪文化.北京:时事出版社,2009.
[95] 陈壁耀.点读中国传统文化礼仪与历法.银川:宁夏人民出版社,2009.
[96] 李景源等.东方哲学思想与文化精神.北京:中国社会科学出版社,2009.
[97] 江林昌等.中国古代文明研究与学术史.石家庄:河北大学出版社,2006.
[98] 李泽厚.新版中国古代思想史论.天津:天津社会科学院出版社,2008.
[99] 安家媛.北京人的发现——中国重要的古人类遗址.天津:天津古籍出版社,2008.
[100] 王友富.考古中国110年:改写中国历史的42处重大考古发现.北京:金城出版社,2011.

[101] 张庚,郭汉城.中国戏曲通论(软精装).北京:中国戏剧出版社,2010.
[102] 胡淳艳.中国戏曲十五讲.北京:北京师范大学出版社,2012.
[103] 梁思成.中国建筑史.生活·读书·新知三联书店,2011.
[104] 王其钧.解读中国传统建筑——中国建筑史.北京:中国电力出版社,2012.
[105] 阎步克.中国古代官阶制度引论.北京:北京大学出版社,2010.
[106] 刘江川.佛陀的下午茶.北京:新世界出版社,2011.
[107] 蒋勋.写给大家的中国美术史.北京:生活·读书·新知三联书店,2008.
[108] 方鸣.中国书法一本通.北京:中国华侨出版社,2011.

郑重声明

高等教育出版社依法对本书享有专有出版权。任何未经许可的复制、销售行为均违反《中华人民共和国著作权法》，其行为人将承担相应的民事责任和行政责任；构成犯罪的，将被依法追究刑事责任。为了维护市场秩序，保护读者的合法权益，避免读者误用盗版书造成不良后果，我社将配合行政执法部门和司法机关对违法犯罪的单位和个人进行严厉打击。社会各界人士如发现上述侵权行为，希望及时举报，本社将奖励举报有功人员。

反盗版举报电话　(010)58581999　58582371　58582488

反盗版举报传真　(010)82086060

反盗版举报邮箱　dd@hep.com.cn

通信地址　北京市西城区德外大街4号　高等教育出版社法律事务与版权管理部

邮政编码　100120